AF746674

MAX-PLANCK-INSTITUT
FÜR AUSLÄNDISCHES ÖFFENTLICHES RECHT
UND VÖLKERRECHT

Beiträge zum ausländischen öffentlichen Recht und Völkerrecht

Begründet von Viktor Bruns

Herausgegeben von
Armin von Bogdandy · Anne Peters

Band 270

Rudolf Bernhardt
Karin Oellers-Frahm

Das Max-Planck-Institut für ausländisches öffentliches Recht und Völkerrecht

Geschichte und Entwicklung von 1949 bis 2013

Springer

ISSN 0172-4770 ISSN 2197-7135 (electronic)
Beiträge zum ausländischen öffentlichen Recht und Völkerrecht

ISBN 978-3-662-55374-9 ISBN 978-3-662-55375-6 (eBook)
https://doi.org/10.1007/978-3-662-55375-6

Die Deutsche Nationalbibliothek verzeichnet diese Publikation in der Deutschen Nationalbibliografie; detaillierte bibliografische Daten sind im Internet über http://dnb.d-nb.de abrufbar.

Springer
© Max-Planck-Gesellschaft zur Förderung der Wissenschaften e.V., to be exercised by Max-Planck-Institut für ausländisches öffentliches Recht und Völkerrecht, Heidelberg 2018
Das Werk einschließlich aller seiner Teile ist urheberrechtlich geschützt. Jede Verwertung, die nicht ausdrücklich vom Urheberrechtsgesetz zugelassen ist, bedarf der vorherigen Zustimmung des Verlags. Das gilt insbesondere für Vervielfältigungen, Bearbeitungen, Übersetzungen, Mikroverfilmungen und die Einspeicherung und Verarbeitung in elektronischen Systemen.
Die Wiedergabe von Gebrauchsnamen, Handelsnamen, Warenbezeichnungen usw. in diesem Werk berechtigt auch ohne besondere Kennzeichnung nicht zu der Annahme, dass solche Namen im Sinne der Warenzeichen- und Markenschutz-Gesetzgebung als frei zu betrachten wären und daher von jedermann benutzt werden dürften.
Der Verlag, die Autoren und die Herausgeber gehen davon aus, dass die Angaben und Informationen in diesem Werk zum Zeitpunkt der Veröffentlichung vollständig und korrekt sind. Weder der Verlag, noch die Autoren oder die Herausgeber übernehmen, ausdrücklich oder implizit, Gewähr für den Inhalt des Werkes, etwaige Fehler oder Äußerungen. Der Verlag bleibt im Hinblick auf geografische Zuordnungen und Gebietsbezeichnungen in veröffentlichten Karten und Institutionsadressen neutral.

Gedruckt auf säurefreiem und chlorfrei gebleichtem Papier

Springer ist Teil von Springer Nature
Die eingetragene Gesellschaft ist Springer-Verlag GmbH Deutschland
Die Anschrift der Gesellschaft ist: Heidelberger Platz 3, 14197 Berlin, Germany

Vorwort

Der Wunsch, eine Darstellung der Geschichte des Max-Planck-Instituts für ausländisches öffentliches Recht und Völkerrecht zu verfassen, wurde erstmals 2011/2012 diskutiert und schließlich allgemein begrüßt.

Die Autoren Rudolf Bernhardt und Karin Oellers-Frahm haben das Manuskript erarbeitet und tragen die Verantwortung für diese Publikation. Wenn andere Personen Teile der Publikation verfasst oder mit verfasst haben, werden sie am Anfang des jeweiligen Abschnitts namentlich genannt.

Die Darstellung verarbeitet andere einschlägige Publikationen, sie wertet insbesondere die jährlichen Tätigkeitsberichte des Instituts aus; sie beruht auch auf den eigenen Erinnerungen der beiden Autoren.

Rudolf Bernhardt hatte erste Kontakte mit der Bibliothek des Instituts schon 1953 bei der Abfassung seiner Dissertation. Im Herbst 1954 kam er (damals noch Gerichtsreferendar) als Assistent von Hermann Mosler von Frankfurt an das Heidelberger Institut. 1956 folgte das 2. Staatsexamen in Stuttgart und 1962 die Habilitation in Heidelberg, in dieser Zeit blieb Bernhardt Wissenschaftlicher Referent des Instituts in Heidelberg. Danach hatte er von 1965 bis 1970 einen Lehrstuhl an der Frankfurter Universität. 1970 folgte er einem Ruf der Max-Planck-Gesellschaft und wurde Mitdirektor des Instituts, zunächst neben Hermann Mosler. 1993 wurde er emeritiert.

Karin Oellers-Frahm wurde 1970 Mitarbeiterin des Instituts. Sie hatte nach einem Dolmetscherstudium Jura studiert. Ihren ersten Kontakt zum Institut hatte sie 1965, als sie im Rahmen des Dolmetscherstudiums bei der Anfertigung ihrer Diplomarbeit die Institutsbibliothek nutzte. 1975 promovierte sie bei Rudolf Bernhardt. Mitarbeiterin des Instituts blieb sie auch über den Eintritt in den Ruhestand hinaus.

Rudolf Bernhardt, Karin Oellers-Frahm, im April 2017

Inhaltsverzeichnis

Abkürzungen

BaöRV	Beiträge zum ausländischen öffentlichen Recht und Völkerrecht
CAHDI	Comité de conseillers juridiques sur le droit international public
DAAD	Deutscher Akademischer Austauschdienst
DFG	Deutsche Forschungsgemeinschaft
DGVR	Deutsche Gesellschaft für Völkerrecht
EGMR	Europäischer Gerichtshof für Menschenrechte
EMRK	Europäische Menschenrechtskonvention
EPIL	Encyclopedia of Public International Law
EuGH	Europäischer Gerichtshof
FAO	Food and Agriculture Organization of the United Nations
IGH	Internationaler Gerichtshof
ILA	International Law Association
ILO	International Labour Organization
IMPRS	International Max Planck Research School
MPEPIL	Max Planck Encyclopedia of Public International Law
MPG	Max-Planck-Gesellschaft
MPI	Max-Planck-Institut
OECD	Organisation for Economic Co-operation and Development
OPAC	Open Public Access Catalogue
RdC	Recueil des Cours
OSZE	Organisation für Sicherheit und Zusammenarbeit in Europa
PIL	Public International Law
StIGH	Ständiger Internationaler Gerichtshof
UNCTAD	United Nations Conference on Trade and Development

WTO	World Trade Organization
TB	Tätigkeitsbericht
ZaöRV	Zeitschrift für ausländisches öffentliches Recht und Völkerrecht

Erster Teil: Die allgemeine Entwicklung von 1949 bis 2013

I. Abschnitte der Entwicklung

1. Vorgeschichte, Gründung und Aufbauphase (1949 bis 1954)

Das Max-Planck-Institut für ausländisches öffentliches Recht und Völkerrecht ist ohne das gleichnamige Institut der Kaiser-Wilhelm-Gesellschaft nicht denkbar.

Die 1911 gegründete Kaiser-Wilhelm-Gesellschaft sollte hervorragenden Gelehrten besondere Forschungsmöglichkeiten ohne die Lehr- und Verwaltungslasten der Universitäten zur Verfügung stellen. Die Kaiser-Wilhelm-Gesellschaft war, ebenso wie die spätere Max-Planck-Gesellschaft, in erster Linie für die Naturwissenschaften und deren apparative Ausstattung gedacht, sie öffnete sich nur zögernd und nicht ohne Einwände den Geistes- und Sozialwissenschaften. Dies mag ein Grund dafür gewesen sein, dass die Anregung des Berliner Professors Viktor Bruns, ein Institut für ausländisches öffentliches Recht und Völkerrecht zu gründen, zwar Ende des Jahres 1924 unter Beteiligung der Kaiser-Wilhelm-Gesellschaft realisiert wurde. Aber dieses Institut erhielt zunächst nicht den Status eines Kaiser-Wilhelm-Instituts; es wurde ein eingetragener Verein speziell für das Institut gegründet. Erst 1938 wurde das Institut förmlich zu einem Kaiser-Wilhelm-Institut. Anderthalb Jahre nach der Gründung dieses Instituts wurde 1926 ein zweites Institut für juristische Forschungen gegründet, das Institut für ausländisches und internationales Privatrecht. Beide Institute waren im Berliner Schloss untergebracht. Für weitere juristische Teildisziplinen wurden nach dem Zweiten Weltkrieg weitere Institute im Rahmen der Max-Planck-Gesellschaft gegründet.[1] Das Kaiser-Wilhelm-Institut für aus-

---

[1] Ende 2013 existierten außer den beiden schon genannten Instituten für Völkerrecht und internationales Privatrecht die folgenden im Bereich der Rechtswissenschaften tätigen Institute der Max-Planck-Gesellschaft: MPI für ausländisches und internationales Strafrecht, Freiburg, 1938 als Seminar in Freiburg eingeführt und 1947 umgewandelt in ein Institut der MPG; MPI für europäische Rechtsgeschichte, Frankfurt/Main, 1964 gegründet; MPI für Inno-

© Max-Planck-Gesellschaft zur Förderung der Wissenschaften e.V., to be exercised by Max-Planck-Institut für ausländisches öffentliches Recht und Völkerrecht, Published by Springer-Verlag GmbH Deutschland 2018
R. Bernhardt, K.Oellers-Frahm, *Das Max-Planck-Institut für ausländisches öffentliches Recht und Völkerrecht,* Beiträge zum ausländischen öffentlichen Recht und Völkerrecht, https://doi.org/10.1007/978-3-662-55375-6_1

ländisches öffentliches Recht und Völkerrecht entwickelte sich zu einer weltweit anerkannten Forschungsstätte. Sein Gründungsdirektor, Viktor Bruns, leitete das Institut bis zu seinem Tod im September 1943. Sein Nachfolger als Institutsdirektor wurde 1944 der in Heidelberg tätige Professor Carl Bilfinger.

Carl Bilfinger

Nach dem Zweiten Weltkrieg war das weitere Schicksal der Kaiser-Wilhelm-Gesellschaft zunächst offen, eine definitive Auflösung war denkbar. Schließlich setzte sich 1948, jedenfalls in einzelnen Besatzungszonen, die Bemühung durch, die Gesellschaft unter einem anderen Namen, dem des unbelasteten und allgemein anerkannten Physikers

vation und Wettbewerb, München, 1966 gegründet als MPI für ausländisches und internationales Patent-, Urheber- und Wettbewerbsrecht; MPI für Sozialrecht und Sozialpolitik, München, 1976 als Projektgruppe gegründet, 1980 als MPI umgestaltet; MPI zur Erforschung von Gemeinschaftsgütern, Bonn, 1997 aus einer Projektgruppe entstanden; MPI für Steuerrecht und öffentliche Finanzen, München, 2011 gegründet; MPI Luxembourg for International, European and Regulatory Procedural Law, Luxemburg, 2012 gegründet.

Max Planck, fortzuführen oder wieder erstehen zu lassen.[2] Der letzte Direktor unseres Kaiser-Wilhelm-Instituts, Professor Carl Bilfinger[3], betrieb die Wiedererrichtung des Instituts an seinem Wohnort Heidelberg im Rahmen der kürzlich (1948) gegründeten Max-Planck-Gesellschaft. Im März 1949 wurde das neue Institut gegründet. Bilfinger wurde auch der erste Direktor dieses Heidelberger Max-Planck-Instituts.[4] Wie unter den Zeitumständen kaum anders zu erwarten, waren die ersten Jahre unter Bilfinger in Heidelberg Jahre der Standortsuche, der Anschaffung neuer Bibliotheksbestände, der Rekrutierung der wissenschaftlichen und anderer Mitarbeiter, usw. Das Institut war zunächst in einem Heidelberger Verbindungshaus, dem Saxo-Borussia-Haus am Rande der Heidelberger Altstadt, untergebracht, später wurde auch das Privathaus von Carl Bilfinger am Philosophenweg die Arbeitsstätte einiger Mitarbeiter.

---

[2] Zur Endphase des Kaiser-Wilhelm-Instituts vgl. auch Inga Meiser, Die Deutsche Forschungshochschule (1947-1953), Veröffentlichungen aus den Archiven der Max-Planck-Gesellschaft, Bd. 23, 2013, S. 106-119.

[3] Vgl. Felix Lange, Carl Bilfingers Entnazifizierung und die Entscheidung für Heidelberg, Die Gründungsgeschichte des völkerrechtlichen Max-Planck-Instituts nach dem Zweiten Weltkrieg, ZaöRV 74 (2014), S. 697-731.

[4] Vgl. auch Rüdiger Wolfrum, Berlin-Heidelberg, Das Max-Planck-Institut für ausländisches öffentliches Recht und Völkerrecht, in: Peter Gruss (Hrsg.), Denkorte, Max-Planck-Gesellschaft und Kaiser-Wilhelm-Gesellschaft 1911-2011, S. 338-347.

Das Haus der Studentenverbindung Saxo-Borussia

Im Sommer 1954 wurde ein Neubau an der (damals noch nicht fertiggestellten) Berliner Straße bezogen (damalige Anschrift: Gundolfstraße 15).

Der erste Neubau des Instituts in Heidelberg 1954

In der Aufbauphase von großer Bedeutung war die Möglichkeit, frühere Mitarbeiter des Kaiser-Wilhelm-Instituts für das neue Institut in Heidelberg zu gewinnen, und zwar sowohl wissenschaftliche als auch andere Mitarbeiter, etwa in Verwaltung und Bibliothek.

Die vorliegende Publikation ist nur dem Max-Planck-Institut gewidmet, aber es gehört zum Selbstverständnis dieses Instituts, sich als Fortsetzung des Kaiser-Wilhelm-Instituts zu verstehen. Im Folgenden wird noch mehrfach darzustellen sein, wie und in welchem Maße in der Phase des Kaiser-Wilhelm-Instituts begonnene Arbeiten fortgeführt wurden. Die Betonung der Kontinuität kommt auch in der Tatsache zum Ausdruck, dass 1975 das 50jährige Bestehen des Instituts festlich begangen wurde.[5] Das heutige Institut ist also mit dem Kaiser-Wilhelm-

[5] Siehe dazu: Max-Planck-Institut für ausländisches öffentliches Recht und Völkerrecht, Heidelberg, in: Max-Planck-Gesellschaft, Berichte und Mitteilun-

Institut tatsächlich identisch, unabhängig von der juristischen Konstruktion.

Der Übersichtlichkeit halber wird eine 1975 erstellte und publizierte Zeittafel über die Geschichte des Instituts hier erneut abgedruckt.[6]

19.12.1924	Gründung des eingetragenen Vereins „Institut für ausländisches öffentliches Recht und Völkerrecht" unter Beteiligung der Kaiser-Wilhelm-Gesellschaft Wahl von Professor Dr. Viktor Bruns zum Direktor Unterbringung im Berliner Schloss auf der Spreeinsel
24.07.1925	Errichtung einer Zweigstelle für Besatzungs-, Saar- und Konkordatsrecht in Trier unter Leitung von Professor Dr. Ludwig Kaas
1929	Erscheinen des ersten Bandes der Zeitschrift für ausländisches öffentliches Recht und Völkerrecht
1933	Auflösung der Zweigstelle Trier und Übernahme der Bibliothek nach Berlin
24.05.1938	Änderung der Rechtsform des Instituts. Nach Auflösung des e. V. Weiterführung als rechtlich unselbständiges Institut der Kaiser-Wilhelm-Gesellschaft
19.09.1943	Tod von Professor Viktor Bruns
Frühjahr 1944	Übernahme der Institutsleitung durch Professor Dr. Carl Bilfinger. In den letzten Kriegsmonaten Leitung von Heidelberg aus
Februar/April 1945	Vernichtung der Institutsräume im Berliner Schloss und eines großen Teils – darunter aller völkerrechtlichen Bestände – der Institutsbibliothek. Übersiedlung in das Bruns'sche Haus in Berlin-Zehlendorf

gen, Heft 2/75, herausgegeben von der Generalverwaltung der Max-Planck-Gesellschaft, München.

6 Entnommen aus der in Anmerkung 5 genannten Publikation, S. 22 f.

1947-1954	Einbeziehung des Berliner Restinstituts mit den geretteten Bibliotheksteilen in die Deutsche Forschungshochschule in Berlin-Dahlem. Kommissarische Verwaltung durch Dr. h.c. Karl v. Lewinski und Dr. Erich Kraske
18.03.1949	Wiedererrichtung des Instituts in Heidelberg im Rahmen der Max-Planck-Gesellschaft unter Leitung von Professor Bilfinger
Frühjahr 1950	Erscheinen des ersten Heftes der Institutszeitschrift nach dem Kriege (Band 13)
01.07.1953	Weiterführung des Berliner Instituts als Abteilung des Max-Planck-Instituts für ausländisches öffentliches Recht und Völkerrecht gemäß dem Abkommen zwischen der Max-Planck-Gesellschaft und dem Berliner Senat vom 04.02.1953
26.06.1954	Einweihung des neuen Institutsgebäudes in Heidelberg, Berliner Straße 48
02.10.1954	Rücktritt von Professor Carl Bilfinger im Alter von 75 Jahren und Übernahme der Institutsleitung durch Professor Dr. Hermann Mosler
Herbst 1954/Juli 1955	Einbeziehung der Berliner Abteilung in die Arbeiten des Gesamtinstituts. Übernahme der Leitung der Abteilung Berlin durch Privatdozent, später Professor Dr. Fritz Münch
22.11.1959	Einweihung eines Erweiterungsgebäudes in Heidelberg mit einem Lesesaal für Gäste und Arbeitsräumen für Mitarbeiter
Sommer 1960	Überführung der Abteilung Berlin nach Heidelberg

2. Das Direktorium Hermann Mosler (1954 bis 1970)

Anfang Oktober 1954 übernahm Professor Hermann Mosler[7] die Leitung des Max-Planck-Instituts von Carl Bilfinger.

Hermann Mosler

Mosler hatte schon dem Kaiser-Wilhelm-Institut seit 1937 angehört (zunächst als Referendar). Er hatte sich 1946 in Bonn bei Richard Thoma habilitiert, 1949 hatte er einen Lehrstuhl für öffentliches Recht an der Johann Wolfgang Goethe-Universität in Frankfurt am Main übernommen. Anfang der 50er Jahre wurde er (ohne Aufgabe der Frankfurter Professur) von Konrad Adenauer, dem damaligen Bundeskanzler, gebeten, in der deutschen Delegation mitzuwirken, die zur Realisierung des Schuman-Plans die Gründung der Europäischen Gemeinschaft für Kohle und Stahl vorbereitete. Bald darauf wurde Mosler auch der erste Leiter der Rechtsabteilung des Auswärtigen Amtes der

[7] Zu Mosler: Rudolf Bernhardt, Hermann Mosler – Wissenschaftler und internationaler Richter, in: Ruprecht-Karls-Universität Heidelberg, Heidelberger Akademie der Wissenschaften, Max-Planck-Institut Heidelberg (Hrsg.), Akademische Gedenkfeier am 12. Oktober 2002 für Prof. Dr. Hermann Mosler in der Alten Aula der Ruperto Carola, S. 19-36 und (leicht verändert): Rudolf Bernhardt, Die Rückkehr Deutschlands in die internationale Gemeinschaft: Hermann Moslers Beitrag als Wissenschaftler und internationaler Richter, Der Staat, 42 (2003), S. 583-599.

Bundesrepublik Deutschland, das Amt war gerade mit Billigung der westlichen Besatzungsmächte eingerichtet worden; es wurde zunächst in Personalunion von Bundeskanzler Adenauer geleitet.

Mosler sah seine Aufgaben mehr in der Wissenschaft als in der Gestaltung der täglichen Praxis, und so entschied er sich für die Annahme des Rufs nach Heidelberg. Dabei stand die Leitung des Max-Planck-Instituts im Vordergrund, auch wenn eine Professur an der Heidelberger Juristischen Fakultät alsbald damit verbunden wurde. Als Mosler die Leitung des Max-Planck-Instituts im Oktober 1954 übernahm, war das neue Gebäude bezogen und wichtige Vorbereitungen für die zukünftigen Arbeiten waren eingeleitet. Doch viel blieb zu tun, um die Arbeit des Instituts in Gang zu bringen.

In personeller Hinsicht konnte Mosler einige frühere Mitarbeiter des Kaiser-Wilhelm-Instituts übernehmen, das galt vor allem für Helmut Strebel[8] und Günther Jaenicke. Einige andere wissenschaftliche Mitarbeiter wurden alsbald neu gewonnen oder übernommen, Hans Ballreich und Karl Doehring gehörten dazu. Rudolf Bernhardt war mit Mosler von Frankfurt gekommen. Viele andere könnten genannt werden, doch nur die länger dem Institut Angehörenden werden hier namentlich erwähnt. Auch für Verwaltung und Bibliothek konnten einige frühere Mitarbeiter des Kaiser-Wilhelm-Instituts gewonnen werden (Ellinor Greinert, Cornelia Bruns, Irmgard von Lepel, Annelore Schulz). Zwei Fragen waren hinsichtlich der künftigen Arbeit des Max-Planck-Instituts zu beantworten: Welche Projekte des Kaiser-Wilhelm-Instituts sollten fortgeführt werden? Welche Aufgaben waren neu in Angriff zu nehmen?

Die erste Frage wurde wie folgt beantwortet: Die Fortführung der Zeitschrift für ausländisches öffentliches Recht und Völkerrecht und der „Beiträge" stand außer Frage, sowohl die Zeitschrift als auch die vor allem Monographien wiedergebenden Beiträge waren und blieben Flaggschiffe des Instituts. Die Weichen waren insoweit schon während des Direktoriums von Carl Bilfinger gestellt worden. Positiv fiel auch die Entscheidung zur Fortsetzung der Fontes Iuris Gentium aus, soweit sie die internationale und die deutsche Rechtsprechung zum Völkerrecht betrafen. Näheres dazu später (Zweiter Teil, II, Publikationen). Dagegen wurde die Fortführung des „Handbuch der diplomatischen Korrespondenz der Europäischen Staaten" verneint. Einen Überblick

---

[8] S. zu Helmut Strebel (1911-1992) die Biographie von Florian Hofmann, Studien zur Geschichte des Völkerrechts, 23, 2010.

über die Situation gibt die folgende Tabelle (1961 verfasst und in Fontes A I 5, S. 664 abgedruckt).

Fontes Iuris Gentium

A I 1 Handbuch der Entscheidungen des Ständigen Internationalen Gerichtshofs 1922-1930, 1931, XLVII und 477 Seiten, vergriffen

A I 2 Handbuch der Entscheidungen des Ständigen Schiedshofs 1902-1928, 1931, XXIII und 308 Seiten, vergriffen

A I 3 Handbuch der Entscheidungen des Ständigen Internationalen Gerichtshofs 1931-1934, 1935, XVIII und 198 Seiten, vergriffen

A I 4 Handbuch der Entscheidungen des Ständigen Internationalen Gerichtshofs 1935-1940, in Vorbereitung

A I 5 Handbuch der Entscheidungen des Internationalen Gerichtshofs 1947-1958, dieser Band

A II 1 Die Entscheidungen des deutschen Reichsgerichts in völkerrechtlichen Fragen 1879-1929, 1931, XXXII und 944 Seiten, vergriffen

A II 2 Entscheidungen des deutschen Reichsgerichts in völkerrechtlichen Fragen 1929-1945, XXIV und 535 Seiten erschienen 1960

A II 3 Deutsche höchstrichterliche Rechtsprechung in völkerrechtlichen Fragen 1945-1949, XX und 250 Seiten erschienen 1956

A II 4 Rechtsprechung der höchsten Gerichte der Bundesrepublik Deutschland in völkerrechtlichen Fragen 1949-1969, in Vorbereitung

B I 1 Handbuch der diplomatischen Korrespondenz der europäischen Staaten 1856-1871

Pars 1 (1932): LXXXIII und 980 Seiten, vergriffen

Pars 2 (1933): XVIII und 790 Seiten, vergriffen

B I 2 Handbuch der diplomatischen Korrespondenz der europäischen Staaten 1871-1878

Pars 1 (1937): XL und 622 Seiten, vergriffen

Pars 2 (1937): XX und 436 Seiten, vergriffen

Pars 3 (1938): XVI und 611 Seiten, vergriffen

Sämtliche Bände bringen systematisch geordnete Auszüge in den Originalsprachen, in Reihe A I französisch und englisch (synoptisch), in Reihe A II die deutschen Leitsätze auch in englischen und französischen Übersetzungen. Der gesamte Vorspann (Titel, Vorworte, Inhaltsverzeichnisse) sowie die ausführlichen Sachregister sind dreisprachig.

Neue Projekte wurden erst später in Angriff genommen. Hier sind vor allem die rechtsvergleichenden Kolloquien und die sie begleitenden Publikationen zu nennen:

Den Anfang machte insoweit eine Untersuchung des Themas „Staat und Privateigentum". Es handelte sich um ein Kolloquium im Jahre 1959, in dem das Thema der verfassungsrechtlichen Eigentumsgewähr unter verschiedenen Aspekten in sechs Staaten, Bundesrepublik Deutschland, Schweiz, Frankreich, Großbritannien, USA und Australien untersucht wurde.[9] Größere Kolloquien folgten: 1962 „Verfassungsgerichtsbarkeit in der Gegenwart", mit einem Vergleich zu Fragen der Normenkontrolle, Verfassungsbeschwerde, Organstreitigkeiten, föderativen Streitigkeiten und allgemeinen Verfahrensregeln in 17 Staaten;[10] 1967 fand ein Kolloquium zur Haftung des Staats für rechtswidriges Verhalten seiner Organe statt, in dem die Rechtslage von 20 Staaten sowie den Europäischen Gemeinschaften dargestellt wurde mit Querberichten zu Themen wie fehlerhafte Amtshandlungen, Ausschluss der Haftung, Haftung für rechtssetzende Akte oder Art und Umfang der Wiedergutmachung.[11] 1969 war ein Kolloquium dem Gerichtsschutz gegen die Exekutive gewidmet, das die Bedeutung des Gerichtsschutzes für das Zusammenleben der Menschen in staatlich organisierten Gemeinschaften der Gegenwart in 31 Staaten sowie den Europäischen Gemeinschaften und internationalen Organisationen zum Gegenstand hatte.[12] Weitere Kolloquien folgten und werden in den jeweiligen Abschnitten erwähnt.

Die rechtsvergleichenden Kolloquien nahmen die Kräfte des Instituts jeweils für eine längere Zeitspanne in Anspruch. Die folgenden Arbeitsschritte waren erforderlich: Als erstes musste ein geeignetes Thema bestimmt werden, die Entscheidung darüber traf schließlich der Direktor, doch dieser Entscheidung gingen Beratungen mit den wissenschaftlichen Mitarbeitern voraus. Alsdann wurde ein detaillierter Fragebogen ausgearbeitet, und die ausländischen Berichterstatter, die für den Bericht gewonnen werden sollten, waren zu bestimmen und zu gewinnen. Die eingehenden ausführlichen schriftlichen Berichte wurden im Insti-

---

9 BaöRV Bd. 34.

10 BaöRV Bd. 36.

11 BaöRV Bd. 44.

12 BaöRV Bd. 52.

tut vervielfältigt, soweit notwendig auch übersetzt. Es folgten weitere Vorarbeiten im Institut, insbesondere sogenannte Querberichte wurden erstellt, die von wissenschaftlichen Mitarbeitern erstattet wurden. Danach fand das Kolloquium in Heidelberg statt, dem schließlich die Publikation folgte.

Wie Mosler vor allem im Vorwort des Bandes über die Verfassungsgerichtsbarkeit in der Gegenwart betonte, war ein Anliegen bei den rechtsvergleichenden Kolloquien, die Prinzipien für Vergleichungen im öffentlichen Recht zu entwickeln und zu erproben. Man wird wohl sagen können, dass die dabei gemachten Erfahrungen stilbildend gewirkt haben. In späterer Zeit hat die Rechtsvergleichung im öffentlichen Recht immer intensiver stattgefunden, die früheren Arbeiten haben über das Institut hinaus vielfältige Nachfolge gefunden.

3. Das Direktorium Hermann Mosler und Rudolf Bernhardt (1970 bis 1981)

Hermann Mosler hatte – national und international – immer mehr Aufgaben neben seiner Tätigkeit als Institutsdirektor zu übernehmen. Unter anderem war er seit 1959 Richter am Europäischen Gerichtshof für Menschenrechte. Diese Tätigkeit konnte damals neben einem anderen Beruf ausgeübt werden; man kam nur wenige Tage im Monat, manchmal auch nur im ganzen Jahr nach Straßburg. Seine Belastungen insgesamt führten Mosler zu der Überzeugung, dass er die Institutsleitung nicht mehr allein wahrnehmen sollte. Bei den Instituten der sogenannten Geisteswissenschaftlichen Sektion der Max-Planck-Gesellschaft war es noch in den 60er Jahren üblich, dass sie von *einem* Direktor geleitet wurden, der zudem oft noch ein Ordinariat an der jeweiligen Universität wahrnahm. Dies war auch bei allen juristischen Instituten so. Mosler war wohl der erste, der den Vorschlag machte, einen zweiten Direktor zu berufen; später sind fast alle juristischen Institute zur kollegialen Leitung übergegangen. Mosler schlug 1969 den Gremien der Max-Planck-Gesellschaft vor, Professor Rudolf Bernhardt zum wissenschaftlichen Mitglied und Mitdirektor des Instituts zu berufen. Dieser Plan bestand wohl schon länger, denn Bernhardt war schon 1967 zum auswärtigen wissenschaftlichen Mitglied berufen worden.[13] Dem Vorschlag

[13] Mosler selbst war vor der Übernahme der Leitung des MPI von 1952 bis 1954 Auswärtiges Wissenschaftliches Mitglied gewesen, so das vom Archiv der MPG herausgegebene Mitgliederverzeichnis.

stimmten die Organe der Max-Planck-Gesellschaft zu, Bernhardt wurde berufen und wechselte zum 1. April 1970 zum Institut nach Heidelberg.

Rudolf Bernhardt

Rudolf Bernhardt[14] hatte in Frankfurt bei Mosler promoviert, war mit Mosler 1954 nach Heidelberg gekommen und war dort unter Moslers Betreuung 1962 habilitiert worden. Seit 1965 war er ordentlicher Professor an der Johann Wolfgang Goethe-Universität in Frankfurt am Main. 1969 erreichten ihn mehrere Rufe, darunter der Ruf an das Max-Planck-Institut in Heidelberg, dem er, wie gesagt, folgte. Bernhardt stammte nicht nur aus der Schule Moslers, sondern verfolgte auch prinzipiell dieselben wissenschaftlichen Interessen, im Völkerrecht wie im Bereich der Rechtsvergleichung. Dem entsprach es, dass beide Direktoren ohne Einrichtung von Abteilungen das Institut kollegial leiteten und jeder Direktor den anderen in Institutsangelegenheiten vertreten und dessen Aufgaben wahrnehmen konnte. Die kollegiale Leitung endete formal Anfang 1976, als Mosler Richter am Internationalen Gerichtshof in Den Haag wurde, da den dortigen Richtern keine andere berufliche Tätigkeit erlaubt war und ist. Mosler wurde daher in Heidel-

[14] Zur Person: Eine Art Selbstporträt in Rudolf Bernhardt, Staatsrecht im internationalen Verbund, Jahrbuch des öffentlichen Rechts 58 (2010), 337-351.

berg beurlaubt. Fünf Jahre, von 1976 bis 1981, leitete Bernhardt das Institut allein, was regelmäßige Kontakte und Absprachen nicht ausschloss. Mosler schied Ende 1980 auch formell mit der Erreichung des Emeritierungsalters aus der Institutsleitung aus, es folgte Anfang 1981 das sogleich zu behandelnde Triumvirat.

Verschiedene Symposien fanden während des Direktoriums Mosler/Bernhardt statt. Eines unter dem Titel „Judicial Settlement of International Disputes“[15] behandelte 1972 ein rein völkerrechtliches Thema, in dem der Frage nachgegangen wurde, ob der Internationale Gerichtshof den Anforderungen entspricht, die sich aus seiner Funktion als einziges universelles Gericht ergeben und für welche Streitigkeiten spezielle, auf eine bestimmte Materie beschränkte internationale Gerichte erforderlich sind oder die Beilegung durch andere als ständige Gerichte sinnvoll ist. Der „Grundrechtsschutz in Europa“ führte Experten 1976 nach Heidelberg, die eine kritische Bestandsaufnahme des derzeitigen Rechtszustandes des Grundrechtsschutzes für die im Europarat zusammengeschlossenen Staaten sowie die Europäischen Gemeinschaften vornahmen.[16] Ein rechtsvergleichendes Kolloquium, diesmal unter der alleinigen Leitung von Bernhardt, behandelte 1978 die „Koalitionsfreiheit des Arbeitnehmers“; untersucht wurde, in welchem Umfang zwischen den in die Untersuchung einbezogenen Staaten Gemeinsamkeiten und Unterschiede in der tatsächlichen und rechtlichen Ausgestaltung der Koalitionsfreiheit bestehen. 20 Staaten sowie die EMRK, die Europäischen Gemeinschaften, die internationale Arbeitsorganisation, die Menschenrechtsinstrumente der Vereinten Nationen und internationale Organisationen sowie Sachberichte etwa zur negativen Koalitionsfreiheit, zum Streikrecht, zur Stellung öffentlicher Bediensteter und ähnliches[17] waren einbezogen.

In diese Periode fielen auch die Entscheidung, das Wörterbuch des Völkerrechts von Strupp-Schlochauer fortzuführen, und der Beginn der Arbeit an diesem Projekt.[18] Mosler gehörte schon zu dem Herausgebergremium des Wörterbuchs, und der Vertreter des holländischen Verlages hatte ihn in Den Haag kontaktiert und eine englischsprachige Publikation zur Sprache gebracht. Im Anschluss daran fanden zunächst Dreiergespräche statt (Dr. Michielsen vom Verlag North-Holland,

---

15 BaöRV Bd. 62.

16 BaöRV Bd. 72.

17 BaöRV Bd. 75.

18 Siehe dazu unten Zweiter Teil, II. 7.

Mosler, Bernhardt). Weitere Abreden und Entscheidungen auf Seiten des Max-Planck-Instituts waren dann von Bernhardt allein zu treffen, Mosler gehörte dem Advisory Board an. Der Board beriet über die aufzunehmenden Stichworte, die Auswahl der Autoren und andere Fragen, die praktische Realisierung des Projekts lag in Heidelberg. Da ein spezieller Abschnitt dieses Bandes der Enzyklopädie gewidmet ist, können die vorstehenden Bemerkungen vorerst genügen.

4. Ein Triumvirat in der Institutsleitung (1981 bis 1997) (Bernhardt/Doehring/Frowein; Bernhardt/Frowein/Steinberger; Frowein/Steinberger/Wolfrum)

Die Emeritierung von Hermann Mosler machte eine Neuregelung der Institutsleitung erforderlich. Er hatte zugleich als Ordinarius der Juristischen Fakultät angehört. Da auch Karl Doehring Ordinarius der Fakultät und zugleich seit 1963 wissenschaftliches Mitglied des Max-Planck-Instituts war, waren Fakultät und Institut lange Zeit eng und wirkungsvoll miteinander verbunden. Der verbleibende Direktor des Instituts, Rudolf Bernhardt, schlug für die Zukunft ein Dreier-Direktorium für die Institutsleitung vor, dem Karl Doehring neben seinem Ordinariat an der Universität angehören sollte.

Karl Doehring

Nach dem in der Max-Planck-Gesellschaft üblichen Berufungsverfahren wurde schließlich ein Dreier-Direktorium installiert, dem außer Bernhardt und Doehring Professor Jochen Abr. Frowein, bisher Universität Bielefeld, angehörte.

Jochen Abr. Frowein

Jochen Abr. Frowein hatte schon vor seiner Habilitation in Bonn mit der weitgehend in Heidelberg erarbeiteten Schrift zum Thema „Das de facto-Regime im Völkerrecht" dem Institut als wissenschaftlicher Referent angehört. Er war inzwischen national und international vielfach hervorgetreten, u.a. gehörte er der Europäischen Kommission für Menschenrechte in Straßburg an. Er wurde, wie zuvor schon Bernhardt, nach Übernahme des Amtes im Max-Planck-Institut auch persönlicher Ordinarius der Juristischen Fakultät der Universität. Nach der Emeritierung von Doehring im Jahr 1987 wurde Helmut Steinberger (Bundesverfassungsrichter von 1975 bis 1987) von der Universität Heidelberg auf den Lehrstuhl als Nachfolger Doehrings berufen. Erneut gelang es, Steinberger neben seiner hauptamtlichen Tätigkeit an der Universität zum Mitdirektor des Instituts zu berufen.

Helmut Steinberger

Als 1993 auch Bernhardt die Altersgrenze erreichte, wurde Professor Rüdiger Wolfrum zu seinem Nachfolger an das Max-Planck-Institut berufen; auch er wurde persönlicher Ordinarius der Heidelberger Fakultät.

Rüdiger Wolfrum

Anders als die bisherigen Direktoren, die alle vor ihrer Berufung zum Direktor bereits am Institut gearbeitet hatten, hatte Rüdiger Wolfrum noch keine „Institutserfahrung". Er hatte zuvor das Institut für internationales Recht an der Universität Kiel, das spätere Walter-Schücking-Institut, zusammen mit Jost Delbrück geleitet. Vor seinem Wechsel nach Heidelberg hatte er zudem die Funktion eines Prorektors der Christian-Albrechts-Universität zu Kiel wahrgenommen. Das Dreier-Direktorium endete mit der Emeritierung von Helmut Steinberger im Jahre 1997. Der Grund hierfür lag bei der Universität, die einen völkerrechtlich ausgerichteten Lehrstuhl, wie bei Doehring und Steinberger, nicht mehr für erforderlich hielt. Hinter dieser Entscheidung der Fakultät lag u.a. die Erwägung, dass die Direktoren des Instituts als nebenamtliche persönliche Ordinarien das Angebot an völkerrechtlichen Lehrveranstaltungen angemessen wahrnehmen könnten. Auch andere Mitarbeiter des Instituts hatten Lehraufgaben an der Universität übernommen.

Im Max-Planck-Institut wurden organisatorische Veränderungen der Institutsleitung für notwendig gehalten. Da die Direktoren weitgehend – im Völkerrecht wie in der Rechtsvergleichung im öffentlichen Recht – ähnliche Forschungsinteressen hatten, wurde erneut eine Unterteilung in Abteilungen nicht für angemessen gehalten. Wohl aber wurde jeweils für drei Jahre ein geschäftsführender Direktor bestimmt, der – als Primus inter pares – die Alltagsaufgaben der Institutsverwaltung wahrnehmen sollte. In der Praxis wurde abwechselnd einer der zwei hauptamtlichen Direktoren geschäftsführend, der Ordinarius der Fakultät (Doehring und danach Steinberger) nahm an den Beratungen des Direktoriums teil, wurde aber nicht geschäftsführend. Das entsprach den Wünschen aller Beteiligten.

Am Beginn des „Triumvirats" stand die feierliche Einfürung der neuen Direktoren Doehring und Frowein am 27. Februar 1981 mit Vorträgen zu den wesentlichen Schwerpunkten des Instituts, Rechtsvergleichung und Völkerrecht; Frowein sprach zum Thema „Die Bundesrepublik als Subjekt und Mitgestalterin des Völkerrechts" und Doehring zum Thema „Rechtsvergleichung als Interpretationshilfe". Im gleichen Jahr erschienen die ersten beiden Instalments der EPIL[19] zu „Settlement of Disputes" und „Decisions of International Courts and Tribunals" mit insgesamt 220 Beiträgen, denen in den folgenden Jahren regelmäßig weitere Instalments folgten. Im gleichen Jahr wurde ein umfassender rechtsvergleichender Bericht im Auftrag des Europarats über Rechte

---

[19] Siehe dazu unten Zweiter Teil, II. 7 (S. 88).

von Ausländern auf der kommunalen Ebene, insbesondere zum Wahlrecht erstellt. 1983 fand ein Kolloquium über völkerrechtliche und europarechtliche Probleme des Satellitendirektfernsehens statt.

In die Zeit des Triumvirats fielen auch die Feiern einiger „runder" Geburtstage, so der 70. Geburtstag von Hermann Mosler 1983; 1984 der 65. Geburtstag von Karl Doehring mit einem Kolloquium zum Thema „Die Autorität des Rechts" sowie der 70. Geburtstag von Günther Jaenicke. 1985 wurde der 60. Geburtstag des Instituts[20] mit einem Kolloquium zum Thema „Staatenverantwortlichkeit" gefeiert. 1993 wurde der 80. Geburtstag von Hermann Mosler mit einem Kolloquium über „Interim Measures Indicated by International Courts"[21] feierlich begangen, und 1995 wurde Rudolf Bernhardt zu seinem 70. Geburtstag eine Festschrift mit dem Titel „Recht zwischen Umbruch und Bewahrung"[22] überreicht. Ebenfalls 1995 wurde mit einem Symposium zum Thema „The Entry into Force of the Convention on the Law of the Sea"[23] das 70. Gründungsjahr des Instituts begangen.

Der Bereich der Menschenrechte war auch in der Periode des Triumvirats ein Schwerpunkt der Arbeiten des Instituts. So fand im August 1985 eine von der International Association of Legal Science veranstaltete Tagung zum internationalen Schutz der Menschenrechte statt, deren Organisation im Wesentlichen in den Händen von Bernhardt lag. Im September folgte ein großes Kolloquium zur Rechtsstellung von Ausländern nach staatlichem Recht und Völkerrecht, das die Rechtslage in 31 Staaten sowie den Europäischen Gemeinschaften und internationalen Organisationen auswertete.[24]

Das Institut pflegte auch regelmäßigen wissenschaftlichen Austausch mit anderen Staaten. So waren 1986 auf Einladung der Chinesischen Akademie der Sozialwissenschaften die drei amtierenden Direktoren Bernhardt, Doehring und Frowein zu einem Kolloquium mit einer Reihe von Vorträgen an der Akademie eingeladen. Diese Reise nach China fand zu Beginn der Öffnung der kommunistischen Staaten für

---

[20] Da das Kaiser-Wilhelm-Institut kurz vor Weihnachten 1924 offiziell gegründet worden war, wurden Jubiläen regelmäßig erst zu Beginn des folgenden Jahres gefeiert. Dasselbe galt für Symposien zu Ehren von Hermann Mosler, dessen Geburtstag der 26. Dezember 1912 war.

[21] BaöRV Bd. 117.

[22] BaöRV Bd. 120.

[23] ZaöRV 55 (1995), S. 273-658.

[24] BaöRV Bd. 94.

den wissenschaftlichen Austausch mit dem Westen statt. Schon früher hatten die (weiterhin spärlichen) Kontakte mit einzelnen anderen kommunistischen Staaten begonnen; so gab es erste bedeutende Kolloquien mit Polen seit 1972 und mit Kollegen aus der Sowjetunion seit 1984. Die zuletzt genannten Kolloquien hat Rudolf Bernhardt im Wesentlichen organisiert; an ihnen nahmen Professoren von anderen juristischen Fakultäten der Bundesrepublik teil, es waren keine dem Max-Planck-Institut allein zuzuordnenden Veranstaltungen.

Die enge Verbindung des Instituts mit der Heidelberger Universität fand 1986 anlässlich der 600-Jahr-Feier der Universität Ausdruck in einem Kolloquium am Institut zum Thema „Die Durchsetzung völkerrechtlicher Verpflichtungen". Im Zusammenhang mit der Zunahme internationaler Konflikte fand 1989 ein Kolloquium zu der kontroversen Frage: „Rechtliche Aspekte einer Beteiligung der BRD an Friedenstruppen der Vereinten Nationen mit Bundeswehr und Polizeikräften"[25] statt, das zu dem Ergebnis kam, dass eine derartige Beteiligung ohne Änderung des Grundgesetzes zulässig sei.

1990 fand wieder ein großes rechtsvergleichendes Kolloquium statt zum Thema: „Die Kontrolldichte bei der gerichtlichen Überprüfung von Handlungen der Verwaltung".[26] Grundlage der Diskussionen waren Landesberichte von Frankreich, Großbritannien, Italien, Österreich, Schweden, Schweiz, Spanien, USA und den Europäischen Gemeinschaften.

In die Zeit des Triumvirats fiel die Wiedervereinigung Deutschlands, deren rechtliche Aspekte das Institut natürlich beschäftigten. So fand eine Reihe kleinerer Kolloquien mit Wissenschaftlern der ehemaligen DDR statt, z.B. zu Fragen im Bereich des Menschenrechtsschutzes wie Berichtsverfahren, Staatenbeschwerdeverfahren, Individualbeschwerdeverfahren, das 1503-Verfahren, Durchsetzung außerhalb geregelter Verfahren. 1991 erschien eine Sonderausgabe der ZaöRV in englischer Sprache zur „Reunification of Germany".[27] Außerdem wurden auch konkrete Maßnahmen der Zusammenarbeit mit Universitäten der ehemaligen DDR eingeleitet, so mit Halle, Leipzig und Dresden. Auch ein 1997 mit dem französischen Conseil National de la Recherche Scientifique (CNRS) duchgeführtes Kolloquium galt den neuen Entwicklungen in Osteuropa.

---

[25] BaöRV Bd. 101.

[26] BaöRV Bd. 106.

[27] ZaöRV 51 (1991), S. 333-528.

Fragen der internationalen Sicherheit gehörten ebenfalls zum Interessengebiet des Instituts und fanden Ausdruck in der Asmaldi-Konferenz[28] von 1992 über „International Security in a Transformed World". Auch der Vortrag, den Rüdiger Wolfrum 1993 anlässlich seiner Einführung als Direktor über den Beitrag regionaler Abmachungen zur Friedenssicherung hielt, galt diesem Thema.[29]

Im Oktober 1993 fand dann wieder ein großes Kolloquium zur Rechtsstellung von Minderheiten[30] statt, das unter der Verantwortung von Jochen Abr. Frowein stand. Dieses Thema war bei der Schaffung einer neuen Ordnung in Europa nach den kriegerischen Ereignissen in Jugoslawien und dem Zerfall der Sowjetunion von zentraler Bedeutung. Die zum Schutz ethnischer und kultureller Minderheiten vorhandenen völkerrechtlichen Regeln waren begrenzt, so dass für die Suche nach Lösungsansätzen die Aufarbeitung der nationalen Rechtsordnungen von besonderem Interesse war. In einem ersten Band[31] wurde die nationale Rechtslage in dreizehn Staaten wiedergegeben, in einem zweiten Band[32] die nationalen Regelungen weiterer zehn Staaten sowie Querberichte und Schwerpunkte der Diskussionen.

Aus Anlass des Inkrafttretens der UN-Seerechtskonvention und zugleich mit Blick auf den 70. Gründungstag des Instituts, der mit einem Vortrag von Hermann Mosler über die Entstehungsgeschichte des Instituts gewürdigt wurde, fand 1995 ein Symposium zum Thema „Entry into Force of the Convention on the Law of the Sea: A Redistribution of Competences between States and International Organisations in Relation to the Management of the International Commons?" statt.[33] Es war das erste von zahlreichen späteren Symposien, die Rüdiger Wolfrum zu diesem Thema betreute. Die Wahl von Wolfrum zum Richter am Seegerichtshof am 1. August 1996 verstärkte die nun auch persönliche Einbindung in Fragen des Seerechts. Folgerichtig war auch das Symposium im Dezember 2001 aus Anlass des 60. Geburtstages von Rüdiger Wolfrum dem Seerecht gewidmet unter dem Thema „Interna-

---

[28] Die Asmaldi-Konferenz verfolgt das Ziel, Probleme der internationalen Sicherheit aus der Perspektive verschiedener Wissenschaftsgebiete zu erörtern.

[29] ZaöRV 53 (1993), S. 576-602.

[30] BaöRV Bd. 108 und 109.

[31] BaöRV Bd. 108.

[32] BaöRV Bd. 109.

[33] ZaöRV 55 (1995), S. 273-658.

tional Law Enforcement and Dispute Settlement – Recent Developments and the Law of the Sea".[34]

Das letzte Symposium im „alten" Gebäude an der Berliner Straße im Juli 1995 behandelte ein umweltrechtliches Thema: „Enforcing Environmental Standards: Economic Mechanisms as Viable Means"[35]; zu demselben Themenbereich wurde 1996 ein „Workshop on Institution Building in International Environmental Law" durchgeführt. Ebenfalls 1996 fand ein von Wolfrum in Kooperation mit Professor Weissbrodt (Minnesota) organisiertes Symposium im Bereich des Menschenrechtsschutzes zum Thema „The Right to a Fair Trial" statt.[36] Es ging der Frage nach, ob die in Art. 14 und 15 des Internationalen Pakts über bürgerliche und politische Rechte und in Art. 6 EMRK verbürgten Rechte des Zugangs zum Gericht, der Unabhängigkeit und Unparteilichkeit des Gerichts sowie die allgemeinen Verfahrensgrundsätze effektive Umsetzung erfahren, wo Defizite bestehen und wie Verbesserungen aussehen könnten. Dass es nicht nur um die Gewährleistung dieser Rechte in Europa ging, fand Ausdruck darin, dass das Symposium zusammen mit der Rechtsfakultät der University of Minnesota, Minneapolis, stattfand. Nahezu alle Rechtssysteme der Welt waren vertreten und es zeigte sich, dass der Grundsatz des fairen Verfahrens keineswegs einheitlich verstanden wird.

Ein besonders herausragendes Ereignis des Direktoriums Frowein/Steinberger/Wolfrum war der Umzug in das neue Gebäude im Neuenheimer Feld 535, der am 30.10.1996 mit der offiziellen Übergabe und einem Kolloquium über völkerrechtliche Probleme des Bürgerkriegs feierlich begangen wurde. Die Geschichte des Neubaus mit allen Facetten, vor allem der Suche nach einem geeigneten Standort, hatte das Institut und insbesondere die Direktoren seit mehr als 10 Jahren beschäftigt.

---

[34] ZaöRV 62 (2002), S. 1-76.

[35] BaöRV Bd. 125.

[36] BaöRV Bd. 129.

Max-Planck-Institut im Neuenheimer Feld 535

Gleichzeitig mit dem Bezug des neuen Gebäudes wurde der Internetauftritt des Instituts deutlich ausgebaut.[37] Im Rahmen des Projekts „Virtuelles Institut" wurden die im Institut vorhandenen wissenschaftlichen, bibliothekarischen[38] und technischen Ressourcen zusammengeführt, um dem interessierten Fachpublikum ein möglichst umfassendes wissenschaftliches Dienstleistungsprogramm anzubieten. Bis 1998 waren große Fortschritte in vier Bereichen umgesetzt worden: die Durchsuchbarkeit von im Institut erstellten Volltexten, der systematische Nachweis völkerrechtlich relevanter Quellen im Internet (Linksystematik), der systematische Nachweis des Bibliotheksbestandes und der im Hause ausgewerteten Zeitschriften und Sammelbände im Rahmen eines Web-fähigen Open Public Access Catalogue (OPAC) sowie das Angebot von CD-ROMs. Das Gesamtkonzept des am Institut realisierten „virtuellen Instituts" hatte Pilotcharakter im Rahmen der Geisteswissenschaften in der MPG. Aufgrund der rasanten Entwicklung im IT-Bereich wurde zu Ende des Direktorats Frowein/Steinberger/Wolfrum

[37] S. dazu detailliert unten Zweiter Teil, V.

[38] In der Zeit vor dem Umzug in das neue Gebäude waren die Bibliotheksbestände an drei Orten untergebracht: im Hauptgebäude Berliner Straße 48, im „Max-Planck-Haus", Berliner Straße 10, und in einem angemieteten Gebäude in Schwetzingen.

eine völlige Neuausrichtung der EDV beschlossen, die durch geänderte Anforderungen im Hinblick auf die Archivierung und Verfügbarmachung wissenschaftlicher Materialien am Arbeitsplatz der Wissenschaftler notwendig geworden war.

Der Umzug in das neue Gebäude brachte auch eine neue Ära in der Verwaltung des Instituts mit sich: Gerda Wallenwein trat nach 30 Jahren als Leiterin der Verwaltung in den Ruhestand. Sie hatte lange Zeit, zusammen mit Hilde Vaupel, mit einem eher kleinen Apparat die wachsenden administrativen Aufgaben des Instituts erfüllt. Ihr folgte Klaus Zimmermann nach, der bis zum 30. März 2016 die Verwaltung des Instituts leitete.

Das Triumvirat endete 1997 mit dem Ausscheiden von Helmut Steinberger, der mit einem Kolloquium zu „Grundfragen der Verfassungsgerichtsbarkeit in Mittel- und Osteuropa“[39] geehrt wurde.

5. Das Direktorium Jochen Abr. Frowein und Rüdiger Wolfrum (1997 bis 2002)

Nach dem Ausscheiden von Helmut Steinberger 1997 wurde das Institut nur noch von den beiden verbleibenden Direktoren Jochen Abr. Frowein und Rüdiger Wolfrum geleitet.

Schon gegen Ende des Triumvirats war das Umweltrecht zu einem zunehmend bedeutenden Rechtsbereich in den Arbeiten des Instituts gerworden. So hatte unter der Leitung von Wolfrum schon im Juli 1995 ein Symposium zum Thema „Enforcing Environmental Standards: Economic Mechanisms as Viable Means?“ stattgefunden[40] und seit 1998 war das Institut vom Umweltbundesamt in das Forschungsvorhaben über „Musterverträge und andere Gestaltungsformen für die Bioperspektiven unter dem Übereinkommen für die biologische Vielfalt“ eingebunden (Prof. Wolfrum/Dr. Stoll). Auch an dem Programm des Bundesministeriums für Bildung und Forschung vom Frühjahr 1999 zu Fragen der terrestrischen Biodiversität war das Institut über Rüdiger Wolfrum beteiligt; ihm wurde 2002 ein weiteres Forschungsvorhaben des Bundesministeriums für Umwelt, Naturschutz und Reaktorsicherheit übertragen zum Thema: „Konflikte im Umweltvölkerrecht/

[39] BaöRV Bd. 130.

[40] BaöRV Bd. 215.

Conflicts in International Environmental Law".[41] Professor Ulrich Beyerlin setzte ebenfalls deutliche Akzente im nationalen und internationalen Umweltrecht und knüpfte dabei an Arbeiten an, die am Beginn seiner akademischen Karriere standen. Sein Lehrbuch zum Umweltvölkerrecht ist 2000 erschienen; es wurde in Englisch (International Environmental Law) zusammen mit Professor Thilo Marauhn herausgebracht.

Ein Schwerpunkt der Arbeiten des Instituts – personifiziert insbesondere durch die Tätigkeit (bis 1980 von Hermann Mosler) von Rudolf Bernhardt und Jochen Abr. Frowein im Europäischen Menschenrechtsschutzsystem, auch durch Rüdiger Wolfrum und seine Tätigkeit im UN-Rassendikriminierungsausschuss – war weiterhin der Bereich der Menschenrechte, dem im Oktober 1998 ein Symposium zum Thema „Europäische Menschenrechtskonvention und Privatrecht – Praxis der Straßburger Organe und Auswirkungen in den Vertragsstaaten" gewidmet war. Es fand in Zusammenarbeit mit dem Hamburger Max-Planck-Institut für ausländisches und internationales Privatrecht statt. Bedeutend war das Symposium insbesondere unter dem Aspekt des Dialogs zwischen Privatrechtlern und Verfassungs- und Völkerrechtlern über die Bedeutung von Grund- und Menschenrechten für die Ausgestaltung der Privatrechtsordnung.[42]

Aus Anlass des 65. Geburtstages von Jochen Abr. Frowein fand im Juni 1999 ein Symposium zum Thema „Grenzüberschreitende Konstitutionalisierungsprozesse" statt, für das seine Schüler verantwortlich zeichneten. Fragen der europäischen Integration und ihrer Konstitutionalisierungsaspekte wurden behandelt ebenso wie verfassungsrechtliche Entwicklungen in Osteuropa und Fragen der Konstitutionalisierung im Völkerrecht und internationaler und regionaler Menschenrechtsschutz.[43]

Ein neuer Aufgabenbereich hatte sich für das Institut aus den Veränderungen in Osteuropa ergeben; das Institut wurde intensiv in die verfassungsrechtlichen Reformprozesse in den mittel- und osteuropäischen Staaten eingebunden.[44] Der wissenschaftlichen Diskussion des verfas-

---

[41] BaöRV Bd. 164.

[42] Rabels Zeitschrift für ausländisches und internationales Privatrecht 63 (1999), S. 409-749.

[43] ZaöRV 59 (1999), S. 901-985.

[44] Beispielhaft seien genannt die Beratungen zum ukrainischen Wahlgesetz; zur estnischen Verfassungsgerichtsbarkeit; zum litauischen Beamtengesetz; 1997

sungsrechtlichen Reformprozesses war auch das Kolloquium anlässlich des Ausscheidens von Helmut Steinberger 1997 gewidmet, das Grundfragen der Verfassungsgerichtsbarkeit in Mittel- und Osteuropa galt,[45] einem Thema, dem Helmut Steinberger seit Jahren große Aufmerksamkeit geschenkt hatte, insbesondere durch seine Arbeit in der Venedig Kommission.[46] Das 75-jährige Bestehen des Instituts bot Anlass, einen weiteren Teilaspekt dieses Bereichs zu diskutieren. Das wissenschaftliche Kolloquium im April 2000 stand unter dem Thema „Religionsfreiheit und rechtliche Bindung", wobei es um die Bedeutung der individuellen und kollektiven Religionsfreiheit für die Verfassungsordnungen multireligiöser Gesellschaften ging.[47]

Ein neues und wesentlich weiter reichendes Kapitel im Bereich Reformprozess und Wissenstransfer wurde 2002 mit der Beratung von Bürgerkriegsländern auf dem Weg zum Verfassungsstaat eröffnet. Rüdiger Wolfrum wurde mit der Durchführung des „Sudan Peace Project" befasst, das rechtliche Beratung beider Bürgerkriegsparteien, der Regierung in Khartoum und der südsudanesischen Befreiungsorganisation Sudanese People Liberation Movement (SPLM), auf dem Weg zu einem Friedensabkommen und zu einem föderalen Staat oder zwei unabhängigen Staaten leisten sollte. Das mehrwöchige Seminar, das unter Beteiligung beider Bürgerkriegsparteien und unter Mitwirkung prominenter ausländischer Wissenschaftler und Politiker stattfand, legte die Grundlagen für einen Friedensvertrag und eine Verfassung für eine Übergangszeit. Wichtigste Entscheidung war die grundlegende Einigung der Parteien auf eine Trennung des Südsudans vom Sudan. Diese Art des Wissenstransfers nahm einen großen Teil des Direktorats Wolfrum ein.[48]

Neben den großen Kolloquien und Symposien war das Institut weiter auch in übergreifende wissenschaftliche Fragen der MPG eingebunden, so z.B. zu Fragen der europäischen Forschungspolitik (1993 Schloss

---

Frowein zum estnischen Begnadigungsrecht; zu verfassungsrechtlichen Grenzen der Rückwirkung von Gesetzen und Fragen der Staatsangehörigkeit von Personen, die aus der Gemeinschaft Unabhängiger Staaten (GUS) stammen.

[45] BaöRV Bd. 130.

[46] Helmut Steinberger war seit 1990 Mitglied und zeitweise auch Vizepräsident der Venedig Kommission des Europarats, European Commission for Democracy Through Law.

[47] BaöRV Bd. 146.

[48] S. unten S. 31.

Ringberg) und den Herausforderungen des Internets für die geisteswissenschaftlichen Institute (1998 Schloss Ringberg) sowie zu Standards verantwortlichen Verhaltens in der Wissenschaft (Schloss Ringberg 1999). Außerdem wirkte das Institut an interdisziplinären Forschungsprojekten der MPG mit, die z.B. Fragen von „Politik und Recht unter Bedingungen der Globalisierung“ betrafen (MPG 2000 Plus). Ein weiterer Bereich, in dem sich neue Rechtsfragen stellten, betraf die fortschreitenden Möglichkeiten der Forschung an und des Einsatzes von Stammzellen. Auch hier wurde das Institut eingebunden, indem Rüdiger Wolfrum auf Antrag des Präsidenten der Deutschen Forschungsgemeinschaft 1998 den Vorsitz einer Expertengruppe übernahm, die 2002 eine Studie zum Problemkreis „Humane embryonale Stammzellen“ vorlegte.

In die letzten Monate des Direktoriums Frowein/Wolfrum fiel ein besonders schmerzliches Ereignis, das nicht nur die derzeitigen Mitarbeiter des Instituts, sondern auch die ehemaligen Mitarbeiter sowie Gäste und Freunde des Instituts tief bewegte: am 4. Dezember 2001 starb Hermann Mosler, der als Direktor des Instituts seit Herbst 1954 die Weichen für die Zukunft des Instituts gestellt hatte. Am 12. Oktober 2002 wurde für ihn eine Gedenkfeier veranstaltet, in der Rudolf Bernhardt und andere Wegbegleiter seine vielseitigen Verdienste als Wissenschaftler und Universitätsprofessor, als internationaler Richter am Europäischen Gerichtshof für Menschenrechte sowie am Internationalen Gerichtshof und insbesondere als Direktor des Instituts würdigten.[49]

6. Das Direktorium Rüdiger Wolfrum und Armin von Bogdandy (2002 bis 2012)

Am 30. Juni 2002 ging die Amtszeit von Jochen Abr. Frowein als Direktor des Institut zu Ende, eine Position, die er seit 1981 innehatte. An seine Stelle trat Armin von Bogdandy, der gemeinsam mit Rüdiger Wolfrum bis Ende 2012 das Institut leitete. Armin von Bogdandy hatte sich 1996 an der FU Berlin bei Professor Randelzhofer habilitiert[50] und

[49] S. oben Anm. 7.

[50] Die Habilitationsschrift behandelte das Thema: Gubernative Rechtsetzung. Eine Neubestimmung des Regierungssystems und der Rechtsetzung unter dem Grundgesetz in gemeineuropäischer Perspektive, Mohr, Tübingen, 2000.

hatte dann seit 1997 einen Lehrstuhl an der Frankfurter Johann Wolfgang Goethe-Universität inne.

Armin von Bogdandy

Aus Anlass des Direktorenwechsels fand im Juni 2002 ein wissenschaftliches Symposium statt, das unter dem Thema „Rechtsfragen der Gleichheit und Nichtdiskriminierung im nationalen und internationalen Recht“ stand.[51] Im Oktober 2002 wurde eine Festveranstaltung zur Emeritierung von Jochen Abr. Frowein und zum Eintritt von Armin von Bogdandy durchgeführt, mit einem Rückblick des scheidenden Direktors auf die am Institut verbrachte Zeit. Der Festvortrag von Armin von Bogdandy zum Thema „Holzwege und Fernpfade: Verfassungsrechtliche Dimensionen der Welthandelsorganisation“ unterstrich die Absicht des neuen Direktors, dem internationalen Wirtschaftsrecht in den kommenden Jahren noch mehr Aufmerksamkeit zu schenken. Ein weiterer Schwerpunkt der zukünftigen Arbeit sollte dem entstehenden europäischen Verfassungsraum in der Perspektive einer gemeineuropäischen Wissenschaft vom öffentlichen Recht gelten. Damit deutete sich bereits an, dass die Überschneidung der Schwerpunktgebiete der Direktoren abnahm und eine stärker konzeptionell geprägte Reflek-

---

[51] BaöRV Bd. 165

tion der Rechtswissenschaft Bedeutung gewann – die u.a. die Berufung von Armin von Bogdandy motiviert hatte.

Auch im Verfahren der wissenschaftlichen Forschung wurden einige neue Formate eingerichtet, wie z.B. zwei Internationale Max Planck Research Schools (IMPRS), die „Maritime Affairs“ bzw. „Successful Dispute Resolution in International Law“ gewidmet waren; außerdem wurde die Abhaltung von Masterclasses eingeführt, bei denen ein international bekannter Wissenschaftler in einer relativ kleinen Gruppe von Mitarbeitern seine Arbeiten diskutiert und zu Forschungsvorhaben der Teilnehmer Stellung nimmt.[52] Eine Innovation stellen auch die 2002 eingeführten Lese- und Gesprächskreise dar, die wissenschaftlichen Mitarbeitern und Gästen ein Forum zur vertieften Auseinandersetzung bieten. Sie sind inzwischen wichtiger Teil der wissenschaftlichen Diskussion und decken einen weiten Themenbereich ab, der allerdings mit den Schwerpunktinteressen der Veranstalter wechselt. Themen waren beispielsweise: Rechtsethik und Recht, chinesisches Recht, Grundlagen des Völkerrechts, internationales Wirtschaftsrecht, Menschenrechte, Recht und Entwicklung etc. 2007 wurde das wissenschaftliche Diskussionsforum „Max Planck Lecture Series/Max Planck Debating Series“ eingeleitet, in dem noch nicht abgeschlossene Publikationen zu grundlegenden Fragen des Völkerrechts, Europarechts und nationalen Rechts und der Rechtsvergleichung vorgestellt und diskutiert werden. Eine weitere Neuerung wurde von der MPG eingeführt in Form von Nachwuchsgruppen, die einem Habilitanden eigene Mittel zur Verfügung stellen, damit zu einem Thema unter seiner Leitung wissenschaftliche Forschungen durchgeführt werden zusammen mit drei bis vier Mitarbeitern, die innerhalb des Projekts ihre Dissertation erstellen.[53]

Die Aktivitäten des Instituts unter dem Direktorium Rüdiger Wolfrum/Armin von Bogdandy waren besonders reich an Einzelpro-

[52] Die bisherigen Masterclasses wurden geleitet von Eyal Benvenisti (2012), Jürgen Habermas (2013), Martti Koskeniemmi (2014), Emmanuelle Tourme-Jouannet (2015) und Michael Zürn (2016).

[53] Dem Institut wurden folgende Nachwuchsgruppen bewilligt: Silja Vöneky 2006 zum Thema „Demokratische Legitimation ethischer Entscheidungen – Ethik und Recht im Bereich der Biotechnologie und modernen Medizin“; Holger Hestermeyer die Otto-Hahn-Gruppe „Diversität und Homogenität – Rechtliche Mechanismen zur Behandlung von Diversität in einheitlichen Strukturen“; Anja Seibert-Fohr die Minerva Forschungsgruppe „Richterliche Unabhängigkeit“; Philipp Dann die Schumpeter-Forschungsgruppe „Recht und Governance der Entwicklungszusammenarbeit“ und zuletzt Andras Jakab 2011 die Schumpeter-Gruppe „Constitutional Reasoning in Europe“.

jekten und -veranstaltungen der Direktoren, die in größerem Maße als bisher interdisziplinär ausgerichtet waren und mit finanzieller Förderung von dritter Seite durchgeführt wurden. Obwohl es weiterhin „Institutsveranstaltungen“ gab,[54] war die Zeit von 2002 bis 2012 im Wesentlichen geprägt von Projekten der Direktoren, die wenig Überschneidungspotential zeigten und damit der Gliederung des Instituts in Abteilungen, die bisher bewusst vermieden worden war, näherkam. Die Tätigkeiten von Rüdiger Wolfrum konzentrierten sich zunehmend auf den Bereich des Wissenschaftstransfers in Krisenstaaten,[55] während Armin von Bogdandy sich in zahlreichen Projekten konzeptionellen Fragen des europäischen und internationalen öffentlichen Rechts widmete.[56] Institutsveranstaltungen galten wie bisher aktuellen Fragen des Völkerrechts. So z.B. das Symposium im Januar 2003, das vor dem Hintergrund der Anschläge vom 11. September 2001 zum Thema „Terrorism as a Challenge for National and International Law“ stattfand.[57] Auf der Grundlage von Landesberichten über die Entwicklung in ausgewählten Ländern wurden Problemfelder der nationalen Terrorismusbekämpfung sichtbar gemacht und versucht, sich der Vermischung der Grenzen zwischen Völkerrecht und nationalem öffentlichen Recht zu nähern.[58]

Ein weiteres stets aktuelles Thema der Institutsarbeiten war die Fortentwicklung der Völkerrechtsordnung, die Gegenstand einer von Wolfrum organisierten internationalen Konferenz im November 2003 zu Fragen alternativer Instrumente zum völkerrechtlichen Vertrag war. Es ging darum, welche Normen die internationalen Akteure, einschließlich der Gerichte und Schiedsgerichte, anzuwenden haben, bzw. ob der Katalog der Völkerrechtsquellen in Art. 38 IGH Statut noch adäquat ist.[59] Auch das Symposium zum 65. Geburtstag von Rüdiger Wolfrum im Dezember 2006 galt aktuellen Problemen des Völkerrechts. Unter dem Thema „International Law Today: New Challenges and Need for Reform?“ wurden Fragen von Verantwortlichkeit und Souveränität von Staaten, Krisenmanagement des UN-Sicherheitsrats, Fragmentierung

---

[54] S. unten S. 31.

[55] S. unten S. 31 f.

[56] S. unten S. 33 f.

[57] Es wurde von der Deutschen Stiftung für Friedensforschung finanziert und von S. Vöneky, C. Walter und F. Schorkopf organisiert.

[58] BaöRV Bd. 169.

[59] BaöRV Bd. 193.

des Völkerrechts, Schutz genetischer Ressourcen in den Meeren, Haftung im Antarktisregime, Verhältnis Menschenrechte und geistiges Eigentum sowie Minderheitenschutz diskutiert.[60] 2012 war ein weiteres internationales Kolloquium dem grundlegenden Thema „International Dispute Settlement: Room for Innovations“ gewidmet.[61]

Die Menschenrechte waren weiterhin wesentlicher Bestandteil der Arbeiten am Institut und Gegenstand des Symposiums im Juni 2005, das zu Ehren des 80. Geburtstags von Rudolf Bernhardt dem bedeutenden Thema „Des Menschen Recht – Grundlagen des Völkerrechts“ gewidmet war. Den Menschenrechten und insbesondere ihrer Garantie war der Workshop im Dezember 2007 zum Thema „The European Court of Human Rights, overwhelmed by applications: Problems and possible solutions“ gewidmet.[62] Auch das Seerecht blieb Gegenstand der Forschung des Instituts. Im Mai 2007 wurde die 31. Virginia Seerechtskonferenz zum Thema „Legal Challenges in Maritime Safety“ in Zusammenarbeit mit dem Center for Oceans Law and Policy der University of Virginia und dem Maritime Law and Oceans Policy Centre der National University of Ireland durchgeführt. Ziel der Konferenz war es, aktuelle Sicherheitsprobleme und mögliche Lösungsmodelle eingehend zu analysieren, und zwar in Bezug auf Frachtgut, Häfen, Versorgungsketten, Informationsaustausch und Kapazitätsschaffung. Das Recht der Vereinten Nationen war nicht nur Gegenstand von Dissertationsprojekten einzelner Mitarbeiter, sondern auch eines Mitarbeiterseminars zum Thema „Restructuring Iraq. Models based upon Experience gained under the Authority of the League of Nations and the United Nations“. Ausgangspunkt war der Irak-Krieg 2003, aber eigentlicher Gegenstand war, wie und unter welchen Bedingungen in sog. *post-conflict societies* die internationale Gemeinschaft restrukturierend tätig werden kann.[63]

Dem Gegenstand dieses Seminars, Wiederaufbau in *post-conflict societies*, kam aufgrund der weltpolitischen Ereignisse zunehmende Bedeutung zu, und er wurde unter dem Thema Globaler Wissenstransfer zum Schwerpunkt der Arbeiten von Rüdiger Wolfrum und seinen Mitarbeitern. Schon 2002 hatte Wolfrum eine Arbeitsgruppe zur rechtlichen Unterstützung von Transformationsprozessen in Krisengebieten eingesetzt, deren Aufgabenbereich dramatisch zunahm und letztlich 2012 in

---

60 BaöRV Bd. 193.

61 BaöRV Bd. 239.

62 BaöRV Bd. 205.

63 Max Planck Yearbook of United Nations Law 5, 2005.

der Einsetzung einer eigenständigen „Max-Planck-Stiftung für internationalen Frieden und Rechtsstaatlichkeit“ mündete unter der Leitung von Professor Wolfrum, Dr. Röder und Dr. Gruss. Beim globalen Wissenstransfer geht es vorwiegend um die Beratung bei der Schaffung oder Änderung von Verfassungen, beim Aufbau von Gerichtsstrukturen sowie um die Schulung von Entscheidungsträgern und Mitgliedern der Zivilgesellschaft in Fragen des öffentlichen Rechts und Völkerrechts, also eine eher untypische Form gemischter wissenschaftlicher und praktischer Betätigung des Instituts. Ausgangspunkt der Beratungstätigkeit war das Sudan Peace Project, in dem unter Leitung von Rüdiger Wolfrum beratende rechtliche Unterstützung für beide Bürgerkriegsparteien, der Regierung in Khartum und der südsudanesischen Befreiungsorganisation Sudanese People Liberation Movement (SPLM), auf ihrem Weg zu einem Friedensabkommen und zu einem föderalen oder konföderalen Staat oder – nach einer gewissen Übergangszeit und einem Referendum für Selbstbestimmung – zu zwei unabhängigen staatlichen Einheiten geleistet wurde.[64] Die erste Phase des Projekts betraf die Begleitung des Friedens- und Verfassungsprozesses: Wolfrum und sein Team unterstützten die ehemaligen Bürgerkriegsparteien bei der Erarbeitung und Inkraftsetzung der National- und der Südverfassung, u.a. durch die rechtsvergleichende Analyse der Optionen, die im Rahmen der Vorgaben des Friedensvertrages vom 9. Januar 2005 als Regelungsmodelle sinnvollerweise zur Verfügung standen. Diese Phase wurde 2005 mit dem Inkrafttreten der nationalen Übergangsverfassung und der Übergangsverfassung des Südsudan abgeschlossen. Seither befindet sich das Projekt in einer zweiten Phase, in der es um die Unterstützung sudanesischer Institutionen bei der Verfassungsimplementierung und beim Aufbau rechtsstaatlicher Strukturen geht. Nach der Unabhängigkeitserklärung des Südsudan im Januar 2011 ist das Sudan-Projekt zweigeteilt in ein Sudan- und ein Südsudan-Projekt; in beiden wird in Workshops und Trainingseinheiten vor Ort und in Heidelberg die Entwicklung des Staates in Richtung Rechtsstaat tatkräftig unterstützt.

Der Erfolg des Sudan-Projekts zog die Einbindung der Arbeitsgruppe von Rüdiger Wolfrum in zahlreiche weitere Demokratisierungsprozesse in Krisengebieten nach sich. Dazu gehören Afghanistan, Irak, Libyen, die Mongolei, Pakistan, Somalia und Tunesien. In all diesen Projekten wird nach dem Muster des Sudan-Projekts Hilfe bei der Erarbeitung einer Verfassung und rechtsstaatlicher Strukturen sowie deren Implementierung geleistet, sowie praktisches Training von Entscheidungsträ-

[64] S. oben S. 26.

gern wie Richtern und Verwaltungsfunktionären. Ein ausführlicher Bericht über die umfangreichen Aktivitäten der Arbeitsgruppe Wissenschaftstransfer für die Zeitspanne 2002-2012 findet sich auf der Homepage des Instituts.

Ein ebenfalls im Rahmen des Wissenschaftstransfers (unter Leitung von Professor Wolfrum und Professor Orrego Vicuña, koordiniert von Professor Rainer Grote) angesiedeltes, allerdings völlig anders orientiertes Projekt besteht mit Chile: seit dem Studienjahr 2004 wird von den juristischen Fakultäten der Universität Heidelberg und der Universidad de Chile mit tatkräftiger wissenschaftlicher Unterstützung des MPI und des Instituts für internationale Studien der Universität Chile ein einjähriger Magister-Studiengang angeboten. Der Studiengang wurde im Rahmen des Programms „Studienangebote deutscher Hochschulen im Ausland“ mit substanzieller Anschubfinanzierung durch den DAAD zunächst für die Zeit von 2004 bis 2007 ausgewählt und dann aufgrund der positiven Resonanz auf unbestimmte Zeit verlängert.

Neben all diesen Projekten und seiner Tätigkeit als Richter am Seegerichtshof und in mehreren Schiedsverfahren widmete Wolfrum weiterhin sein Interesse dem WTO-Recht, das ihn nicht nur in Form des mehrbändigen Kommentars unter seiner Leitung einband,[65] sondern u.a. auch Gegenstand eines Symposiums im November 2003 unter dem Titel „International Dispute Settlement: Room for Innovations“ war.[66]

Armin von Bogdandy brachte insbesondere ein verstärktes Augenmerk für die konzeptionellen Aspekte der Arbeitsgebiete des Instituts mit. Seine Arbeitsschwerpunkte gelten der Wissenschaft des europäischen Verfassungsrechts, Fragen der Public Authority sowie der Philosophie des Völkerrechts. Seine Überlegungen zum Thema eines legitimen und effizienten öffentlichen Rechts im europäischen Rechtsraum wurden gleich zu Beginn seiner Amtszeit anlässlich einer Tagung im Februar 2003 vorgestellt. Sie basieren auf dem Gedanken, dass die Verfestigung des Primärrechts der Europäischen Union es erlaubt, dieses als Verfassungsrecht und als Teilverfassung im europäischen Verfassungsraum anzusehen. Der neue Ansatzpunkt liegt in der These, dass Verfassungsrecht denkbar ist ohne Staat, Nation und ohne einen Gründungsakt, der sämtlichen Anforderungen der Theorie der verfassunggebenden Gewalt genügt. Ergebnis der ersten Phase des Projekts war 2003 die Veröffent-

---

[65] Max Planck Commentaries on World Trade Law (Wolfrum/Stoll); insgesamt 7 Bände, alle erschienen bis 2009.

[66] BaöRV Bd. 239.

lichung des umfangreichen Werks „Europäisches Verfassungsrecht: Theoretische und dogmatische Grundzüge“;[67] die zweite Phase des Forschungsprojekts gilt den innovativen Potenzialen des Lissabon-Vertrages und die dritte Phase den Strukturen des geltenden Unionsrechts, d.h. einer empirischen und dogmatischen Untersuchung des *acquis communautaire*, und setzt eine vergleichbare Studie fort, die 1999/2000 an der Universität Frankfurt durchgeführt wurde.[68]

Ein weiteres Projekt im Bereich Europäisches Recht ist seit 2005 das großangelegte Vorhaben „Ius Publicum Europaeum“, das die historischen und theoretischen Grundlagen und dogmatischen Grundzüge nationaler Rechtsordnungen in der Perspektive des europäischen Rechtsraums erarbeitet. Das Projekt steht unter der Leitung von Armin von Bogdandy, Peter Huber, Pedro Cruz Villalon (Spanien) und Sabino Cassese (Italien) und wird von der Fritz Thyssen Stiftung gefördert. Die Bände I-VII gelten nationalen Verfassungs- und Verwaltungsordnungen und ihrer Öffnung für supranationale Integration und zwischenstaatliche Zusammenarbeit. In weiteren Bänden sollen einzelne Aspekte des öffentlichen Rechts im europäischen Rechtsraum weiter vertieft werden.[69] Dieses Projekt wurde als bahnbrechend für das öffentliche Recht betrachtet und war u.a. Anlass dafür, dass Armin von Bogdandy 2014 mit dem wichtigsten Forschungsförderpreis in Deutschland, dem Leibniz-Preis, ausgezeichnet wurde.

Ein anderer Forschungsbereich betrifft „Rechtsfragen transnationaler Mehrebenensysteme“, die 2006-2008 Gegenstand eines „Mitarbeiterseminars“ zusammen mit der Universität Heidelberg zur Erforschung und Weiterentwicklung des Rechts internationaler Institutionen waren. Unter dem übergeordneten Thema „Global Administrative Law“ wurde das Thema weiter vertieft in dem Projekt „Exercise of International Public Authority“, das in einer ersten Phase die von internationalen Institutionen ausgeübte „public authority“ (2006-2009)[70] und in der zweiten Phase das Thema „Law-making by international courts and

---

[67] Springer Verlag, 2003; Neuauflage 2009.

[68] A. von Bogdandy, J. Bast, F. Arndt, „Handlungsformen im Unionsrecht: Empirische Analysen und dogmatische Strukturen in einem vermeintlichen Dschungel“, ZaöRV 62 (2002) S. 77-161.

[69] S. unten Zweiter Teil, II.8.

[70] A. von Bogdandy/R. Wolfrum/J. von Bernstorff/P. Dann/M. Goldmann (eds.), The Exercise of Public Authority by International Institutions, Advancing International Institutional Law, 2010, BaöRV Bd. 210.

tribunals" (2009-2011) untersuchte. An den Arbeiten waren andere Universitäten (Frankfurt, Tel Aviv, Bremen Global Research Center, NYU, Graduate Institute Geneva und Sorbonne) beteiligt.[71] Die 3. Phase begann 2012 und betrifft sowohl Institutionen als auch Gerichte und gilt neuen Sachfragen und geographischen Regionen. Im Zusammenhang mit den neuen Theorien des Staats- und Völkerrechts waren auch die Forschungen von Armin von Bogdandy und Sergio Dellavalle zur Philosophie des Völkerrechts angesiedelt, die insbesondere der Bestandsaufnahme der Theorien über das Völkerecht galten. Das Projekt untersucht – seit 2006 unter dem Titel „Paradigmen der Ordnung" – eine neue Theorie des öffentlichen Rechts, die das internationale, supranationale und staatliche öffentliche Recht in einer einheitlichen theoretischen und dogmatischen Konzeption systematisch erfasst.[72] Zum gleichen Themenbereich gehört auch das Projekt „Demokratisches Prinzip, Rechtstheorie und -philosophie", das Fragen nach der Bedeutung der Globalisierung für das demokratische Prinzip untersucht.

Die rechtsvergleichenden Arbeiten von Armin von Bogdandy haben neben Europa insbesondere Lateinamerika zum Gegenstand. Dabei geht es einerseits um das südamerikanische Integrationsrecht, Mercosur und Andengemeinschaft, im Vergleich zur europäischen Integration und andererseits im weiteren Verlauf dann verstärkt um das amerikanische Menschenrechtssystem. Eine erste Tagung fand 2006 am Institut statt: sie war Ausgangpunkt für eine äußerst intensive Zusammenarbeit mit südamerikanischen Kollegen. Das Projekt wurde 2007 vertieft durch die Zusammenarbeit mit der Konrad-Adenauer-Stiftung. Untersucht wurden im Zusammenhang mit dem Integrationsrecht auch die dogmatischen Strukturen der Verfassungen von Mercosur und Andengemeinschaft unter dem Aspekt Supranationalität, Konsolidierung der Institutionalität und insbesondere Förderung der Demokratie und Gewährleistung der Menschenrechte. 2008 fand eine Tagung in Heidelberg statt zum Thema „Anspruch und Realität der Integration in Südameri-

[71] Die Einzelbeiträge wurden im German Law Journal, Band 12, Heft 5 publiziert und in einer Monographie von A. von Bogdandy/I. Ventzke (eds.), International Judicial Lawmaking. On Public Authority and Democratic Legitimation on Global Governance, Springer, 2012.

[72] A. von Bogdandy/S. Dellavalle, Paradigmi dell'Ordine (Paradigmen rechtlicher Ordnung), Turin, 2010.

ka. Das Menschenrechtssystem als erfolgreiches Beispiel".[73] Als Krönung des Projekts kann sicher das Rahmenabkommen mit dem Interamerikanischen Gerichtshof für Menschenrechte vom November 2014 angesehen werden, das eine Stärkung der institutionellen Beziehungen beinhaltet sowie 2015 die Übergabe des Gerichtshammers an Armin von Bogdandy durch den Präsidenten des interamerikanischen Gerichtshofs für besondere Verdienste um die Menschenrechte sowie des Preises „Premio Internacional de Investigación *Héctor Fix Zamudio*" der Universidad Nacional Autónoma de Mexico.

In den Jahren 2008 und 2009 wurde im gleichen Kontext das Projekt „Rechtsvergleichung mit Lateinamerika" durchgeführt, das Fragen der Verfassungs- und Integrationsentwicklung gewidmet war und in zahlreichen Symposien und Workshops stattfand. Erwähnenswert ist z.B. das Symposium vom September 2011 zum Thema „El constitucionalismo social latinoamericana a la luz del bicentenario: desafíos y perspectivas", das anlässlich der zweihundertsten Wiederkehr des Beginns des Unabhängigkeitskrieges gegen die spanische Kolonialmacht stattfand sowie das Seminar vom November 2011 zur Verfassungsgerichtsbarkeit. In diesen Zusammenhang gehört auch das Iberoamerikanische Kolloquium, das 2004 auf Initiative der Spanisch sprechenden Gäste am MPI ins Leben gerufen wurde. Es ist ein Forum des wissenschaftlichen, interdisziplinären und interkulturellen Austauschs von Mitarbeitern und Gästen in spanischer Sprache unter der Leitung von Mariela Morales Antoniazzi. Allein 2010/2011 fanden etwa 20 Kolloquien statt. Darüber hinaus bemühte sich das Institut, das Netzwerk Lateinamerika auszubauen, das Verbindungen außer zu Chile[74] zu den Universitäten Pontifica Universidade Catolica Sao Paulo, Universidad de los Andes Bogotà, Centro de Estudios de Derecho, Economia y Politica Asunción, Universidad Catolica Andres Bello Caracas und der Asociación Argentina de Derecho Constitucional umfasst. Außerdem werden Kontakte mit Wissenschaftlern aus Argentinien, Bolivien, Brasilien, Chile, Ecuador, Costa Rica, Guatemala, Kolumbien, Mexiko, Paraguay, Peru, Uruguay und Venezuela gepflegt.

---

[73] A. von Bogdandy u.a. (Hrsg.) Integración sudamericana a través del Derecho?, 2009.

[74] S. oben S. 33.

7. Der Übergang zum Direktorium Armin von Bogdandy und Anne Peters (2013)

Am 31. Dezember 2012 endete das Direktorium von Rüdiger Wolfrum; auf seine Stelle hatte die Berufungskommission der MPG erstmalig eine Frau berufen: Professor Anne Peters, die den Lehrstuhl für Völker- und Staatsrecht der Universität Basel innehatte und dort zugleich das Amt der Forschungsdekanin ausfüllte. Sie hatte sich im Jahr 2000 mit einer Arbeit zum Thema „Elemente einer Theorie der Verfassung Europas" am Walther-Schücking-Institut für internationales Recht der Universität Kiel habilitiert.

Anne Peters

Ihr Einstieg in das neue Amt verzögerte sich, da sie zu Beginn des Jahres 2013 noch am Wissenschaftskolleg Berlin durch ihr Forschungsvorhaben „Internationale Menschenrechte und globales Tierrecht" verpflichtet war. Daher übernahm sie ab 1. März 2013 das Amt des Direktors am Institut zunächst nur als Nebenamt und ab 1. September 2013 dann hauptamtlich. Bis zu diesem Zeitpunkt hatte sie bereits ihren Mitarbeiterstab weitgehend rekrutiert, da die Mitarbeiter von Rüdiger Wolfrum zum größten Teil in das Wissenstransferprojekt eingebunden waren und mit ihm in die Max-Planck-Stiftung wechselten oder bereits im Vorfeld anderweitige Posten übernommen hatten, so dass die „völkerrechtliche" Seite des Instituts dringend auf Stärkung angewiesen war. Forschungsschwerpunkte im Team von Anne Peters werden Grundfragen des Völkerrechts und seiner Geschichte sein, sowie das Recht von Frieden und Krieg, global governance und Konstitutionalismus, der Status des Menschen im Völkerrecht und globales Tierrecht.

Der Einstieg von Anne Peters in das Direktorium wurde dadurch erschwert, dass große Um- und Anbaumaßnahmen am Institut es erforderten, die Mitarbeiter, bzw. den größten Teil der Mitarbeiter, insbesondere die Wissenschaftler, in einem anderen Gebäude unterzubringen, um adäquate Arbeitsbedingen zu gewährleisten. Im Dezember 2013 bezogen der Großteil der Wissenschaftler sowie Teile der Verwaltung Räumlichkeiten im X-Haus in der Nähe des Hauptbahnhofs, womit eine schwierige Phase der Kommunikation begann – eine problematische Situation zur Wahrnehmung eines neuen, anspruchsvollen Amtes. Ende März 2015 erfolgte die „Wiedervereinigung" im alten/neuen Institutsgebäude und brachte wieder weitgehend normalen Alltag in Forschung und Verwaltung des Instituts und seiner Mitarbeiter in allen Bereichen.

Während der Umbauphase konnten keine großen wissenschaftlichen Kolloquien abgehalten werden; es wurden aber die laufenden Projekte von Armin von Bogdandy in vollem Umfang weiter betrieben. Anne Peters engagierte sich vor allem bei der Veranstaltung kleinerer Symposien zu höchst aktuellen Fragen, wie der Annexion der Krim durch Russland oder der Weiterentwicklung des „arabischen Frühlings", die Ende 2014 zu keiner sehr positiven Bilanz Anlass gab.[75] Das hauptsächliche Interessengebiet von Anne Peters ist das Völkerrecht. Sie befasst sich sowohl mit den völkerrechtlichen Aspekten aktueller Krisen und Probleme, als auch mit Grundfragen und historischer Entwicklung, was ihre jüngsten Publikationen belegen[76] und für die Zukunft weiter interessante Forschungsprojekte erwarten lässt.

---

[75] ZaöRV 74 (2014), S. 1-298.

[76] A. Peters, Jenseits der Menschenrechte – die Rechtsstellung des Individuums im Völkerrecht, 2014; dies., Transparency in International Law, (Hrsg. zus. mit A. Bianchi), 2014; dies., Immunities in the Age of Global Constitutionalism (Hrsg. zus. mit E. Lagrange, S. Oeter, C. Tomuschat), 2013; dies., Conflict of Interest in Global, Public and Corporate Governance (Hrsg. zus. mit L. Handschin), 2012 und dies., Oxford Handbook of the History of International Law (Hrsg. zus. mit Bardo Fassbender), 2012.

II. Die Verbindung von Völkerrecht und Rechtsvergleichung im öffentlichen Recht als Teil der Institutsgeschichte

1. Grundsätzliches

Seit der Gründung des Instituts am Ende des Jahres 1924 bis heute nennt sein Name das ausländische öffentliche Recht und das Völkerrecht als Forschungsgegenstände. Diese Kombination war und ist in der geschichtlichen Entwicklung der juristischen Disziplinen keineswegs selbstverständlich; nicht selten war das Völkerrecht mit dem internationalen Privatrecht verbunden, auch die Kombination mit dem Strafrecht kam vor. Die Rechtsvergleichung spielte im öffentlichen Recht lange Zeit keine herausragende Rolle, eher war die allgemeine Staatslehre oder die politische Wissenschaft an dem ausländischen Verfassungsrecht, zuweilen und seltener auch am ausländischen Verwaltungsrecht interessiert.[77] So war die Kombination von Völkerrecht und Rechtsvergleichung im öffentlichen Recht als Forschungsfeld eines wissenschaftlichen Instituts keineswegs selbstverständlich. Dass die Kombination über Jahrzehnte erhalten blieb, liegt nicht nur am Respekt für die Tradition, sondern inzwischen sind Völkerrecht und öffentliches Recht der Staaten (Verfassungsrecht und Verwaltungsrecht) einander näher gekommen. Das zeigen u.a. das Europarecht und der internationale Schutz der Menschenrechte, auch die Tatsache, dass der Begriff der Konstitutionalisierung im Völkerrecht vorgedrungen ist, zeigt eine weitere Annäherung von Völkerrecht und staatlichem Recht.

Eine weitere Klarstellung ist angebracht: Der Name des Instituts könnte dahin missverstanden werden, dass die bloße Kenntnis des ausländischen öffentlichen Rechts Forschungsgegenstand des Instituts sei, im Sinne von Auslandsrechtskunde. Rechtsvergleichung will mehr: sie will nicht nur ausländisches Recht registrieren und untersuchen, sondern nach Übereinstimmungen und Divergenzen und nach den jeweiligen Vor- und Nachteilen der gefundenen Regelungen fragen. Die Rechtsvergleichung wurde allgemein als Aufgabe des Instituts anerkannt, im Übrigen war auch das deutsche Recht selbstverständlich in die Arbeit

[77] Auf die Besonderheit der Kombination von Völkerrecht, öffentlichem Recht und Rechtsvergleichung geht P. Pescatore in seinem Vortrag anlässlich des 50jährigen Bestehens des Instituts ausführlich ein: Die Aufgaben eines Forschungsinstituts für Völkerrecht und Rechtsvergleichung aus internationaler Sicht, Berichte und Mitteilungen (Fn. 5), S. 37-44.

des Instituts und den Vergleich einzubeziehen. Daher wurde in den 70er Jahren des 20. Jahrhunderts zwar nicht der deutsche Name des Instituts geändert, aber die Bezeichnung in englischer und französischer Sprache wurde der Realität angepasst: „Institute for Comparative Public Law and International Law", „Institut de Droit Public Comparé et de Droit International". Dies waren in den letzten Jahrzehnten die Bezeichnungen des Instituts in den genannten Sprachen. Man verzichtete auf eine wortgetreue Übersetzung des deutschen Titels des Instituts, sondern wollte eine der Realität besser entsprechende Bezeichnung. Diese Entscheidung traf die Institutsleitung (Mosler/Bernhardt) in den 70er Jahren, Widerspruch erhob sich seither zu keiner Zeit.

2. Tatsächliches

Das Kaiser-Wilhelm-Institut und ebenso das Max-Planck-Institut waren international vor allem als Repräsentant der deutschen Völkerrechtswissenschaft anerkannt. Das hatte verschiedene Gründe, die hier nicht aufzuzählen sind.

Zugleich finden sich in den Publikationen des Instituts zahlreiche Belege dafür, dass auch die Rechtsvergleichung im öffentlichen Recht und das ausländische öffentliche Recht die Aufmerksamkeit der Institutsleitung und etlicher Mitarbeiter des Instituts fanden. Schon die Tatsache, dass die Institutszeitschrift das ausländische öffentliche Recht in ihrem Titel nannte und nennt, zeigt das; etliche Aufsätze und Monographien haben sich mit ausländischem öffentlichem Recht beschäftigt. Schon die erste Nummer der Institutszeitschrift entwirft ein Arbeitsprogramm, in dem ausländisches Staats- und Verwaltungsrecht einen prominenten Platz einnahm.[78] Und trotzdem bleibt zu registrieren, dass die Beschäftigung mit dem Völkerrecht in der Arbeit des Instituts dominierte.

Die Rechtsvergleichung im öffentlichen Recht wurde in der Zeit, in der Hermann Mosler die Institutsleitung innehatte, erstmals systematisch betrieben. Die rechtsvergleichenden Kolloquien belegen das. Es fanden die folgenden Kolloquien statt: Staat und Privateigentum,[79] Verfassungsgerichtsbarkeit in der Gegenwart,[80] Haftung des Staates für

---

[78] ZaöRV 1 (1929), Vorwort (V. Bruns), S. III-VIII.

[79] BaöRV Bd. 34.

[80] BaöRV Bd. 36.

rechtswidriges Verhalten seiner Organe,[81] Gerichtsschutz gegen die Exekutive.[82] Unter der Leitung von Rudolf Bernhardt fand 1978 ein Kolloquium zur „Koalitionsfreiheit des Arbeitnehmers“ statt.[83] Jochen Abr. Frowein organisierte das Kolloquium von 1985 zum Thema „Die Rechtsstellung von Ausländern nach staatlichem Recht und Völkerrecht“;[84] 1990 das Kolloquium „Die Kontrolldichte bei der gerichtlichen Überprüfung von Handlungen der Verwaltung“;[85] und 1993 das Kolloquium zum Thema „Das Minderheitenrecht Europäischer Staaten“[86] und schließlich 1997 ein Kolloquium zu „Grundfragen der Verfassungsgerichtsbarkeit in Mittel- und Osteuropa“.[87]

Das mehrbändige, von Armin von Bogdandy, Pedro Cruz Villalón, Christoph Grabenwarter und Peter M. Huber herausgegebene „Handbuch Ius Publicum Europaeum“ setzt die Akzente etwas anders als die früheren Kolloquien es taten; es gehört aber in die Reihe der Arbeiten des Instituts zur Rechtsvergleichung im öffentlichen Recht.[88]

An dieser Stelle ist eine grundsätzliche Feststellung nachzutragen. Die Arbeiten des Instituts zur Rechtsvergleichung im öffentlichen Recht haben dies zu keiner Zeit als bloße Ergänzung des Völkerrechts gesehen, etwa zur Feststellung von allgemeinen Rechtsgrundsätzen (general principles of law) als subsidiäre Völkerrechtsquelle, sondern als eigenständigen Forschungsgegenstand. Rechtsvergleichung kann *auch* für die völkerrechtliche Arbeit von Nutzen sein, sie ist aber zugleich und vor allem ein eigenständiges Forschungsgebiet.

---

[81] BaöRV Bd. 44.

[82] BaöRV Bd. 52.

[83] BaöRV Bd. 75.

[84] BaöRV Bd. 94/1 und 94/2.

[85] BaöRV Bd. 106.

[86] BaöRV Bd. 108 und 109.

[87] BaöRV Bd. 130.

[88] Handbuch Ius Publicum Europaeum, Bd. 1, Grundlagen und Grundzüge staatlichen Verfassungsrechts, 2007; Bd. 2, Offene Staatlichkeit – Wissenschaft vom Verfassungsrecht, 2008; Bd. 3, Verwaltungsrecht in Europa, 2010; Bd. 4, Verwaltungsrecht in Europa, 2011; Bd. 5, Verwaltungsrecht in Europa, 2014; Bd. VI, Verfassungsgerichtsbarkeit in Europa, 2016.

III. Nationale und internationale Funktionen

Als Mitglieder eines der bedeutendsten Institute für Völkerrecht und Rechtsvergleichung waren insbesondere die Direktoren des Instituts aufgrund ihrer Qualifikation für hochrangige nationale und internationale Funktionen prädestiniert und gefragt. So wurde Hermann Mosler 1951 in der Aufbauphase des Auswärtigen Amtes zum Leiter der Rechtsabteilung berufen, ein Amt, das er bis 1953 ausfüllte und das ihn zum Teilnehmer an den Verhandlungen über den Schuman-Plan und über die Ablösung des Besatzungsregimes machte. 1959 wurde er zum ersten deutschen Richter am Europäischen Gerichtshof für Menschenrechte berufen, wo er von 1959 bis 1980 wirkte, 1974 bis 1977 war er Vizepräsident des Gerichtshofs; von 1976 bis 1985 war er der erste deutsche Richter der Nachkriegszeit am Internationalen Gerichtshof in Den Haag, wo er bereits 1967 als deutscher *ad hoc* Richter im Nordsee-Festlandsockel-Fall tätig war. In seine Zeit als IGH-Richter fielen bedeutende Fälle wie der Teheraner Geiselfall, der aufsehenerregende Fall Nicaragua gegen die USA sowie der Fall zu seerechtlichen Fragen zwischen den USA und Kanada. Im Jahr 1989 wurde Hermann Mosler zum Obmann eines Schiedsgerichts nach der Sitzstaatvereinbarung zwischen der Regierung der Bundesrepublik Deutschland und dem Europäischen Laboratorium für Molekularbiologie (EMBL) zu Fragen der Anwendbarkeit der deutschen Steuergesetzgebung auf das EMBL berufen (weitere Schiedsrichter: Michael Schweitzer und Luzius Wildhaber; der Schiedsspruch erging am 29. Juni 1990). 1957 wurde er Associé, später Membre des Institut de Droit International, 1963 Mitglied des Wissenschaftsrats und dann Mitglied des Senats der Deutschen Forschungsgemeinschaft, 1970 erhielt er die Ehrendoktorwürde der Universität Brüssel, später auch die der Universitäten Saarbrücken und Madrid; 1972 wurde er korrespondierendes Mitglied der österreichischen Akademie der Wissenschaften und 1975 Mitglied der Heidelberger Akademie der Wissenschaften, zu deren Präsident er 1980 bestellt wurde. 1982 wurde ihm von der Rheinischen Friedrich-Wilhems-Universität Bonn der Robert-Schuman-Preis verliehen.

Auch Rudolf Bernhardt bekleidete eine Reihe bedeutender nationaler und internationaler Funktionen. Unter den nationalen Funktionen sind insbesondere erwähnenswert der Vorsitz in der Deutschen Gesellschaft für Völkerrecht (heute Deutsche Gesellschaft für Internationales Recht) von 1973 bis 1977 und der Vorsitz in der Gesellschaft für Rechtsvergleichung von 1984 bis 1989. Unter den internationalen Funktionen ist vor allem seine langjährige Tätigkeit als Richter am Europäischen Gerichtshof für Menschenrechte hervorzuheben: 1981 trat er dort die Nachfolge von Hermann Mosler an, 1992 wurde er Vizepräsident und 1998 Präsident des Gerichtshofs, ein Amt, das er wegen der Neuregelungen nur sieben Monate bis zu seinem Ausscheiden am 31. Oktober 1998 bekleidete. Auch internationale Auszeichnungen sind zu erwähnen: so wurde er 1987 Membre de l'Institut de Droit International, 1989 Ehrenmitglied der American Society of International Law und 1990 Ehrendoktor der Meiji-Universität Tokio.

Karl Doehring konzentrierte sich vor allem auf seine Tätigkeit als Direktor des Instituts und Lehrstuhlinhaber der juristischen Fakultät, deren Dekan er bei der 600-Jahr-Feier 1986 der Universität Heidelberg war. Für seine Beratung bei der Ausarbeitung einer Verfassung für Südafrika erhielt er die Ehrendoktorwürde der Universität Johannesburg; außerdem erhielt er die Ehrendoktorwürde der Universitäten Bukarest und Saarbrücken. Im Jahr 1988 nahm er eine Gastprofessur an der Emory University in Atlanta wahr. Auch er war Mitglied des Institut de Droit International.

Jochen Abr. Frowein war 1970 Mitglied der deutschen Delegation bei den Verhandlungen der Moskauer und Warschauer Verträge und seit 1972 Berater des Auswärtigen Amtes in Völkerrechtsfragen. Er führte den Vorsitz in nationalen und internationalen Vereinigungen, so war er z.B. von 1975 bis 1977 Vize-Präsident der Vereinigung der Deutschen Staatsrechtslehrer und von 1999 bis 2001 deren Präsident; 1989 bis 1993 war er Präsident der Deutschen Gesellschaft für Völkerrecht (DGVR) und 2006 wurde er zum Vizepräsidenten der Internationalen Juristenkommission bestellt. Außerdem wurde er an die Spitze bedeutender Forschungseinrichtungen berufen: von 1977 bis 1980 war er Vizepräsident der Deutschen Forschungsgemeinschaft und von 1999 bis 2002 Vizepräsident der Max-Planck-Gesellschaft. Die wichtigste internationale Funktion übte Jochen Abr. Frowein fast zwanzig Jahre, von 1973 bis 1993, als Mitglied der Europäischen Kommission für Menschenrechte und 1981 bis 1993 als deren Vizepräsident aus. Er wurde mit zahlreichen Ehrendoktorwürden ausgezeichnet: 1984 von der Universität Sevilla, 1997 der Universität Leuven, 1998 der Universität Szeged, 1999 der Universität Bielefeld und 2000 der Universität Panthéon-Assas Paris II. 1988 wurde er zum Direktor des Centre for Studies and Research der Haager Akademie für Völkerrecht bestellt und hielt dort 1994 die Haager Lecture (Thema: „Reactions by not directly affected states to breaches of public international law", RdC 248 (1994/4), 345-438). 1996 wurde er Membre des Institut de Droit International. Europäische Institutionen suchten wiederholt seinen Rat für umfangreiche

Untersuchungen: der Europarat bestellte ihn von 1997 bis 2003 zum Chairman of Experts on Freedom of Expression; 2000 wurde er zusammen mit dem ehemaligen finnischen Staatspräsidenten Martti Ahtisaari und dem ehemaligen spanischen Außenminister Marcelino Oreja von 14 Mitgliedstaaten der Europäischen Union in den sog. „Rat der Weisen" berufen, um ein Gutachten über die menschenrechtliche und politische Entwicklung in Österreich nach Beteiligung der FPÖ in der Bundesregierung zu erstellen (s.u. IV. Gutachten). 2002 erstellte er im Auftrag des Europäischen Parlaments ein Gutachten zu der Frage, ob eine Änderung der Beneš-Dekrete Voraussetzung für den Beitritt der Tschechischen Republik in die Europäische Union sei (s.u. IV. Gutachten). 2004 untersuchte er im Auftrag der Bundesrepublik Deutschland und Polens, zusammen mit Professor Jan Barcz, die Frage, ob Ansprüche von Deutschland gegen Polen aus Ereignissen des Zweiten Weltkriegs bestehen. 2001 war er Mitglied eines Schiedsgerichts der Bank für Internationalen Zahlungsausgleich (BIZ); außerdem wurde er von der Bundesregierung wiederholt herangezogen, um in Fällen gegen Deutschland vor dem Europäischen Menschenrechtsgerichtshof und auch dem Internationalen Gerichtshof die Interessen der Bundesrepublik zu vertreten.

Helmut Steinberger, der nach seiner Tätigkeit als Richter am Bundesverfassungsgericht von 1975-1987 in das Direktorium des Instituts berufen wurde, war insbesondere im Zusammenhang mit der Neuordnung Osteuropas und den Verfassungsrevisionen in den osteuropäischen Staaten tätig. Der sog. Venedig-Kommission, der vom Europarat gegründeten „Kommission für Demokratie durch Recht", die osteuropäische Staaten bei der Ausarbeitung demokratischer Verfassungen unterstützt, gehörte er seit 1990 an und war auch zeitweise deren Vizepräsident. Wie andere Institutsdirektoren war auch Helmut Steinberger Mitglied des völkerrechtswissenschaftlichen Beirats des Auswärtigen Amtes (1973 bis 1975). Ab 1995 stand er auf der Richterliste des OSZE-Schiedsgerichts, 2001 als dessen Präsident; das Gericht hatte jedoch bisher keinen einzigen Fall zu entscheiden.

Mit Blick auf sein spezielles Interesse für das Seerecht war Rüdiger Wolfrum bereits von 1978 bis 1982 Mitglied der deutschen Delegation bei den Beratungen der Vereinten Nationen über das Seerechtsabkommen; 1982-1988 war er auch Mitglied der deutschen Delegation bei den Beratungen über mineralische Ressourcen der Antarktis. 1983 nahm er als Mitglied der deutschen Delegation an den Verhandlungen der Vorbereitungskommission für die Meeresbodenbehörde und den Meeresgerichtshof teil. 1992 bis 1998 nahm er an den Konsultativtreffen der Antarktisvertragsstaaten teil und war von 1993 bis 1998 Vorsitzender der Arbeitsgruppe Recht der Antarktisvertragsstaaten. Ein ganz anderes Amt wurde ihm 1990 von den Vereinten Nationen übertragen: er wurde zum Mitglied des UN-Ausschusses für die Beseitigung der Rassendiskriminierung gewählt und trat nach zweimaliger Wiederwahl 1994 und 1998 im Jahr 1999 von diesem Amt zurück. 1996 wurde Rüdiger Wolfrum zum Richter am neu geschaffenen Internationalen Seegerichtshof berufen und 1999 und 2008 wiedergewählt; von 1996 bis 1999 war er Vizepräsident und von 2005 bis 2008 Präsident des Gerichts. Er war an zahlreichen weiteren seerechtlichen bzw. völkerrechtlichen Schiedsverfahren beteiligt, so z.B. 2010 als Vorsitzender des Schiedsgerichts im Fall *„Delimitation of the Gulf of Benghal (Bangladesh v. India)“*; 2011 als Mitglied des Schiedsgerichts im Fall *„Chagos Islands (Mauritius v. United Kingdom)“*; 2012 als Vorsitzender des Schiedsgerichts im Fall *„Mohamed Abdel Raouf Bahgai v. The Arab Republic of Egypt“* und seit 2013 war er Mitglied des Schiedsgerichts im Fall *„Philippines v. China“*, der im Juli 2016 entschieden wurde. Seit 2001 steht er zudem auf der Liste der Schiedsrichter für Umwelt-Schiedsverfahren beim Ständigen Schiedshof in Den Haag. Rüdiger Wolfrum übte zudem eine Reihe nationaler Ämter aus; so war er von 1992 bis 1996 Mitglied des Senats der DFG; von 1994 bis 1997 Vorstandsvorsitzender der Deutschen Gesellschaft für die Vereinten Nationen; 1994-2003 Mitglied des Kuratoriums des Zentrums für deutsches Recht am Institut für Staat und Recht der Russischen Akademie der Wissenschaften. Seit 1994 ist er Mitglied des Rates der Deutschen Vereinigung für internationales Recht (Deutsche Landesgruppe der International Law Association (ILA)) und von 2005-2009 war er Vorsitzender der Deutschen Gesellschaft für Völkerrecht. Von 1996 bis 2002 war er Vizepräsident der Deutschen Forschungsgemeinschaft und von 2002 bis 2006 Vizepräsident der MPG. 2007 wurde er zum membre associé des Institut de Droit International gewählt und ist seit 2013 Mitglied.

Armin von Bogdandy erhielt einige bedeutende Auszeichnungen für seine wissenschaftlichen Forschungen, so z.B. 2008 den Preis der Berlin-Brandenburgischen Akademie der Wissenschaften für herausragende wissenschaftliche Leistungen auf dem Gebiet der Grundlagenforschung; 2013 erhielt er den „Förderpreis im Gottfried Wilhelm Leibniz-Programm“ der DFG für das Jahr 2014, den wichtigsten Forschungsförderungspreis in Deutschland, u.a. für seine Arbeiten als Partner im Exzellenzcluster „Die Herausbildung normativer Ordnungen“ sowie für seinen Forschungsansatz, der nicht nur dem positiven Recht gilt, sondern dessen konzeptionellen Grundlagen und politischen und sozialen Implikationen. Außerdem erhielt er den Gerichtshammer des interamerikanischen Gerichtshofs für besondere Verdienste um die Menschenrechte sowie den Hector Fix Zamudio-Preis der Universidad Nacional Autónoma von Mexiko. Von 2005 bis 2008 war Armin von Bogdandy Mitglied des Wissenschaftsrates und von 2008 bis 2013 Mitglied des Wissenschaftlichen Komitees der Agentur der Europäischen Union für Grundrechte. Von 2001 bis 2014 war er als Richter des OECD-Kernenergiegerichts, seit 2006 als dessen Präsident, bestellt; allerdings wurde dem Gericht bisher kein Fall vorgelegt.

Anne Peters war von 2011 bis 2015 Mitglied der Venedig-Kommission für Deutschland. 2012/13 war sie Fellow am Wissenschaftskolleg Berlin. Sie sitzt im Vorstand wichtiger internationaler Rechtsvereinigungen: so war sie von 2010 bis 2012 Präsidentin der European Society of International Law; seit 2013 ist sie korrespondierendes Mitglied der österreichischen Akademie der Wissenschaften und war 2014-2015 Vorstandsmitglied der Vereinigung der Staatsrechtslehrer. Seit 2014 ist sie auch Mitglied des völkerrechtswissenschaftlichen Beirats des Auswärtigen Amtes und folgt damit der Tradition, wonach fast alle Direktoren des Instituts Mitglieder des Beirats waren, so Hermann Mosler, Helmut Steinberger, Jochen Abr. Frowein, Rudolf Bernhardt und Rüdiger Wolfrum.

Zweiter Teil: Personen, Publikationen, Bibliothek

I. Personen

1. Vorbemerkungen

Personen und Bücher sind und bleiben (vorerst) die wesentlichen Elemente eines Max-Planck-Instituts im Bereich der Geistes- und Sozialwissenschaften (wobei noch offen ist, wieweit elektronische Hilfsmittel Bücher ersetzen). Die Bibliothek des Max-Planck-Instituts wird an anderer Stelle dieses Buches behandelt. Die Personen, die im Max-Planck-Institut für ausländisches öffentliches Recht und Völkerrecht arbeiten, sind in den folgenden Abschnitten geschildert, nach Gruppen geordnet; voranzustellen sind einige grundsätzliche Bemerkungen.

Die Zahl der Planstellen, die im Institutshaushalt ausgewiesen ist, hat sich über Jahrzehnte wenig verändert. Zur Illustration zwei Zahlen: Bis 1991 gab es 20 Planstellen für den „Wissenschaftlichen Dienst". Seit 1992 gibt es 21 Planstellen; diese Zahl ist bis heute unverändert.

Zum Wissenschaftlichen Dienst gehören auch der Bibliotheksdirektor und sein Stellvertreter, sowie der Leiter der Redaktion (in der hier behandelten Zeitspanne; in der Gegenwart sind Änderungen zu vermerken). Weitere Stellen sind im Bereich der Dokumentation angesiedelt, etwa bei dem Nachweis wissenschaftlicher Neuerscheinungen in „Public International Law". Hierbei handelt es sich um Stellen, die möglichst auf Dauer zu besetzen sind. Weitere Planstellen (zwischen 10 und 15) stehen für „wissenschaftliche Referenten" zur Verfügung, die eine gewisse Flexibilität ermöglichen. Während die Stellenbesetzungen früher mehr pragmatisch gehandhabt wurden und die zeitliche Befristung bei einer Einstellung eher die Ausnahme war, sind in der zweiten Hälfte der hier behandelten Zeit verstärkt Befristungen anzutreffen. Ein entsprechender Druck in dieser Richtung ist generell in der Max-Planck-Gesellschaft zu beobachten. Den komplexen Gründen für diese Entwicklung ist hier nicht nachzugehen. Mit oder ohne zeitliche Befristung der Anstellungsverträge sind die meisten Planstellen mit Wissenschaftlern besetzt, deren Mitarbeit im Institut als Übergangszeit angesehen wird. Das ist nicht selten objektiv zu bedauern, etwa bei besonderen Sprachkenntnissen oder der Vertrautheit mit Rechtssystemen be-

© Max-Planck-Gesellschaft zur Förderung der Wissenschaften e.V., to be exercised by Max-Planck-Institut für ausländisches öffentliches Recht und Völkerrecht, Published by Springer-Verlag GmbH Deutschland 2018
R. Bernhardt, K.Oellers-Frahm, *Das Max-Planck-Institut für ausländisches öffentliches Recht und Völkerrecht,* Beiträge zum ausländischen öffentlichen Recht und Völkerrecht, https://doi.org/10.1007/978-3-662-55375-6_2

stimmter Länder, aber in der Gewichtung muss der Flexibilität zuweilen der Vorrang eingeräumt werden. Natürlich gibt es auch Fälle, in denen der Übergang in eine andere Position nicht gelungen ist und aus einer geplanten Übergangsposition eine Dauerstellung im Institut wurde. Fast immer war das eine dauerhafte Bereicherung der Institutsarbeit, aber zur Regel sollte der Verbleib im Institut nicht werden.

Bisher war nur von den Planstellen für wissenschaftliche Referenten die Rede. Aber das ist nur ein Ausschnitt aus der Personalsituation insgesamt. Die Zahl der Mitarbeiter zeigt oft ein Vielfaches der verfügbaren Planstellen. Zu den Mitarbeitern für begrenzte Zeit gehören stets Referendare, viele der Direktoren haben das Institut zunächst als Gerichtsreferendare kennengelernt. Andere Mitarbeiter sind aufgrund von Honorarverträgen im Institut tätig, manche kommen als Gäste an das Institut. Wieder andere sind für bestimmte Projekte tätig, etwa für die Enzyklopädie des Völkerrechts. Insgesamt lässt sich der „Wissenschaftliche Dienst" des Instituts nicht auf eine einfache Formel bringen, zu unterschiedlich sind die jeweiligen Gegebenheiten und Vereinbarungen. Sie reichen von einem Gästestatus, mit dem keine Institutspflichten verbunden sind, über Verträge, die die Mitarbeit an bestimmten Projekten vorsehen, bis zu den hauptamtlichen wissenschaftlichen Referenten, bei denen oft ein Mittelweg zu finden ist zwischen der Arbeit an persönlichen Projekten, etwa Habilitationsschriften, und einer Mitarbeit an Institutsprojekten.

Noch einmal eine Zahl: 2013 enthielt der Institutshaushalt insgesamt Aufwendungen in Höhe von 8.325.881 Euro, davon entfielen 3.644.058 Euro auf Personalkosten.

2. Die Direktoren

Alle bisherigen Direktoren des Instituts waren habilitiert und hatten Lehrstühle an deutschen bzw. Schweizer Universitäten. Die meisten hatten das Institut schon früher kennengelernt als Referendare und/oder wissenschaftliche Referenten. Eine nähere Vorstellung findet sich oben (Teil I) im Zusammenhang mit der Darstellung des jeweiligen Direktoriums. Außerdem kommen die noch lebenden Direktoren in diesem Buch zu Wort, so dass weitere Ausführungen hier nicht erforderlich sind. Es ist aber anzumerken, dass die hauptamtlichen Direktoren des Instituts regelmäßig Selbstverwaltungsaufgaben in den Organen der Max-Planck-Gesellschaft zu übernehmen hatten und haben. So war Hermann Mosler Vorsitzender der Geisteswissenschaftlichen Sektion und des Wissenschaftlichen Rates der MPG; Rudolf Bernhardt war 1982-1985 Vorsitzender der Geisteswissenschaftlichen Sektion; Jochen Abr. Frowein und Rüdiger Wolfrum waren jeweils für mehrere Jahre Vizepräsidenten der MPG. Eine zusätzliche Belastung ergibt sich durch die Mitgliedschaft in Berufungskommissionen und anderen Kommissionen, etwa zur Prüfung von Projekten zur Gründung neuer Institute der Max-Planck-Gesellschaft. So war Rudolf Bernhardt Vorsitzender und Berichterstatter der Kommission, die zur Gründung erst der Projektgruppe, dann des Instituts für Sozialrecht führte.

3. Weitere Wissenschaftliche Mitglieder

Satzung und Praxis der Max-Planck-Gesellschaft kennen nicht nur die Direktoren der Institute als Wissenschaftliche Mitglieder, sondern auch „Wissenschaftliche Mitglieder" ohne Leitungsfunktionen und Auswärtige Wissenschaftliche Mitglieder. Von beiden Möglichkeiten hat das Heidelberger Institut Gebrauch gemacht. Bei den Wissenschaftlichen Mitgliedern ist weiter zu unterscheiden zwischen den Mitgliedern, die hauptamtlich in der Max-Planck-Gesellschaft arbeiten, und den Wissenschaftlichen Mitgliedern, die nur nebenamtlich im Institut tätig sind (und bei denen der Status des Auswärtigen Wissenschaftlichen Mitgliedes näher liegen könnte).

Zu den hauptamtlich im Institut tätigen Wissenschaftlichen Mitgliedern des Heidelberger Instituts gehörte Helmut Strebel. Er hatte schon dem Kaiser-Wilhelm-Institut angehört und frühzeitig den Kontakt zum Heidelberger Institut gesucht und gefunden. 1911 geboren, war er schon 1956 Wissenschaftliches Mitglied geworden. Er hat mit besonderer Sachkenntnis und Energie die Redaktion des Instituts geleitet, bis zum Erreichen der Altersgrenze im Jahre 1979. Er blieb dem Institut bis zu seinem Tod im Jahre 1992 verbunden.

Als Wissenschaftliches Mitglied hauptamtlich am Institut tätig war auch Fritz Münch, er leitete einige Zeit die Berliner Zweigstelle des Instituts, wurde 1956 Wissenschaftliches Mitglied; er starb 1995. Wissenschaftliches Mitglied ohne Leitungsfunktion, aber mit erheblichem tatsächlichen Einfluss war längere Zeit auch Karl Doehring. Er wurde 1963 neben seiner Professur an der Universität Heidelberg Wissenschaftliches Mitglied des Instituts, 1981 wurde er zum Mitdirektor am Institut berufen und 1987 emeritiert; er starb 2011. Wissenschaftliches Mitglied ohne Leitungsfunktion war von 1951 bis zu seinem Tod 1963 auch Prof. Georg Schreiber. Er war 1882 geboren und studierte in Münster und

Berlin Theologie, Geschichte und Rechtswissenschaften. Nach dem Krieg wirkte er im Vorstand zahlreicher wissenschaftlicher Organisationen am Wiederaufbau der Wissenschaft in Deutschland mit. In diesem Zusammenhang wurde er 1951 zum Wissenschaftlichen Mitglied der Max-Planck-Gesellschaft berufen, die ihm 1962 die Harnack-Medaille für besondere Verdienste verlieh. Wissenschaftliches Mitglied wurde 1956 auch Professor Günther Jaenicke. Er hatte schon früh den Kontakt mit dem Heidelberger Institut gesucht und gefunden. 1957 wurde er unter Hermann Moslers Betreuung in Heidelberg habilitiert („Die übernationale Gemeinschaft – eine neue Rechtsform der Staatenverbindung"); er behielt seinen Status als Wissenschaftliches Mitglied auch später neben seiner Professur in Frankfurt bei. Er starb im Januar 2008.

Auswärtige Wissenschaftliche Mitglieder übten im Allgemeinen einen Beruf außerhalb der Max-Planck-Gesellschaft aus. Das jeweilige Institut verband mit der Berufung zum Auswärtigen Wissenschaftlichen Mitglied die Erwartung einer fruchtbaren Zusammenarbeit. Hermann Mosler, Rudolf Bernhardt und Helmut Steinberger wurden einige Zeit vor ihrer Berufung zu Mitdirektoren Auswärtige Wissenschaftliche Mitglieder, wohl gedacht als Vorbereitung für die alsbaldige Berufung zu Direktoren. Seit 1998 ist Professor Tono Eitel Auswärtiges Wissenschaftliches Mitglied des Instituts. Er hatte zuvor führende Positionen im Auswärtigen Amt der Bundesrepublik Deutschland inne und war von 1995 bis 1998 Botschafter der Bundesrepublik Deutschland bei den Vereinten Nationen. Er nahm und nimmt regen Anteil an der Arbeit des Instituts.

4. Die wissenschaftlichen Mitarbeiter

Während die Direktoren die Ausrichtung des Instituts prägen und die Schwerpunkte der Arbeiten festlegen, bedarf es für die Umsetzung der Institutsarbeiten der Mitarbeit von den jüngeren, als „Referenten" bezeichneten (Voll)Juristen und Assistenten, die außerdem z.T. als Referendare den Justizvorbereitungsdienst absolvieren. Die Position des wissenschaftlichen Mitarbeiters/Referenten ist grundsätzlich nur als vorübergehend konzipiert, in der Regel um eine Dissertation oder/und auch eine Habilitationsschrift zu verfassen als Ausgangspunkt für eine anderweitige berufliche Laufbahn, oder auch nur zur Mitarbeit an einem bestimmten Institutsprojekt. Obwohl die Bedeutung des Völkerrechts und der Rechtsvergleichung ständig zunimmt und damit auch die Zahl der Institutsprojekte steigt, ist die Zahl der Planstellen für wissenschaftliche Mitarbeiter am Institut seit 1992 unverändert bei 21 (einschließlich der Direktoren) verblieben. Die wissenschaftlichen Mitarbeiter bilden das Rückgrat der Institutsarbeit, werden aber ergänzt durch Stipendiaten und Gastforscher, die z.T. in Institutsprojekte eingebunden sind. Der Zusammenhang zwischen den Arbeitsgebieten und der Wunsch, eine allzu enge Spezialisierung der Referenten zu vermeiden, fand Ausdruck darin, dass jeder Mitarbeiter die Rechtsentwicklung einiger ausländischer Staaten und/oder internationaler Sachbereiche betreute (Referatsgebiete) und zur Beantwortung von Rechtsfragen aus diesem Gebiet zur Verfügung steht. Bis zu Beginn des neuen Jahrtausends wurde wissenschaftlichen Referenten nur in Ausnahmefällen Unterstützung durch studentische Hilfskräfte zugestanden; inzwischen ist es zur Regel geworden, dass wissenschaftliche Referenten eine bis zwei studentische Hilfskräfte haben. Auch an dieser Stelle ist eine aktuelle Zahl zu nennen: Ende 2013 waren 45 wissenschaftliche Mitarbeiter mit einem Voll- oder Teilzeitvertrag am Institut angestellt, davon nur 5 mit einem unbefristeten Vertrag (die Gesamtzahl der Mitarbeiter, einschließlich nichtwissenschaftlicher Mitarbeiter, Stipendiaten, studentischen Hilfskräften, Aushilfen und Auszubildenden betrug 133, davon 51 mit einem unbefristeten Vertrag).

Unter Leitung des Direktors/der Direktoren findet wöchentlich ein Treffen der wissenschaftlichen Referenten (idR auch der Gäste) statt, die Referentenbesprechung, bei dem die Referenten in kurzen Vorträgen neue Entwicklungen sowie wichtige Gerichtsentscheidungen oder Gesetzesvorhaben aus ihren Referatsgebieten darstellen. Dadurch werden den Referenten nicht nur wertvolle Informationen zur Verfügung gestellt, die ansonsten nur mit erheblichem Aufwand erlangt werden könnten, sondern sie bieten auch Einblick in andere Referatsgebiete, was den regelmäßigen Wechsel der Referatsgebiete erleichtert.

Wie schon erwähnt, gibt es neben den wissenschaftlichen Referenten auf Planstellen Assistenten, Doktoranden und Mitarbeiter auf Honorarbasis, deren Zahl schwankt, grundsätzlich aber stetig wächst und die häufig an Institutsprojekten mitarbeiten. Während bis 2001 die Zahl der wissenschaftlichen Assistenten und Stipendiaten sowie Mitarbeiter auf Honorarbasis etwa 10 bis 20 Personen umfasste (Genaueres in den jeweiligen Tätigkeitsberichten), stieg die Zahl danach deutlich an. Ab 1987 werden die Stipendiaten (und Stipendiengeber) in den Tätigkeitsberichten einzeln aufgeführt, jedoch ohne Auskunft darüber, ob sie in Projekte des Instituts eingebunden sind oder ausschließlich eigene Projekte bearbeiten. Um einen Eindruck über den Anstieg der am Institut tätigen Stipendiaten (ohne Aussagekraft über ihre Beteiligung an Institutsprojekten) zu vermitteln, mag es ausreichen, die Angaben aus dem ersten hierzu aussagekräftigen und dem letzten Tätigkeitsbericht wiederzugeben: 1987 (Bericht S. 30) werden 11 Stipendiaten genannt, die über Stipendien der MPG, der Alexander von Humboldt-Stiftung oder des DAAD am Institut tätig waren, davon vier Professoren und vier Doktoren; der Tätigkeitsbericht für die Jahre 2012-2014 führt für das Jahr 2012 11 MPG-Stipendiaten, 13 DAAD- und 10 Alexander von Humboldt-Stipendiaten auf, für das Jahr 2013 28 MPG-, 10 DAAD- und 6 Alexander von Humboldt-Stipendiaten und für 2014 40 MPG-Stipendiaten, 9 DAAD-Stipendiaten und 6 Alexander von Humboldt-Stipendiaten sowie für den gesamten Zeitraum von 2012 bis 2014 zusätzlich 63 Wissenschaftler, die aufgrund sonstiger Stipendien des Heimatlandes oder ausländischer wissenschaftlicher Organisationen oder unter eigener Finanzierung länger als drei Monate am Institut arbeiteten.

Es wurde schon darauf verwiesen, dass die Anstellung als wissenschaftlicher Referent grundsätzlich befristet und in der Regel mit einem Promotions- oder Habilitationsvorhaben verbunden ist. Da sowohl Promotionen als auch Habilitationen nur von den Universitäten vorgenommen werden können, ist die personelle Verbindung zwischen dem Institut und der juristischen Fakultät der Universität Heidelberg von grundlegender Bedeutung und macht es möglich, dass die Direktoren des Instituts Dissertationen und Habilitationsschriften betreuen, die Promotion oder Habilitation dann aber an der Universität Heidelberg erfolgt. Die Zahl der im Laufe der Jahre am Institut entstandenen Doktorarbeiten, insbesondere der von den jeweiligen Direktoren betreuten Arbeiten, ist so gewaltig, dass selbst der Versuch, sie überblicksweise darzustellen, zum Scheitern verurteilt ist. Die Spanne der Themen umfasst alle Bereiche des Völkerrechts, des öffentlichen Rechts und der Rechtsvergleichung und betrifft vor allem Untersuchungen zu den jeweils aktuellen Fragen dieser Rechtsbereiche.

Die Zahl der von den Direktoren am Institut betreuten Habilitationsschriften ist hingegen deutlich geringer. Um einen Einblick in die Spannweite der behandelten Themen zu geben, sollen im Folgenden die bei den Institutsdirektoren entstandenen Habilitationsschriften genannt werden. Bei Hermann Mosler habilitierte 1957 Günther Jaenicke mit einer Arbeit über „Die übernationale Gemeinschaft – eine neue Rechtsform der Staatenverbindung"; 1962 Rudolf Bernhardt, „Die Auslegung völkerrechtlicher Verträge – insbesondere in der neueren Rechtsprechung internationaler Gerichte";[1] 1970 Albert Bleckmann, „Begriff und Kriterien der innerstaatlichen Anwendbarkeit völkerrechtlicher Verträge. Versuch einer allgemeinen Theorie des self-executing treaty auf rechtsvergleichender Grundlage";[2] Christian Tomuschat, „Verfassungsgewohnheitsrecht – eine Untersuchung zum Staatsrecht";[3] 1973 Hans von Mangoldt, „Die Schiedsgerichtsbarkeit als Mittel internationaler Streitbeilegung. Zur Beilegung von Rechtsstreitigkeiten auf der Grundlage der Achtung vor dem Rechte";[4] 1974 Hartmut Schiedermair, „Der völkerrechtliche Status Berlins nach dem Viermächte-Abkommen vom 3. September 1971";[5] 1980 Eckart Klein, „Statusverträge im Völkerrecht";[6] 1981 Meinhard Hilf, „Die Organisationsstruktur der Europäischen Gemeinschaften".[7]

Bei Rudolf Bernhardt habilitierte 1974 Michael Bothe, „Die Kompetenzstrukturen des modernen Bundesstaates in rechtsvergleichender Sicht";[8] 1986 Ulrich Beyerlin mit einer Arbeit zum Thema „Rechtsprobleme der lokalen grenzüberschreitenden Zusammenarbeit";[9] 1993 Rainer Hofmann, „Die Ausreisefreiheit nach Völkerrecht und staatlichem Recht".[10]

Karl Doehring begleitete die Habilitation von Georg Ress, 1976, „Die Rechtslage Deutschlands nach dem Grundlagenvertrag vom 21. Dezember 1972";[11] 1977 Kay Hailbronner, „Die Freiheit der Forschung und Lehre als Funktionsgrundrecht";[12] 1983 Torsten Stein, „Die Auslieferungsausnahme bei politischen Delikten: Normative Grenzen, Anwendung in der Praxis und Versuch einer Neuformulierung";[13] 1984

---

1 BaöRV Bd. 40.

2 Duncker&Humblot, 1970.

3 Verlag Winter, 1972.

4 BaöRV Bd. 63.

5 BaöRV Bd. 64.

6 BaöRV Bd. 76.

7 BaöRV Bd. 79.

8 BaöRV Bd. 69.

9 BaöRV Bd. 96.

10 BaöRV Bd. 97.

11 BaöRV Bd. 71.

12 Heymann, 1979.

13 BaöRV Bd. 82.

Rudolf Dolzer „Eigentum, Enteignung und Entschädigung im geltenden Völkerrecht";[14] 1989 Matthias Herdegen, „Gewissensfreiheit und Normativität des positiven Rechts";[15] 1992 Juliane Kokott, „Beweislastverteilung und Prognoseentscheidung bei der Inanspruchnahme von Grund- und Menschenrechten".[16]

Bei Jochen Abr. Frowein habilitierten 1996 Stefan Oeter, „Integration und Subsidiarität im deutschen Bundesstaat – Untersuchungen zur Bundesstaatstheorie unter dem Grundgesetz";[17] 1998 Georg Nolte, „Eingreifen auf Einladung";[18] 2003 Christian Walter, „Religionsverfassungsrecht - in vergleichender und internationaler Perspektive".[19]

Unter Betreuung von Helmut Steinberger entstanden folgende Habilitationsschriften: 1999 Andreas Zimmermann, „Das Recht der Staatennachfolge in Verträge – eine Bestandsaufnahme. Zugleich ein Beitrag zu Möglichkeiten und Grenzen völkerrechtlicher Kodifikation";[20] 2001 Thomas Giegerich, „Europäische Verfassung und deutsche Verfassung im transnationalen Konstitutionalisierungsprozess: wechselseitige Rezeption, konstitutionelle Evolution und föderale Verflechtung";[21] 2002 Dagmar Richter, „Sprachenordnung und Minderheitenschutz im schweizerischen Bundesstaat".[22]

Unter Rüdiger Wolfrums Ägide entstanden folgende Habilitationsschriften: 2001 Tobias Stoll, „Unsicherheit und Sicherheit: Zu Gegebenheiten und Funktionen der Staatsordnung und des Umwelt- und Technikrechts";[23] 2006 Volker Röben, „Die auswärtige Gewalt im Verfassungssystem";[24] 2009 Silja Vöneky „Das Verhältnis von Recht, Moral und Ethik – Fragen demokratischer Legitimation am Beispiel von Ethikgremien in der Bundesrepublik Deutschland in rechtsvergleichen-

---

[14] BaöRV Bd. 88.

[15] BaöRV Bd. 99.

[16] BaöRV Bd. 110.

[17] Mohr Siebeck 1998.

[18] BaöRV Bd. 136.

[19] Mohr Siebeck 2006.

[20] BaöRV Bd. 141.

[21] BaöRV Bd. 157.

[22] BaöRV Bd. 158.

[23] Mohr Siebeck 2003.

[24] Mohr Siebeck 2007.

der, europarechtlicher, völkerrechtlicher und interdisziplinärer Perspektive";[25] 2012 Anja Seibert-Fohr, „Verfassungsrichter – Ihre Funktion und Legitimation in der rechtsstaatlichen Demokratie".

Armin von Bogdandy betreute die Habilitationsschriften von: 2010 Jürgen Bast, „Aufenthaltsrechtliche Steuerung der Migration";[26] 2010 Philipp Dann, „Entwicklungsverwaltungsrecht. Strukturen eines transnationalen Leistungsverwaltungsrechts";[27] 2011 Jochen von Bernstorff, „Kerngehalte im Grund-und Menschenrechtsschutz"; 2015, Diana zu Hohenlohe, „Postmortaler Grundrechtsschutz".

Anne Peters betreute Ende 2014 zwei Habilitanden, deren Arbeiten „Transnational Public Security Law" (Tilmann Altwicker) und „Shades of Illegality – An Investigation into the Grey Zones of International Law" (Christian Marxsen) betreffen.

5. Gäste aus aller Welt

Aufgrund der exzellenten Forschungsmöglichkeiten am Institut, insbesondere der Bibliothek mit ihrem einzigartigen Bestand von Monographien, Zeitschriften und Dokumenten, war das Institut immer ein Anziehungspunkt für Wissenschaftler aus aller Welt. Die meisten Gäste verbrachten längere Zeit am Institut, aber auch Tagesgäste nutzen regelmäßig den Bibliotheksbestand. Ein Problem war und bleibt die Bereitstellung adäquater Arbeitsplätze für Gastwissenschaftler. Langfristige Gäste erhalten nach Möglichkeit ein eigenes Büro bzw. einen eigenen Schreibtisch in einem Büro, während die meisten Gäste im Lesesaal arbeiten. Während die Platzverhältnisse im Institut in der Berliner Straße sehr limitiert waren, gibt es im Neubau im Neuenheimer Feld zwei große Lesesäle, die aber die wachsende Zahl der Gäste auch nicht immer fassen können. Entspannung wird hier der Neubau bringen, wenn auch die Hoffnung, dass jeder Gast einen eigenen Arbeitsplatz hat, selbst dann sicher nicht erfüllt werden kann.

Von Anfang an wurden die Gäste in das Institut und dessen Arbeitsfeld integriert. So können sie auf Wunsch an den montäglichen Referentenbesprechungen als Zuhörer, inzwischen auch Diskutanten und Berichterstatter teilnehmen; sie sind auch zur Teilnahme an Betriebsausflügen,

---

[25] Mohr Siebeck 2010.

[26] Mohr Siebeck 2011.

[27] Mohr Siebeck 2012.

Weihnachtsfeiern und anderen Veranstaltungen eingeladen und können Gesprächskreise zu ihren Arbeitsgebieten anbieten (so z.B. aktuell das „Forum francophone“ und die „Dialoghi Italiani“) und natürlich die Mitarbeiter kontaktieren. Die Betreuung der Gäste wurde 2008 durch die Einführung eines „Buddy-Systems“ intensiviert, um sie noch stärker als zuvor in das wissenschaftliche und soziale Leben am Institut zu integrieren. Dabei wird grundsätzlich jeder Gastforscher von einem Wissenschaftler betreut, der ihm u.a. Kontakte zu Mitarbeitern vermittelt, die thematisch gleiche oder verwandte Forschungsthemen bearbeiten wie der Gast oder ihm auch in Fragen des täglichen Lebens außerhalb des Instituts Hilfestellung leistet. Außerdem wurde ein wöchentlicher Gäste-Tee eingerichtet, bei dem die Gäste die Möglichkeit haben, in einem ungezwungenen Rahmen die wissenschaftlichen Mitarbeiter kennenzulernen und auch miteinander ins Gespräch zu kommen. Daneben gibt es traditionsgemäß einmal im Monat einen Gästestammtisch in einem Restaurant, der an die Stelle des früheren „Stammtisches“ getreten ist. Der „Stammtisch“, an dem auch die Direktoren mehr oder minder regelmäßig teilnahmen, fand immer montags nach der Referentenbesprechung in einem Handschuhsheimer Lokal statt und bot Gelegenheit, in informellem Rahmen die Diskussion der Referentenbesprechung fortzusetzen oder andere, natürlich nicht nur wissenschaftliche, Themen zur Sprache zu bringen.

An wissenschaftlichen gemeinsamen Veranstaltungen sind insbesondere die Max Planck Lectures/Max Planck Debating Series zu nennen, bei denen in monatlichem Rhythmus, bisweilen auch häufiger, Vorträge in englischer Sprache zu grundlegenden Fragen des Völkerrechts, Europarechts und nationalen Rechts und der Rechtsvergleichung angeboten werden. Diese Veranstaltung richtet sich vor allem an die Gäste, die zu einem nicht geringen Teil aus Staaten mit einer anderen Rechtskultur kommen, und zielt darauf ab, Basiswissen zum kontinentaleuropäischen Rechts- und insbesondere Menschenrechtsverständnis sowie juristische Methoden zu vermitteln. Außerdem können die Gäste hier ihre eigenen Forschungsvorhaben vorstellen und Anregungen für deren Konkretisierung erhalten. Ein sehr wesentlicher Aspekt ist hierbei auch der Ausbau von Netzwerken für weitere, dauerhafte Kontakte, auch außerhalb der Alumni Treffen.

Angaben über Zahlen und Aufenthaltsdauer der Gäste am Institut können im vorliegenden Zusammenhang nur überblicksmäßig gegeben werden. Grundlage hierfür sind die jährlichen Tätigkeitsberichte, die jeweils Zahl und Herkunftsland der Gäste und Stipendiaten nennen, wobei allerdings nicht immer klar ersichtlich ist, wieweit Gäste zumindest auch teilweise in Institutsprojekte eingebunden sind. Einen Eindruck über die Entwicklung mögen folgende Zahlen vermitteln: bis 1980 arbeiteten immer etwa 10 wissenschaftliche Gäste und Stipendiaten am Institut; ab 1981 stieg die Zahl deutlich an und die Tätigkeitsberichte wiesen Stipendiaten und Gäste nach Ländern gegliedert aus. Bis 1990 waren jeweils zwischen etwa 40 bis 60 Gäste am Institut aus etwa 20 bis 30 Staaten, wobei der größte Anteil aus Griechenland und Italien kam, gefolgt von USA, Spanien und Südafrika. Ab 1990 überschritt die Zahl der Gäste regelmäßig die Marke von 100; in den Jahren 1999 bis 2002 waren jeweils mehr als 300 Gäste am Institut tätig mit einem Höchststand von über 340 im Jahr 2000. Seitdem hat sich die Zahl der Gäste und Stipendiaten auf etwa 150 bis 200 eingependelt. Die Zahl der Herkunftsstaaten schwankt zwischen 40 und gut 60 Ländern, wobei zunehmend auch osteuropäische Staaten, insbesondere Russland, aber auch China, Indien, Japan und Israel vertreten sind.

6. Die Alumni-Treffen

Seit 2004 finden grundsätzlich jährlich Alumni-Treffen in Heidelberg statt, die dem Ziel dienen, die Verbundenheit ehemaliger Mitarbeiter und länger am Institut arbeitender Gäste mit dem Institut und untereinander zu fördern. Die Idee, diese in vielen – insbesondere amerikanischen – Universitäten bekannte und bewährte Tradition auch für das Institut fruchtbar zu machen, wurde in der Heidelberger Gesellschaft für ausländisches öffentliches Recht und Völkerrecht entwickelt, die auch den Großteil der finanziellen Aufwendungen der Treffen trägt. Damit hat die Gesellschaft, die 1954 von Mitarbeitern und Förderern des Instituts unter der Leitung des damaligen Institutsdirektors Carl Bilfinger gegründet wurde (s.u. Punkt 9), einen weiteren Impuls zur Verwirklichung ihrer Zielsetzung gegeben, die insbesondere darauf gerichtet ist, die Verbindung zwischen dem Institut und dem an seinen Arbeiten interessierten Personenkreis herzustellen und dafür einen organisatorischen Rahmen zu schaffen. Dazu gehört auch, die wissenschaftlichen oder beruflichen Beziehungen zu den Arbeitsbereichen des Instituts zu festigen und Kontakte im In-und Ausland aufrecht zu erhalten und zu vertiefen, was besonders effektiv durch regelmäßig stattfindende Treffen ehemaliger und aktueller Mitarbeiter des Instituts und längerfristiger Gäste (Alumni) am Institut verwirklicht werden kann. So wurde in der Einladung zum ersten Alumni-Treffen vom 29. Mai 2004 hervorgehoben, dass das Alumni-Treffen „ein Forum für den persönlichen und wissenschaftlichen Austausch der Alumni untereinander und mit den heutigen Institutsangehörigen" anstrebt und das Entstehen eines Netzwerks befördern soll, „das eine noch engere Verbindung von Wissenschaft und Praxis – unter den Alumni wie mit dem Institut – ermöglicht."

Die Alumni-Treffen sollen jeweils am letzten Samstag im Mai stattfinden und aus einem wissenschaftlichen und einem gesellschaftlichen Teil bestehen. Vormittags wird in der inzwischen bewährten Tradition zumindest ein wissenschaftlicher Vortrag gehalten, der dann intensiv diskutiert wird, bisweilen auch in verschiedenen Gruppen zu Einzelaspekten des Themas. Nach einem Imbiss im Institut folgt dann am Nachmittag ein gemeinsamer Ausflug und später ein Abendessen im Institut.

1. Treffen am 29. Mai 2004: Vortrag von Armin von Bogdandy zum Thema „Demokratisches Prinzip und Fortentwicklung des Völkerrechts".
2. Treffen am 4. Juni 2005: Vortrag von Rüdiger Wolfrum zum Thema „Der Wiederaufbau im Irak aus völkerrechtlicher Sicht".
3. Treffen am 3. Juni 2006: Vortrag von Armin von Bogdandy zum Thema „Konstitutionalisierung des Völkerrechts – Grundlagen und Zwischenbilanz".
4. Treffen am 12. Mai 2007: Vortrag von Rüdiger Wolfrum zum Thema „Konsolidierung von Staaten nach bewaffneten Konflikten".
5. Treffen am 5. Juli 2008: Vortrag von Armin von Bogdandy über die Ergebnisse des Mitarbeiterprojekts „International Institutions and Their Exercise of Public Authority".
6. Treffen am 25. Juni 2009: Referat von Rüdiger Wolfrum zum Thema „Die neue Encyclopedia of Public International Law – ein Werkstattbericht" mit einer Übersicht über den Stand der Arbeiten an der Neuausgabe. Im Anschluss daran gab es verschiedene Gesprächskreise, die Einblick in die Themen der regelmäßig am Institut veranstalteten fachbezogenen Arbeits- und Gesprächskreise unter Leitung von Mitarbeitern des Instituts ermöglichen sollten. Das Angebot, einen Einblick in die verschiedenen Gesprächskreise am Institut zu erhalten, wurde auch bei den folgenden Alumni-Treffen beibehalten.
7. Treffen am 8. Mai 2010: Referat von Armin von Bogdandy zum Thema „Internationale Gerichtsbarkeit – das neue Mitarbeiterprojekt".

8. Treffen am 21. Mai 2011: Vortrag von Rüdiger Wolfrum zum Thema „Rechtsgutachten: Ein alternativer Weg zur internationalen Streitbeilegung“.
9. Treffen am 12. Mai 2012: Vortrag von Armin von Bogdandy zum Thema „An EU Rescue Package for Media Freedom in the Member States“.
10. Treffen am 15. Mai 2013: Vortrag von Anne Peters zum Thema „Das Max-Planck-Institut als Avantgarde einer globalen Völkerrechtswissenschaft“.

7. Kuratorium und Fachbeirat

Ein Max-Planck-Institut braucht und hat viele Kontakte, es ist auf gesellschaftliche und fachwissenschaftliche Akzeptanz angewiesen. Das gilt selbstverständlich auch für das Max-Planck-Institut für ausländisches öffentliches Recht und Völkerrecht.

Ein Kuratorium war dem Institut schon lange, schon bald nach seiner Gründung beigeordnet. Seine Mitglieder wurden auf Vorschlag des Institutsdirektors vom Präsidenten der Max-Planck-Gesellschaft für eine begrenzte Zeit berufen. Das Kuratorium trat in der hier erfassten Periode einmal im Jahr zusammen, es erhielt Berichte über die Tätigkeit des Instituts, auch über die Haushaltssituation und die entsprechenden Anträge für das kommende Haushaltsjahr. Es diskutierte hierüber, verabschiedete auch Empfehlungen, die in der Regel die Institutsleitung unterstützten.

Die Zusammensetzung des Kuratoriums reflektierte den Teil der Gesellschaft, der den Arbeiten des Instituts nahestand. Die Spitzen der nationalen Gerichtsbarkeit gehörten stets dazu, der Präsident des Bundesverfassungsgerichts, auch lange Zeit der Präsident des Bundesgerichtshofes. Der Leiter der Rechtsabteilung des Auswärtigen Amtes war regelmäßig Mitglied des Kuratoriums. Hinzu kamen Vertreter der Öffentlichkeit, der Wirtschaft und vor allem auch Wissenschaftler, die Völkerrecht an deutschen Universitäten lehrten; zu den prominenten Personen dieser Orientierung gehörte etwa Professor Ulrich Scheuner, den man seinerzeit als Universalgelehrten betrachten konnte. Insgesamt setzte sich das Kuratorium aus einflussreichen Persönlichkeiten der Wissenschaft und der Gesellschaft zusammen. Der Präsident des Bundesverfassungsgerichts wurde traditionell zum Vorsitzenden des Kuratoriums gewählt.

Beispielhaft sei die Zusammensetzung des bis 2015 amtierenden Kuratoriums genannt: Prof. Dr. Andreas Voßkuhle, Präsident des Bunderverfassungsgerichts, Vorsitz; Theresia Bauer, Ministerin für Wissenschaft, Forschung und Kunst des Landes Baden-Württemberg; Prof. em. Dr. Michael Bothe, Bensheim; Prof. Dr. Pedro Cruz Villalón, Gerichtshof der Europäischen Union, Luxemburg; Dr. Reinhart Freudenberg, Heidelberg; Prof. Dr. Fred L. Morrison, Minneapolis; Dr. Reinhard Müller, Frankfurter Allgemeine Zeitung; MinDir Dr. Martin Ney, Deutscher Botschafter in Indien, New Delhi (bis Juli 2015 Leiter der Rechtsabteilung des Auswärtigen Amtes, Berlin); Prof. Dr. Fausto Pocar, Intenationaler Strafgerichtshof für das Ehemalige Jugoslawien, Den Haag; Prof. Dr. Bruno Simma, ehem. Richter am Internationalen Gerichtshof, München; Prof. Dr. Vassilios Skouris, bis 2015 Präsident des Gerichtshofs der Europäischen Gemeinschaften, Luxemburg; Eckart Thomas, Heusenstamm; Dr. Helmut Tichy, Botschafter, Gruppenleiter Völkerrecht, Außenministerium Österreich, Wien; Prof. em. Dr. Dr. h.c. Christian Tomuschat, Berlin; Dr. Eckart Würzner, Oberbürgermeister der Stadt Heidelberg; Dr. Valentin Zellweger, Direktion Völkerrecht des Eidgenössischen Departments für Auswärtige Angelegenheiten, Bern.

Wie aus den bisherigen Ausführungen hervorgeht, war auch die Wissenschaft im Kuratorium prominent vertreten. Professoren des Völkerrechts und des öffentlichen Rechts an deutschen Universitäten kamen im Kuratorium zu Wort. Selbstverständlich wurden sie und viele andere Kollegen von den Direktoren auch in anderen Gremien und bei anderen Gelegenheiten um ihren Rat gebeten. Es war ein ständiger Gedankenaustausch, der überwiegend ohne formale Basis stattfand.

Das Max-Planck-Institut für ausländisches öffentliches Recht und Völkerrecht ist Teil der Max-Planck-Gesellschaft und an deren Satzung und sonstige Vorschriften gebunden. Das hatte Konsequenzen auch für Kuratorium und Fachbeirat des Instituts. Im Jahre 1972, am Ende der Amtszeit von Professor Adolf Butenandt als Präsident der Max-Planck-Gesellschaft, fanden tiefgreifende Änderungen der Regeln der Max-Planck-Gesellschaft statt oder wurden eingeleitet. Sie betrafen u.a. die Mitwirkung von Vertretern der wissenschaftlichen Mitarbeiter der Institute in den Sektionen der Max-Planck-Gesellschaft; diese Neuerung wurde von den damaligen Direktoren (Mosler und Bernhardt) des Instituts befürwortet und begrüßt, für andere Änderungen galt das jedoch nicht.

In den 70er Jahren des 20. Jahrhunderts begann eine Entwicklung, die bis heute anhält und die man als Periode regelmäßiger Evaluierung bezeichnen kann. Einzelne Fehlentwicklungen in anderen Instituten und kritische Stimmen in der Öffentlichkeit führten dazu, dass ständige Kontrollmechanismen für alle Max-Planck-Institute eingeführt wurden, die im Laufe der Zeit eher erweitert und verfeinert wurden. Dazu gehörte die Einrichtung von Fachbeiräten bei allen Instituten der Max-Planck-Gesellschaft, also auch bei dem Heidelberger Institut.

So wurde zusätzlich zum bewährten Kuratorium ein Fachbeirat eingeführt, der die „wissenschaftliche Erfolgskontrolle“ des jeweiligen Instituts vornehmen sollte. Wie zuvor erwähnt, gehörte die Mitgliedschaft von Fachvertretern im Kuratorium bereits zur Tradition des Heidelberger Max-Planck-Instituts. Die Direktoren befürchteten daher, dass die Einrichtung eines Fachbeirates das Gewicht des Kuratoriums beeinträchtigen könnte. Ein damals möglicher Ausweg bestand darin, den Fachbeirat zwar als besonderes Organ zu installieren, seine Mitglieder aber aus dem Kuratorium zu wählen.[28] Das erschien den Direktoren des Max-Planck-Instituts die angemessene Lösung der oktroyierten Veränderung, die am 23. März 1974 zur Konstitutierung des ersten Fachbeirats führte. Seitdem ist der Fachbeirat existent, aber inzwischen ist die Entwicklung weitergegangen. Die Kontrolldichte hat auch im Rahmen der MPG weiter an Bedeutung gewonnen und führte dazu, dass der Senat der MPG im Jahr 1994 zunächst einheitliche Prinzipien für die Tätigkeit der Fachbeiräte einführte, wobei allerdings noch Sonderregelungen in den einzelnen Instituten möglich waren. 1998 wurden dann für alle Institute und Forschungseinrichtungen der MPG verbindliche „Regelungen für das Fachbeiratswesen“ erlassen, um die Rechenschaftslegung gegenüber der Öffentlichkeit über den sinnvollen und effektiven Einsatz der zur Verfügung gestellten Mittel sicherzustellen. Die Mitglieder des Fachbeirats können nicht mehr zugleich dem Kuratorium angehören; sie sollen international anerkannte Wissenschaftler aus dem In- und Ausland sein, aber in der Regel nicht aus der MPG kommen. Die Fachbeiräte werden von den Instituten vorgeschlagen, und vom Präsidenten der MPG nach Beratung mit dem fachlich zuständigen Vizepräsidenten berufen. Der Fachbeirat hat 5 bis höchstens 15 Mitglieder und bleibt sechs Jahre im Amt. Zur Wahrung der Kontinuität soll bei jeder Neukonstituierung etwa die Hälfte der Mitglieder neu berufen werden, wobei eine einmalige Wiederberufung möglich ist. Der Fachbeirat ist damit zu einem gesonderten Organ geworden, das in der Regel alle zwei Jahre tagt und vor allem dem Präsidenten der Max-Planck-Gesellschaft zu berichten hat. An dem öffentlichen Teil der

---

[28] S. unten Anhang, Satzung des Instituts, § 10 und Text in der Fußnote.

Fachbeiratssitzungen nehmen die Wissenschaftlichen Mitglieder des Instituts und der in die Sektion gewählte wissenschaftliche Mitarbeiter teil. Neu in den Regelungen von 1998 ist zudem die Einführung einer erweiterten mittelfristigen Evaluation, die alle sechs Jahre vom Fachbeirat mit einem erweiterten Evaluationsauftrag abgehalten wird. Sinn dieser Evaluation ist die Begutachtung der Effizienz des Ressourceneinsatzes in mittelfristiger Perspektive sowie die Erweiterung des Betrachtungshorizonts über einzelne Institute hinaus auf eine bereichsspezifische Synopse verwandter Forschungseinrichtungen. Für diese erweiterte Begutachtung wird der Fachbeirat um zwei externe Berichterstatter ergänzt. Nach der erweiterten Begutachtung aller Institute eines Forschungsfeldes tritt dann eine Kommission zusammen, die sich aus den Berichterstattern, den Vorsitzenden der beteiligten Fachbeiräte und den zuständigen Vizepräsidenten und Sektionsvorsitzenden zusammensetzt und über die Entwicklungsperspektiven berät und gegebenenfalls Vorschläge und Empfehlungen abgibt. Allerdings bleiben die satzungsgemäß festgeschriebenen Rechte der Direktoren der Institute, insbesondere deren Befugnis, die wissenschaftlichen Arbeiten in ihrem Bereich hinsichtlich der Auswahl, Reihenfolge und Ausführung zu bestimmen, von den Empfehlungen unberührt. Die „Evaluierungsmanie“ – ein Begriff, für den die Verfasser dieses Buches die alleinige Verantwortung tragen – hat inzwischen weitere Höhen erklommen.

Dem für die Periode vom 1. Januar 2013 bis zum 31. Dezember 2018 amtierenden Fachbeirat gehören folgende Personen an: Prof. Eyal Benvenisti, Tel Aviv University; Prof. Dr. Jutta Brunnée, University of Toronto; Prof. Dr. Dr. Christoph Grabenwarter, Institut für Europarecht und Internationales Recht, Wien; Prof. Dr. Daniel Halberstam, University of Michigan Law School; Prof. Dr. José Martín y Pérez de Nanclares, University of Salamanca; Prof. Dr. Martti Koskenniemi, University of Helsinki; Prof. Dr. Andreas Paulus, Richter des Bundesverfassungsgerichts; Prof. Dr. August Reinisch, Universität Wien; Sir Michael Wood, University of Cambridge. Erwähnenswert ist wohl auch, dass die Mitglieder des Kuratoriums und des Fachbeirates für ihre Tätigkeit keine Vergütung erhalten.

8. Die Institutsverwaltung

Es wird berichtet, dass ein Institutsdirektor der Frühzeit der Kaiser-Wilhelm-Gesellschaft die Einnahmen und Ausgaben seines Instituts in seinem Notizbuch festhalten konnte. Eine moderne Verwaltung kommt damit sicher nicht aus, doch sind unterschiedliche Tendenzen feststellbar. Den immer komplizierteren Verhältnissen stehen Zentralisierung und Automatisierung gegenüber. Das ist auch auf Institutsebene zu erkennen. Bei der Neugründung des Instituts musste vieles noch improvisiert werden. Dafür standen kompetente Personen sowohl aus der Zeit der Kaiser-Wilhelm-Gesellschaft als auch neu gewonnene Personen zur Verfügung. In der Phase des Direktoriums Hermann Mosler war das vor allem Hans Ballreich. Nach Ballreichs Weggang nach München haben zunächst zwei Heidelbergerinnen, Gerda Wallenwein und Hilde Vaupel, die Verwaltung des Instituts geleitet. Den jeweiligen Institutsdirektoren oblag es, sich der Verwaltungsarbeit zuzuwenden, sie waren letztlich verantwortlich für das Funktionieren der Institutsverwaltung. Mit dem Umzug in das neue Gebäude 1996 wurde mit Klaus Zimmermann ein neuer Verwaltungsdirektor eingestellt und tätig.

Es ist hier nicht der Platz, die Arbeit der Verwaltung im Einzelnen nachzuzeichnen. Im Laufe der Entwicklung ist manche Aufgabe von der Generalverwaltung der Max-Planck-Gesellschaft in München übernommen worden. Natürlich hat auch die Entwicklung der Technik zur Rationalisierung der Verwaltung beigetragen. Mit diesen Bemerkungen soll es hier sein Bewenden haben.

9. Anhang: Die Heidelberger Gesellschaft für ausländisches öffentliches Recht und Völkerrecht

Noch in der Anfangsphase des Instituts, unter dem Gründungsdirektor Karl Bilfinger, wurde die Heidelberger Gesellschaft für ausländisches öffentliches Recht und Völkerrecht gegründet. Ihre einzige Aufgabe war und ist die Unterstützung des Instituts, nicht zuletzt in finanzieller Hinsicht. Diese Gesellschaft hat lange Zeit ein Schattendasein geführt. Ihre Bedeutung ist im Laufe der Jahre sehr gewachsen, vor allem in zwei Bereichen: der fortdauernden Verbindung mit ausscheidenden wissenschaftlichen Mitarbeitern und mit Gastwissenschaftlern, und zweitens zur Unterstützung bei finanziellen Engpässen. Zu letzterem Punkt erscheinen einige Anmerkungen angebracht.

Die Einnahmen der als gemeinnützig anerkannten Gesellschaft bestehen einmal aus Mitgliedsbeiträgen. Hinzu kamen und kommen konkrete und testamentarische Zuwendungen. Diese sind im Laufe der Zeit erheblich gestiegen. Der als Junggeselle gestorbene Georg von Gretschaninow, ein früherer Direktor der Bibliothek und bereits im Berliner Institut tätig, hat die Gesellschaft in seinem Testament bedacht, dasselbe haben in jüngster Zeit, also nach der in diesem Buch behandelten Epoche, 2014 die Eheleute Prof. Karl Doehring und seine Frau Dr. Eva Maria Doehring getan.

Die Ausgaben bestehen vor allem aus der Finanzierung von wissenschaftlichen Veranstaltungen, einschließlich der damit verbundenen Beköstigung. Dabei ist anzumerken, dass der Posten des Institutshaushaltes für derartige Veranstaltungen viele Jahre unverändert geblieben ist. Aus dem Institutshaushalt könnte man die Ausgaben für höchstens einen Gastwissenschaftler finanzieren. Die Heidelberger Gesellschaft leistet eine unentbehrliche Hilfe, sie ermöglicht nationale und internationale Kontakte, die für die Arbeit des Instituts unentbehrlich sind und fördert u.a. großzügig die Teilnahme eines Heidelberger Teams am Jessup Moot Court, dem Wettstreit von Studenten weltweit in einem fiktiven Fall vor dem Internationalen Gerichtshof.

II. Publikationen

1. Einführung

Ein Max-Planck-Institut für Forschung im Feld der Rechtswissenschaften kann seine Existenzberechtigung nur durch Publikationen beweisen. Natürlich gibt es auch Institutionen, die ausschließlich Gäste empfangen und ihnen vorhandene Ressourcen, nicht zuletzt eine Bibliothek, zur Verfügung stellen, aber Max-Planck-Institute wollen und müssen noch mehr oder anderes leisten: eigene Forschung. Das Heidelberger Institut, um das es hier geht, ist für Forschungen im Völkerrecht und im öffentlichen Recht der Staaten der Welt zuständig. Beide Bereiche, das Völkerrecht und das öffentliche Recht sind stetem Wandel und ständigem Zuwachs unterworfen. Die internationale Zusammenarbeit, die Grenzen überschreitenden Probleme, die Zahl und die Aktivitäten internationaler Organisationen nehmen laufend zu, dasselbe gilt für die zunehmende Regelungsdichte innerhalb der etwa 200 Staaten, aus denen die Internationale Gemeinschaft besteht.

Der erste 1929 erschienene Band der Institutszeitschrift lässt in dem Entwurf einer Gliederung erkennen, dass ein gewaltiges Themenfeld auf die wissenschaftliche Betrachtung wartet. Die Publikationen des Instituts und seiner Mitarbeiter können nur einen kleinen Teil der möglichen Projekte behandeln. Hinzuzufügen ist natürlich, dass vieles noch der Bearbeitung harrt und auch wegen mangelnder Kapazität in absehbarer Zeit nicht zu bearbeiten ist. Zudem treten ständig neue Problembereiche auf, die nähere Bertrachtung verdienen.

2. Fontes Juris Gentium (national/international) und World Court Digest

Die Fontes Iuris Gentium sind, ebenso wie die „Beiträge zum ausländischen öffentlichen Recht und Völkerrecht" und die „Zeitschrift für ausländisches öffentliches Recht und Völkerrecht" ein Erbe des Kaiser-Wilhelm-Instituts. In dem Vorwort zur ersten Veröffentlichung der Fontes Juris Gentium 1931 verwies Viktor Bruns auf das schnell anwachsende völkerrechtliche Material, das die Aufgabe der Wissenschaft mit sich bringt,

> „die Grundlagen und Grundprinzipien des Völkerrechts als einer Rechtsordnung zu ermitteln und ein System aufzustellen, das aus der Beobachtung der internationalen Praxis gewonnen ist und das ein Sinnsystem ist, das dem Charakter einer Rechtsordnung und im speziellen dem einer Ordnung für das Zusammenleben und den Verkehr der Staaten entspricht" (S. XI Vorwort zu Series A, Sectio I, Tomus I)."

Die Serie Fontes Iuris Gentium war demgemäß als ein Quellenwerk konzipiert, das die Praxis zu völkerrechtlichen Fragen widerspiegeln sollte. Dabei waren unterschiedliche Kategorien vorgesehen: eine erste Serie sollte in einer ersten Abteilung den Entscheidungen internationaler Gerichte gewidmet sein (Series A Sectio I), in einer zweiten Abteilung den Entscheidungen der Obersten Gerichte der wichtigsten Staaten (Series A Sectio II), soweit sie in ihren Gründen völkerrechtliche Fragen erörtern – wobei letztlich tatsächlich nur deutsche oberste Gerichte behandelt wurden (allerdings haben andere Staaten die Idee übernommen und vergleichbare Quellenwerke ihrer obersten Gerichte veröffentlicht). Eine weitere Serie sollte den politischen und rechtlichen Grundsätzen aus dem Notenwechsel der wichtigsten Staaten gewidmet sein (Series B Sectio I). Hierzu publizierte das Kaiser-Wilhelm-Institut 5 Bände, die die Zeit von 1856 bis 1878 umfassen (s. oben S. 10). Diese Serie, so war es von Hermann Mosler geplant, sollte mit der Publikation der Akten des Auswärtigen Amtes fortgeführt werden; ein Plan, der jedoch nie umgesetzt werden konnte. Eine dritte Serie schließlich war als Verzeichnis der Vertragsklauseln vorgesehen; sie erfasst in drei Bänden die politischen Verträge bis 1940.[29] Nur die erste Serie wurde lange Zeit vom Max-Planck-Institut fortgeführt, die Quellensammlung von Entscheidungen internationaler Gerichte, wobei nur noch der (Ständige) Internationale Gerichtshof Gegenstand der Bearbeitung war (Series A Sectio I), und die deutsche höchstrichterliche Rechtsprechung zu Fragen des Völkerrechts (Serie A Sectio II).

Das Konzept sowohl der nationalen als auch der internationalen Fontes Juris Gentium bestand darin, Exzerpte aus den Entscheidungen im Originaltext, als reine Quelle, zu verwenden, die systematisch unter völkerrechtlichen Gesichtspunkten zusammengestellt wurden. Dadurch wurde die Zusammenschau richterlicher Äußerungen zu bestimmten Fragen des Völkerrechts für die in dem jeweiligen Band bearbeitete Periode verfügbar gemacht. Ein kleiner Stab von Mitarbeitern hatte daher die Aufgabe, die relevanten Entscheidungen systematisch durchzusehen und auszuwerten, wobei natürlich der Umfang der Exzerpte ausschlaggebend war, da durch einen verkürzten Ausschnitt inhaltliche Akzente gesetzt werden können, die der Gesamtaussage nicht völlig entsprechen.

In Serie A Sectio I vervollständigte das Max-Planck-Institut, allerdings mit erheblichem zeitlichem Abstand erst im Jahr 1964 mit Band 4, die Auswertung der Rechtsprechung des Ständigen Internationalen Gerichtshofs (StIGH). Es war der dritte und letzte Band, der dem StIGH gewidmet war und umfasst die Zeit von 1934 bis 1940. Zwar war bereits 1961 die Rechtsprechung des Internationalen Gerichtshofs (IGH) von seiner Errichtung bis 1958 als Band 5 erschienen, aber die vollständige Einbeziehung des StIGH war nicht nur mit Blick auf die Bedeutung der Rechtsprechung für das Völkerrecht konsequent, sondern zugleich als Verbindung zwischen StIGH und IGH. Die bereits entwickelte Systematik wurde beibehalten, was auch die Kontinuität der Haager Institution trotz ihrer Neuorganisation im Rahmen der Vereinten Nationen sichtbar macht. Ausgewertet wurden daher, wie bisher, sowohl die Urteile als auch die Gutachten des Gerichtshofs, einschließlich der Sondervoten. Die Exzerpte werden in beiden Sprachen des Gerichtshofs, englisch und französisch, abgedruckt, wobei die authentische Sprache der Entscheidung oder des Votums jeweils durch einen Stern kenntlich gemacht wird. Die Exzerpte geben die Quelle unverändert wieder, al-

[29] V. Bruns (Hsg.), Politische Verträge, Bd. 1: Garantiepakte, Bündnisse, Abkommen über politische Zusammenarbeit, Nichtangriffs- und Neutralitätsverträge der Nachkriegszeit, 1938; Bd. 2.1: 1920-1927 (1936); Bd. 2.2: 1927-1935 (1938); Bd. 3.1.: 1936-1937 (1940); Bd. 3.2: 1938-1940 (1942).

lenfalls werden Auslassungen vorgenommen, die aber durch Punkte angezeigt werden. Eine Liste der Richter und der im jeweiligen Band ausgewerteten Entscheidungen ist angefügt, sowie unter jeder Überschrift ein Verweis auf die entsprechenden Stellen der vorhergehenden Fontes-Bände. In dieser Form wurde die Rechtsprechung des StIGH und des IGH bis 1985 in den Bänden 1 (1922-1930), 3 (1931-1934), 4 (1934-1940), 5 (1947-1958), 6 (1959-1975) und 7 (1976-1985) von verschiedenen Teams, aber immer unter der Leitung von Rudolf Bernhardt, ausgewertet. (Bd. 2 war den Entscheidungen des Ständigen Schiedshofs gewidmet und umfasste Rechtsprechung von 1902-1928).

Ab 1986 nahmen die internationalen Fontes ein neues Format an. Dabei wurde zunächst der Titel geändert; die Publikation hieß nun *World Court Digest* und berücksichtigte nur noch die englische Sprache. Obwohl das Grundsystem der vorhergehenden Bände beibehalten wurde, wurden jetzt die Exzerpte umfangreicher, um dem Leser den Kontext der gerichtlichen Aussagen zugänglich zu machen. Zugleich wurde eine weitere Neuerung eingeführt, indem am Ende des jeweiligen Bandes zusätzlich zur Liste der Richter eine von den Bearbeitern vorgenommene Zusammenfassung der in dem Band ausgewerteten Fälle angeführt ist, was es dem Leser wesentlich erleichtert, neben den Exzerpten einen Überblick über den gesamten Fall zu erhalten. Mit Blick auf die neuen elektronischen Mittel wurde der *World Court Digest* auch elektronisch verfügbar gemacht, wobei die einzelnen Bände so verknüpft wurden, dass die Schlagwortsuche alle Bände erfasst. Insgesamt sind 4 Bände erschienen, die jeweils fünf Jahre abdecken und in ihrem Umfang deutlich die zunehmende Inanspruchnahme des IGH widerspiegeln. (Bd. 1: 1986-1990; Bd. 2: 1991-1995; Bd. 3: 1996-2000 und Bd. 4: 2001-2005). Die Bearbeitung erfolgte in wechselnden Teams, in denen Karin Oellers-Frahm immer vertreten war und meist ebenfalls Rainer Hofmann, Andreas Zimmermann und Christian Walter. Angesichts des erheblichen Aufwands der Auswertung der Entscheidungen des IGH, die nur ein Institut wie das MPI leisten kann, und mit Blick darauf, dass alle Entscheidungen des IGH inzwischen im Internet leicht zugänglich sind, – allerdings ohne systematische Aufbereitung – wurde das Projekt nach Abschluss von Band 4 eingestellt.

In der Serie A Sectio II, die deutsche höchstrichterliche Rechtsprechung zu Fragen des Völkerrechts, daher auch als „nationale" Fontes bezeichnet, auswertet, war 1931 der erste Band zum 50jährigen Jubiläum des Reichsgerichts erschienen. Der zweite Band, der bereits vom MPI erarbeitet wurde, erschien 1960 und setzte die Auswertung der Rechtsprechung des Reichsgerichts bis zum Zusammenbruch des Deutschen

Reichs 1945 fort unter Einbeziehung des Staatsgerichtshofs von seiner Gründung in der Weimarer Republik 1921 bis zur Machtergreifung des Nationalsozialismus 1933. Der dritte Band, der schon 1956 erschienen war, galt der „deutschen höchstrichterlichen Rechtsprechung" in der Besatzungszeit von 1945 bis 1949. Band 4 erschien 1970 und enthält die „Rechtsprechung der höchsten Gerichte der Bundesrepublik Deutschland"; er schließt für die Übergangszeit, in der der im Grundgesetz vorgesehene Ausbau der Gerichtsorganisation noch nicht vollendet war, Entscheidungen der jeweils höchsten Instanzen der einzelnen Gerichtszweige ein. Seit der Errichtung des Bundesverfassungsgerichts und der Obersten Gerichtshöfe des Bundes werden nur noch diese Instanzen berücksichtigt, da Entscheidungen anderer Gerichte, wie Landgerichte oder Oberlandesgerichte, zwar auch zu interessanten völkerrechtlichen Fragen Stellung nehmen, ihre Entscheidungen jedoch nicht dieselbe Bedeutung haben wie die oberster Gerichte. Da völkerrechtlich erhebliche Aussagen sich bei nationalen Gerichten nur in den Gründen, nicht im Urteilsspruch finden, fassen die Bearbeiter die Aussagen in Leitsätzen zusammen, die in einem ersten Teil der Bände systematisch geordnet dargelegt werden, jeweils mit einer englischen und französischen Übersetzung; in einem zweiten Teil finden sich Auszüge aus der Entscheidung in der Originalfassung, d.h. nur in deutscher Sprache.

In den Jahren 1978 bis 1989 erschienen fünf weitere Bände (1978 Band 5 für den Zeitraum 1961-1965; 1979 Band 6 für den Zeitraum 1966-1970; 1979 Band 7 für den Zeitraum von 1971 bis 1975; 1982 Band 8 für den Zeitraum 1976 bis 1980 und 1989 Band 9 für den Zeitraum 1981 bis 1985). Ein weiterer Band, der den Zeitraum von 1986 bis 1993 abdeckt, erschien 1997, allerdings nun nicht mehr in der Serie Fontes Iuris Gentium, sondern unter dem Titel „Deutsche Rechtsprechung zum Völkerrecht und Europarecht". Die Änderung der Konzeption sollte der Benutzerfreundlichkeit dienen; inhaltlich wurde am Konzept jedoch nichts geändert. Wie bisher werden Passagen der Entscheidungen im Wortlaut wiedergegeben. Die jeder Entscheidung vorangestellten Leitsätze sind nun nur noch ins Englische übersetzt. (Tätigkeitsbericht 1997, S. 24) Obwohl die Arbeiten für die Fortsetzung der Serie weitergeführt wurden, wurde das Projekt eingestellt, so dass die systematische Auswertung der deutschen Rechtsprechung zu völkerrechtlichen Fragen mit dem Jahre 1993 endet. Allerdings wurde in der „Zeitschrift" noch in regelmäßigen Abständen ein Überblick über die „Deutsche Rechtsprechung in völkerrechtlichen Fragen" veröffentlicht; der letzte Bericht erschien in der Zeitschrift 62 (2002) und betraf das Jahr 2000. Seitdem werden nur noch allgemeine Berichte über die völkerrechtliche

Praxis der Bundesrepublik Deutschland für die Zeitschrift erstellt, jedoch keine mehr, die als Fortsetzung der nationalen Fontes anzusehen sind.

Damit bleiben von den von der Kaiser-Wilhelm-Gesellschaft übernommenen Publikationen nur die Beiträge und die Zeitschrift; die Fontes-Reihen, die sachkundige Bearbeitung und eine apparative Ausstattung voraussetzen, wie sie insbesondere ein Institut wie unseres bereit stellen kann, gehören der Vergangenheit an.

3. Die Zeitschrift für ausländisches öffentliches Recht und Völkerrecht (ZaöRV)

Wie erwähnt ist die Institutszeitschrift 1929 erstmals erschienen. Zwei Bände wurden publiziert, einer war den Abhandlungen, der andere dem Dokumentenmaterial gewidmet. Den ersten beiden Bänden folgten vierteljährlich erscheinende Hefte. Man wird sagen können, dass die Zeitschrift auch in den Jahren des Nationalsozialismus überwiegend objektive Darstellungen enthielt und die Konzessionen an die politischen Verhältnisse sich in engen Grenzen hielten. Nach einer von Kriegs- und Nachkriegszeit erzwungenen Pause von 1945 bis 1949 wurde die Zeitschrift erstmalig 1950 und seitdem im Wesentlichen regelmäßig veröffentlicht, der erste Nachkriegsband begann mit Nachrufen auf ehemalige wissenschaftliche Mitglieder und Mitarbeiter des Instituts.

Helmut Strebel war der erste für die Zeitschrift und später auch für alle Publikationen verantwortliche Redakteur. Er hat sich um eine dogmatische Ausrichtung der Zeitschrift bemüht. Nach seinem Ausscheiden aus Altersgründen wechselte der verantwortliche Redakteur mehrfach. Die Letztverantwortung lag immer bei den Direktoren des Instituts. Insgesamt wurde die ZaöRV das Flaggschiff der Institutspublikationen. 1989 (Bd. 49) wurde als Untertitel „Heidelberg Journal of International Law" hinzugefügt. Längst ist die Zeitschrift dazu übergegangen, englischsprachige Beiträge aufzunehmen oder jedenfalls *summaries* hinzuzufügen.

4. Die Beiträge zum ausländischen öffentlichen Recht und Völkerrecht

Die Beiträge zum ausländischen öffentlichen Recht und Völkerrecht, wegen des seit 1974 schwarzen Einbandes auch bekannt als „Die Schwarze Reihe“, dienen der Veröffentlichung von Monographien, insbesondere, aber durchaus nicht nur, Dissertationen und Habilitationsschriften von Mitarbeitern des Instituts sowie von Berichten und Vorträgen der Kolloquien, die am Institut durchgeführt wurden. Hinzu kamen im Laufe der Jahre einzelne Festschriften.

Die Serie wurde bereits vom Kaiser-Wilhelm-Institut in Berlin ins Leben gerufen; dort wurden 26 Bände veröffentlicht. Der erste Band aus der Feder von H. Jellinek, der vom Max-Planck-Institut publiziert wurde, wurde 1951 veröffentlicht unter der fortlaufenden Nummer 27, womit die Anknüpfung an die Reihe des Kaiser-Wilhelm-Instituts betont wurde. Mit der zunehmenden Anzahl von Mitarbeitern, von Projekten und Forschungsaufgaben des Instituts stieg auch die Zahl der Bände der Schwarzen Reihe deutlich an. Die Breite der Themen ist aus der Liste der bis 2013 veröffentlichten Bände zu ersehen:

Bd. 27 H. Jellinek, Der automatische Erwerb und Verlust der Staatsangehörigkeit durch völkerrechtliche Vorgänge, zugleich ein Beitrag zur Lehre von der Staatensukzession. 1951. 253 S.

Bd. 28 G. Jaenicke, Der Abbau der Kontrollratsgesetzgebung. Die Kompetenz alliierter und deutscher Organe zur Außerkraftsetzung von Kontollratsgesetzen im Gebiet der Bundesrepublik Deutschland. 1952. 56 S.

Bd. 29 H. Mosler, H. Ballreich (Hrsg.), Völkerrechtliche und staatsrechtliche Abhandlungen. 1954. VIII, 557 S.

Bd. 30 H.-A. Reinkemeyer, Die sowjetische Zwölfmeilenzone in der Ostsee und die Freiheit des Meeres. 1955. 175 S.

Bd. 31 H. Ballreich, Das Staatsnotrecht. 1955. 288 S.

Bd. 32 R. Bernhardt, Der Abschluß völkerrechtlicher Verträge im Bundesstaat. Eine Untersuchung zum deutschen und ausländischen Bundesstaatsrecht. 1957. XV, 208 S.

Bd. 33 K. Doehring, Die Pflicht des Staates zur Gewährung diplomatischen Schutzes. Deutsches Recht und Rechtsvergleichung. 1959. VIII, 127 S.

Bd. 34 Staat und Privateigentum. 1960. X, 257 S.

Bd. 35 H.-J. Hallier, Völkerrechtliche Schiedsinstanzen für Einzelpersonen und ihr Verhältnis zur innerstaatlichen Gerichtsbarkeit. Eine Untersuchung der Praxis seit 1945. 1962. XV, 147 S.

Bd. 36 Verfassungsgerichtsbarkeit in der Gegenwart. 1962. XLIII, 1047 S.

Bd. 37 H. Mosler/K. Doehring, Die Beendigung des Kriegszustands mit Deutschland nach dem zweiten Weltkrieg. 1963. X, 486 S.

Bd. 38 W.K. Geck, Die völkerrechtlichen Wirkungen verfassungswidriger Verträge. Zugleich ein Beitrag zum Vertragsschluß im Verfassungsrecht der Staatenwelt. 1963. XVI, 440 S.

Bd. 39 K. Doehring, Die allgemeinen Regeln des völkerrechtlichen Fremdenrechts und das deutsche Verfassungsrecht. 1963. XII, 205 S.

Bd. 40 R. Bernhardt, Die Auslegung völkerrechtlicher Verträge insbesondere in der neueren Rechtsprechung internationaler Gerichte. 1963. Unveränderter Nachdruck 1971. XI, 200 S.

Bd. 41 Helmut Steinberger, GATT und regionale Wirtschaftszusammenschlüsse. Eine Untersuchung der Rechtsgrundsätze des Allgemeinen Zoll- und Handelsabkommens vom 30. Oktober 1947 (GATT) über die Bildung regionaler Wirtschaftszusammenschlüsse. 1963. XV, 248 S.

Bd. 42 C. Tomuschat, Die gerichtliche Vorabentscheidung nach den Verträgen über die europäischen Gemeinschaften. 1964. XII, 226 S.

Bd. 43 G. Boehmer, Der völkerrechtliche Vertrag im deutschen Recht. 1965. XII, 115 S.

Bd. 44 Haftung des Staates für rechtswidriges Verhalten seiner Organe, 1967. XXIII, 899 S.

Bd. 45 K.W. Platz, EWG-Niederlassungsrecht und individuelle Rechtspositionen. 1966. XII, 179 S.

Bd. 46 J. A. Frowein, Das de facto-Regime im Völkerrecht. Eine Untersuchung zur Rechtsstellung „nichtanerkannter Staaten" und ähnlicher Gebilde. 1968. XII, 243 S.

Bd. 47 M. Bothe, Streitkräfte internationaler Organisationen. Zugleich ein Beitrag zu völkerrechtlichen Grundfragen der Anwesenheit fremder Truppen. 1968. XII, 192 S.

Bd. 48 H.-W. Bayer, Die Aufhebung völkerrechtlicher Verträge im deutschen parlamentarischen Regierungssystem. Zugleich ein Beitrag zur Lehre vom Abschluß völkerrechtlicher Verträge nach deutschem Recht. 1969. XIV, 270 S.

Bd. 49 Heide Steinberger, Rassendiskriminierung und Oberster Gerichtshof in den Vereinigten Staaten von Amerika. Ein Beispiel richterlicher Fortentwicklung von Verfassungsrecht. 1969. XI, 184 S.

Bd. 50 A. Bleckmann, Das französische Kolonialreich und die Gründung neuer Staaten. Die Rechtsentwicklung in Syrien/Libanon, Indochina und Schwarzafrika. 1969. XIV, 514 S.

Bd. 51 G. Fahl, Der Grundsatz der Freiheit der Meere in der Staatenpraxis von 1493-1648. Eine rechtsgeschichtliche Untersuchung. 1969. IX, 143 S.

Bd. 52 Gerichtsschutz gegen die Exekutive. 2 Bde. 1969/71, 1258 S.

Bd. 53 H. Walter, Die Europäische Menschenrechtsordnung. Individualrechte, Staatenverpflichtungen und ordre public nach der Europäischen Menschenrechtskonvention. 1970. X, 150 S.

Bd. 54 A. Bleckmann (Bearbeiter), Demonstration im Straßenverkehr. 1970. LXII, 210 S.

Bd. 55 C. Tomuschat, Die Aufwertung der Deutschen Mark. Staats- und völkerrechtliche Überlegungen zur Neufestsetzung der Währungsparität im Jahre 1969. 1970. VII, 49 S.

Bd. 56 J.P. Müller, Vertrauensschutz im Völkerrecht. 1971. XVI, 276 S.

Bd. 57 B. Schlüter, Die innerstaatliche Rechtsstellung der internationalen Organisationen unter besonderer Berücksichtigung der Rechtslage in der Bundesrepublik Deutschland. 1972. XIII, 200 S.

Bd. 58 K. Hailbronner, Der Schutz der Luftgrenzen im Frieden. 1972. VIII, 117 S.

Bd. 59 M. Bothe, Das völkerrechtliche Verbot des Einsatzes chemischer und bakteriologischer Waffen. Kritische Würdigung und Dokumentation der Rechtsgrundlagen. 1973. XIV, 397 S.

Bd. 60 Helmut Steinberger, Konzeption und Grenzen freiheitlicher Demokratie. Dargestellt am Beispiel des Verfassungsrechtsdenkens in den Vereinigten Staaten von Amerika und des amerikanischen Antisubversionsrechts. 1974. XV, 646 S.

Bd. 61 M. Hilf, Die Auslegung mehrsprachiger Verträge. Eine Untersuchung zum Völkerrecht und zum Staatsrecht der Bundesrepublik Deutschland. 1973. XI, 249 S.

Bd. 62 Judicial Settlement of International Disputes. 1974. XX, 572 S.

Bd. 63 H. von Mangoldt, Die Schiedsgerichtsbarkeit als Mittel internationaler Streitschlichtung. Zur Beilegung von Rechtsstreitigkeiten auf der Grundlage der Achtung vor dem Rechte. 1974. XII, 214 S.

Bd. 64 H. Schiedermair, Der völkerrechtliche Status Berlins nach dem Viermächte-Abkommen vom 3. September 1971. 1975. VII, 223 S.

Bd. 65 W. Morvay, Souveränitätsübergang und Rechtskontinuität im Britischen Commonwealth. Ein Beitrag zur Lehre von der Staatensukzession. 1974. VIII, 116 S.

Bd. 66 K. Oellers-Frahm, Die einstweilige Anordnung in der internationalen Gerichtsbarkeit. 1975. X, 168 S.

Bd. 67 T. Stein, Amtshilfe in auswärtigen Angelegenheiten. 1975. XII, 193 S.

Bd. 68 U.-D. Klemm, Die seewärtige Grenze des Festlandsockels. Geschichte, Entwicklung und lex lata eines seevölkerrechtlichen Grundproblems. 1976. XIV, 285 S.

Bd. 69 M. Bothe, Die Kompetenzstruktur des modernen Bundesstaates in rechtsvergleichender Sicht. 1977. XIV, 350 S.

Bd. 70 H. Krück, Völkerrechtliche Verträge im Recht der Europäischen Gemeinschaften. Abschlußkompetenzen – Bindungswirkung – Kollisionen. 1977. XIII, 210 S.

Bd. 71 G. Ress, Die Rechtslage Deutschlands nach dem Grundlagenvertrag vom 21. Dezember 1972. 1978. XIV, 436 S.

Bd. 72 H. Mosler (Hrsg.), Grundrechtsschutz in Europa. 1977. VIII, 248 S.

Bd. 73 T. Schweisfurth, Sozialistisches Völkerrecht? Darstellung – Analyse – Wertung der sowjetmarxistischen Theorie vom Völkerrecht „neuen Typs". 1979. XIV, 615 S.

Bd. 74 H. Reinhard, Rechtsgleichheit und Selbstbestimmung der Völker in wirtschaftlicher Hinsicht. Die Praxis der Vereinten Nationen. 1980. XIII, 373 S.

Bd. 75 Die Koalitionsfreiheit des Arbeitnehmers/The Freedom of the Worker to Organize/La liberté syndicales des salariés, 1980. XLIX, 1536 S.

Bd. 76 E. Klein, Statusverträge im Völkerrecht. Rechtsfragen territorialer Sonderregime. 1980. XIV, 395 S.

Bd. 77 M. Schaefer, Die Funktionsfähigkeit des Sicherheitsmechanismus der Vereinten Nationen. 1981. XXI, 471 S.

Bd. 78 L. Weber, Die Zivilluftfahrt im Europäischen Gemeinschaftsrecht. 1981. XXVIII, 428 S.

Bd. 79 M. Hilf, Die Organisationsstruktur der Europäischen Gemeinschaften. Rechtliche Gestaltungsmöglichkeiten und Grenzen. 1982. XVIII, 442 S.

Bd. 80 J. Stoll, Vereinbarungen zwischen Staat und ausländischem Investor/Agreements Between States and Foreign Investors. 1982. XI, 166 S.

Bd. 81 Rudolf Bernhardt, Wilhelm Karl Geck, Günther Jaenicke, Helmut Steinberger (Hrsg.), Völkerrecht als Rechtsordnung – Internationale Gerichtsbarkeit – Menschenrechte. Festschrift für Hermann Mosler. 1983. XIV, 1057 S.

Bd. 82 T. Stein, Die Auslieferungsausnahme bei politischen Delikten/ The Political Offence Exception to Extradition. 1983. XII, 402 S.

Bd. 83 L. Gündling, Die 200 Seemeilen-Wirtschaftszone/The 200 Mile Economic Zone. 1983. XIV, 370 S.

Bd. 84 W. Karl, Vertrag und spätere Praxis im Völkerrecht/Treaty and Subsequent Practice in International Law. 1983. XX, 438 S.

Bd. 85 R. Wolfrum, Die Internationalisierung staatsfreier Räume/ The Internationalization of Common Spaces Outside National Jurisdiction. 1984. XX, 757 S.

Bd. 86 P. Malanczuk, Region und unitarische Struktur in Großbritannien/Regionalism and Unitary Structure in Great Britain. Die verfassungsrechtliche und verwaltungsorganisatorische Bedeutung der Region in England, Wales und Schottland. 1984. XIII, 296 S.

Bd. 87 N. Wühler, Die internationale Schiedsgerichtsbarkeit in der völkerrechtlichen Praxis der Bundesrepublik Deutschland/The Federal Republic of Germany and International Arbitration. 1985. XIII, 239 S.

Bd. 88 R. Dolzer, Eigentum, Enteignung und Entschädigung im geltenden Völkerrecht/Property, Expropriation and Compensation in Current International Law. 1985. XIII, 331 S.

Bd. 89 H. Damian, Staatenimmunität und Gerichtszwang/State Immunity and Judicial Coercion. 1985. XV, 261 S.

Bd. 90 D. Thürer, Bund und Gemeinden/Federal and Local Government. 1986. XVII, 352 S.

Bd. 91 R. Kühner, Vorbehalte zu multilateralen völkerrechtlichen Verträgen/Reservations to Multilateral Treaties. 1986. XI, 307 S.

Bd. 92 J. Kokott, Das interamerikanische System zum Schutz der Menschenrechte/The Inter-American System for the Protection of Human Rights. 1986. XII, 166 S.

Bd. 93 R. Bernhardt, J.A. Jolowicz (Hrsg.), International Enforcement of Human Rights. Reports Submitted to the Colloquium of the International Association of Legal Science, Heidelberg, 28-30 August 1985. 1987. VIII, 265 S.

Bd. 94 J.A. Frowein, T. Stein (Hrsg.), Die Rechtsstellung von Ausländern nach staatlichem Recht und Völkerrecht/The Legal Position of Aliens in National and International Law/Le régime juridique des étrangers en droit national et international. 1987. XLVI, 2135 S.

Bd. 95 U. Wölker, Zu Freiheit und Grenzen der politischen Betätigung von Ausländern/Freedom and Restriction of Political Activities of Aliens/Liberté et restrictions des activités politiques des étrangers. 1987. XXI, 264 S.

Bd. 96 U. Beyerlin, Rechtsprobleme der lokalen grenzüberschreitenden Zusammenarbeit/Legal Problems of Local Transfrontier Cooperation/Les problèmes juridiques de la coopération transfrontalière. 1988. XXII, 571 S.

Bd. 97 R. Hofmann, Die Ausreisefreiheit nach Völkerrecht und staatlichem Recht/The Right to Leave in International and National Law. 1988. XIV, 337 S.

Bd. 98 K. Hailbronner, G. Ress, T. Stein (Hrsg.), Staat und Völkerrechtsordnung. Festschrift für Karl Doehring. 1989. XIV, 1067 S.

Bd. 99 M. Herdegen, Gewissensfreiheit und Normativität des positiven Rechts. 1989. XV, 330 S.

Bd. 100 W. Benedek, Die Rechtsordnung des GATT aus völkerrechtlicher Sicht/GATT from an International Law Perspective. 1990. XXIII, 557 S.

Bd. 101 J.A. Frowein, T. Stein, Rechtliche Aspekte einer Beteiligung der Bundesrepublik Deutschland an Friedenstruppen der Vereinten Nationen. 1990. IX, 129 S.

Bd. 102 R. Wolfrum, The Convention on the Regulation of Antarctic Mineral Resource Activities. 1991. VII, 205 S.

Bd. 103 S. Oeter, Neutralität und Waffenhandel/Neutrality and Arms Transfer. 1992. XVI, 290 S.

Bd. 104 T. Giegerich, Privatwirkung der Grundrechte in den USA. Die State Action Doctrine des U.S. Supreme Court und die Bürgerrechtsgesetzgebung des Bundes/Effect and Enforcement of Constitutional Rights as against Private Persons in the USA. The State Action Doctrine of the U.S. Supreme Court and the Federal Civil Rights Legislation. 1992. XXII, 518 S.

Bd. 105 G. Nolte, Beleidigungsschutz in der freiheitlichen Demokratie/ Defamation Law in Democratic States. 1992. XX, 294 S.

Bd. 106 J.A. Frowein (Hrsg.), Die Kontrolldichte bei der gerichtlichen Überprüfung von Handlungen der Verwaltung. 1993. XIV, 367 S.

Bd. 107 S. Richter, Die Assoziierung osteuropäischer Staaten durch die Europäischen Gemeinschaften/The Association of the Eastern European Countries with the European Communities. 1993. XIX, 285 S.

Bd. 108 J.A. Frowein, R. Hofmann, S. Oeter (Hrsg.), Das Minderheitenrecht europäischer Staaten, Teil 1. 1993. XIII, 536 S.

Bd. 109 J.A. Frowein, R. Hofmann, S. Oeter (Hrsg.), Das Minderheitenrecht europäischer Staaten, Teil 2. 1994. XXI, 544 S.

Bd. 110 J. Kokott, Beweislastverteilung und Prognoseentscheidungen bei der Inanspruchnahme von Grund- und Menschenrechten/The Burden of Proof in Proceedings Involving Basic Constitutional Rights and Human Rights. 1993. XXIV, 482 S.

Bd. 111 M. Hartwig, Die Haftung der Mitgliedstaaten für Internationale Organisationen/Responsibility of Member States for International Organizations. 1993. XXI, 371 S.

Bd. 112 J. Polakiewicz, Die Verpflichtungen der Staaten aus den Urteilen des Europäischen Gerichtshofs für Menschenrechte/The Obligations of States Arising from the Judgments of the European Court of Human Rights. 1993. XXI, 392 S.

Bd. 113 P.-T. Stoll, Technologietransfer. Internationalisierungs- und Nationalisierungstendenzen/Technology Transfer. International and National Developments. 1994. XXXI, 452 S.

Bd. 114 A. Wilke, Der völker- und gemeinschaftsrechtliche Schutz der Tätigkeit des Auslandskorrespondenten/The Protection of Foreign Correspondents in International Law and Community Law. 1994. XVI, 317 S.

Bd. 115 A. Zimmermann, Das neue Grundrecht auf Asyl. Verfassungs- und völkerrechtliche Grenzen und Voraussetzungen/The New German Law on Asylum under Article 16a of the Constitution of the Federal Republic of Germany. 1994. XXVI, 437 S.

Bd. 116 T. Marauhn, Der deutsche Chemiewaffen-Verzicht. Rechtsentwicklungen seit 1945/Germany's Renunciation of Chemical Weapons. Legal Developments since 1945. 1994. XXI, 400 S.

Bd. 117 R. Bernhardt (Hrsg.), Interim Measures Indicated by International Courts. 1994. XI, 154 S.

Bd. 118 R. Hofmann, Grundrechte und grenzüberschreitende Sachverhalte/Human Rights and Situations of Transboundary Nature. 1994. XVIII, 374 S.

Bd. 119 W. Meng, Extraterritoriale Jurisdiktion im öffentlichen Wirtschaftsrecht/Extraterritorial Jurisdiction in Public Economic Law. 1994. XXIV, 810 S.

Bd. 120 U. Beyerlin, M. Bothe, R. Hofmann, E.-U. Petersmann (Hrsg.), Recht zwischen Umbruch und Bewahrung. Festschrift für Rudolf Bernhardt. 1995. XVI, 1397 S.

Bd. 121 J.A. Frowein, R. Wolfrum, G. Schuster (Hrsg.), Völkerrechtliche Fragen der Strafbarkeit von Spionen aus der ehemaligen DDR. 1995. XVI, 193 S.

Bd. 122 M.J. Hahn, Die einseitige Aussetzung von GATT-Verpflichtungen als Repressalie/Unilateral Suspension of GATT Obligations as Reprisal. 1996. XVIII, 439 S.

Bd. 123 G. Schuster, Die internationale Anwendung des Börsenrechts/The International Application of Stock Exchange Laws. 1996. XXV, 729 S.

Bd. 124 C. Walter, Vereinte Nationen und Regionalorganisationen/United Nations and Regional Organizations. 1996. XX, 407 S.

Bd. 125 R. Wolfrum (Hrsg.), Enforcing Environmental Standards: Economic Mechanisms as Viable Means? 1996. VIII, 640 S.

Bd. 126 R. Alleweldt, Schutz vor Abschiebung bei drohender Folter oder unmenschlicher oder erniedrigender Behandlung oder Strafe/Protection against Repulsion in the Case of Threat of Torture or Inhuman or Degrading Treatment or Punishment. 1996. XXI, 228 S.

Bd. 127 G. Nacimiento, Die Amerikanische Deklaration der Rechte und Pflichten des Menschen/The American Declaration of the Rights and Duties of Man. 1997. XII, 208 S.

Bd. 128 S. Lehr, Einstweiliger Rechtsschutz und Europäische Union/Interim Relief and the European Union. 1997. XXXIII, 693 S.

Bd. 129 D. Weissbrodt, R. Wolfrum (Hrsg.), The Right to a Fair Trial. 1997. IX, 779 S.

Bd. 130 J.A. Frowein, T. Marauhn (Hrsg.), Grundfragen der Verfassungsgerichtsbarkeit in Mittel- und Osteuropa. 1998. IX, 583 S.

Bd. 131 S. Schuppert, Neue Steuerungsinstrumente im Umweltvölkerrecht am Beispiel des Montrealer Protokolls und des Klimaschutzrahmenübereinkommens/New Regulatory Instruments in Selected International Agreements for the Protection of the Environment. 1998. XXII, 297 S.

Bd. 132 F. Hoffmeister, Menschenrechts- und Demokratieklauseln in den vertraglichen Außenbeziehungen der Europäischen Gemeinschaft/Human Rights and Democracy Clauses in EC Agreements with Third States. 1998. XXII, 654 S.

Bd. 133 V. Röben, Die Einwirkung der Rechtsprechung des Europäischen Gerichtshofs auf das mitgliedstaatliche Verfahren in öffentlich-rechtlichen Streitigkeiten/The Impact of the Jurisprudence of the European Court of Justice on Member State Procedural Laws. 1998. XXX, 478 S.

Bd. 134 P. Rädler, Verfahrensmodelle zum Schutz vor Rassendiskriminierung. Rechtsvergleichende Untersuchung zum Verfassungsauftrag in Art. 3 Abs. 3 GG. 1999. XVII, 454 S.

Bd. 135 V. Götz, P. Selmer, R. Wolfrum (Hrsg.), Liber amicorum Günther Jaenicke – Zum 85. Geburtstag. 1998. XXV, 1038 S.

Bd. 136 G. Nolte, Eingreifen auf Einladung/Intervention upon Invitation. 1999. XXXIV, 699 S.

Bd. 137 H.-K. Ress, Das Handelsembargo/The Trade Embargo. 2000. XXVI, 532 S.

Bd. 138 B. Specht, Die zwischenstaatliche Geltung des Grundsatzes ne bis in idem/The Principle of Ne Bis In Idem and its International Validity. 1999. XXI, 237 S.

Bd. 139 C. Ladenburger, Verfahrensfehlerfolgen im französischen und im deutschen Verwaltungsrecht/Les conséquences des irrégularités procédurales en droit administratif français et allemand/The Impacts of Irregularities of the Administrative Procedure in French and German Administrative Law. 1999. XXIV, 534 S.

Bd. 140 C. Benedict, Sekundärzwecke im Vergabeverfahren/Secondary Policies in Public Procurement. 2000. XXXII, 323 S.

Bd. 141 A. Zimmermann, Staatennachfolge in völkerrechtliche Verträge/State Succession with regard to Treaties – a Stocktaking. 2000. L, 960 S.

Bd. 142 B. Rudolf, Die thematischen Berichterstatter und Arbeitsgruppen der UN-Menschenrechtskommission/The Thematic Rapporteurs and Working Groups of the UN Commission on Human Rights. 2000. XXVI, 663 S.

Bd. 143 B. Kellersmann, Die gemeinsame, aber differenzierte Verantwortlichkeit von Industriestaaten und Entwicklungsländern für den Schutz der globalen Umwelt/The common but differentiated responsibilities of industrialised States and developing States for the protection of the global environment. 2000. XXII, 380 S.

Bd. 144 N. Krüger, Anwendbarkeit von Umweltschutzverträgen in der Antarktis/The Applicability of Environmental Treaties in the Antarctic. 2000. XXII, 360 S.

Bd. 145 S. Vöneky, Die Fortgeltung des Umweltvölkerrechts in internationalen bewaffneten Konflikten/The Applicability of Peacetime Environmental Law in International Armed Conflicts. 2001. XXVIII, 593 S.

Bd. 146 R. Grote, T. Marauhn (Hrsg.), Religionsfreiheit zwischen individueller Selbstbestimmung, Minderheitenschutz und Staatskirchenrecht – Völker- und verfassungsrechtliche Perspektiven. 2001. VIII, 634 S.

Bd. 147 D. Stroh, Die nationale Zusammenarbeit mit den Internationalen Straftribunalen für das ehemalige Jugoslawien und für Ruanda/State Cooperation with the International Criminal Tribunals for the Former Yugoslavia and for Rwanda. 2002. XXVIII, 398 S.

Bd. 148 U. Remlinger, Die Einwirkung des Gemeinschaftsrechts auf die Rückabwicklung rechtswidriger Beihilfeverhältnisse/The Impact of EC-Law on the Effective Recovery of Illegal State Aids. 2001. XXVI, 393 S.

Bd. 149 M. P. Singh, German Administrative Law in Common Law Perspective. 2nd ed. 2001. XXXI, 377 S.

Bd. 150 B. Schulte zu Sodingen, Der völkerrechtliche Schutz der Wälder/The International Protection of Forests. 2002. XXXII, 578 S.

Bd. 151 N. Krisch, Selbstverteidigung und kollektive Sicherheit/Self-Defence and Collective Security. 2001. XVII, 449 S.

Bd. 152 H.-J. Cremer, T. Giegerich, D. Richter, A. Zimmermann (Hrsg.), Tradition und Weltoffenheit des Rechts. Festschrift für Helmut Steinberger. 2002. XVI, 1483 S.

Bd. 153 S. Ohlhoff, Methoden der Konfliktbewältigung bei grenzüberschreitenden Umweltproblemen im Wandel/Settlement of International Environmental Disputes. 2003. XXX, 651 S.

Bd. 154 H. Mostert, The Constitutional Protection and Regulation of Property and its Influence on the Reform of Private Law and Landownership in South Africa and Germany. 2002. XXV, 643 S.

Bd. 155 F. Schorkopf, Die Maßnahmen der XIV EU-Mitgliedstaaten gegen Österreich. 2002. XIV, 220 S.

Bd. 156 J.E. Sommer, Verwaltungskooperation am Beispiel administrativer Informationsverfahren im Europäischen Umweltrecht/Cooperation in administrative matters with special reference to information exchange procedures in European environmental law. 2003. XXX, 891 S.

Bd. 157 T. Giegerich, Europäische Verfassung und deutsche Verfassung im transnationalen Konstitutionalisierungsprozeß: Wechselseitige Rezeption, konstitutionelle Evolution und föderale Verflechtung/The European Constitution and the German Constitution in the Transnational Process of Constitutionalization: Reciprocal Reception, Constitutional Evolution and Federal Interweavement. 2003. LXV, 1534 S.

Bd. 158 D. Richter, Sprachenordnung und Minderheitenschutz im schweizerischen Bundesstaat/Language Law and Protection of Minorities in Federal Switzerland. 2005. LIV, 1315 S.

Bd. 159 C. Dröge, Positive Verpflichtungen der Staaten in der Europäischen Menschenrechtskonvention/Positive Obligations of States under the European Convention on Human Rights. 2003. XX, 432 S.

Bd. 160 H. Keller, Rezeption des Völkerrechts/The Reception of International Law. 2003. XXXV, 855 S.

Bd. 161 M. Fries, Die Bedeutung von Artikel 5 (f) der Rassendiskriminierungskonvention im deutschen Recht/The Meaning of Article 5 (f) of the International Convention of the Elimination of All Forms of Racial Discrimination under German Law. 2003. XIX, 429 S.

Bd. 162 J.A. Frowein, K. Scharioth, I. Winkelmann, R. Wolfrum (Hrsg.), Verhandeln für den Frieden – Negotiating for Peace. 2003. XIII, 866 S.

Bd. 163 A. Bodnar, M. Kowalski, K. Raible, F. Schorkopf (eds.), The Emerging Constitutional Law of the European Union. 2003. IX, 595 S.

Bd. 164 R. Wolfrum, N. Matz, Conflicts in International Environmental Law. 2003. XI, 213 S.

Bd. 165 R. Wolfrum (Hrsg.), Gleichheit und Nichtdiskriminierung im nationalen und internationalen Menschenrechtsschutz. 2003. VIII, 299 S.

Bd. 166 P. Dann, Parlamente im Exekutivföderalismus/Parliaments in Executive Federalism. 2004. XXIII, 474 S.

Bd. 167 S. Sina, Der völkerrechtliche Status des Westjordanlandes und des Gaza-Streifens nach den Osloer Verträgen/The status of the Westbank and the Gaza Strip under public international law after the Oslo Accords. 2004. XXI, 410 S.

Bd. 168 K. Osteneck, Die Umsetzung von UN-Wirtschaftssanktionen durch die Europäische Gemeinschaft/The Implementation of UN Economic Sanctions by the European Community. 2004. XXXIX, 579 S.

Bd. 169 C. Walter, S. Vöneky, V. Röben, F. Schorkopf, Terrorism as a Challenge for National and International Law: Security versus Liberty? 2004. XI, 1484 S.

Bd. 170 A. von Hahn, Traditionelles Wissen indigener und lokaler Gemeinschaften zwischen geistigen Eigentumsrechten und der public domain/Traditional Knowledge of Indigenous and Local Communities between Intellectual Property Rights and the public domain. 2004. XXV, 415 S.

Bd. 171 M. Böckenförde, Grüne Gentechnik und Welthandel/Genetic Engineering and World Trade. 2004. XXIX, 620 S.

Bd. 172 L.-J. Geburtig, Konkurrentenrechtsschutz aus Art. 88 Abs. 3 Satz 3 EGV. Am Beispiel von Steuervergünstigungen/The Protection of Competing Entities Against State Aids in Tax Matters Under Article 88 (3), 3rd Sentence of the EC Treaty. 2004. XVII, 412 S.

Bd. 173 Oliver Dörr (Hrsg.), Ein Rechtslehrer in Berlin. 2004. VII, 117 S.

Bd. 174 J.A. Frowein, Völkerrecht – Menschenrechte – Verfassungsfragen Deutschlands und Europas. 2004. VIII, 732 S.

Bd. 175 N. Matz, Wege zur Koordinierung völkerrechtlicher Verträge/Means to Co-ordinate International Treaties. 2005. XXIV, 423 S.

Bd. 176 C. Höhn, Zwischen Menschenrechten und Konfliktprävention/Between Human Rights and Conflict Prevention. 2005. XX, 418 S.

Bd. 177 R. Wolfrum, V. Röben (eds.), Developments of International Law in Treaty Making. 2005. VIII, 632 S.

Bd. 178 P. Minnerop, Paria-Staaten im Völkerrecht?/Pariah States in International Law? 2004. XXIII, 579 S.

Bd. 179 A. Simon, UN-Schutzzonen – Ein Schutzinstrument für verfolgte Personen?/UN-Safety Zones – a Means of Protection for Persecuted Persons? 2005. XXI, 322 S.

Bd. 180 J. Bucherer, Die Vereinbarkeit von Militärgerichten mit dem Recht auf ein faires Verfahren gemäß Art. 6 Abs. 1 EMRK, Art. 8 Abs. 1 AMRK und Art. 14 Abs. 1 des UN-Paktes über bürgerliche und politische Rechte. 2005. XVIII, 307 S.

Bd. 181 S. Förster, Internationale Haftungsregeln für schädliche Folgewirkungen gentechnisch veränderter Organismen/International Liability for Damage caused by Genetically Modified Organisms. 2007. XXXVI, 421 S.

Bd. 182 F. von Alemann, Die Handlungsform der interinstitutionellen Vereinbarung/Interinstitutional Agreements: a Legal Instrument of EU Constitutional Law. 2006. XVI, 518 S.

Bd. 183 U. Säuberlich, Die außervertragliche Haftung im Gemeinschaftsrecht/Liability in European Community Law. 2005. XV, 314 S.

Bd. 184 J. Bast, Grundbegriffe der Handlungsformen der EU/Basic Principles of the EU's Legal Instruments. 2006. XXI, 485 S.

Bd. 185 P. Sonnevend, Eigentumsschutz und Sozialversicherung/Protection of Property and Social Insurance. 2008. XVIII, 278 S.

Bd. 186 P. Dann, M. Rynkowski (eds.), The Unity of the European Constitution. 2006. IX, 394 S.

Bd. 187 M. Kau, United States Supreme Court und Bundesverfassungsgericht/United States Supreme Court and Federal Constitutional Court of Germany. 2007. XXV, 538 S.

Bd. 188 E. Riedel, R. Wolfrum (eds.), Recent Trends in German and European Constitutional Law. 2006. VII, 289 S.

Bd. 189 E. Benvenisti, C. Gans, S. Hanafi (eds.), Israel and the Palestinian Refugees. 2007. VIII, 501 S.

Bd. 190 W. Brugger, M. Karayanni (eds.), Religion in the Public Sphere: A Comparative Analysis of German, Israeli, American and International Law, 2007. XVI, 467 S.

Bd. 191 N. Wenzel, Das Spannungsverhältnis zwischen Gruppenschutz und Individualschutz im Völkerrecht/The Protection of Groups in International Law in Tension with the Protection of the Individual. 2008. XXXI, 646 S.

Bd. 192 I. Niemann, Geistiges Eigentum in konkurrierenden völkerrechtlichen Vertragsordnungen/Intellectual Property Under Concurring Treaty Regimes – The Relation of WIPO and WTO/TRIPS. 2008. XXV, 463 S.

Bd. 193 D. König, P.-T. Stoll, V. Röben, N. Matz-Lück (eds.), International Law Today: New Challenges and the Need for Reform? 2008. VIII, 260 S.

Bd. 194 R Wolfrum, V. Röben (eds.), Legitimacy in International Law. 2008. VI, 420 S.

Bd. 195 H. Sauer, Jurisdiktionskonflikte in Mehrebenensystemen/ Conflicts of jurisdictions in multi-level systems. 2008. XXXVIII, 605 S.

Bd. 196 H.F. Kiderlen, Von Triest nach Osttimor/From Trieste to East Timor. 2008. XXVI, 526 S.

Bd. 197 A. Paul, Kritische Analyse und Reformvorschlag zu Art. II Genozidkonvention/Critical Analysis and Proposal for the Revision of Art. II of the Genocide Convention. 2008. XVI, 379 S.

Bd. 198 F. Hanschmann, Der Begriff der Homogenität in der Verfassungslehre und Europarechtswissenschaft/The Concept of Homogeneity and its Usage in Constitutional Law and Community Law. 2008. XIII, 370 S.

Bd. 199 S.V. Suarez, The Outer Limits of the Continental Shelf. 2008. XVIII, 276 S.

Bd. 200 A.K.Weilert, Grundlagen und Grenzen des Folterverbotes in verschiedenen Rechtskreisen/The Prohibition of Torture in Different Legal Traditions. 2009. XXX, 476 S.

Bd. 201 S. Vöneky, C. Hagedorn, M. Clados, J. von Achenbach (Hrsg.), Legitimation ethischer Entscheidungen im Recht. 2009. VIII, 351 S.

Bd. 202 L.F. Guder, The Administration of Debt Relief by the International Financial Institutions. 2009. XVIII, 355 S.

Bd. 203 C. Kamardi, Die Ausformung einer Prozessordnung sui generis durch das ICTY unter Berücksichtigung des Fair-Trial-Prinzips/The Shaping of Procedural Rules by the ICTY in View of the Right to a Fair Trial. 2009. XVI, 424 S.

Bd. 204 N. Petersen, Demokratie als teleologisches Prinzip. 2009. XXVII, 280 S.

Bd. 205 R. Wolfrum, U. Deutsch (eds.), The European Court of Human Rights Overwhelmed by Applications: Problems and Possible Solutions. 2009. VIII, 128 S.

Bd. 206 M. Hofmann, Von der Transformation zur Kooperationsoffenheit?/From Transformation to Openness for Cooperation? 2009. XIX, 585 S.

Bd. 207 B. Ahl, Die Anwendung völkerrechtlicher Verträge in China/The Application of International Treaties in China. 2009. XIX, 419 S.

Bd. 208 M. Rötting, Das verfassungsrechtliche Beitrittsverfahren zur Europäischen Union/The Constitutional Accession Process to the European Union. 2009. XIV, 317 S.

Bd. 209 N. Weiß, Kompetenzlehre internationaler Organisationen/Theory of the Powers of International Organisations. 2009. XVIII, 540 S.

Bd. 210 A. von Bogdandy, R. Wolfrum, J. von Bernstorff, P. Dann, M. Goldmann (eds.), The Exercise of Public Authority by International Institutions. 2010. XIII, 1005 S.

Bd. 211 G. Nolte (ed.), Peace through International Law. 2009. IX, 195 S.

Bd. 212 R.S. Moschtaghi, Die menschenrechtliche Situation sunnitischer Kurden in der Islamischen Republik Iran/The Human Rights Situation of Sunni Kurds in the Islamic Republic of Iran. 2010. XXIII, 451 S.

Bd. 213 R. Wolfrum, C. Kojima (eds.), Solidarity: A Structural Principle of International Law. 2010. XIII, 238 S.

Bd. 214 U. Saxer, Die internationale Steuerung der Selbstbestimmung und der Staatsentstehung/International Regulatory Steering of Self-Determination and the Creation of States. 2010. XLII, 1140 S.

Bd. 215 M. Benzing, Das Beweisrecht vor internationalen Gerichten und Schiedsgerichten in zwischenstaatlichen Streitigkeiten/The Law of Evidence before International Courts and Arbitral Tribunals in Inter-State Disputes. 2010. L, 846 S.

Bd. 216 T. Darge, Kriegsverbrechen im nationalen und internationalen Recht/War Crimes in National and International Law. 2010. XXXV, 499 S.

Bd. 217 M. Duchstein, Das internationale Benchmarkingverfahren und seine Bedeutung für den gewerblichen Rechtsschutz/The international benchmarking-procedure and its meaning to industrial property law. 2010. XXVI, 528 S.

Bd. 218 J. Pichon, Internationaler Strafgerichtshof und Sicherheitsrat der Vereinten Nationen/International Criminal Court and United Nations Security Council. 2011. XXVI, 399 S.

Bd. 219 M. Payandeh, Internationales Gemeinschaftsrecht/International Community Law. 2010. XXXV, 629 S.

Bd. 220 J. Scheffler, Die Europäische Union als rechtlich-institutioneller Akteur im System der Vereinten Nationen/The European Union as a legal and international actor in the United Nations system. 2011. XXXV, 918 S.

Bd. 221 H. Hestermeyer, N. Matz-Lück, A. Seibert-Fohr, S. Vöneky (eds.), Law of the Sea in Dialogue. 2011. XII, 189 S.

Bd. 222 S. Bitter, Die Sanktion im Recht der Europäischen Union/ „Sanction" as a Legal Term in the Law of the European Union. 2011. XV, 351 S.

Bd. 223 T. Altwicker, Menschenrechtlicher Gleichheitsschutz/ International Equal Protection Law. 2011. XXX, 549 S.

Bd. 224 D. Barthel, Die neue Sicherheits- und Verteidigungsarchitektur der Afrikanischen Union/The African Union's New Peace and Security Architecture. 2011. XXV, 443 S.

Bd. 225 C. Feinäugle, Hoheitsgewalt im Völkerrecht/The Exercise of Public Authority in International Law. 2011. XXVI, 418 S.

Bd. 226 S. Wolf, Unterseeische Rohrleitungen und Meeresumweltschutz/Submarine Pipelines and Marine Environmental Protection. 2011. XXIII, 442 S.

Bd. 227 S. Pritzkow, Das völkerrechtliche Verhältnis zwischen der EU und Russland im Energiesektor/International Law Aspects of EU-Russia Energy Relations. 2011. XXIV, 304 S.

Bd. 228 M. Ruffert, S. Steinecke, The Global Administrative Law of Science. 2011. IX, 140 S.

Bd. 229 N. Matz-Lück, M. Hong (Hrsg.), Grundrechte und Grundfreiheiten im Mehrebenensystem – Konkurrenzen und Interferenzen. 2012. VIII, 394 S.

Bd. 230 R. Otto, Targeted Killings and International Law. 2012. XVIII, 661 S.

Bd. 231 T. Kleinlein, Konstitutionalisierung im Völkerrecht/Constitutionalization in International Law. 2012. XLII, 940 S.

Bd. 232 S. Stahl, Schutzpflichten im Völkerrecht – Ansatz einer Dogmatik / Obligations to Protect in International Law – Doctrinal Reflections. 2012. XXX, 505 S.

Bd. 233 A. Seibert-Fohr (ed.), Judicial Independence in Transition. 2012. XIII, 1378 S.

Bd. 234 M.A. Trilsch, Die Justiziabilität wirtschaftlicher, sozialer und kultureller Rechte im innerstaatlichen Recht/The Justiciability of Economic, Social and Cultural Rights in Domestic Law. 2012. XIX, 559 S.

Bd. 235 S. Wasum-Rainer, I. Winkelmann, K. Tiroch (eds.), Arctic Science, International Law and Climate Change. 2012. XIX, 374 S.

Bd. 236 A. von Bogdandy, I. Venzke (eds.), International Judicial Lawmaking. 2012. XVII, 509 S.

Bd. 237 M. Kuhn, Die Europäische Sicherheits- und Verteidigungspolitik im Mehrebenensystem/The European Security and Defence Policy in a Multi-level System. 2012. XIII, 325 S.

Bd. 238 I. Röcker, Die Pflicht zur rahmenbeschlusskonformen Auslegung nationalen Rechts/The Duty of Consistent Interpretation in Relation to Framework Decisions. 2013. XXIII, 410 S.

Bd. 239 R. Wolfrum, I. Gätzschmann (eds.), International Dispute Settlement: Room for Innovations? 2013. XIV, 445 S.

Bd. 240 S. Vöneky, B. Beylage-Haarmann, A. Höfelmeier, A.-K. Hübler (Hrsg.), Ethik und Recht – Die Ethisierung des Rechts. 2013. XVII, 456 S.

Bd. 241 D. Steiger, Das völkerrechtliche Folterverbot und der „Krieg gegen den Terror"/The Prohibition of Torture in Public International Law and the „War on Terror". 2013. XXX, 821 S.

Bd. 242 K. Kaiser (Hrsg.), Der Vertrag von Lissabon vor dem Bundesverfassungsgericht. 2013. XX, 1635 S.

Bd. 243 M. Klumpp, Schiedsgerichtsbarkeit und Ständiges Revisionsgericht des Mercosur/Arbitral Jurisdiction and Permanent Court of Appeals of the Mercosur. 2013. XXI, 512 S.

Bd. 244 C. Hagedorn, Legitime Strategien der Dissensbewältigung in demokratischen Staaten/Legitimate Strategies of Dissent Management. 2013. XX, 551 S.

Bd. 245 C. Binder, Die Grenzen der Vertragstreue im Völkerrecht/The Limits of Pacta Sunt Servanda in International Law. 2013. XL, 770 S.

Bd. 247 J. Friedrich, International Environmental „soft law". 2013. XXI, 503 S.

5. Das Max Planck Yearbook of United Nations Law[30]

1997 brachten Jochen Abr. Frowein und Rüdiger Wolfrum den ersten Band des Max Planck Yearbook of United Nations Law heraus. Diesem Schritt war ein langer Diskussionsprozess unter den Direktoren vorausgegangen. Der Beginn dieser Jahrbuchreihe wurde nachdrücklich in einem Vorwort von dem damaligen Generalsekretär der Vereinten Nationen begrüßt. Er verwies auf die gewandelte Rolle der Vereinten Nationen und die Bedeutung des Rechts für die Arbeit der Vereinten Nationen. Die beiden Herausgeber sahen in der Gründung dieses neuen Jahrbuchs eine Ergänzung der Zeitschrift für ausländisches öffentliches Recht und Völkerrecht und nicht eine Konkurrenz zu dieser. Dies wurde in ihrem Vorwort hervorgehoben und die Hoffnung ausgesprochen, dass das Jahrbuch ein internationales Forum für eine vertiefte Diskussion der Vereinten Nationen und ihrer Arbeit werden würde. Anders als die Zeitschrift sollte das Jahrbuch nur in englischer Sprache erscheinen und sich auf das Recht der Vereinten Nationen konzentrieren. Assistant bzw. managing editor war von Anfang an Christiane Philipp, die verlegerische Betreuung und der Vertrieb lag bei Kluwer Law International Law. Die Erwartungen der Herausgeber haben sich voll erfüllt. Das Jahrbuch wurde von Anfang an sehr gut aufgenommen. Es ist stets gelungen, führende internationale Vertreter des Völkerrechts als Autoren heranzuziehen. Das Jahrbuch hat versucht, für jedes Jahr einen neuen Schwerpunkt zu setzten. Besonders hervorzuheben ist vielleicht Band 9 (2005), der der Restrukturierung des Irak gewidmet war und dabei den Wiederaufbau in anderen Krisengebieten und die Mitwirkung der Vereinten Nationen zum Vergleich heranzog. 2013 entschieden die Direktoren des Instituts, das Jahrbuch nicht fortzuführen. Es wurde nach dieser Entscheidung von der Max Planck Stiftung für internationalen Frieden und Rechtsstaatlichkeit übernommen und erschien unter der Herausgeberschaft von Frauke Lachenmann, Tilmann Röder und Rüdiger Wolfrum in unveränderter Form, wenn auch mit einem etwas geänderten inhaltlichen Zuschnitt.

6. Public International Law

Anfang der siebziger Jahre des 20. Jahrhunderts war die Flut der Publikationen zum Völkerrecht immer unübersichtlicher geworden. Von

[30] Dieser Abschnitt wurde von Rüdiger Wolfrum verfasst.

einzelnen Kollegen (vor allem Dietrich Rauschning in Göttingen, Herbert Miehsler in Salzburg) wurde die Frage aufgeworfen, ob man nicht vereint (in Heidelberg, Göttingen, Salzburg) eine regelmäßig erscheinende Publikation mit Angabe der völkerrechtlich relevanten Abhandlungen herausgeben könnte. Es wurde also die Kooperation von drei Instituten an unterschiedlichen Orten erwogen. Die anvisierte Publikation wurde weiter diskutiert, es wurde versucht, Lösungen für die Probleme der Kooperation zu finden. Bei der weiteren Vorbereitung und Diskussion des Planes stellte sich heraus, dass eine Koordinierung schwierig und kaum zu bewerkstelligen war. Das Ergebnis war, dass man auf eine gemeinschaftliche Publikation verzichtete. Stattdessen wurde von Rudolf Bernhardt vom Heidelberger Institut die anvisierte Publikation weiter ausgelotet. Ein geeigneter Verlag war zu finden, usw. Dabei war zu berücksichtigen, dass die technische Herstellung noch nicht die spätere Perfektion erreicht hatte, aber es schien doch möglich, eine große Zahl von Daten in kurzer Zeit zu bearbeiten. So erschien das erste Heft von Public International Law 1975. Die Systematik wurde später mehrfach überarbeitet, auch wurden später (seit 1992) Bücher zum Völkerrecht nachgewiesen. Für die Redaktion war Steven Less in erster Linie verantwortlich. Insgesamt hat Public International Law eine positive Resonanz in der Fachwelt gefunden. Angesichts der weiteren technischen Entwicklungen soll die Publikation von Public International Law 2016 eingestellt werden. Public International Law ist ein Beispiel dafür, dass das Heidelberger Institut neben seiner vorrangigen Aufgabe der Forschung auch gewisse Dienstleistungen für die Fachwelt erbringt.

7. Die Enzyklopädie des Völkerrechts

Die Enzyklopädie des Völkerrechts (EPIL) wird zuweilen als die wichtigste Leistung des Max-Planck-Instituts im Völkerrecht angesehen. Wie dem auch sei, die Enzyklopädie hat jedenfalls eine lange Vorgeschichte und Geschichte, die kurz zu resümieren ist. Schon Anfang des 20. Jahrhunderts, vor dem Ersten Weltkrieg, plante der deutsche Völkerrechtler Professor Julius Hatschek eine Enzyklopädie des Völkerrechts. Parallel hierzu hatte der Völkerrechtler Karl Strupp nach eigenem Bekunden einen detaillierten Plan für ein Wörterbuch des Völkerrechts erarbeitet; im Vorwort zu seinem 1924 publizierten ersten Band des Wörterbuchs schreibt er: „1914 lag ein bis ins Kleinste ausgearbeiteter Plan und Stichwortverzeichnis vor." Die Realisierung dieses Plans wurde durch den Ersten Weltkrieg zunächst verhindert, Hatschek zog sich zurück, und Strupp war inzwischen zunächst Privatdozent, dann Professor in Frankfurt. Er publizierte von 1924 bis 1929 ein „Wörterbuch des Völkerrechts und der Diplomatie" in drei Bänden, der Titel dieses Werkes erwähnt: „Begonnen von Prof. Dr. Julius Hatschek". Die deutschsprachige Völkerrechtswissenschaft legte mit dem Strupp Wörterbuch eine detaillierte, nach Stichworten geordnete Darstellung der internationalen Ordnung vor.

Nach dem Zweiten Weltkrieg unternahm es Hans-Jürgen Schlochauer, Schüler von Strupp und inzwischen Professor in Frankfurt am Main, eine neue Bearbeitung des Wörterbuchs vorzunehmen. Der Titel dieser von 1960 bis 1962 erschienenen Publikation deutet im ersten Band die Vorgeschichte und die Realisierung der neuen Publikation an:

> „Wörterbuch des Völkerrechts
> Begründet von Prof. Dr. Karl Strupp
> In völlig neubearbeiteter zweiter Auflage
> Herausgegeben von Dr. jur. Hans-Jürgen Schlochauer
> o.ö. Professor an der Universität Frankfurt am Main
> unter Zusammenarbeit mit Prof. Dr. Herbert Krüger, Prof. Dr. Hermann Mosler, Prof. Dr. Ulrich Scheuner
> in Verbindung mit der Deutschen Gesellschaft für Völkerrecht."

Das deutschsprachige Wörterbuch, der „Strupp/Schlochauer", erschien wieder in drei Bänden, hinzu kam ein schmaler Registerband. Hermann Mosler, inzwischen Direktor des Max-Planck-Instituts in Heidelberg, gehörte nicht nur zu den Mitherausgebern und aktiven Förderern des Werkes, er hatte auch veranlasst, dass etliche Beiträge von Mitarbeitern des Max-Planck-Instituts verfasst wurden. Mehr als zehn ehemalige und frühere Mitarbeiter des Max-Planck-Instituts haben insgesamt wohl über hundert Beiträge zum „Strupp/Schlochauer" verfasst.

In den siebziger Jahren des 20. Jahrhunderts wurde im Kreis deutscher Völkerrechtler überlegt, ob eine Neubearbeitung des Wörterbuchs ratsam erschien. Auch international wurden einschlägige Überlegungen angestellt, wie unter anderem ein Zeugnis des berühmten britischen Völkerrechtslehrers Hersch Lauterpacht bezeugt. Als Hermann Mosler Anfang 1976 Richter am Internationalen Gerichtshof in Den Haag wurde, trat ein holländischer Verlag an ihn mit der Frage heran, ob eine englischsprachige Enzyklopädie in Angriff genommen werden sollte. Noch 1976 fanden erste Gespräche unter Beteiligung von Hermann Mosler, Rudolf Bernhardt und Dr. Michielsen vom niederländischen Verlag North Holland in Heidelberg statt. Mosler nahm an den ersten Gesprächen und Überlegungen teil, er gehörte auch dem alsbald gegründeten Advisory Board an, doch seine anderen und vorrangigen Verpflichtungen führten dazu, dass Rudolf Bernhardt die Federführung bei der weiteren Planung und Realisierung der Enzyklopädie übernahm. Es ist hier nicht der Ort, um die notwendigen Schritte bis zur Publikation der Enzyklopädie nachzuzeichnen. Nur einige Anmerkungen sind angebracht. Mit dem Verlag De Gruyter, der das Wörterbuch des Völkerrechts publiziert hatte, war das Verhältnis zur geplanten Enzyklopädie zu erörtern. Mit dem Verlag North Holland, der zur Elsevier-Gruppe gehörte, war ein Vertrag auszuhandeln und abzuschließen. Der Advisory Board war zu gründen, und seine ersten Beratungen waren anzuberaumen, dabei wurden vor allem die aufzunehmenden Stichworte erörtert. Die Autoren waren zu finden, usw., usw.

Es bestand Einvernehmen, dass die Enzyklopädie in Englisch verfasst und publiziert werden sollte. Hierfür spielte eine wichtige Rolle, dass der holländische Verlag keinen Druckkostenzuschuss verlangte. Von Seiten des Herausgebers, dem der Advisory Board zustimmte, wurde besonderes Gewicht darauf gelegt, dass nur in der englischen Sprache eine weltweite Verbreitung und Beachtung gesichert erschien.

Eine weitere wichtige Entscheidung fiel zu einem anderen Vorschlag des Verlags: Die Enzyklopädie sollte zweimal erscheinen, einmal in thematisch geordneten „Instalments", ein zweites Mal in vier Bänden, einer „Library Edition". Unter wissenschaftlichen Aspekten sprach für die Publikation in „Instalments" die Überzeugung, dass auf diese Weise thematisch zusammengehörende Artikel besser ausgewählt und aufeinander abgestimmt werden könnten.

Die folgenden Grundgedanken waren zu beachten: Die technische Entwicklung der Druckindustrie war zwar fortgeschritten, aber hatte noch nicht den späteren Stand erreicht, daher wurden nur Zusätze, aber keine Veränderungen an den in den „Instalments" publizierten Artikeln bei der Publikation der „Library Edition" in Aussicht genommen. Weiter begrenzte die damalige politische Situation die Auswahl der Autoren: Wissenschaftler aus kommunistischen Staaten konnten mit wenigen Ausnahmen nicht herangezogen werden, da objektive, unzensierte Darstellungen von ihnen kaum erwartet werden konnten. Dies und anderes wurde im Advisory Board diskutiert, die letzten Entscheidungen fielen, soweit sie nicht schon im Verlagsvertrag geregelt worden waren, in Heidelberg.

Da die Mehrzahl der Autoren aus dem deutschsprachigen Raum stammen würde, also Englisch nicht als Muttersprache hatte, war es wichtig, dass der Redaktionsstab in Heidelberg englischsprachige Juristen umfasste. Das mit der Redaktion befasste Team wurde nacheinander angeführt zunächst von Robert Hollweg, danach und bis zum Abschluss des Projekts von Peter Macalister-Smith. Die übrigen Mitarbeiter in der Heidelberger Redaktion sind in Band I der „Library Edition" der Enzyklopädie genannt, sie gehörten in wechselnder Besetzung und nicht alle gleichzeitig dem Heidelberger Team an. Hervorzuheben ist noch, dass die Enzyklopädie nicht allein mit den Haushaltsmitteln des Max-Planck-Instituts bewältigt werden konnte. Zusätzliche Mittel wurden von der Deutschen Forschungsgemeinschaft und der Thyssen-Stiftung zur Verfügung gestellt. Insgesamt wurden die zwölf „Instalments" der Enzyklopädie von 1981 bis 1990 publiziert, die „Library Edition" folgte in vier voluminösen Bänden in den Jahren 1992 bis 2000; ein schmaler Registerband erschien schließlich 2003.

Der ursprüngliche Zeitplan der Publikation konnte nicht eingehalten werden. Das bedeutete zugleich, dass Rudolf Bernhardt als Institutsdirektor 1993, also vor Abschluss des Werkes, in den Ruhestand trat. Durch formlose Absprache mit der neuen Institutsleitung blieb Rudolf Bernhardt auch im Ruhestand für den Abschluss der Arbeit an der Enzyklopädie zuständig und verantwortlich.

Nach Abschluss der unter der Verantwortung von Rudolf Bernhardt erarbeiteten Enzyklopädie übernahm Rüdiger Wolfrum, seit 1993 Ko-Direktor des Max-Planck-Instituts, die Fortführung der Publikation unter dem neuen Titel „Max Planck Encyclopedia of Public International Law". Der Verlag wurde gewechselt, Oxford University Press trat an die Stelle von North Holland. Ein neuer Advisory Board wurde konstituiert, seine Mitglieder übernahmen redaktionelle Verantwortung jeweils für bestimmte Sachbereiche. Eine Besonderheit der neuen Enzyklopädie bestand vor allem darin, dass die einzelnen Artikel zunächst nur elektronisch zugänglich waren.

Auf dieser Grundlage wurde in den Jahren 2005-2012 am Max-Planck-Institut unter Leitung von Rüdiger Wolfrum[31] die Max Planck Encyclopedia of Public International Law (MPEPIL) erarbeitet, die seit 2008 als Online-Datenbank unter www.mpepil.com verfügbar ist und von Oxford University Press technisch betreut wird. Mit der Veröffentlichung einer Druckfassung (Oxford University Press) fand das Projekt im Jahr 2012 seinen vorläufigen Abschluss; die Online-Datenbank wird jedoch weiterhin aktualisiert und erweitert.

---

[31] Der folgende Teil zur Enzyklöpadie wurde von Rüdiger Wolfrum verfasst.

Das Projekt MPEPIL knüpft vom Ansatz her an die Encyclopedia of Public International Law (EPIL) an, welche in den Jahren 1992-2001 von Rudolf Bernhardt herausgegeben wurde. Letztere fußt wiederum letztlich auf dem Wörterbuch des Völkerrechts, herausgegeben von Stupp/Schlochauer. Bei der MPEPIL handelt es sich nicht nur um eine Neubearbeitung und technische Aktualisierung der EPIL. Angesichts der enormen völkerrechtlichen Entwicklungen der letzten zwei Jahrzehnte wurde die Enzyklopädie inhaltlich insgesamt erheblich erweitert. Sie verfügt – derzeit – über mehr als 1.600 Stichworte, gegenüber der EPIL sind ca. 800 Stichworte neu hinzugekommen. Auch soweit auf Stichworte in der EPIL zurückgegriffen wurde, sind diese von neuen Bearbeitern geschrieben worden. Lediglich zehn Beiträge – meist historischen Gehalts – sind wortgleich von der EPIL in die MPEPIL übernommen worden. Der internationale Geltungsanspruch der MPEPIL wurde bereits bei der Auswahl der Autoren durch die Einbeziehung hochqualifizierter Wissenschaftler und Praktiker aus allen Erdteilen und Rechtstraditionen berücksichtigt. Insgesamt konnten bisher 833 Autoren aus 85 Ländern gewonnen werden. 33% der Autoren stammen aus nicht-europäischen Ländern.

Die Beiträge zur MPEPIL haben Hybridcharakter: Einerseits müssen sie ihr Thema in kompakter Form erschöpfend und sachlich behandeln, um dem Referenzzweck einer Enzyklopädie gerecht zu werden. Andererseits ist jeder Autor zu einer eigenen wertenden Stellungnahme aufgefordert. Eine entscheidende Innovation der MPEPIL liegt darin, dass ihre Beiträge einem Peer–Review-Verfahren durch Mitglieder des Fachbeirats und des Herausgebers unterworfen wurden. Durch dieses Reviewverfahren entstand ein Diskurs zwischen Mitgliedern aus verschiedenen Rechtskreisen, der wesentlich für die ‚Internationalisierung' der MPEPIL war. Dem Fachbeirat gehören an: Armin von Bogdandy, Edith Brown Weiss, Jean-Pierre Cot, Yoram Dinstein, Thomas M. Franck (2009 verstorben), Jochen Abr. Frowein, Meinhard Hilf, Rahmatullah Khan, Martti Koskenniemi, Thomas Läufer, Thomas A. Mensah, Hanspeter Neuhold, Francisco Orrego Vicuña, W. Michael Reisman, Bruno Simma, Daniel Thürer, Christian Tomuschat, Tullio Treves und Sir Michael Wood. Rudolf Bernhardt nahm an den meisten der Fachbeiratssitzungen teil. Der Fachbeirat ist ab 2005 regelmäßig zusammengetreten. Eine weitere wesentliche Innovation war, dass die MPEPIL zunächst nur elektronisch zur Verfügung getellt wurde und Neubearbeitungen, Ergänzungen nur in der elektronischen Version erfolgen. In der elektronischen Version kann auch direkt auf die Datenbanken von Oxford University Press zurückgegriffen werden. Dieser Ansatz hat auch seinen Preis. Denn der Anspruch an Gegenwartsrelevanz, dem sich dieses Projekt verschrieben hat, erfordert die Bereitschaft zu ständiger Aktualisierung, Berücksichtigung veränderter Verhältnisse und Anpassung an die Anforderungen des Leserkreises. Ziel ist es, die diversen und zunehmend fragmentierten Bereiche des Völkerrechts vollständig abzudecken und dabei zugleich auf neueste Entwicklungen zu reagieren. In Zusammenarbeit mit den Autoren werden die Beiträge regelmäßig überarbeitet.

Eine besondere Herausforderung liegt in der Veröffentlichung der Enzyklopädie als Online-Datenbank. Dem Leser soll die Möglichkeit müheloser themenübergreifender Recherche geboten werden. Querverweise zwischen den Beiträgen und das innovative Angebot einer themengebundenen Recherche sollen den schnellen Einstieg in komplexe Sachverhalte ebenso ermöglichen wie das rasche Erfassen struktureller Zusammenhänge. Das Recherchemodul des Oxford Law Citator und die Verlinkung der MPEPIL mit weiteren Oxford University Press Fachdatenbanken ermöglichen dem Leser den raschen Zugriff auf themenverwandtes bibliographisches Material und juristische Dokumente, vielfach als Volltext.

Auf Anregung des Verlages werden inzwischen thematisch orientierte Sammelbände herausgegeben. Die in diesen Bänden enthaltenen Beiträge sind vorher aktualisiert worden. Diese Aktualisierung hat sich auch in der elektronischen Version der MPEPIL niedergeschlagen.

Diese Enzyklopädie ist international sehr gut rezipiert worden; dies ist im Wesentlichen auf die elektronische Verfügbarkeit zurück zu führen sowie auf die verstärkte Beteiligung von Autoren weltweit.

8. Weitere Publikationen der Direktoren – Auswahl

Jeder Versuch, die Publikationen der Direktoren und der Mitarbeiter umfassend aufzuführen, würde den Rahmen dieses Buches sprengen und wäre zudem im Zeitalter der digitalen Vernetzung nicht sinnvoll. Deshalb kann es in diesem Abschnitt nur darum gehen, großangelegte Publikationen, die einen Hilfsapparat erfordern, wie ihn vor allem ein Institut wie das MPI zur Verfügung stellen kann, aufzuführen. Die immense Anzahl individueller Publikationen der Mitarbeiter kann nicht berücksichtigt werden; soweit sie in den „Beiträgen“ veröffentlicht wurden, sind sie dort jedoch genannt.[32] Auch bei den Publikationen der Direktoren kann Vollständigkeit nicht angestrebt werden.

Von den Publikationen von *Hermann Mosler* ist nach wie vor von internationaler Bedeutung die Dissertation von 1937 zum heute besonders aktuellen Thema „Die Intervention im Völkerrecht"[33] sowie seine Habilitationsschrift von 1946 über „Wirtschaftskonzessionen bei Änderung der Staatshoheit".[34] Auch seine Publikationen im Kontext der Schaffung der Europäischen Gemeinschaften sind bahnbrechend, da sie zu den ersten rechtswissenschaftlichen Bewertungen der Problematik einer supranationalen Institution zählen, so z.B. „Der Vertrag über die Europäische Gemeinschaft für Kohle und Stahl"[35] und „Die Wendung zum supranationalen Gedanken im Schumanplan".[36] Fragen zur Beendigung des Kriegszustandes und damit zusammenhängende Probleme waren Gegenstand der Publikation (zus. mit K. Doehring) „Die Beendigung des Kriegszustandes"[37] und „Vorschläge über einen internationalen Kodex über die Behandlung des Vermögens feindlicher Staatsangehöriger".[38] Grundlegend, nicht nur aus Sicht des Instituts, war auch sein Vortrag zum 50jährigenBestehen des Instituts zum Thema „Das Völkerrecht als Rechtsordnung".[39] Erwähnenswert sind außerdem seine grundlegenden Arbeiten zum „Jus Cogens im Völkerrecht"[40] und zur Erweiterung des Kreises der Völkerrechtssubjekte.[41] Von nachhaltiger Bedeutung war und ist insbesondere auch seine Haager Vorlesung von 1974 zum Thema „The international society as a legal community".[42]

Nachhaltige Bedeutung haben von den zahlreichen Publikationen von *Rudolf Bernhardt* insbesondere die Dissertation und die Habilitations-

---

[32] S. Übersicht oben unter Punkt II. 4 im Zweiten Teil.

[33] Erschienen 1937 bei Junker & Dünnhaupt.

[34] Kohlhammer 1948.

[35] Kohlhammer 1951.

[36] Schwann 1951.

[37] BaöRV Bd. 37.

[38] Heidelberg 1956.

[39] ZaöRV 36 (1976), 6-49. Abgedruckt auch unten im Anhang, Dokumente.

[40] Annuaire Suisse de Droit International 1970, 9-40.

[41] ZaöRV, 22 (1962), 1-48.

[42] RdC 1974–IV, Vol. 140 und Nachdruck einer revidierten Fassung 1980 bei Nijhoff.

schrift, die in der Reihe des Instituts „Beiträge zum ausländischen öffentlichen Recht und Völkerrecht“ erschienen sind. Die Dissertation mit dem Titel „Der Abschluß völkerrechtlicher Verträge im Bundesstaat. Eine Untersuchung zum deutschen und ausländischen Bundesstaatsrecht“[43] ist noch in Frankfurt entstanden (dort fand auch die Promotion statt). Sie behandelt das deutsche Staatsrecht und erörtert rechtsvergleichend Fragen des Bundesstaatsrechts. Die Habilitationsschrift mit dem Titel: „Die Auslegung völkerrechtlicher Verträge insbesondere in der neueren Rechtsprechung internationaler Gerichte“[44] ist eine rein völkerrechtliche Arbeit. Von den zahlreichen Beiträgen von Rudolf Bernhardt in Sammelwerken seien nur zwei umfangreiche Arbeiten genannt: „Bundesverfassungsgericht und völkerrechtliche Verträge“[45] und „Custom and Treaty in the Law of the Sea“.[46] Eine vollständige Bibliographie (bis 1995) findet sich in der Festschrift für Rudolf Bernhardt: „Recht zwischen Umbruch und Bewahrung“.[47] Die umfangreiche Herausgeber-Tätigkeit umfasst vor allem die Enzyklopädie des Völkerrechts.

Auch die Publikationstätigkeit von *Karl Doehring* war vielseitig und umfangreich. Von besonders weitreichender Bedeutung waren und sind noch heute seine Lehrbücher: Das Staatsrecht der Bundesrepublik Deutschland (1976, 2. Auflage 1980, 3. Auflage 1984); Allgemeine Staatslehre (1991, 2. Auflage 2000, 3. Auflage 2004); Grundzüge des Völkerrechts (zus. mit T. Buergenthal und J. Kokott, drei Auflagen zwischen 1998 und 2003); Völkerrecht (1998 und 2. Aufl. 2004). Die Publikationen von Karl Doehring spiegeln ein besonderes Interesse an Fragen des geteilten Deutschlands wider, so z.B. „Die parlamentarische Zustimmungsbedürftigkeit von Verträgen zwischen der Bundesrepublik Deutschland und der Deutschen Demokratischen Republik“.[48] In diesem Zusammenhang verdient ebenfalls Erwähnung die Publikation „Staats- und völkerrechtliche Aspekte der Deutschland- und Ostpolitik“[49] sowie „Staats- und völkerrechtliche Aspekte der Berlin-

---

43 BaöRV Bd. 32 (1957), 208 S.

44 BaöRV Bd. 40 (1963), 200 S.

45 „Bundesverfassungsgericht und Grundgesetz. Festgabe aus Anlass des 25jährigen Bestehens des Bundesverfassungsgerichts“, 1976, Bd. 2, 154-186.

46 RdC 205 (1987-V), 1989, S. 247-330.

47 BaöRV Bd. 120, S. 1381-1390.

48 Zus. mit G. Ress, Athenäum-Verlag 1971, 2. erweiterte Auflage 1972.

49 Zus. mit G. Ress und W.A. Kewenig, Athenäum-Verlag, 1971.

Regelung".[50] Zu Fragen von Kriegsschuld und Reparationen gehört vor allem das Buch „Jahrhundertschuld, Jahrhundertsühne, Reparationen, Wiedergutmachung und Entschädigung".[51] Aus den zahlreichen Schriften zum Fremdenrecht, einem Thema, dem Karl Doehrings besonderes Interesse galt, seien hier nur erwähnt „Die Pflicht des Staates zur Gewährung diplomatischen Schutzes",[52] „Die allgemeinen Regeln des völkerrechtlichen Fremdenrechts"[53] und „Die staatsrechtliche Stellung der Ausländer in der Bundesrepublik Deutschland".[54] Auch wenn es sich nicht um ein juristisches Lehrbuch oder eine rechtliche Themenanalyse handelt, darf hier seine biografische Publikation „Von der Weimarer Republik zur Europäischen Union, Erinnerungen"[55] nicht fehlen ebenso wie seine letzte Publikation „Mein Leben als Jurist".[56]

Die Publikationsliste von *Jochen Abr. Frowein* ist sehr umfangreich und deckt ein weites Spektrum von Sachgebieten ab. Das belegt in beeindruckender Weise eine umfangreiche Publikation, mit der seine Schüler ihn zum 70. Geburtstag ehrten: sie veröffentlichten in einem Sammelband nahezu all seine Publikationen mit Ausnahme von Monographien, so dass der Band „Völkerrecht – Menschenrechte – Verfassungsfragen Deutschlands und Europas" die andernorts verstreut publizierten Aufsätze und Beiträge auf einfache Weise zugänglich machen.[57] Von den Publikationen ist zweifellos besonders hervorzuheben der Kommentar zur EMRK (zus. mit W. Peukert), der in der ersten Auflage 1985 erschien, 1996 in der zweiten Auflage und 2009 in der dritten, vollständig neu bearbeiteten Auflage (Engel Verlag). Im Unterschied zu anderen Kommentaren bearbeiten die beiden Autoren ohne weitere Mitautoren die Artikel der Konvention unter Berücksichtigung der Rechtsprechung, was angesichts des wachsenden Umfangs der Rechtsprechung des EGMR eine besondere Herausforderung darstellt. Von bleibender Aktualität ist weiter auch die Habilitationsschrift aus dem Jahre 1968

[50] Zus. mit G. Ress, Athenäum-Verlag, 1972

[51] Zus. mit B.J. Fehn und H.G. Hockerts, Olzog Verlag, 2001.

[52] BaöRV Bd. 33.

[53] BaöRV Bd. 39.

[54] Zus. mit J. Isensee, G. Kisker, G. Püttner, Veröffentlichungen der Vereinigung der deutschen Staatsrechtslehrer, Bd. 32, 1974.

[55] wjs. Verlag, 2008.

[56] Jahrbuch des öffentlichen Rechts der Gegenwart 59 (2011), 535-543.

[57] BaöRV Bd. 174.

zum Thema „Das de facto Regime im Völkerrecht“[58] und die Dissertation von 1961 „Die selbständige Bundesaufsicht nach dem Grundgesetz“.[59] Zu erwähnen ist außerdem die ausführliche Kommentierung der zentralen Artikel 39-43 in dem von B. Simma herausgegebenen Kommentar zur Charta der Vereinen Nationen, in deutscher Sprache in der 1. Auflage von 1991 und in englischer Sprache, zusammen mit N. Krisch, in der zweiten Auflage von 2002. Die Herausgebertätigkeit und damit vor allem die Autorenschaft für das Thema von Kolloquien sowie die Art der Bearbeitung wird im jeweiligen Kontext behandelt (s. unten Kolloquien und Gutachten). Hinzuweisen ist außerdem auf die Herausgeberschaft der Tagungsbände der Vereinigung der Staatsrechtslehrer („Deutschlands aktuelle Verfassungslage“, 1990) und der Deutschen Gesellschaft für Völkerrecht („Das Problem des grenzüberschreitenden Informationsflusses und des domaine réservé“, 1979) unter seinem Vorsitz sowie auf seinen Vortrag über „Konstitutionalisierung des Völkerrechts“ anlässlich der Tagung der Deutschen Gesellschaft für Völkerrecht im Jahre 2000. 1990 hielt Jochen Abr. Frowein einen Kurs an der Academy of International Law in Florenz zum Thema „The European Convention on Human Rights as the Public Order of Europe“[60] und 1994 an der Académie de Droit International in Den Haag über „Reactions by not directly affected States to breaches of public international law“.[61]

Der Schwerpunkt des wissenschaftlichen Interesses von *Helmut Steinberger* galt insbesondere dem Verfassungsrecht und der Verfassungsgerichtsbarkeit, was natürlich in engem Zusammenhang mit seiner Funktion als Verfassungsrichter zu sehen ist. Aus der Zeit vor diesem Amt, das er 1975 aufnahm, sind vor allem seine Dissertation zu nennen, die einem damals neuen und bis heute aktuellem Thema galt: „GATT und regionale Wirtschaftszusammenschlüsse“,[62] sowie seine Habilitationsschrift zum Thema „Konzeption und Grenzen freiheitlicher Demokratie“,[63] die insbesondere das US-amerikanische System untersuchte. In diesen Zusammenhang gehören auch seine Studien zum Einfluss des

---

58 BaöRV Bd. 46.

59 Bonner rechtswissenschaftliche Abhandlungen Nr. 50.

60 Nijhoff, 1990.

61 RdC 1994, vol. 248, 345-438.

62 BaöRV Bd. 41.

63 BaöRV Bd. 60.

amerikanischen Verfassungssystems auf das deutsche System.[64] Nach Beendigung seiner Funktion als Verfassungsrichter und nach Aufnahme seiner Tätigkeit in der Venedig-Kommission publizierte er rechtsvergleichend zu Modellen der Verfassungsgerichtsbarkeit[65] und zu Aspekten der Verfassungsgebung in Osteuropa.[66]

Auch die Publikationsliste von *Rüdiger Wolfrum* ist äußerst umfangreich und umfasst Veröffentlichungen zum Völkerrecht in seiner gesamten Breite, zum nationalen öffentlichen Recht und zum vergleichenden Verfassungsrecht. Neben den Publikationen von unter seiner Ägide veranstalteten Kolloquien und Tagungen, die an anderer Stelle angegeben sind (s. unten III.), sind von den monographischen Werken insbesondere erwähnenswert die Dissertation zum Thema „Die innerparteiliche demokratische Ordnung nach dem Parteiengesetz" von 1974[67] sowie die Habilitationsschrift zum Thema „Die Internationalisierung staatsfreier Räume" von 1984.[68] Das Interesse am Rechtsstatus der Antarktis fand Ausdruck in der Arbeit über „The Convention on the regulation of Antarctic mineral resource activities" von 1991.[69] Bereits 1996 arbeitete er zum Thema „Das internationale Recht für den Austausch von Waren und Dienstleistungen", ein Thema, das in ausführlicher Breite in dem Kommentar zum WTO-Recht mündete, dessen Bände 2-6 von Rüdiger Wolfrum und 1 und 7 von P.-T. Stoll herausgegeben wurden.[70] Auch Rüdiger Wolfrum hielt einen Kurs an der Haager Akademie im Jahr 1999 zum Thema „Means of Ensuring Compliance with and enforcement of international environmental law".[71] Von besonderer Bedeutung ist außerdem die Neuauflage des Lehrbuchs „Völkerrecht"

---

[64] Historic influences of American constitutionalism upon German federalism and judicial review, Columbia Jl of transnational law 36 (1997), S. 189.

[65] Models of constitutional jurisdiction, Modèles de jurisdiction constitutionnelle, Council of Europe, European Commission for Democracy through Law, 1992.

[66] Comments on the Draft Federal Constitutional Law of the Russian Federation on the Russian Constitutional Court (Council of Europe), 1994.

[67] Erschienen bei Duncker&Humblot, 1974.

[68] BaöRV Bd. 85.

[69] BaöRV Bd. 102.

[70] 2008: WTO-trade in services (6); 2011: WTO-trade in goods (5); 2008: WTO-trade remedies (4); 2007: WTO-technical barriers and SPS measures (3); 2006: WTO-institutions and dispute settlement (2).

[71] RdC 1999, Bd. 272.

von Georg Dahm, die Rüdiger Wolfrum zusammen mit Jost Delbrück übernommen hatte; 2002 erschienen Bd. 1,2: „Der Staat und andere Völkerrechtssubjekte, Räume unter internationaler Verwaltung“, und Bd. 1,3: „Die Formen des völkerrechtlichen Handelns, die inhaltliche Ordnung der internationalen Gemeinschaft“. Bei wesentlichen Werken war Rüdiger Wolfrum als Mitherausgeber tätig, so z.B. beim „Handbuch Vereinte Nationen“ 1977 und der an seine Dissertation anschließenden Publikation von 1994 zum „Verfahren der Kandidatenaufstellung und der Wahlprüfung im europäischen Vergleich.[72] Die zahlreichen Aufsätze und Beiträge in Festschriften zum weiten Spektrum der Interessengebiete von Rüdiger Wolfrum können nicht im Einzelnen erwähnt werden, sind aber über den OPAC des Instituts leicht auffindbar. Die Fortsetzung und die teilweise Neukonzeptionierung der von Rudolf Bernhardt initiierten großen Publikation „Encyclopedia of Public International Law“ wird an anderer Stelle gesondert dargestellt (Zweiter Teil, II. 7).

Unter den zahlreichen Publikationen von *Armin von Bogdandy* ist an erster Stelle die 1989 erschienene Dissertation zum Thema „Hegels Theorie des Gesetzes“ zu nennen[73] und die Habilitationsschrift über „Gubernative Rechtsetzung. Eine Neubestimmung des Regierungssystems und der Rechtsetzung unter dem Grundgesetz in gemeineuropäischer Perspektive“.[74] 1996 erstattete er den Bericht für das Europäische Parlament über „A Unified and Simplified Model of the European Communities Treaties and the Treaty on European Union in Just One Treaty“ (240 Seiten). 1999 publizierte er eine kleine Monographie zum Thema „Supranationaler Föderalismus als Idee und Wirklichkeit einer neuen Herrschaftsform. Zur Gestalt der Europäischen Union nach Amsterdam“;[75] in diesem Zusammenhang steht auch sein Vortrag vor der Vereinigung der deutschen Staatsrechtslehrer über „Europäische und nationale Identität: Integration durch Verfassungsrecht?“.[76] Erwähnenswert ist außerdem sein Aufsatz zu „Law and Politics in the WTO – Strategies to Cope with a Deficient Relationship“.[77] Grundle-

[72] Erschienen im Nomos-Verlag, Baden-Baden, 1994.

[73] Alber Verlag, 1989.

[74] Mohr Siebeck, 2000.

[75] Nomos, 1999.

[76] Veröffentlichungen der Vereinigung der Deutschen Staatsrechtslehrer (VVDStRL), 2003, 156-193.

[77] Max-Planck-Yearbook of United Nations Law 5 (2001), 609-674.

gend sind auch seine Publikationen zu „Grundprinzipien", in: Europäisches Verfassungsrecht. Theoretische und dogmatische Grundzüge,[78] sowie insbesondere die Publikation „Principles of European Constitutional Law" in der Erstauflage von 2006 und Zweitauflage von 2010.[79] Zusammen mit S. Dellavalle veröffentlichte er 2010 eine Monographie zu „Paradigmi dell'ordine".[80] Zu erwähnen ist auch seine Abhandlung zum Thema „Ius Constitutionale Commune en America Latina: una mirada a un constitucionalismo transformador"[81] sowie seine Mitherausgeberschaft an Werken, welche ein gemeinsames Verfassungsrecht in Lateinamerika konzipieren, so z.B. „Direitos Humanos, Democracia e Integração Jurídica na América do Sul" (zusammen mit F. Piovesan und M. Morales Antoniazzi),[82] „Direitos Humanos, Democracia e Integração Jurídica" (zusammen mit M. Morales Antoniazzi und F. Piovesan),[83] „Estudos Avançados de Direitos Humanos" (zusammen mit F. Piovesan, M. Morales Antoniazzi, C. Tomuschat)[84] und „Ius constitutionale commune en derechos humanos en América Latina" (zusammen mit M. Morales Antoniazzi und E. Ferrer Mac-Gragor).[85] Schließlich ist das zusammen mit I. Venzke verfasste Werk „In wessen Namen? Internationale Gerichte in Zeiten globalen Regierens",[86] das ebenfalls in Englisch erschien „In whose name? A public law theory on international adjudication",[87] zu erwähnen. Bereits an anderer Stelle (oben S. 41, Anm. 88) wurde auf die auf mehr als zehn Bände angelegte, grundlegende Publikation „Ius Publicum Europaeum IPE" hingewiesen, die unter der Leitung von Armin von Bogdandy, zusammen mit P. Huber, P. Cruz Villalon und C. Grabenwarther entsteht. Erschienen sind bis 2013 sechs Bände: Bd. 1, Grundlagen und Grundzüge staatlichen Verfassungsrechts, 2007; Bd. 2, Offene Staatlichkeit – Wissenschaft vom Verfassungsrecht, 2008; Bd. 3, Verwaltungsrecht in Europa, 2010;

---

78 Springer, 2009.

79 Erschienen bei Hart.

80 Erschienen im Trauben Verlag 2010.

81 Übersetzung, in Revista Derecho del Astado 34 (2015), 3-50.

82 Verlag Editoria Lumen Juris, 2010, 701 S.

83 Verlag Editoria Lumen Juris, 2011, 662 S.

84 Elsevier 2013, 800 S.

85 Verlag Porrùa, 273 S.

86 Suhrkamp Berlin, 2014.

87 Oxford, 2014.

Bd. 4, Verwaltungsrecht in Europa, 2011; Bd. 5, Verwaltungsrecht in Europa, 2014; Bd. VI, Verfassungsgerichtsbarkeit in Europa, 2016.

Von den Publikationen von *Anne Peters* sind zunächst die Dissertation zum Thema „Das Gebietsreferendum im Völkerrecht: Seine Bedeutung im Licht der Staatenpraxis nach 1989“ zu nennen[88] und die Habilitationsschrift über „Elemente einer Theorie der Verfassung Europas“.[89] Grundlegend ist zudem das Lehrbuch zur „Einführung in die Europäische Menchenrechtskonvention“[90] und das Lehrbuch „Völkerrecht: Allgemeiner Teil“,[91] sowie die Monographie „Women, quotas and constitutions: A Comparative Study of Affirmative Action for Women in American, German, European Community and International Law“.[92] In den letzten Jahren erschienen einige grundlegende Publikationen zu aktuellen Themen wie z.B. „The Constitutionalization of International Law“,[93] „Jenseits der Menschenrechte: Die Rechtsstellung des Individuums im Völkerrecht“[94] und das umfangreiche Gutachten zur „Tierversuchsrichtlinie 2010/63/EU und ihrer Umsetzung in Deutschland“.[95] Zu nennen sind außerdem einige Sammelwerke, bei denen Anne Peters als (Mit)Herausgeberin und damit Impulsgeberin und natürlich Beitragsautorin tätig geworden ist, von denen besondere Erwähnung verdienen: „Transparency in International Law“;[96] „Oxford Handbook of the History of International Law“[97]; „Conflict of Interest in Global, Public and Corporate Governance“.[98] Auch einige umfangreiche Aufsätze sollen Erwähnung finden, wie z.B. „Rechtsordnungen und Konstitutionalisierung: Zur Neubestimmung der Verhältnisse“[99];

---

88 Nomos 1995.

89 Duncker&Humblot, 2001.

90 Bereits in der 3. Auflage, 2012, bei Beck erschienen; zus. mit T. Altwicker.

91 Zürich, Schulthess 4. überarb. Aufl. 2016.

92 Kluwer Law International, 1999,

93 Oxford University Press erw. Aufl. 2011; Co-Autorin zus. mit J. Klabbers u. G. Ulfstein.

94 Mohr Siebeck 2014.

95 Schriften zum Tier im Recht, 2014.

96 Cambridge University Press 2013; Hrsg. zus. mit A. Bianchi.

97 Oxford University Press 2012; Hrsg. zus. mit B. Fassbender.

98 Cambridge University Press 2012; Hrsg. zus. mit L. Handschin.

99 Zeitschrift für öffentliches Recht/Journal of Public Law 65 (2010), S. 3-63.

„Humanity as the A and Ω of Sovereignty";[100] „Die Zukunft der Völkerrechtswissenschaft: Wider den epistemischen Nationalismus";[101] „Rollen von Rechtsdenkern und Praktikern – aus völkerrechtlicher Sicht", in: Paradigmen im internationalen Recht. Implikationen der Weltfinanzkrise für das internationale Recht".[102]

III. Kolloquien, Symposien und Workshops

Ein ganz wesentlicher Bestandteil wissenschaftlicher Forschung, insbesondere in der Rechtsvergleichung, ist der Austausch mit Kollegen aus dem eigenen Land und anderen Ländern, um den Blickwinkel zu erweitern und Netzwerke zu knüpfen, die einen ständigen Gedankenaustausch gewährleisten. Das Institut war in diesem Bereich immer besonders aktiv und die Veranstaltung von Kolloquien, Symposien und auch kleineren Tagungen und Workshops ist wesentlicher Bestandteil seiner Aktivitäten. Im vorliegenden Buch kann natürlich nur ein Eindruck der vom Institut organisierten Veranstaltungen gegeben werden, so dass die folgende Darstellung sich vor allem auf die sog. „Großen Kolloquien", ein Markenzeichen des Instituts, und internationale Symposien beschränken muss, die allerdings seit Beginn der Jahrtausendwende weitgehend von zahlreichen kleineren internationalen Workshops und Tagungen abgelöst wurden, von denen hier nur eine geringe Auswahl erwähnt werden kann. Dabei soll chronologisch vorgegangen werden, da die Themen sich oft aus aktuellen Problemen ergaben und im zeitlichen Kontext zu sehen sind.

Die traditionellen Kolloquien standen immer im Zusammenhang mit den großen Themenbereichen, die am Institut bearbeitet werden und dazu gehörte an erster Stelle die Grundlagenforschung, insbesondere auf dem Gebiet der öffentlich-rechtlichen Rechtsvergleichung, aber auch die Erarbeitung völkerrechtlicher Regeln durch Weiterentwicklung der rechtswissenschaftlichen Erkenntnismethoden. Zu diesem Zweck waren Gegenstand der internationalen Treffen anfänglich vor allem Fragestellungen, die in allen modernen Staatswesen oder in ho-

---

[100] European Journal of International Law 20 (2009), S. 513-544 http://www.ejil.org/pdfs/20/3/1849.pdf.

[101] ZaöRV 67 (2007), S. 721-776.

[102] Berichte der deutschen Gesellschaft für Völkerrecht, Band 45 (Heidelberg, C.F. Müller 2012), S. 105-173.

mogen zusammengesetzten Staatengruppen geregelt sind oder der Regelung bedürfen. Zu aktuellen Themen aus dem Bereich der Rechtsvergleichung wurden auf der Grundlage eines akribisch ausgearbeiteten Fragebogens Landesberichte erstellt, entweder von Mitarbeitern des Instituts oder von ausländischen Berichterstattern. Zusätzlich wurden meist von Institutsmitarbeitern Querberichte erarbeitet. Auf der Grundlage dieses detaillierten Materials fand dann das Kolloquium statt, das in den „Beiträgen“, oft einschließlich einer Zusammenfassung der Diskussionen, veröffentlicht wurde.

Das erste Kolloquium organisierte Hermann Mosler 1959 zum Thema „Staat und Privateigentum“, d.h. die öffentlich-rechtliche Gewährleistung, Beschränkung und Inanspruchnahme privaten Eigentums.[103] Schon 1962 folgte ein Kolloquium über „Verfassungsgerichtsbarkeit in der Gegenwart“, in dem es um die Kontrolle der Durchführung der Verfassung einschließlich der Grundrechte durch Gerichte ging.[104] Weitere Kolloquien betrafen 1967 „Haftung des Staates und der öffentlichen Körperschaften für rechtswidriges Verhalten seiner Organe“[105] und 1969 „Gerichtsschutz gegen die Exekutive“,[106] die die Rechtslage in verschiedenen Staaten untersuchten. Das erste Kolloquium zu einem rein völkerrechtlichen Thema galt 1972 dem Thema „Judicial Settlement of International Disputes“ und untersuchte den Stand und die Entwicklungschancen der internationalen Gerichtsbarkeit.[107] Zum 50jährigen Bestehen des Instituts fand 1975 ein Kolloquium zum Thema „Völkerrecht als Rechtsordnung, Grundlagen und Quellen“ statt, das die Grundfragen des Völkerrechts unter Berücksichtigung der Entwicklung seit der Gründung des Instituts behandelte.[108] Einem rechtsvergleichenden Thema galt wiederum das Symposium von 1976 über „Grundrechtsschutz in Europa“, bei dem ein besonders sachkundiger Teilnehmerkreis von Richtern des EGMR, des EuGH und des Verfassungsgerichts sowie namhafte Wissenschaftler Verflechtungen und Spannungen zwischen Grundrechtsschutz durch die Europäische Menschenrechtskonvention und ihre Organe, dem Recht der Europäischen Gemeinschaften und dem nationalen Verfassungsrecht diskutierten. Dabei zeig-

---

[103] BaöRV Bd. 34.

[104] BaöRV Bd. 36.

[105] BaöRV Bd. 44.

[106] BaöRV Bd. 52.

[107] BaöRV Bd. 62.

[108] ZaöRV 36 (1976), 700 S.

te sich, dass die internationale Rechtsordnung und das nationale Verfassungsrecht sich immer stärker gegenseitig durchdringen.[109] 1977 wurde mit den Vorbereitungen zum Kolloquium von 1978 über die „Koalitionsfreiheit des Arbeitnehmers" begonnen, in dem Wissenschaftler aus 22 Staaten (dabei allen 20 Mitgliedstaaten des Europarates) anhand eines Fragebogens Auskunft darüber geben sollten, wie die Koalitionsfreiheit in der jeweiligen Rechtsordnung geregelt ist, und ob auch die negative Koalitionsfreiheit garantiert und gesichert ist, wie es mit dem Streikrecht steht, ob Beamte und sonstige Staatsdiener Beschränkungen beim Beitritt zu Gewerkschaften oder beim Streik unterliegen.[110]

Zum Thema „International Enforcement of Human Rights" fand 1985 unter Rudolf Bernhardts Leitung (zusammen mit J.A. Jolowicz) ein Kolloquium der International Association of Legal Science am Institut statt mit Vorträgen (in englischer und französischer Sprache) über die Menschenrechtssysteme im Rahmen der Vereinten Nationen, Europas, Amerikas, Afrikas und der Europäischen Gemeinschaften sowie einem Generalbericht über die internationale Durchsetzung der Menschenrechte.[111] Von besonderer Bedeutung war das große von Jochen Abr. Frowein veranstaltete rechtsvergleichende Kolloquium von 1985 zum Thema „Die Rechtsstellung von Ausländern nach staatlichem Recht und Völkerrecht", das auf der Grundlage von 31 Staatenberichten und Querberichten einzelne Sachbereiche wie Einreise und Aufenthalt, Beendigung des Aufenthalts, der Rechtsstellung von Familienangehörigen, Teilnahme am Wirtschaftsleben, politische Rechte und Asyl- und Flüchtlingsrecht behandelte.[112] 1989 fand aus aktuellem Anlass unter Leitung von Jochen Abr. Frowein ein Kolloquium über „Rechtliche Aspekte einer Beteiligung der Bundesrepublik Deutschland an Friedenstruppen der Vereinen Nationen mit Bundeswehr und Polizeikräften" statt, mit dem Ergebnis, dass nach ganz überwiegender Auffassung der Teilnehmer eine Grundgesetzänderung für einen derartigen Einsatz deutscher Streitkräfte nicht notwendig wäre.[113] 1990 veranstaltete das Institut wieder ein großes rechtsvergleichendes Kolloquium unter Leitung von Jochen Abr. Frowein zum Thema „Die Kontrolldichte bei der gerichtlichen Überprüfung von Handlungen der Verwaltung", das in

---

[109] BaöRV Bd. 72.

[110] BaöRV Bd. 75.

[111] BaöRV Bd. 93.

[112] BaöRV Bd. 94.

[113] BaöRV Bd. 101.

den Jahren zuvor am Institut vorbereitet worden war durch die Ausarbeitung von Landesberichten.[114] Ebenfalls unter Leitung von Jochen Abr. Frowein stand das große Kolloquium von 1993 über „Das Minderheitenrecht europäischer Staaten“, das in den Jahren zuvor durch die Ausarbeitung von Landesberichten intensiv vorbereitet worden war, wobei das Interesse insbesondere der Lage in den neuen Staaten Osteuropas galt, für die in diesem Zusammenhang besonders schwierige Probleme bestanden.[115]

Zum 80. Geburtstag von Hermann Mosler veranstaltete Rudolf Bernhardt 1993 ein Kolloquium zum Thema „Interim Measures Indicated by International Courts“, einer Thematik, die seinerzeit in der internationalen Gerichtsbarkeit von besonderer Aktualität war.[116] 1995 fand anlässlich des Inkrafttretens des Seerechtsübereinkommens ein Symposium zum Thema „The Entry into Force of the Convention on the Law of the Sea: A Redistribution of Competences between States and International Organisations in Relation to the Management of International Commons?“ statt, das den seerechtlichen Entwicklungen aus der Sicht des gesamten Völkerrechts und seinen Bezügen zum Wirtschaftsvölkerrecht, internationalen Umweltrecht, der friedlichen Streitbeilegung und dem Vertragsrecht galt.[117] Ebenfalls 1995 fand ein Symposium zum Thema „Enforcing Environmental Standards: Economic Mechanisms as a Viable Means?“ unter Leitung von Rüdiger Wolfrum statt, das der Frage nachging, wie die Durchsetzung des sich weiter entwickelnden Umweltrechts gewährleistet und verbessert werden kann, wobei auch die Frage einer indirekten Steuerung durch ökonomische Anreize eine wesentliche Rolle spielte.[118]

1996 veranstaltete Rüdiger Wolfrum ein Symposium zum Thema „Right to a Fair Trial“.[119] 1997 fand aus Anlass der Verabschiedung von Helmut Steinberger unter Leitung von Jochen Abr. Frowein ein Kolloquium zum Thema „Grundfragen der Verfassungsgerichtsbarkeit in Mittel- und Osteuropa“ statt, das eine erste Zwischenbilanz des verfassungsrechtlichen Transformationsprozesses in Mittel- und Osteuropa ziehen und untersuchen sollte, in welchem Ausmaß die verfassungsge-

[114] BaöRV Bd. 106.

[115] BaöRV Bd. 108 und Bd. 109.

[116] BaöRV Bd. 117.

[117] ZaöRV 55 (1995), S. 273-658.

[118] BaöRV Bd. 125.

[119] BaöRV Bd. 129.

richtliche Praxis in den neuen Demokratien durch die Rechtsprechung des Bundesverfassungsgerichts beeinflusst worden ist.[120]

Aus Anlass des 65. Geburtstages von Jochen Abr. Frowein veranstalteten seine Schüler 1999 ein Symposium zum Thema „Grenzüberschreitende Konstitutionalisierungsprozesse“, in dem es vor allem um Entwicklungen in der Europäischen Union, in Osteuropa und im universellen Völkerrecht ging.[121] Das 75jährige Bestehen des Instituts wurde 2000 mit einem Kolloquium über „Religionsfreiheit zwischen individueller Selbstbestimmung, Minderheitenschutz und Staatskirchenrecht – Völker- und verfassungsrechtliche Perspektiven“ (organisiert von Rainer Grote/Thilo Marauhn) begangen, das die in der Praxis gebräuchlichen grundrechtlichen und staatskirchenrechtlichen Instrumente daraufhin untersuchte, ob und inwieweit sie einen wirksamen Beitrag zur Lösung der sich aus dem Zusammenleben unterschiedlicher Glaubensgemeinschaften in den multireligiösen Gesellschaften der Gegenwart ergebenden Konflikte leisten können.[122] Zum 60. Geburtstag von Rüdiger Wolfrum fand 2001 ein Symposium zum Thema „International Law Enforcement and Dispute Settlement – Recent Developments and the Law of the Sea“ statt, das vor allem Fragen der Konkurrenz und Proliferation verschiedener globaler Streitbeilegungsverfahren sowie Einzelaspekte der internationalen Streitbeilegung betraf.[123]

Das Thema „Rechtsfragen der Gleichheit und Nichtdiskriminierung im nationalen und internationalen Recht“ war Gegenstand des Abschiedssymposiums 2002 für Jochen Abr. Frowein, das im Zusammenhang mit der Diskussion um das 12. Zusatzprotokoll zur EMRK besondere Aktualität gewann.[124]

2003 fand zum Thema „Terrorism as a Challenge for National and International Law“ ein von Frank Schorkopf, Silja Vöneky, Volker Röben und Christian Walter vorbereitetes Symposium statt, einem Thema, das vor dem Hintergrund der Anschläge vom 11. September 2001 weltweit in den Mittelpunkt des politischen und rechtlichen Interesses gerückt war und zahlreiche Staaten zu einer Verschärfung ihrer nationalen Gesetzgebung veranlasst hatte.[125] Ebenfalls 2003 fand eine Tagung zum

---

[120] BaöRV Bd. 130.

[121] ZaöRV 59 (1999), S. 901-1105.

[122] BaöRV Bd. 146.

[123] ZaöRV 62 (2002), S. 1-77.

[124] BaöRV Bd. 165.

[125] BaöRV Bd. 169.

europäischen Verfassungsrecht statt, die die zweite Phase eines der Forschungsprojekte von Armin von Bogdandy eröffnete; es geht dabei vor allem darum, das Primärrecht der Europäischen Union als Verfassungsrecht zu rekonstruieren und damit den Transfer von dogmatischen und theoretischen Erkenntnissen zu ermöglichen, die im verfassungsrechtlichen Raum entwickelt wurden.[126] Ende 2003 fand ein von Rüdiger Wolfrum organisiertes internationales Symposium zum Thema „Development of International Law: Alternatives to Treaty Making?" statt, in dem untersucht wurde, welche Normen die internationalen Akteure, einschließlich internationaler Gerichte und Schiedsgerichte, anzuwenden haben bzw. ob der Katalog in Art. 38 IGH-Statut noch adäquat ist.[127]

2004 organisierte Rüdiger Wolfrum einen internationalen Workshop zum Thema „Ensuring Compliance with Multilateral Environmental Agreements. Dialogue between Practitioners and Academia", der insbesondere der Kontrolle der Erfüllung multilateraler Umweltübereinkommen galt.[128]

Der 80. Geburtstag von Rudolf Bernhardt wurde 2005 mit einem Kolloquium unter dem für das Wirken von Rudolf Bernhardt treffenden Titel „Des Menschen Recht – Grundlage des Völkerrechts" gewürdigt.[129]

2006 wurde der 65. Geburtstag von Rüdiger Wolfrum mit einem von seinen Schülern organisierten Symposium begangen, das dem Thema „International Law Today: New Challenges and the Need for Reform?" gewidmet war; es wurden u.a. Aspekte der Verantwortlichkeit von Staaten, des Krisenmanagements durch den UN-Sicherheitsrat und der Fragmentierung des Völkerrechts behandelt.[130]

2007 fand am Institut die 31. Virginia Seerechtskonferenz zum Thema „Legal Challenges in Maritime Security" statt, die aktuelle Sicherheitsprobleme und mögliche Lösungsmodelle mit Vertretern aus Wissenschaft und Praxis aus mehr als 20 Ländern analysierte.

---

[126] „European Integration: The New German Scholarship", Jean Monnet Working Paper 9/03.

[127] BaöRV Bd. 177.

[128] Brill, 2006.

[129] ZaöRV 65 (2005), S. 519-623.

[130] BaöRV Bd. 193.

2007 wurde unter Leitung von Armin von Bogdandy am Institut erstmalig ein internationales Seminar in spanischer Sprache zum Thema „Südamerikanisches Integrationsrecht im Kontext" durchgeführt, die erste in einer Reihe weiterer Veranstaltungen zum Integrationsprozess im lateinamerikanischen Raum, die bereits 2008 durch eine Tagung zum Thema „Anspruch und Realität der Integration in Südamerika: Das Menschenrechtssystem als erfolgreiches Beispiel" fortgesetzt wurde. 2011 fand ein weiteres in spanischer Sprache abgehaltenes Symposium „El constitucionalismo social latino-americano a la luz del bicentenario: desafíos y perspectivas", dieses Mal in Santiago de Chile, aus Anlass der zweihundertsten Wiederkehr des Beginns des Unabhängigkeitskrieges gegen die spanische Kolonialmacht statt.

2008 organisierte Armin von Bogdandy zwei Tagungen zum Thema „The Exercise of Public Authority by International Institutions", dem ein in enger Zusammenarbeit mit der Heidelberger Juristischen Fakultät durchgeführtes Mitarbeiterprojekt zugrunde lag. Bei der ersten Tagung ging es im Wesentlichen darum, die zuvor an die Teilnehmer der Tagung verschickten Beiträge des Mitarbeiterseminars kritisch kommentieren zu lassen. Dieses „neue Format" einer Tagung wurde als sehr gewinnbringend betrachtet; die zweite Tagung zu diesem unter dem Obertitel „Global Administrative Law" diskutierten Thema erfolgte in Form eines Seminars, das den Begriff „Hoheitsgewalt" kritisch hinterfragte. Im Rahmen dieses Forschungsprojekts stand auch der 2009 durchgeführte Workshop zum Thema „International Judicial Institutions as Law-Makers", der in den folgenden Jahren weiter verfolgt wurde.[131]

2008 wurde von Rüdiger Wolfrum ein Symposium zu „Solidarity: A Structural Principle of International Law" veranstaltet, das sich vor allem um die Frage drehte, inwieweit es sich bei dem Gebot der Solidarität zwischen Mitgliedern der internationalen Gemeinschaft um ein Strukturelement des gegenwärtigen Völkerrechts handelt und ob es bereits zu einem echten Rechtsprinzip erstarkt ist.[132]

2009 fand am Institut eine Konferenz „Beitrag der Verfassungsgerichtsbarkeit zur Sicherung von Grundrechten, Demokratie und Entwicklung" statt, das zum Ziel hatte, einen analytischen Rahmen für die vergleichende Beschreibung und Bewertung der Rolle der Verfassungsgerichte in den „neuen Demokratien" Osteuropas, Asiens, Afrikas und

---

[131] German Law Journal 12 (2011) und BaöRV Bd. 236.

[132] BaöRV Bd. 213.

Lateinamerikas zu entwickeln und nach Gründen für das Gelingen bzw. Scheitern zu fragen.

2010 wurde von Rüdiger Wolfrum ein Symposium zum Thema „International Dispute Settlement: Room for Innovations?“ veranstaltet, das fünf Bereiche untersuchte, in denen sich der Wandel der internationalen Gerichtsbarkeit besonders deutlich bemerkbar macht.[133]

IV. Gutachten

Das Institut bzw. die Direktoren oder einzelne Mitarbeiter werden von verschiedensten Institutionen gern um sachverständige Rechtsauskunft gebeten, die meist in Form der Erstattung eines Gutachtens angefordert wird oder in Form der Beratung im Rahmen der Tätigkeit des betreffenden Organs stattfindet. Die Anfragen nach Gutachten und die Formen der Beratung sind überaus zahlreich, deshalb muss wiederum eine Auswahl getroffen werden, die nur größere Anfragen, vor allem rechtsvergleichende Gutachten, berücksichtigt. Allerdings wurde die Gutachten- und Beratertätigkeit des Instituts detailliert erst im Zusammenhang mit der ausführlicheren Darstellung der Institutsarbeiten in den Tätigkeitsberichten seit 1977 erwähnt, so dass weiter zurückliegende Gutachten hier unberücksichtigt bleiben müssen. Ab 1994 werden die Rechtsgutachten unter einem eigenen Titel im Tätigkeitsbericht vermerkt, was eine zuverlässigere Übersicht als in den Jahren zuvor erlaubt. Unter dieser Prämisse sollen zunächst einige Gutachten erwähnt werden, die „das Institut“ erstattet hat; danach wird auf Gutachten und Beratungstätigkeiten hingewiesen, die sich an die Direktoren persönlich richteten, wobei eine exakte Trennlinie nicht immer zu ziehen ist.

1. Institutsgutachten

Das Institut wurde insbesondere von der deutschen Regierung und Gerichten, vor allem dem Bundesverfassungsgericht, um rechtsvergleichende Untersuchungen gebeten. Dazu gehören z.B. die Rechtsauskünfte zum Polizeirecht in einer Reihe ausländischer Staaten im Zusammenhang mit der Planung eines einheitlichen Polizeigesetzes für Bund und Länder, zur rechtlichen Zulässigkeit der Auslieferung eigener

[133] BaöRV Bd. 239.

Staatsangehöriger, zur Reform des Staatshaftungsrechts sowie ein rechtsvergleichender Bericht über „Die Befugnisse des Gesamtstaates im Bildungswesen" (alle 1977). 1981 erstellte das Institut ein größeres Gutachten zur gegenwärtigen Rechtslage in der Türkei. 1984 ersuchte das Bundesministerium des Innern um ein rechtsvergleichendes Gutachten zur Ausgestaltung des Ausländerrechts in ausgewählten Staaten (Belgien, Frankreich, Großbritannien, Italien, Niederlande, Schweden, Finnland, Dänemark und Vereinigte Staaten von Amerika). 1997 wurde von zwei Mitarbeitern des Instituts ein Rechtsgutachten für das Umweltbundesamt zur Rechtsetzung und Rechtsdurchsetzung im Umweltvölkerrecht nach der Rio-Konferenz erstellt (Ulrich Beyerlin/Thilo Marauhn).

Zu Fragen des Wahlrechts wurde das Institut von verschiedenster Seite gutachterlich eingeschaltet. 1982 wurde im Auftrag des Generalsekretariats des Europarates ein eingehender rechtsvergleichender Bericht über die Rechte von Ausländern auf der kommunalen Ebene, insbesondere beim Wahlrecht, erarbeitet. 1993 wurde ein Gutachten für die EG-Kommission über die Voraussetzungen für das Wahlrecht in den Mitgliedstaaten für Wahlen zum Europäischen Parlament erstattet und im gleichen Jahr auch für das Bundesverfassungsgericht zum Thema der Überprüfung der Kandidatenaufstellung für Wahlen in ausgewählten Verfassungssystemen. Das Wahlrecht war auch Gegenstand eines Gutachtens für das Bundesverfassungsgericht im Verfahren 2 BVC 2/91 (Wahlbeschwerde gegen die Wahl zum deutschen Bundestag 1990), in dem das Recht von dreizehn europäischen Staaten untersucht wurde.[134]

Das Bundesverfassungsgericht suchte den Rat des Instituts auch zu anderen Sachfragen, so z.B. in den Verfahren 2 BvL 19/91, 2 BvR 1206/91 und 2 BvR 1584/91, in denen es um völkerrechtliche Fragen im Zusammenhang mit der Strafverfolgung und Bestrafung von Agenten des ehemaligen Ministeriums für Staatssicherheit der DDR ging und insbesondere um die Frage, ob § 9 und § 5 Nr. 4 StGB hinsichtlich der Bestrafung des Landesverrats (§ 94 StGB) oder der geheimdienstlichen Agententätigkeit (§ 99 StGB) völkerrechtskonform sind oder ob dem eine allgemeine Regel des Völkerrechts (Art. 25 GG) entgegensteht (1994, Rüdiger Wolfrum/Gunnar Schuster). Im Verfahren 2 BvA 1, 2/92 erstellte Helmut Steinberger für den Zweiten Senat des Bundesverfassungsgerichts ein Gutachten zur Frage der Verwirkung von Grundrechten.

---

[134] R. Wolfrum/G. Schuster, Verfahren der Kandidatenaufstellung und der Wahlprüfung im europäischen Vergleich, 1994, Nomos.

1996 erstattete das Institut ein rechtsvergleichendes Gutachten für das Bundesverfassungsgericht zu Grundmandatsklauseln in 17 europäischen Staaten. Auf der Grundlage des Gutachtens kam das Verfassungsgericht zu dem Ergebnis, dass es unter dem Gesichtspunkt der Wahlgleichheit nicht genügt, die bisher zugelassene Abweichungsgrenze von 33,3%, bezogen auf die durchschnittliche Bevölkerungsdichte der Wahlkreise, einzuhalten.[135] 2001 erstellte das Institut ein rechtsvergleichendes Gutachten für das Bundesverfassungsgericht zur Frage der Informationspflicht der Regierung gegenüber dem Parlament im Haushaltsverfahren. Auf der Grundlage von Länderberichten zu allen EU-Mitgliedstaaten sowie Norwegen und den USA wurde untersucht, in welchem Umfang Regierungen im Haushaltsverfahren das Parlament zu informieren haben. Insbesondere ging es darum, ob die Regierungen verpflichtet sind, bestimmte Vorgänge in der Phase der Vorbereitung einer Entscheidung gegenüber dem Parlament aufzudecken. Die Ergebnisse waren sehr unterschiedlich, so dass ein allgemeiner Standard, der in demokratischen Staaten angemessen ist, nicht ermittelt werden konnte. (Leitung Matthias Hartwig)

Erwähnenswert ist im Zusammenhang mit der gutachterlichen Tätigkeit für die Justiz auch das Gutachten, das 2006 auf Anfrage der Staatsanwaltschaft Ulm zu der Frage erstellt wurde, ob die deutsche Gerichtsbarkeit für möglicherweise durch amerikanische Soldaten in Ausübung ihres Dienstes im Irak gegen deutsche Staatsbürger begangene Straftaten zuständig ist. Das Gutachten gelangte zu dem Schluss, dass ausschließlich die Gerichtsbarkeit des Entsendestaates USA gegeben ist, die deutsche Gerichtsbarkeit somit ausgeschlossen ist. (Christine Fuchs/Volker Röben).

Das Umweltrecht war Gegenstand einer ganzen Reihe von Gutachten, die z.T. unten (Punkt 2) erwähnt werden; an dieser Stelle soll nur auf ein Gutachten für das Alfred-Wegener-Institut hingewiesen werden, das die Verfahrensweise bei der Durchführung von Umweltverträglichkeitsprüfungen nach dem Gesetz zur Ausführung des Umweltschutzprotokolls vom 4. Oktober 1991 zum Antarktis-Vertrag in Verbindung mit dem Gesetz zum Umweltschutzprotokoll vom 4. Oktober 1991 zum Antarktis-Vertrag betraf (2006/07, Sange Addison-Agyei/Silja Vöneky) und auf das 2011 von Rainer Grote für das Staatsministerium für Umwelt und Landwirtschaft in Sachsen erstellte Gutachten zu Rechtsbehelfsmöglichkeiten gegen Bauprojekte mit grenzüberschreitenden Umweltauswirkungen. Es ging dabei im Wesentlichen um Betei-

[135] ZaöRV 57 (1999), S. 615-674.

ligungs- und Klagerechte im Zusammenhang mit umweltrelevanten Bauvorhaben in der Tschechischen Republik nach nationalem und europäischem Recht.

Auch zu Fragen des Europarechts erstattete das Institut wiederholt größere Gutachten; dazu gehört das umfangreiche Gutachten zur „Umsetzung der Richtlinie des Rates 91/477 vom 18. Juni 1991 über die Kontrolle des Erwerbs und Besitzes von Waffen"; es wurden zunächst 12 Mitgliedstaaten untersucht (1994) und 1997 zusätzlich Schweden und Österreich, mit dem Ergebnis, dass die Umsetzung nicht in allen Staaten vollständig bzw. eindeutig erfolgt ist.

1997 wurde das Institut um ein Rechtsgutachten zur Vereinbarkeit des Gesetzes über die Rechtsstellung der Banque de France mit dem EG-Vertrag ersucht. Ausgangspunkt war Art. 108 EGV, wonach die Staaten sicherstellen, dass spätestens zum Zeitpunkt der Errichtung des Europäischen Systems der Zentralbanken die nationalen Rechtsvorschriften mit dem EGV und der Satzung der EZB in Einklang stehen. Nach Auffassung der Gutachter, Jochen Abr. Frowein und Rüdiger Wolfrum, bleiben Unsicherheiten darüber bestehen, wie weit das Ziel der Preisstabilität im französischen Gesetz als Ermächtigungsgrundlage für erforderliche Maßnahmen umfasst ist.

Im Rahmen der von den Vereinten Nationen ausgerufenen Dekade des Völkerrechts (1989-1999) hatte das *Ad Hoc Committee of Legal Advisers on Public International Law (CAHDI)* des Europarats 1999 beschlossen, die Staatenpraxis seiner Mitgliedstaaten in Bezug auf Staatensukzession und Anerkennung von Staaten und Regierungen in einer systematischen Weise zu sammeln und zu analysieren. An diesem Projekt beteiligten sich 16 Mitgliedstaaten. Im Auftrag der Bundesregierung übernahm das Institut die Ausarbeitung der deutschen Jahresberichte für die Jahre 1989-1995. Nach Eingang der Berichte beschloss das CAHDI, diese einmalige Sammlung von Dokumenten und nationalen Gerichtsentscheidungen systematisch zu analysieren und einer breiten Öffentlichkeit bekannt zu machen. In Zusammenarbeit mit dem T.M.C. Asser Institute, Den Haag, und dem Erik Castrén Institute of International Law and Human Rights, Helsinki, übernahm das Institut diesen Auftrag. Gemeinsam mit Jan Klabbers, Martti Koskenniemi (beide Helsinki), Olivier Ribbelink (Den Haag) übernahm Andreas Zimmermann für das Institut diese Aufgabe. Die Ergebnisse der Studie wurden im Herbst 1999 in dem Buch „State Practice regarding State Succession and Issues of Recognition: The Pilot Project of the Council of Europe" veröffentlicht.[136]

Neben an anderer Stelle erwähnten Funktionen in internationalen Gerichten wurde das Institut 1997 auch als Gutachter vom Jugoslawiengerichtshof herangezogen, um einen *Amius Curiae Brief* zur Frage zu erarbeiten, ob ein internationales Gericht einen souveränen Staat und dessen Verteidigungsminister dazu verpflichten kann, bestimmte Beweismittel vorzulegen bzw. als Zeuge auszusagen. Das Gutachten bejahte die Fragen, allerdings unter der Einschränkung, dass die legitimen Interessen des Staates im Hinblick auf die Wahrung solcher Informationen in Rechnung gestellt werden müssen, deren Offenlegung ihre nationale Sicherheit gefährden könne. Auch die Sanktionsmöglichkeiten bei Nichtbefolgung der Verpflichtung sind begrenzt auf die Information des Sicherheitsrates; Zwangsgelder gegen Einzelstaaten oder Maßnahmen gegenüber staatlichen Vertretern sind nicht möglich.[137] In diesem Zusammenhang steht auch die Beratung der Bundesregierung durch das Institut bei der Umsetzung des Statuts des Internationalen Strafgerichtshofs und seine Einbindung in die Ausarbeitung der *elements of crime* sowie den Entwurf eines deutschen Völkerstrafgesetzbuches (1999).

Schließlich ist zu erwähnen, dass die UNCTAD im Zusammenhang mit der weltweiten Finanzkrise den Entwurf einer unverbindlichen Kodifikation von „Principles of Responsible Sovereign Lending and Borrowing" entwickelt hatte und in diesem Zusammenhang ein Gutachten zu „Responsible Sovereign Lending and Borrowing – The View from Domestic Jurisdictions" vom Institut erbat, das unter der Leitung von Matthias Goldmann rechtsvergleichend die Frage untersuchte, inwiefern die Prinzipien in dem Entwurf die Rechtslage auf staatlicher Ebene widerspiegeln (2011).

2. Rechtsgutachten der Direktoren

Wie bereits erwähnt, sind Angaben über die gutachterliche Tätigkeit des Instituts und seiner Direktoren erst seit 1977 in den Tätigkeitsberichten vermerkt, in detaillierter Form erst seit den 90er Jahren. Daher ist der folgenden Darstellung vorauszuschicken, dass die große Zahl an Gut-

---

[136] J. Klabbers (Hrsg.), Kluwer Law International, 1999, 521 S.

[137] Max Planck Yearbook of United Nations Law 1997, S. 349-398.

achten, die insbesondere seit den 90er Jahren zu erwähnen ist, nicht unbedingt besagt, dass die Zahl der Anfragen in der Zeit davor unerheblich war. Zudem wurden die oben angeführten Institutsgutachten natürlich unter der Ägide des bzw. der jeweiligen Direktoren erstellt, so dass es im Folgenden um eine Auswahl von Gutachtenanfragen geht, um deren Beantwortung ein Direktor persönlich ersucht wurde.

So wurde *Karl Doehring* 1985 im Zusammenhang mit dem sog. Radikalenerlass um eine Stellungnahme zur Frage „Stimmen die in der BRD bestehende Rechtslage und Praxis zur Fernhaltung von Extremisten aus dem öffentlichen Dienst mit dem IAO-Übereinkommen Nr. 111 überein?"

Von den von *Rudolf Bernhardt* erstatteten Gutachten ist insbesondere ein bereits 1965 für den BGH erstattetes Gutachten zu erwähnen, das der „Stellung oberster Gerichte im Staat" gerwidmet war, wobei es weniger um die Funktionen der Gerichte ging, sondern vielmehr um ihre Stellung in der jeweiligen staatlichen Ordnung. In den Rechtsvergleich waren folgende Staaten einbezogen: USA, Frankreich, Großbritannien, Schweiz, Belgien, Niederlande, Indien, Italien, Österreich und Schweden. Anlass für die Gutachtenanfrage waren strukturelle Wandlungen in den Staaten wie z.B. der Autoritätsschwund der Exekutive, der Souveränitätsverlust des Gesetzgebers und die Stärkung der Stellung des Einzelnen, die nicht ohne Folgen für die Gerichtsbarkeit, insbesondere die Obersten Gerichte waren.[138] Weiterhin ist zu erwähnen das Gutachten für die Kommission der Europäischen Gemeinschaften über die „Probleme eines Grundrechtskatalogs für die Europäischen Gemeinschaften", das dem Bericht der Kommission zum Thema „Der Schutz der Grundrechte bei der Schaffung und Fortentwicklung des Gemeinschaftsrechts" vom 4. Februar 1976 zugrunde liegt.[139] Es ging dabei im Wesentlichen um die Probleme, die sich aufgrund der bestehenden Erfahrungen der Rechtsvergleichung und der Kodifikation im Bereich des Völkerrechts für die Ausarbeitung eines Grundrechtskatalogs für die Gemeinschaften ergeben. Untersucht wurde die Lage in den damals neun Mitgliedstaaten. Das Gutachten kam zu dem Ergebnis, dass trotz der Lücken und Unsicherheiten in der praktischen Sicherung der Grundrechte im Gemeinschaftsrecht nicht davon auszugehen sei, dass das Fehlen eines Grundrechtskatalogs wesentliche Individualrechtspositionen ungeschützt lasse, da das Gemeinschaftsrecht, die

[138] S. hierzu R. Bernhardt, Die Stellung oberster Gerichte im Staat. Ein rechtsvergleichender Überblick, ZaöRV 26 (1966), S. 269-309.

[139] Abgedruckt in Bulletin der Europäischen Gemeinschaften, Beilage 5/76.

gemeinsamen Rechtsgrundsätze der Mitgliedstaaten und die völkerrechtlichen Normen einen angemessenen Grundrechtsschutz gegenüber Akten der Gemeinschaft gewährleisten können.

Jochen Abr. Frowein wurde zu zahlreichen Rechtsfragen verschiedener Institutionen beratend hinzugezogen. So beriet er die Bundesregierung in Fragen des Asylrechts, was zu einer stärkeren Ausdifferenzierung von Art. 16 GG führte (1992). 1995 erstellte er ein Rechtsgutachten über die Rückführung kriegsbedingt verlagerter Kulturgüter in Bezug auf Polen für das Auswärtige Amt, in dem die Lage nach Völkerrecht und den Verträgen zwischen Polen und Deutschland untersucht wurde. 1998 wurde unter Leitung von Frowein (zus. mit Grote) eine umfangreiche Beratung für das Bundesjustizministerium durchgeführt, in der es um die verstärkte justizielle Einbindung und Kontrolle einer mit erweiterten Kompetenzen ausgestatteten Europäischen Polizeibehörde auf Grundlage von Art. 30 Abs. 2 EUV ging. Untersucht wurde insbesondere der Aspekt der verfassungsrechtlichen und EMRK-rechtlichen Vorgaben sowie das bestehende Recht einiger EU-Mitgliedstaaten. Trotz der großen Unterschiede der einzelstaatlichen Regelungen konnte festgestellt werden, dass der Polizei in den untersuchten Mitgliedstaaten von Gesetzgebung und Rechtsprechung ein weitgehender Ermessensspielraum eingeräumt wird, soweit es um die Erhebung polizeilich relevanter Daten im öffentlichen Raum geht. Hingegen waren in allen untersuchten Staaten spezielle rechtliche Grundlagen für polizeiliche Aufklärungsmaßnahmen vorgesehen, die unter Einsatz moderner technischer Hilfsmittel in die räumliche oder kommunikative Privatsphäre der Bürger eingreifen. Das Gutachten legte eine Reihe von Schlussfolgerungen für die Mindestanforderungen vor sowie drei vorstellbare Modelle für die Einrichtung der Kontrollinstanz. Die Studie wurde zusammen mit dem Freiburger Institut für ausländisches und internationales Strafrecht erarbeitet und dort 2001 veröffentlicht.[140] Im ersten Band sind die nationalen Berichte veröffentlicht (Deutschland, Dänemark, Frankreich, Italien, Niederlande, Österreich, Vereinigtes Königreich). Der zweite Band „Polizeiliche Ermittlungstätigkeit und Grundrechtsschutz" befasst sich mit den grundrechtlichen Schutzstandards, die für die Beteiligung von Europol an der Durchführung konkreter Ermittlungs- und Strafverfolgungsmaßnahmen in den Mitgliedstaaten der EU relevant sind.

---

[140] S. Gieß/R. Grote/G. Heine (Hrsg.), Justizielle Einbindung und Kontrolle von Europol, 2001, 2 Bde.

Ebenfalls im Jahr 1998 begutachtete Jochen Abr. Frowein (zus. mit Matthias Hartwig) auf Anfrage des BMI die Rechtslage der von Frankreich beschlagnahmten bzw. enteigneten Kulturgüter. Hintergrund war die Auffindung einer nicht geringen Zahl von Kulturgütern, insbesondere Bildern, in Frankreich, die sich bis Ende des Zweiten Weltkriegs im Besitz deutscher Museen bzw. Privatpersonen befanden.

Gemeinsam mit Jan Barcz (Warschau) verfasste Jochen Abr. Frowein 2004 ein viel beachtetes Gutachten im Auftrag der Regierungen der BRD und Polens zu Ansprüchen aus Deutschland gegen Polen im Zusammenhang mit dem Zweiten Weltkrieg. Dabei ging es zunächst um die Frage, ob und welche Rechtsansprüche in Zusammenhang mit dem Zweiten Weltkrieg bestehen, die den Konsens in Frage stellen könnten, dass es heute keinen Raum mehr für Restitutionsansprüche aus Deutschland geben dürfe und welche Rechtsmittel eingelegt werden können, um behauptete Ansprüche durchzusetzen sowie deren Erfolgsaussichten. Außerdem war die Frage zu klären, durch welche Rechtsakte oder Erklärungen im Falle von Prozessen vor nationalen und europäischen Gerichten die gemeinsame Position beider Regierungen zum Ausdruck gebracht werden könnte. Das Gutachten ist in deutscher Sprache in ZaöRV 65/3 abgedruckt. Eine polnische Fassung findet sich in der Zeitschrift Sprawy Miedzynarodowe.

Auch von europäischen Institutionen wurde Jochen Abr. Frowein wiederholt mit Gutachtenanfragen befasst. 1994 nahm er z.B. eine Analyse des Entwurfs für ein „Agreement between Ukraine and the Russian Federation on Cooperation and the Safeguarding of the Rights of Persons Belonging to National Minorities" im Auftrag des Europarats vor. Im Jahr 2000 untersuchte Jochen Abr. Frowein (zus. mit Roland Bank) im Auftrag des Committee of Experts on Issues Relating to the Protection of National Minorities des Europarats die Frage der Beteiligung von Minderheiten im politischen Entscheidungsprozess. Hierbei ging es auch um Fragen der „positiven Diskriminierung", Privilegierung von Minderheiten, die in Staaten, die in ihrer Verfassung die Einheitlichkeit des Staatsvolks betonen, nahezu unmöglich ist, während die Anerkennung von Minderheiten in der Verfassung einen großen Spielraum eröffnet und zu Problemen hinsichtlich der Gleichheit des Erfolgswertes der Stimmen führen kann.

Ebenfalls im Jahr 2000 erstellte Jochen Abr. Frowein (zus. mit Roland Bank) im Auftrag des Political Affairs Committee der Parlamentarischen Versammlung des Europarates eine Studie, in der rechtsvergleichend Systeme der Parteienfinanzierung in verschiedenen europäischen Staaten untersucht werden (Belgien, Dänemark, Deutschland, Frankreich, Italien, Niederlande, Österreich, Russische Föderation, Schweiz, Spanien, Tschechische Republik und Vereinigtes Königreich). Die Studie zeigte, dass alle Modelle, die über eine reine Mitgliederfinanzierung hinausgehen, nicht unproblematisch sind und sprach sich für eine Mischung verschiedener Quellen aus, wobei allerdings eine strenge, unabhängige und effiziente Kontrolle erforderlich ist und Verletzungen sanktioniert werden müssen.

Von ganz besonderer nicht nur rechtlicher, sondern auch politischer Bedeutung war der Bericht, den Jochen Abr. Frowein, der ehemalige finnische Staatspräsident Martti Ahtisaari und der ehemalige spanische Außenminister, ehemaliger Generalsekretär des Europarates und ehemaliges Mitglied der Kommission der Europäischen Gemeinschaft Marcelino Oreja im Jahr 2000 im Auftrag von 14 Mitgliedstaaten der EU erstellten. Er betraf die menschenrechtliche und politische Entwicklung in Österreich, die aufgrund der Beteiligung der FPÖ an der österreichischen Bundesregierung Fragen aufwarf, insbesondere im Hinblick auf das Eintreten der österreichischen Regierung für die gemeinsamen europäischen Werte, vor allem die Rechte von Minderheiten und Einwanderern sowie die Entwicklung der politischen Natur der FPÖ. Während die Berichterstatter keine Mängel hinsichtlich des Eintretens für die europäischen Werte, insbesondere die Rechte der Minderheiten, Flüchtlinge und Einwanderer, sahen, stellten sie in Bezug auf die Entwicklung der politischen Natur der FPÖ fest, dass es durchaus Gründe gebe, die FPÖ als rechtspopulistische Partei zu bezeichnen, die fremdenfeindliche Stimmungen in ihren Wahlkämpfen ausnutzt, obwohl die von ihr gestellten Minister im großen und ganzen bei der Ausübung ihrer Regierungstätigkeit die Verpflichtungen der Regierung beachten. In den von 14 EU-Mitgliedstaaten ergriffenen Maßnahmen, Beschränkungen der bilateralen Beziehungen, sahen die Berichterstatter allerdings die Gefahr kontraproduktiver Wirkungen, da sie als Sanktionen verstanden werden könnten (und wurden), die sich gegen die Bürger Österreichs richten. Der Bericht empfahl daher in erster Linie, ein allgemeines Präventiv- und Überwachungsverfahren in Art. 7 EUV einzuführen.[141]

Zu dem heiklen Thema, ob die Beneš-Dekrete ein Hindernis für den Beitritt der Tschechischen Republik zur EU darstellen, erstattete Jochen Abr. Frowein 2002 ein Gutachten im Auftrag des Europäischen Parlaments. Er kommt zu dem Ergebnis, dass eine Änderung der Beneš-Dekrete nicht Voraussetzung für den Beitritt ist, denn die Bedingungen

---

[141] Als Buch veröffentlicht: Report adopted in Paris on 8 September 2000.

des Beitritts beziehen sich nicht auf die Vergangenheit, z.B. die entschädigungslose Konfiskation von Eigentum 1945/46 und ebenso die Regelungen über Restitution; außerdem liegt keine Diskriminierung im Sinne des Europarechts vor. Die Regelungen über die Staatsbürgerschaft sind nicht erheblich, da diese Fragen nicht in die Zuständigkeit der EU fallen. Allerdings muss gewährleistet werden, dass Verurteilungen in Abwesenheit auf der Grundlage der Dekrete nach dem Beitritt zur EU nicht vollstreckt werden können. Was hingegen die Freistellung von Personen von Strafe betrifft, die gerechte Vergeltungsmaßnahmen für die Akte während der Besatzung begangen haben, so scheint zumindest eine ausdrückliche Äußerung des Bedauerns seitens der Tschechischen Republik angemessen. Bezüglich der deutschen Minderheit in der Tschechischen Republik ist die Einhaltung der Standards aufgrund multilateraler und bilateraler Verträge hinreichend. Professor Ulf Bernitz (Schweden) und Lord Kingsland (Vereinigtes Königreich) waren gebeten worden, jeweils einen Kommentar zu dem Gutachten abzugeben.[142]

Bereits 1997 war Jochen Abr. Frowein vom Generalsekretär des Europarats zum Vorsitzenden einer Expertengruppe bestellt worden, die einen Bericht zur Einhaltung von Meinungs-, Presse- und Medienfreiheit in den Staaten des Europarats vorbereiten sollte. Acht Mitgliedstaaten (Albanien, Aserbeidschan, die ehemalige jugoslawische Republik Mazedonien, Georgien, Moldawien, Rumänien, Russland und die Ukraine) waren Gegenstand einer ersten Untersuchung, der Bericht zu den verbleibenden 36 Ländern des Europarates wurde 2002 vorgelegt. Er ordnete die Lage in den einzelnen Ländern einer der vier folgenden Klassen zu: kein Grund zur Besorgnis, Grund zur Besorgnis, Grund zu ernsthafter Besorgnis, Grund zu sehr ernsthafter Besorgnis.

Unter den Gutachtenanfragen an Jochen Abr. Frowein von anderen Staaten und Institutionen ist beispielhaft zu erwähnen die Stellungnahme von 1997, die die völkerrechtlichen Grenzen der vorgesehenen Änderungen des EUTELSAT-Vertrags betraf. In der Regel erfordert eine Änderung eine 2/3 Mehrheit; fraglich war aber, ob eine grundsätzliche Umgestaltung der Organisation innerhalb dessen liegt, was mit binden-

---

[142] S. Dokument "European Parliament", Directorate-General for Research, Working Paper: Legal Opinion on the Beneš-Decrees and the accession of the Czech Republic to the European Union, prepared by Prof. Dr. Dres. h.c. Jochen Abr. Frowein, Prof. Ulf Bernitz, the Rt. Hon. Lord Kingsland Q.C., ohne Dokumentennummer; zugänglich auch unter http://www.mitteleuropa.de/frowein-e0.htm.

der Wirkung durch eine Entscheidung mit 2/3 Mehrheit erreicht werden kann.

Im Jahr 2000 erstellte Jochen Abr. Frowein ein Gutachten zu Verfassungsänderungen für das Fürstentum Liechtenstein, das die Bestimmungen über das Selbstbestimmungsrecht der Gemeinden, die Beziehungen zwischen dem Landesfürsten und der Regierung, die Richterwahl und die Zuständigkeiten des Staatsgerichtshofs betraf. Dabei kam er zu dem Ergebnis, dass sowohl das vorgeschlagene weitgehende Selbstbestimmungsrecht der Gemeinden (bis zur Austrittsmöglichkeit aus dem Staatsverband) als auch die vorgesehenen weitreichenden Befugnisse des Fürsten im Verhältnis zu Regierung und Parlament (z.B. die Möglichkeit der Parlamentsauflösung ohne Gegenzeichnungserfordernis) als rechtlich und verfassungspolitisch außerordentlich problematisch anzusehen sind.

Schließlich soll noch das Gutachten erwähnt werden, das Jochen Abr. Frowein 2001 zur Vergangenheitsbewältigung in der Schweiz erstattete. Der Antrag wurde von der Unabhängigen Expertenkommission Schweiz zur Begutachtung der schweizerischen Praxis zum NS-Unrecht nach dem Zweiten Weltkrieg gestellt.[143]

Die gutachterliche Tätigkeit von *Rüdiger Wolfrum* betraf, neben den an anderer Stelle dargelegten Aktivitäten im Wissenschaftstransfer (s.o. Erster Teil, I.5 und 6) vor allem Fragen aus dem Bereich Umweltrecht, Ethikrecht und Seerecht; aber auch das Bundesverfassungsgericht sowie politische Organe suchten seinen Rat.

Im Bereich des Umweltrechts erstattete Rüdiger Wolfrum (zus. mit Christine Langenfeld und Petra Minnerop) 1997 ein umfangreiches Gutachten für das Bundesumweltamt zur Frage von Umweltschutz durch internationales Haftungsrecht. Das Gutachten wurde Ausgangspunkt für ein größeres Forschungsvorhaben, das Rüdiger Wolfrum 2003 vom Umweltbundesamt anvertraut wurde und dem Thema des internationalen Umwelthaftungsrechts gewidmet war. Es ging um die Schaffung einer konsistenten Gesamtkonzeption der Haftung im internationalen Umweltrecht, deren Voraussetzungen und Regulierungsmechanismen in der gegenwärtigen Staatenpraxis einen Rückhalt finden. Dabei war Ausgangspunkt die Prüfung von internationalen Verträgen, die eine Regelung für den Schadensfall vorsehen, um auf deren Grundlage einen Entwurf für ein Haftungssystem zu erarbeiten. Im Jahr 2000

---

[143] Das Gutachten ist veröffentlicht in „Die Schweiz, der Nationalsozialismus und das Recht", I. Band, Öffentliches Recht, S. 603-642.

übertrug das Bundesministerium für Umwelt, Naturschutz und Reaktorsicherheit (BMU) Rüdiger Wolfrum ein Forschungsvorhaben zum Thema „Konflikte im Umweltvölkerrecht", das 2002 fertiggestellt wurde. Teil 1 des Gutachtens betrifft die Identifikation und Systematisierung von rechtlichen Konflikten zwischen multilateralen Umweltabkommen; Teil 2 untersucht, wie Konflikte vermieden und verschiedene divergierende völkerrechtliche Regelungen in Einklang gebracht werden können. *De lege ferenda* wird die Überlegung geäußert, internationale Foren oder Institutionen mit der Harmonisierung internationaler Umweltabkommen zu betrauen.[144]

Im Jahr 2001 bewilligte das Bundesministerium für Bildung und Forschung den Antrag für ein Forschungsvorhaben, das gemeinsam vom Institut für Weltwirtschaft der Universität Kiel, dem Potsdam-Institut für Klimafolgenforschung und dem MPI beantragt worden war, und den Schutz und die Nutzung der biologischen Vielfalt zum Gegenstand hatte. Es handelte sich um ein Forschungsvorhaben im Förderschwerpunkt „terrestrische Biodiversität" im Kontext der Forschungen zum globalen Wandel. Die Forschung am Institut wurde von Rüdiger Wolfrum (zus. mit Peter-Tobias Stoll) durchgeführt und betraf 1. den Handel mit genetischen Ressourcen und 2. den voraussehbar weiterhin nötigen Schutz bestimmter Gebiete und Ökosysteme vor belastender menschlicher Nutzung.

Zwei Gutachten wurden von Rüdiger Wolfrum (zus. mit Silja Vöneky) im Bereich des Umweltrechts der Antarktis erstellt; das erste wurde 2003 vom Bundesforschungsministerium beantragt und betraf die innerstaatliche Umsetzung der nach dem Antarktisvertrag vorgeschriebenen Umweltverträglichkeitsprüfung. Hierbei wurde rechtsvergleichend die Umsetzung in acht Ländern untersucht, Großbritannien, Frankreich, Spanien, Italien, Niederlande, USA, Neuseeland und Australien. Die zentrale Frage betraf hydroakustische Messverfahren, die angeblich Meeressäugetiere stören oder töten können. Das Gutachten kam zu dem Ergebnis, dass die Auswirkungen geringfügig oder nur vorübergehend sind. Das zweite, für das Umweltbundesamt 2004 erarbeitete Gutachten betraf die Zulässigkeit des sog. *land-based tourism* in der Antarktis. Es kam zu dem Ergebnis, dass *land-based tourism* mit den Umweltschutzprinzipien des Umweltschutzprotokolls nicht vereinbar ist.[145] Das Gutachten diente dem Auswärtigen Amt zugleich als Vorbereitung für die 28. Konferenz der Vertragsparteien 2005 in Stockholm.

---

[144] BaöRV Bd. 164.

[145] Veröffentlicht in ZaöRV 65 (2005), S. 735-740.

Zwei weitere Gutachten von Rüdiger Wolfrum verdienen Erwähnung: 2004 beantragte das BMZ eine Stellungnahme zur Deliktshaftung von transnationalen Unternehmen für im Ausland begangene Menschenrechtsverletzungen und Umweltdelikte. Rüdiger Wolfrum nahm (zus. mit Anja Seibert-Fohr) eine rechtsvergleichende Untersuchung der Rechtslage in den USA, Großbritannien und Australien vor. Ziel war es, die bisherige Praxis dieser Staaten zu analysieren, um Anhaltspunkte für die Überarbeitung der TNC-Normen (Normen für die Verantwortlichkeit transnationaler Unternehmen und anderer Wirtschaftsunternehmen im Hinblick auf Menschenrechte) auf internationaler Ebene zu gewinnen. Das Gutachten schließt mit der Überlegung, dass die Ausarbeitung eines völkerrechtlich verbindlichen Instruments über Mindeststandards für transnational agierende Unternehmen helfen könnte, der Verselbständigung der bestehenden einzelstaatlichen Entwicklungen vorzubeugen. Im Jahr 2009 erstellte Rüdiger Wolfrum ein Gutachten für das Bundesministerium für Bildung, Wissenschaft und Forschung zur Eisendüngung der Ozeane. Es ging im Wesentlichen darum, ob die Düngung der Ozeane mit Eisensulfat zur Verringerung von Kohlendioxyd mit der Konvention zum Schutze der Biodiversität vereinbar ist. Das Gutachten bezog sich auf eine Kontroverse des Wissenschaftsministeriums mit dem Umweltministerium über ein entsprechendes Forschungsvorhaben, das dann auf der Basis des Gutachtens durchgeführt wurde.

Im Bereich des Ethikrechts sind folgende Aktivitäten zu erwähnen: die Deutsche Forschungsgemeinschaft übertrug Rüdiger Wolfrum 1998 den Vorsitz in der Expertengruppe, die eine Stellungnahme zum Problemkreis „Humane embryonale Stammzellen“ erarbeiten sollte. Die 12-köpfige Gruppe bestand aus Juristen, Philosophen, Medizinern, Biologen und Chemikern. Aufgabe war es, die Gewinnungsmethoden von Stammzellen sowie die Forschung an Stammzellen in Deutschland rechtlich und ethisch zu beurteilen. Die erste Stellungnahme von 1999 kam zu dem Schluss, dass nach dem Embryonenschutzgesetz die Entnahme von pluripotenten Zellen aus einem Embryo verboten ist. Ebenso ist die Erzeugung von pluripotenten Stammzellen durch die Methode des Zellkerntransfers in entkernte Eizellen verboten, da mit Hilfe derselben Technik Menschen geklont werden könnten. Erlaubt ist dagegen die Gewinnung von pluripotenten Stammzellen aus dem Gewebe von frühzeitig ausgestoßenen toten sowie abgetriebenen Föten. Im Jahr 2000 folgte eine weitere Stellungnahme zur Stammzellenforschung, bei der die Lage in Deutschland im Vordergrund stand, die im Vergleich zu anderen Staaten relativ restriktiv ist. Die Studie begründet, warum das reproduktive Klonen und das sog. therapeutische Klonen ethisch nicht vertretbar sind und daher auch Änderungen des Embryonenschutzgesetzes, das beide Techniken verbietet, nicht erforderlich sind.

In diesem Zusammenhang ist auch das 2002 bearbeitete interdisziplinäre Forschungsprojekt zum ethisch-rechtlichen Status des extrakorporalen Embryos zu erwähnen (zus. mit Silja Vöneky und Ebrahim Afsah), das insbesondere das öffentliche Interesse an den Möglichkeiten der Präimplantationsdiagnostik (PID) und Stammzellenforschung betraf. Der Beitrag der Rechtswissenschaft in diesem Forschungsgebiet liegt zum einen in einer Analyse der verschiedenen gesetzlichen Regelungen in Deutschland; zum anderen in einer Analyse der Regelungen anderer Staaten und im Bereich des Europa- und Völkerrechts. Das Institut untersuchte die Bedeutung von Ethikkommissionen national, rechtsvergleichend und international sowie die materiellen Regelungen zur Erarbeitung des europarechtlichen und völkerrechtlichen Teils.

Auch das 2001 für die Fraktion Bündnis 90/Die Grünen erstellte Gutachten gehört in den weiteren hier behandelten Zusammenhang; es betraf die „Gewährleistung der freien Forschung an und mit Genen und das Interesse der wirtschaftlichen Nutzung ihrer Ergebnisse“ (zus. mit Peter-Tobias Stoll und Karen Raible). Gegenstand war ein Gesetzentwurf zur Umsetzung der Richtlinie 98/44/EG des Europäischen Parlaments und des Rates vom 6. Juli 1998 über den rechtlichen Schutz biotechnologischer Erfindungen (BT-Drs.14/5642 vom 23. März 2001) und die damit verbundenen außerordentlich kontrovers diskutierten Fragen der Gewährleistung der Forschungsfreiheit und der Innovationstätigkeit gerade kleinerer und mittelständischer Unternehmen. Zentrale Frage war das Verhältnis zwischen einer ersten Erfindung und ihrem Schutz und den rechtlichen Spielräumen Dritter für eine damit in Bezug stehende Forschung und Entwicklung und ihre Aussichten auf einen späteren eigenen Patentschutz.

Zu Fragen des Seerechts wurde Rüdiger Wolfrum ebenfalls mehrfach konsultiert; so erstellte er 1998 für das Auswärtige Amt ein Gutachten zur Abgrenzung der Küstengewässer zwischen Dänemark und Deutschland in der Ostsee, bei dem es insbesondere um die Anwendung des Mittellinienprinzips bei der Bestimmung einer gemeinsamen Küstenmeergrenze und um die Festlegung von dänischen Basislinien ging.

Das Bundesforschungsministerium ersuchte Rüdiger Wolfrum 2001 um eine Stellungnahme zu Rechtsfragen betreffend die Ausweisung von Schutzgebieten in der deutschen ausschließlichen Wirtschaftszone im Zusammenhang mit der geplanten Novellierung des Bundesnaturschutzgesetzes. Das Gutachten spricht sich für derartige Schutzgebiete jenseits des Küstenmeeres aus, was allerdings unter dem Seerechtsübereinkommen nicht unproblematisch ist.

Erwähnenswert sind weiterhin einige Gutachten zu anderen Rechtsfragen, wie z.B. das im Jahr 2001 auf Antrag der SPD-Fraktion des Bundestages erstattete Gutachten zum Einwanderungsrecht, das der Vorbereitung eines deutschen Einwanderungsgesetzes diente (Wolfrum/Thomas Giegerich). Begutachtet wurden in einem 1. Teil die internationalrechtlichen Vorgaben für die staatliche Regelung von Einwanderung, in einem 2. Teil die Rechtslage in neun europäischen Staaten (Belgien, Frankreich, Italien, Niederlande, Österreich, Schweden, Schweiz, Spanien, Vereinigtes Königreich). Im dritten Teil findet sich ein Querbericht über Gemeinsamkeiten und Unterschiede der nationalen Einwanderungsrechte.[146] Dieses Gutachten ist angesichts der Flüchtlingsproblematik 2015/2016 aktueller denn je.

Ebenfalls 2001 erstattete Rüdiger Wolfrum auf Antrag einer internationalen Anwaltsfirma ein Rechtsgutachten für den Flughafen Zürich, das Rechtsfragen betraf, die sich aus der Tatsache ergeben, dass der An- und Abflug zu und vom Flughafen Zürich zu einem erheblichen Umfang über deutsches Territorium abgewickelt wird. Dagegen wandten sich in erster Linie Gemeinden im südbadischen Raum, die sich gegen eine Erweiterung des Flugverkehrs, aber auch eine Einschränkung der derzeitigen Überflüge einsetzten. Es ging um Fragen des internationalen Flugrechts, des internationalen Nachbarrechts und des internationalen Wirtschaftsrechts.[147]

Schließlich sollen nur kurz erwähnt werden ein Gutachten von 2003 zum WTO-Recht für das Bundesministerium für Wirtschaft und Arbeit, das die Zulässigkeit von Kennzeichnungspflichten nach dem Recht der WTO betraf, die sich u.a. bei der Kennzeichnung von gentechnischen Lebensmitteln stellt. Ebenfalls im Jahr 2003 erstattete Rüdiger Wolfrum (zus. mit Volker Röben) ein Gutachten für die FAO zum Thema „The International Dimension of the Duty to Respect, Protect und Fulfil the Right to Adequate Food including the Role, Obligations and Responsibilities of States vis-à-vis Individuals not under their Ju-

---

[146] R. Wolfrum/T. Giegerich (Hrsg.), „Einwanderungsrecht – national und international", 2001, Leske&Budrich.

[147] Das Gutachten ist in der Zeitschrift für Luftrecht 50 (2001), S. 350-372, veröffentlicht worden.

risdiction". Das Gutachten kommt zu dem Ergebnis, dass ein "right to food" im internationalen Menschenrechtsschutzsystem anerkannt ist, so dass eine Verpflichtung auch gegenüber Individuen besteht, die nicht ihrer Jurisdiktion unterliegen. Um Fragen des Steuerrechts ging es in einem 2008 für das US-Hauptquartier in Heidelberg erstellten Gutachten zum NATO-Truppenstatut. Anlass war ein Steuerrechtsstreit darüber, ob deutsches Steuerrecht auf zivile Angehörige der US-Streitkräfte, die in einem US-amerikanischen Beamtenverhältnis stehen, anwendbar ist. Das Gutachten kam zu dem Ergebnis, dass ausländische Staaten nach Völkerrecht die Organhoheit über ihre Beamten und Soldaten haben, so dass deren Statusrecht ausschließlich der innerstaatlichen Rechtsordnung des Heimatstaates unterliegt.

Armin von Bogdandy wurde wiederholt zum Recht der EU gutachterlich eingeschaltet, so z.B. 2008 für eine Stellungnahme für das Europäische Patentamt (EPO) darüber, ob und wieweit das EPO bei der Einführung neuer Vorschriften zur Regelung der Pensionsansprüche seiner Beschäftigten an die Rechtsprechung des Verwaltungsgerichts der ILO gebunden ist. Im gleichen Jahr erstellte er ein Gutachten für die Europäische Zentralbank zur Auslegung von Art. 288 Abs. 2 EGV im Rahmen des Vorabentscheidungsverfahrens C-408/07 (*Ruf und Elsässer*). 2011 ersuchte das Auswärtige Amt ihn, das ungarische Mediengesetz von 2010 am Maßstab v.a. der EU-Richtlinie 2010/13 über audiovisuelle Mediendienste zu prüfen.

Obwohl *Anne Peters* erst 2013 zur Direktorin am Institut berufen wurde, soll hier auf ihre Mitwirkung an dem „Report of the Independent International Fact-Finding Mission on the Conflict in Georgia" vom September 2009 hingewiesen werden, der einem noch nicht beigelegten Konflikt galt. Der Bericht wurde Vertretern von Georgien und Russland, sowie der EU, den Vereinten Nationen und der OSZE vorgelegt.

V. Die Bibliothek[148]

1. Die Berliner Bibliothek

a. Die Berliner Bibliothek als Voraussetzung des Heidelberger Bibliotheksbetriebs

Im Frühjahr 1946 gelang es drei tatkräftigen Institutsmitarbeiterinnen, den Bibliothekarinnen Annelore Schulz, Ellinor Greinert und Gertrud Heldendrung, ausgelagerte Bände der Bibliothek aus der sowjetischen Besatzungszone nach Berlin – in den amerikanischen Sektor – zurück zu holen.[149] Damit war entschieden, daß die Bibliothek des „Kaiser Wilhelm Instituts für ausländisches öffentliches Recht und Völkerrecht" weiterhin in der Weise arbeiten konnte und würde wie sie sich seit der Bibliotheksgründung im Jahre 1925 entwickelt hatte. Die Berliner Bücher und die Berliner Auffassung von der Aufgabe und dem Betrieb der Bibliothek wurden in die seit 1949 in Heidelberg betriebene Bibliothek übernommen. Die Entscheidung von 1946 bewirkte, daß man heute von einer einzigen Institutsbibliothek seit 1925 sprechen kann. Wenn man die Entwicklung der Heidelberger Bibliothek betrachtet, muss man ihre Berliner Grundlage im Auge behalten.

b. Berliner Einrichtungen in Heidelberg

Die Heidelberger Bibliothek wurde zusammen mit dem neuen Institut getrennt von der bis 1960 bestehenden Berliner Einrichtung aufgebaut. In Heidelberg bemühte man sich seit 1949, in der Bibliothek alles so zu machen, wie es in Berlin war. Bei Einzelheiten gelang das nicht immer. So führte man in Heidelberg großformatige Katalogkarten ein, wie sie angeblich in Berlin benutzt wurden, damit die Kataloge beider Bibliotheken später zusammengelegt werden könnten. Die Berliner hatten für ihren nach 1945 rekonstruierten Alphabetischen Katalog jedoch kleinere Karten im internationalen Bibliotheksformat verwendet und von den größeren, aus der Vorkriegszeit stammenden Karten des Berliner Sys-

[148] Dieses Kapitel wurde von Joachim Schwietzke, langjähriger Leiter der Bibliothek, verfasst.

[149] Annelore Schulz, Die Rückführung unserer Institutsbibliothek aus der Uckermark nach Berlin-Dahlem 1946 nach meinen Tagebuchnotizen, maschinenschriftlich, um 1960, 21 Seiten.

tematischen Katalogs wich das Heidelberger Format um Millimeter ab. Ein gemeinsamer Katalog mit Karten beider Bibliotheken war schon aus diesem Grund nicht möglich.

Die wesentlichen Leistungen der Berliner Informationsvermittlung wurden jedoch auch von der Heidelberger Bibliothek erbracht. Die neue Einrichtung erstrebte, wie die Berliner Bibliothek, die einschlägige Literatur umfassend, aus allen Staaten und in allen Sprachen zu erwerben. Die Bände wurden auch in Heidelberg systematisch aufgestellt und waren für die Institutsmitarbeiter jederzeit zugänglich. Auch in Heidelberg ging die Erschließung von Materialien über das Systematisieren und Katalogisieren von Büchern hinaus. Aufsatztitel, die in Berlin im Systematischen Katalog genannt waren, wurden in Heidelberg in einer Aufsatzkartei zusammengefaßt. Völkerrechtliche Verträge, früher in Martens' Nouveau Recueil Général abgedruckt, der seit 1925 eine Institutspublikation war, wurden jetzt mit Titel und Fundstelle in einer Vertragskartei verzeichnet.

Dokumente internationaler Organisationen, die durch die Tätigkeit der Vereinten Nationen und ihrer Sonderorganisationen nach dem Krieg zahlreicher als vorher erschienen, wurden in Heidelberg intensiver gesammelt als in Berlin.

2. Die Heidelberger Bibliothek

a. Die Bibliotheksdirektoren

Während unserer Berichtszeit, also in 65 Jahren, hatte die Bibliothek nur vier Direktoren, nämlich Dr. Georg von Gretschaninow (1949-1960), Otto Steiner (1960-1980), Joachim Schwietzke (1980-2002) und Dr. Harald Müller (2002-2014). Wohl alle waren eng mit der Bibliothek verbunden. Hatte man über Gretschaninow geurteilt, daß das Institut über 45 Jahre der Mittelpunkt seines Lebens gewesen sei (Brief von Professor Mosler vom 24. März 1972 an den Präsidenten der Max-Planck-Gesellschaft), könnte man über Steiner und Schwietzke sagen, daß sie in einer vertrauten Beziehung zur Bibliothek gestanden haben. Dabei ermangelte allen drei eine Laufbahnausbildung für Bibliothekare. Sie hatten ihre bibliothekarische Tätigkeit im Institut möglicherweise mit der Vorstellung begonnen, daß sie einen bürokratischen Mechanismus distanziert lenken würden und waren wohl erst im Lauf ihrer Berufsjahre, vielleicht durch die bessere Kenntnis des bei genauerer

Betrachtung immer neue inhaltliche und bibliothekssystematische Fragen aufwerfenden Buchbestandes, dem sie weitere Publikationen durch Kauf und Systematisierung passend hinzuzufügen hatten, in ein von ihrer Praxis geprägtes verständnisvolles Verhältnis zur Institutsbibliothek gekommen. Alle vier Direktoren blieben bis zur Altersgrenze in der Bibliothek und arbeiteten dort, soweit sie es konnten, auch im Ruhestand weiter.

Vorgesetzte der Bibliotheksdirektoren waren die Institutsdirektoren. In den Jahren, in denen zwei Direktoren das Institut leiteten, war derjenige Institutsdirektor für die Bibliothek zuständig, der nicht Geschäftsführender Direktor war. Als das Institut mehr als zwei Direktoren hatte, übernahm einer von ihnen die Verantwortung für die Bibliothek. Jedenfalls in den letzten Jahrzehnten des 20. Jahrhunderts war dem Bibliotheksdirektor eine gute Zusammenarbeit mit dem Betriebsrat des Instituts wichtig.

Den Beginn der Bibliothekstätigkeit im Heidelberger Max-Planck-Institut kann man auf das Jahr 1949 datieren, als Georg von Gretschaninow (1892-1973) in das Institut zurückkehrte und für die Bibliothek zuständig wurde. Mit ihm hatte man einen früheren wissenschaftlichen Institutsmitarbeiter gewonnen, der bereits 1926 als Referent in das Institut eingetreten war. In seinem Vertrag mit dem Institut vom 15. Februar 1950 wurde er zur Leitung des Bibliotheks- und Dokumentationsdienstes bestimmt. Hauptsächlich wurde ihm jedoch die Stelle eines Abteilungsleiters für die Herausgabe der Politischen Verträge und anderer Vertragssammlungen übertragen. Er stammte aus Russland und war im Januar 1918 an der Petrograder Universität für Völkerrecht habilitiert und dem Lehrkörper zugeteilt worden. In Deutschland hatte er den rechtlichen Status eines Flüchtlings, den er sein Leben lang behielt. Auch in seiner Stellung als Bibliothekar stand er mit Wissenschaftlern innerhalb und außerhalb des Max-Planck-Instituts in Verbindung.

Auf Gretschaninow folgte als Bibliotheksdirektor Gerichtsassessor Otto Steiner (1915-1999). Er war am 1. April 1950 eingestellt worden und hatte zunächst das Zeitschriften-Archiv des Instituts zu betreuen. Sein Hauptarbeitsgebiet als Wissenschaftler war das Spanien/Portugal Referat mit Einschluß der lateinamerikanischen Länder. Während seiner Ausbildung hatte er im Studienjahr 1938/1939 als Stipendiat des Akademischen Austauschdienstes in Coimbra studiert und war im Wintersemester 1941/1942 Assistent am Rechtswissenschaftlichen Seminar der Universität Straßburg bei Ernst Rudolf Huber gewesen. Von Oktober 1956 bis Ende April 1957 ermöglichte das Institut ihm einen Aufenthalt an der University of Michigan Law School in Ann Arbor mit Hilfe eines Fulbright Stipendiums. Otto Steiners besondere Aufmerksamkeit galt seit seiner Anstellung der Dokumentation und der Bibliothek, in der er vor 1960 Stellvertretender Leiter und Leiter der Zeitschriftenabteilung wurde.

Im Jahre 1975 wurde Rechtsassessor Joachim Schwietzke (geboren 1940) in der Bibliothek mit der Aussicht angestellt, fünf Jahre später, beim Renteneintritt Otto Steiners, diesem als Bibliotheksdirektor zu folgen. Schwietzke kam von der Staatsbibliothek Preußischer Kulturbesitz in Berlin, wo er im Fachreferat Rechtswissenschaft gearbeitet hatte. Die frühe Einstellung diente seiner gründlichen Einarbeitung. Sie erwies sich auch als vorteilhaft, weil nun zwei Akademiker die gewachsenen Aufgaben in der Bibliothek erledigten. Bei dem Ausscheiden Otto Steiners war es anerkannt, daß das Institut zwei akademische Bibliothekare benötige.

Am 1. Oktober 1981 trat Dr. Harald Müller (geboren 1949) als Stellvertretender Bibliotheksdirektor in das Institut ein. Er hatte sowohl die Zweite Juristische Staatsprüfung als auch die Prüfung für den höheren Bibliotheksdienst abgelegt und war von der Universität Mannheim mit einer Dissertation zum Zivilrecht promoviert worden. Danach war er kurze Zeit Bibliothekar an der Universitätsbibliothek Mannheim gewesen. Im Jahre 2002 folgte er dem in Rente gehenden Vorgänger als Bibliotheksdirektor. Dr. Müller verstand sich nicht nur als Rechtsbibliothekar, sondern auch als Bibliotheksjurist. Insbesondere nach dem Jahr 2000 ist er außerhalb des Instituts häufig als Vortragender zu bibliotheksrechtlichen Fragen aufgetreten.

b. Die Bibliotheksmitarbeiterinnen und Bibliotheksmitarbeiter

Die Bibliotheksangehörigen waren sich der Besonderheit der von ihnen bearbeiteten Materialien und der Bedeutung des Instituts und seiner Bibliothek bewußt. Alle hatten mit fremdsprachigen Buchtiteln zu tun und alle hatten Respekt vor den hoch qualifizierten inländischen und ausländischen Bibliotheksbenutzern. Ihre Tätigkeit in einer Bibliothek für Materialien aus aller Welt erfüllte besondere Ansprüche und machte sie oft zu Spezialisten auf ihrem Arbeitsgebiet. Die Bestellabteilung fand Buchhändler in vielen Ländern und arbeitete mit ihnen, die Zeitschriftenabteilung organisierte einen Umlauf ausländischer Zeitschriften nach den Interessen der Wissenschaftler, die Katalogisierungsabteilung gab sich mit Buchtiteln in verschiedenen Sprachen und Schriften ab, die Ausleihe versorgte auch Gäste aus anderen Erdteilen, die Abteilungen für Dokumente der Vereinten Nationen, für Dokumente europäischer Organisationen und für die Vertragskartei erarbeiteten sich einen Überblick über ihre Materialien und deren Bedeutung für Benutzer. Viele Mitarbeiterinnen und Mitarbeiter identifizierten sich mit ihrer Bibliotheksarbeit. Mit den Wissenschaftlern standen sie in guter Verbindung. Das gilt allerdings mehr für die Jahre bis 1996, als man sich im kleineren Altbau häufiger begegnete.

Die Bibliothek stellte etwa ein Drittel der Institutsmitarbeiter. Im Berichtsjahr 1960/1961 arbeiteten 14 Personen in der Bibliothek, der 13 Planstellen zugeteilt waren. Das gesamte Institut hatte zu dieser Zeit 46 Angestellte und die gleiche Zahl von Planstellen. Im Jahr 1980 hatte die Zahl der Bibliotheksmitarbeiter einen länger anhaltenden Stand erreicht. Die Angaben lauteten jetzt für die Bibliothek 22 Angehörige und 18 Planstellen sowie für das gesamte Institut 64 Angehörige und 52 Planstellen. Im Jahre 2010 hatte die Bibliothek ähnlich viele Mitarbeiter wie 30 Jahre früher. An sie wurden 18,5 Planstellen von den 55,5 Planstellen des gesamten Instituts vergeben.[150]

c. *Der Systematische Katalog*

Im Berliner Institut hatte man eine Bibliothekssystematik entworfen, die dem Forschungsprogramm des Instituts entsprach und in die drei Gruppen Völkerrecht, ausländische öffentliche Rechte und Rechtsphilosophie/Allgemeine Staatslehre geteilt war. In Heidelberg wurde die Berliner Systematik übernommen. Ihre Anpassung an die geänderten rechtlichen Verhältnisse der Nachkriegszeit brachte Aufgaben verschiedenen Schwierigkeitsgrades mit sich. Die Systematiken zu ausländischen öffentlichen Rechten bedurften oft nur geringer Modernisierung und waren leicht zu aktualisieren. Dadurch wurde auch das Umsignieren der aus Berlin eintreffenden Bände einfach. Im völkerrechtlichen Bereich erforderten die Ereignisse des Zweiten Weltkrieges und die Gründung der Vereinten Nationen den Entwurf einer neuen Systematik, um die vielen Publikationen zu den neuen Themen ordentlich aufzustellen.

Georg von Gretschaninow entledigte sich der anspruchsvollen Aufgabe mit einem umfangreichen Bibliothekssystem für Völkerrecht auf 117

---

150 Bibliothek, Jahresberichte 1-12 (1984-1995), 13-26 (1996-2009) und nicht gebundene Jahresberichte.

Seiten, das er nach dem Berliner Vorbild entwickelte.[151] Eine Eigenheit seiner Arbeit ist, daß er systematische Positionen für völkerrechtsrelevante Ereignisse, etwa einzelne Kriege, neben Positionen für juristische Bücher, etwa Kriegsrecht, stellte. Die Rechtsabteilung des Auswärtigen Amtes hat damals sein Völkerrechtssystem der Neuordnung ihres Aktenplanes zu Grunde gelegt. Freiheit zu einer großzügigen Systematik war Gretschaninow auch dadurch gegeben, daß die Institute in Berlin und Heidelberg nur wenige in der Nachkriegszeit erworbene Bände zum Völkerrecht besaßen, die leicht umsigniert werden konnten. Der alte, nicht ausgelagerte Völkerrechtsbestand war am 4. Februar 1945 bei einem Bombenangriff im Berliner Stadtschloß verbrannt. Eine Bombe hatte das Zimmer des Bibliotheksdirektors Dr. Blass getroffen.

Das Bibliothekssystem von Gretschaninow war 1955 fertig. Ihm folgte mit Stand vom 1. Juni 1956 ein ungefähr ebenso umfangreiches Stichwortregister zum Völkerrechtssystem, an dessen Herstellung wohl auch Steiner beteiligt war, der für seine spätere Signiertätigkeit auf ein schnelles Auffinden der richtigen systematischen Stelle angewiesen war. Die Bücher für Rechtsphilosophie/Allgemeine Staatslehre und für die allgemeinen Hilfswissenschaften waren in der Berliner Zeit mit Hilfe von Experten ausgewählt und systematisiert worden. Dennoch erwies sich ihre Aufstellung nach dem Kriege als unbrauchbar. Neue Systematiken für Rechtsphilosophie/Allgemeine Staatslehre, die sogenannte Allgemeine Abteilung, wurden von Georg von Gretschaninow und Otto Steiner hauptsächlich nach ihrer Verrentung mit viel Mühe zusammengestellt. Das Umsignieren der vorhandenen Bände dauerte bis um 1990. Seit 1949 bis zur Gegenwart waren die laufenden Änderungen der Systematiken im Bereich der öffentlichen Rechte am größten. Durch die Dekolonisierung und durch die Wende von 1989 entstanden neue Staaten, die eigene Systematiken und zum Teil Einheitssystematiken erhielten. Aus der Gruppe Völkerrecht wurden die Bände zur Europäischen Union herausgerückt und 1996 nach einer Ordnung aufgestellt, die einer Landessystematik nachgebildet ist. Sie kann auch solche Bände aufnehmen, deren Themen immer entfernter von den Vorschriften der früheren Europäischen Gemeinschaften sind.

---

[151] Bibliothekssystem für Völkerrecht, internationale Beziehungen und internationales Privatrecht, in der Bibliothek vervielfältigt, um 1956, XVII, 117 Blätter.

d. Der Alphabetische Katalog

In diesem Rückblick darf auch an den Alphabetischen Kartenkatalog erinnert werden, den es bis zur Einführung der elektronischen Katalogisierung gab. Seine Kästen beanspruchten mehr Raum als der Systematische Katalog. Er diente nicht nur den wissenschaftlichen Benutzern, sondern auch den Bibliothekaren als Nachweis des Bücherbestandes. Die Regeln, nach denen er geführt wurde, hießen „Preußische Instruktionen mit gegebener Wortfolge". Die Bibliothek erfand gelegentlich Sonderregeln, die alle Bibliothekare kennen mußten und die nicht in Vergessenheit geraten durften. Deshalb sah mancher Bibliotheksmitarbeiter die Einführung einheitlicher Titelaufnahmeregeln im Jahre 1986, welche die elektronische Katalogisierung und der Anschluß an den Südwestverbund mit sich brachten, als eine Verbesserung an.

e. Erwerbungshaushalt

Für ihren Wiederaufbau nach dem Kriege und ihre Fortführung fand die Bibliothek die finanzielle Unterstützung der Institutsleitung und der Max-Planck-Gesellschaft. In den fünf Jahren 1955/1956 bis 1959/1960 betrug ihr durchschnittlicher Verbrauch einschließlich Berlin 150.000 DM. Die Etatzahlen wurden durch Zuschüsse überschritten. Das war mehr als ein Drittel der Gesamtausgaben des Instituts, die im Jahre 1955 407.000 DM betrugen. Die Ausgaben für Erwerbungen und Buchbinder stiegen in den folgenden Jahrzehnten regelmäßig an. Ein Sprung war von 1980 (590.000 DM) bis 1985 (1.083.000 DM) möglich. Die bis heute höchsten jährlichen Ausgaben für Erwerbungen und Buchbinder machte die Bibliothek mit 892.000 Euro im Jahre 2002. Seitdem sind die Ausgaben der Bibliothek gesunken. Der Tätigkeitsbericht 2012-2014 meldet für 2013 einen Bibliotheksetat von 710.000 Euro. Erwerbungsausgaben in dieser Höhe entsprechen dem Stand von 20 Jahren früher. Die Steigerung der Erwerbungsausgaben vor dem Jahr 2002 war auch möglich, weil die Bibliothek Zugang zu Sondermitteln gefunden hatte. Sie hatte den Kauf größerer Reihen von Gesetzblättern oder Zeitschriften ständig vorbereitet und konnte diese bei der Verfügbarkeit von Sondermitteln, etwa zu Jahresende, sofort bestellen und bezahlen. In einzelnen Fällen beantragte sie Zuschüsse für besondere Erwerbungen. Die Ausgaben der Bibliothek machten seit 1985 ziemlich regelmäßig für Periodika 40%, für Monographien 25%, für Fortsetzungen 20% und für den Buchbinder 10% bis 15% der vorhandenen Mittel aus.

f. Erwerbungen, Bestand und Magazine

Die Bibliothek erwarb Veröffentlichungen aus allen Ländern und in allen Sprachen auf dem Arbeitsgebiet des Instituts. Sprachkenntnisse der Bibliotheksdirektoren, welche die zu bestellenden Titel auswählten, waren dem Bibliotheksbestand förderlich. Für die Auswahl und Bearbeitung von Buchtiteln in vielen Sprachen und Schriften benötigten und fanden die Bibliothekare sprachkundige Helfer. Einen gut ausgewählten und bearbeiteten Bestand für einzelne Perioden besitzt die Bibliothek dank Professor Dr. Robert Heuser für China, Prof. Dr. Christian Rumpf für die Türkei, Professor Dr. Omaia Elwan für arabische Staaten sowie Dr. Altana Filos für Griechenland.

Bei den Monographien wurde Wert auf den Erwerb der laufenden Buchproduktion gelegt, was der auf die Gegenwart gerichteten Forschung im Institut entsprach. Der Kauf alter Bände wurde auf wichtige Werke beschränkt. Eine Wiederherstellung der verlorenen Berliner Bibliothek wurde nicht versucht. Dem preiswerteren Nachdruck wurde der Vorzug vor dem Original gegeben. Zugänge größerer Bestände ergänzten die Käufe einzelner Bände. Die umfangreichen Büchersammlungen der ehemaligen Institutsdirektoren Bruns und Bilfinger wurden im ersten Jahrzehnt nach dem Beginn des Bibliotheksbetriebs in Heidelberg erworben. Im Jahre 1960 kamen Materialien des früheren Instituts für Besatzungsfragen als Geschenk in unsere Bibliothek. Die Übernahme der Berliner Bibliothek des Instituts mit 16.680 Bänden und 7.500 Bänden Restbestand, insgesamt 24.000 Bänden, war 1965 abgeschlossen. Das Juristische Seminar der Universität Heidelberg schenkte der Bibliothek gelegentlich ausgesonderte Bände, darunter die Materialien zum Nürnberger Prozeß 1945/1946 und den 12 Nachfolgeprozessen 1946/1949, die Professor Wahl gesammelt hatte. Um 1972 wurden der Bibliothek zahlreiche Filmrollen lateinamerikanischer Gesetzblätter hinzugefügt. Aus einer US-amerikanischen Bibliothek wurden während einiger Jahre ältere Gesetzsammlungen lateinamerikanischer und europäischer Staaten erworben. Die Bibliothek des Sinologen, Diplomaten und früheren Institutsangehörigen Professor Dr. Karl Bünger konnte 1988 von diesem für unser Institut gekauft werden. Bereits im Jahre 1933 waren die Bücher des Trierer Instituts für Völkerrecht (Direktor: Prälat Ludwig Kaas) in unsere Bibliothek aufgenommen worden. Von ihnen haben sich Bände in den systematischen Gruppen Kirchenrecht und Allgemeine Abteilung erhalten.

Die Bibliothek legte besonderen Wert auf die Beschaffung von Gesetzsammlungen, Entscheidungssammlungen, Zeitschriften und Parlamentaria. Hierdurch wollte sie die grundlegenden Informationen verschiedener nationaler Rechtsordnungen verfügbar machen. Durch das Sammeln älterer Reihen besitzt die Bibliothek solche Periodika oft seit dem Beginn ihres Erscheinens im 19. Jahrhundert. Für das Völkerrecht bemühte sie sich neben dem Kauf von Periodika um die Erwerbung aller ihr zugänglichen neuen Monographien. Der jährliche Zuwachs der Bibliothek betrug im Jahre 1970 4.800 Bände und im Jahre 1980 8.700 Bände. Im Jahre 2011 war er wieder auf dieses Ausmaß, nämlich 8.900 Bände, gesunken. Zwischen 1982 und 2000 hatte die Bibliothek jährlich um über 10.000 Bände zugenommen, mit der Höchstzahl von 17.800 Bänden Zuwachs im Jahre 1991, die doppelt so hoch war wie das Ergebnis von 2011. Der große Besitz von Periodika wird dadurch sichtbar, daß die Bibliothek im Jahre 2011 die Titel von 23.000 Zeitschriften und Serien an die Zeitschriftendatenbank gemeldet hatte. Das entspricht der Hälfte der damals von der Universitätsbibliothek Heidelberg dort nachgewiesenen Veröffentlichungen. Der Gesamtbestand der Bibliothek belief sich nach dem Eintreffen der Restbibliothek Berlin 1965 auf 139.000 Bände. Das war mehr als die etwa 120.000 Bände der Berliner Bibliothek zu Anfang 1945 (Vermerk Bräutigam, um 1959). Zu Ende des Jahres 1980 besaß die Bibliothek 231.000 Bände, zu Ende 2010 604.000 Bände und 2013 630.000 Bände.

Als Teil des Institutsneubaus im Jahre 1954 in der heutigen Berliner Straße 48 wurde ein Bibliotheksturm errichtet, der die der Bibliothek zugemessene Bedeutung sichtbar machte und viel Stellfläche für Bücher bot. Seine Regale waren bereits im Jahre 1960 belegt und die Bibliothek benutzte danach auch die Untergeschosse des neugebauten Max-Planck-Hauses als Bücherstandort. Nachdem das Max-Planck-Haus, trotz der Aufstellung raumsparender Schieberegale, belegt war, wurde 1990 ein zusätzliches Magazin in Schwetzingen gemietet. Erst bei der Fertigstellung des zweiten Bauabschnitts des Institutsneubaus im Jahre 2006 waren wieder alle Bücher der Bibliothek in einem einzigen Magazin vereint. Wie schon in Berlin wurde auch in Heidelberg Wert auf eine ordentliche graphische Gestaltung der Rückentitel der laufend gebundenen Zeitschriftenbände gelegt. In Heidelberg setzte der Kunstbuchbinder Willy Pingel viele Jahre seine Erfahrung und seinen Geschmack für eine ansehnliche Erscheinung unserer für die Benutzer zugänglichen Gebrauchsbibliothek ein.

g. Verträge, Aufsätze, Dokumente internationaler Organisationen

Die Bibliothek erarbeitete auch nach der Neugründung in Heidelberg noch andere Informationen als Buchtitel im systematischen Katalog und im alphabetischen Katalog. Die traditionsreichste Tätigkeit war die Erfassung völkerrechtlicher Verträge.[152] Obwohl hierbei keine dauerhafte Veröffentlichung entstand, kann man die Vertragskartei als Fortsetzung von *Martens' Nouveau Recueil Général de Traités* ansehen, der ab Band 13 der dritten Serie als Institutsveröffentlichung erschienen war und mit dem Berichtsjahr 1945 endet.

In den ersten Jahren der Bibliothek wurde für die mit Lochkarten geführte Vertragskartei ein Allgemeines Repertorium völkerrechtlicher Verträge entworfen, das im Jahre 1965 veröffentlicht wurde. Erfaßt wurden in der Kartei hauptsächlich die Bezeichnungen der Vertragsparteien, das Datum des Vertragsschlusses, die Bezeichnung des Vertragsgegenstandes, Fundstellen in verschiedenen Quellen und Sprachen, jedenfalls auch in der Vertragssammlung der Vereinten Nationen, Vertragsklauseln und der Zeitpunkt des Inkrafttretens des Vertrages. Die Abschrift des Vertragstextes wurde nicht für erforderlich gehalten, da dieser Text, vielleicht in mehreren Sprachen und in verschiedenen Veröffentlichungen, in der Bibliothek gefunden werden konnte.

Die Vertragskartei wurde zunächst in Zusammenarbeit mit dem Auswärtigen Amt erstellt, das während vieler Jahre aktuelle Verträge lieferte. So gingen 1959/1960 1388 Vertragsmeldungen von deutschen Auslandsvertretungen ein. Damit wurden 905 Verträge neu erfaßt. Ausgewertet wurden auch laufende Parlamentaria, welche die Bibliothek aus vielen Ländern bezog. Ihre Angaben waren an anderer Stelle kaum oder vielleicht nicht so schnell zu finden. Beitritte, Ratifikationen und Vorbehalte wurden auch für die bis zu 150 Parteien multilateraler Verträge dokumentiert. Die Vertragskartei berichtet über Vereinbarungen, die hauptsächlich seit 1945 geschlossen wurden. Die historische Dimension fehlt ihr. Im Jahre 1971 wies sie 32.000 Verträge, im Jahre 1980 51.000 Verträge und im Jahre 2000 73.500 Verträge nach. Seit dem 30. Juni 2005 gibt sie Auskunft über etwa 79.500 Verträge. Die Vertragskartei sollte Anfang des 21. Jahrhunderts digitalisiert werden. Als dies nicht gelang, wurde der Digitalisierungsversuch am 30. Juni 2005 abgebrochen. Die funktionierende konventionelle Arbeit an der Kartei wurde eingestellt.

---

[152] Allgemeines Repertorium völkerrechtlicher Verträge. Beschreibung, Gebrauchsanweisung, Schlüssellisten. Bearbeitet im Institut und herausgegeben von Otto Steiner und Alfred Maier, Heidelberg, 1965, II, 88 Seiten. [Vertragsparteien, Vertragsgegenstände usw. auf deutsch]. General repertory of international treaties. Description, directions for use, key-wordindex. Prepared in the Institute and edited by Otto Steiner and Alfred Maier, Heidelberg, 1965, II. 85 Seiten. [Vertragsparteien, Vertragsgegenstände usw. auf englisch].

Die freigewordene Arbeitskraft wurde im Standardbibliotheksbetrieb eingesetzt.

aa. Aufsätze

Aufsätze in Zeitschriften, Jahrbüchern und Festschriften betrachtete man im Institut als aktuelle Informationen, die man kennen wollte. Seit 1955 wurden Aufsatztitel in einer Bibliothekskartei verzeichnet, die aus Erwerbungen der Bibliothek von Wissenschaftlern systematisiert worden waren. Seit etwa 1970 benutzten die Auswerter rund 1600 Schlagworte, davon 800 Hauptschlagworte. Ab 1996 wurden die Aufsatztitel elektronisch katalogisiert. Eine neue, eher aus der Sicht von Praktikern entworfene Systematik, umfaßte etwa 400 Positionen für das Völkerrecht, etwa 50 Positionen einer Einheitssystematik für die Länderrechte und etwa 20 Positionen für die Allgemeine Staatslehre und die Rechtsphilosophie. Ab 1975 wurden die in der Bibliothek katalogisierten völkerrechtlichen Aufsatztitel auch in der vom Institut herausgegebenen gedruckten Bibliographie „Public International Law“ verwandt. Die von 1955 bis 1996 geführte Kartei auf Kartonkarten enthält 408.000 Einträge. Von 1996 bis 2000 wurden 60.000, von 2001 bis 2010 130.000 Aufsatztitel in den elektronischen Bibliothekskatalog eingetragen. In neuerer Zeit betrafen etwa 40% bis 50% der Aufnahmen das Völkerrecht und 50% bis 60% der Aufnahmen die nationalen Rechte.

Die Katalogisierung von Aufsatztiteln zu den nationalen Rechten wurde Ende des Jahres 2010 eingestellt. Die Beendigung der Veröffentlichung von „Public International Law“ wurde 2015 angekündigt.

bb. Dokumente internationaler Organisationen

Von Staaten gegründete internationale Organisationen veröffentlichen häufig Dokumente ihrer eigenen Tätigkeit. Diese Übung reicht bis in das 19. Jahrhundert zurück, zum Beispiel für den Weltpostverein bis 1875. Die Zahl dieser Dokumente wuchs nach dem Zweiten Weltkrieg durch die Tätigkeit der Vereinten Nationen und der weltweiten internationalen Organisationen sowie regionaler Organisationen, hauptsächlich der Europäischen Union.

Die Bibliothek setzte lange Zeit alle ihre Kräfte ein, um diese Dokumente zu erwerben, zu verzeichnen und zugänglich zu machen. Bei manchen Organisationen gelang es ihr, den Status einer privilegierten Bezieherin der Dokumente zu erreichen. Sie wurde Depotbibliothek

No. DL 202 der Vereinten Nationen und Europäisches Dokumentationszentrum (EDZ) der Europäischen Union. Die Bibliothek erstrebte diese bevorzugten Stellungen, um mit allen, vielleicht auch nur beschränkt verteilten Dokumenten, beliefert zu werden. Käufliche, nichtverteilte Dokumente internationaler Organisationen kaufte sie.

Die Titel der Dokumente verzeichnete die Bibliothek meist in Listen. Später hatte sie genügend Mitarbeiter, um Titel von Zeitschriften und Fortsetzungen elektronisch zu katalogisieren. Die Dokumente internationaler Organisationen wurden getrennt von den übrigen Büchern und nach den Publikationsnummern der jeweiligen Organisation aufgestellt. Dadurch konnten auch Publikationen nachvollziehbar eingeordnet werden, deren Themen nicht in die juristischen Bibliothekssystematiken paßten, etwa medizinische Veröffentlichungen der Weltgesundheitsorganisation.

cc. Dokumente der Vereinten Nationen

Eine große und wichtige Sammlung entstand durch die Dokumente der Vereinten Nationen. Die 1949 gegründete Bibliothek des Instituts bezog sie in Englisch fast ab dem Beginn ihrer Veröffentlichung im Jahre 1945. Sie sammelte die gedruckten und außerdem die zahlreichen hektographierten Materialien. Durch ihr Binden machten die Bibliothekare viele Dokumentenreihen übersichtlicher. Ältere Dokumentenbände in französischer Sprache erhielt die Bibliothek vom Juristischen Seminar der Universität Heidelberg geschenkt. Die vom Auswärtigen Amt geförderten deutschen Übersetzungen von Dokumenten der Vereinten Nationen sammelte sie ebenfalls.

Als Depotbibliothek der Vereinten Nationen war die Bibliothek des Instituts in guter Gesellschaft anderer Depotbibliotheken, etwa der Staatsbibliothek zu Berlin oder der Bayerischen Staatsbibliothek oder großer ausländischer Bibliotheken. Andere Depotbibliotheken erhielten oft nur die gedruckten Dokumente, die weniger zahlreich und einfacher zu verwalten sind. Nach 1993 veröffentlichte Dokumente der Vereinten Nationen sind heute in der Regel elektronisch abfragbar, früher verteilte Materialien nicht immer. Manche Dokumente waren nur für einige Jahre elektronisch erreichbar und wurden dann von den Vereinten Nationen vom Rechner genommen. Bei ihnen verwaltete die Bibliothek Informationen auf Zeit, die sie für vergleichbare Anlässe in früheren Zeiten für dauernd auf Papier besitzt.

dd. Dokumente der Europäischen Union

Der regelmäßige Eingang der Dokumente der Europäischen Union wurde in der Bibliothek wahrscheinlich am erwartungsvollsten kontrolliert, als man von dieser Organisation noch als von der Europäischen Wirtschaftsgemeinschaft sprach oder ihre Vorgänger Euratom, EGKS und EWG insgesamt Europäische Gemeinschaften genannt wurden. Die oft in Monatsbänden gebundenen Amtsblätter in den verschiedenen amtlichen Sprachen geben auch heute einen Eindruck von der früher bearbeiteten großen Menge täglich erscheinender Hefte mit neuen Rechtsvorschriften oder Mitteilungen und Bekanntmachungen. Zeitweise wurde das Europäische Dokumentationszentrum von einer Mitarbeiterin mit perfekten französischen Sprachkenntnissen geführt. Sie hatte Verbindungen zur Zentrale in Brüssel und zu Europäischen Dokumentationszentren auch im Ausland. Im Jahre 2001 leitete sie in unserer Bibliothek ein Seminar mit albanischen Bibliothekaren, um das albanische Justizministerium beim Aufbau eines Europäischen Informations- und Dokumentationszentrums zu unterstützen. Auf die Benutzer ging sie mit Informationen zu. Inzwischen erscheinen alle amtlichen Publikationen der Europäischen Union nur elektronisch. Das Europäische Dokumentationszentrum in der Bibliothek wurde 2014 geschlossen. In der Universitätsbibliothek Mannheim floriert dagegen ein Europäisches Dokumentationszentrum, das kürzlich 50 Jahre alt wurde.

ee. Dokumente anderer Organisationen

Die Bibliothek forderte von ungefähr 160 Organisationen regelmäßig Publikationen an. Als Beispiele seien für Europa der Europarat, für Afrika die African Union, für islamische Staaten die Islamic Development Bank, für Südostasien die Association of South East Asian Nations und für Amerika die Organisation Amerikanischer Staaten genannt. Von der OAS besitzt die Bibliothek viele und schon vor langem erschienene Dokumente.

h. Digitalisierung

Die Digitalisierung wirkte sich zum einen auf die Geschäftsgänge der Bibliothek aus. Bereits im Jahre 1967 stellte man die Lieferung des Lochkartenwerks der Vertragskartei ein, „weil diese Art der Veröffentlichung durch den Fortschritt der Computertechnik und ihrer Anwendung auf geisteswissenschaftliche Materialien überholt worden sei". Die Vertragskartei wurde allerdings mit chronologisch geordneten Karten und nicht mit der Computertechnik fortgeführt.

Die Einführung der elektronischen Datenverarbeitung in den Geschäftsgängen der Bibliothek begann im Jahre 1986 mit einem Beschluß des Beratenden Ausschusses für EDV-Anlagen in der MPG (BAR). Nach Auseinandersetzungen zwischen dem Ausschuß und der Bibliothek über das zu benutzende EDV-Bibliotheksprogramm bewilligte er zur Aufnahme eines Probebetriebs den Betrag von 95.000 DM. Seit 1988 setzte die Bibliothek als erste juristische Bibliothek in der Max-Planck-Gesellschaft die elektronische Datenverarbeitung regulär für die Erwerbung und Katalogisierung der Bücher ein. Sie war hierfür als eine der ersten nicht vom Land Baden-Württemberg unterhaltenen Bibliotheken an den Südwestverbund in Konstanz angeschlossen und benutzte zur Speicherung ihrer lokalen Daten einen eigenen Rechner Siemens 7500 C 30 sowie das Programm BIS der Firma DABIS. Mit dem Rechner waren zunächst sieben Bildschirme Siemens 9756 verbunden, davon vier in der Titelaufnahme und jeweils einer in der Erwerbung, der Akzession und der Informationsvermittlungsstelle. An die Firma DABIS wurden 175.000 DM und an die Firma Siemens 298.000 DM für ihre Leistungen bezahlt. Ab 1996 wurde die Aufsatzkartei mit elektronischer Datenverarbeitung geführt, im Jahre 2000 wurde die elektronische Retrokatalogisierung der in den Kartenkatalogen verzeichneten Titel abgeschlossen. Alle Buchtitel und Zeitschriftentitel sowie die Aufsatztitel seit 1996 waren nun elektronisch verzeichnet. Im Jahre 2002 wurde das Bibliothekssystem auf die Software Aleph 500 der Firma Ex Libris umgestellt. Laufende Arbeiten erledigten Mitarbeiter am zentralen Server bei der Gesellschaft für wissenschaftliche Datenverarbeitung (GWDG) in Göttingen.

Zum anderen veränderte die Digitalisierung die Form eines Teils der zu sammelnden oder zugänglich zu machenden Materialien. Bereits im Jahre 1985 besaß die Bibliothek eine Informationsvermittlungsstelle. Sie bot über Hostrechner Anschluß an damals etwa 250 auswärtige Datenbanken von juristischem Interesse. Das war für Deutschland eine hohe Zahl, die im Laufe der Jahre kontinuierlich wuchs. Die ersten Anschlüsse bestanden zu den Hostrechnern von CED, DIALOG, ECHO, EURIS, EUROLEX, INKA, LEXIS, QUESTEL und WESTLAW. Später erlaubte das gemeinsame Katalogisieren mit den Bibliotheken der Max-Planck-Institute für Privatrecht und Strafrecht im Südwestverbund den Blick der Heidelberger Bibliothekare auf den Buchbesitz ihrer MPG-Schwesterbibliotheken.

Die Bibliothek gewann Erfahrung im Umgang mit elektronischen Daten auch über ihre Internetverbindungen zu den Datenbanken der Europäischen Union und anderer internationaler Organisationen. Dabei hatte die Bibliothek hauptsächlich die Verbindungen zu den Rechnern der Organisationen zu unterhalten. Das Wissen über die Veröffentlichungsreihen und die laufenden Projekte der Europäischen Union ging den Bibliotheksmitarbeitern in dieser Zeit der Netzverbindungen zum Teil verloren. Aus den vorher gelieferten gedruckten Materialien hatten der Sachbearbeiter und der Bibliotheksdirektor von dem Inhalt der Dokumente Kenntnis genommen.

Die erforderliche bibliothekarische Behandlung digitaler Buchdateien in der Bibliothek des Max-Planck-Instituts unterscheidet sich nicht grundsätzlich von der Bearbeitung gedruckter Bände. Die Titel sind einzeln auszuwählen, zu erwerben, zu vereinnahmen, alphabetisch zu katalogisieren, nach den Bibliothekssystematiken zu systematisieren und dem Benutzer direkt zugänglich zu machen. In der Praxis standen der Ausführung dieser Arbeitsschritte in digitaler Form Hindernisse entgegen. Am Ende des Jahres 2014 besaß die Bibliothek 3.670 gekaufte oder frei zugängliche signierte elektronische Bücher. Das ist wenig im Vergleich zu den gedruckten Bänden in den Regalen. Sie bezog 1.782 Onlinezeitschriften. Dazu gehörten allgemein zugängliche Zeitschriften, Parallelausgaben zu gedruckten Veröffentlichungen und nur wenige ausschließlich online angebotene Zeitschriften zum Sammelgebiet der Bibliothek. Den Informationswert der in den vergangenen Jahren vorhandenen Onlinezeitschriften darf man wohl als geringer einschätzen als den der weiterhin zahlreich bezogenen gedruckten Zeitschriften.

i. Die Bibliotheksbenutzer

Die Tätigkeit der Bibliotheksmitarbeiter war auf die Bibliotheksbenutzer ausgerichtet. Benutzer waren die Mitglieder und Gäste des Instituts, die Lesesaalgäste der Bibliothek und Wissenschaftler und Praktiker, etwa Ministerialbeamte, in Inland und Ausland. Die Mitarbeiter machten sich die Ansicht des Institutsdirektors Professor Mosler über die Bibliothek und ihre Benutzer zu eigen und glaubten, daß sie den Vorstellungen anderer hoher Stellen entspräche. Professor Mosler hatte 1971 geschrieben:

> „Die Generalverwaltung der Max-Planck-Gesellschaft und das Kuratorium des Instituts sind sich mit dem Unterzeichneten darin einig, daß es eine Stelle in Deutschland geben muß, an der dies Material [sc. Gesetzblätter, Monographien, Periodika und Dokumente]

so vollständig wie möglich vorhanden ist und derart bibliographisch und archivarisch bearbeitet wird, daß es der Benutzung durch Wissenschaft und Praxis jederzeit zugänglich ist. Daß das Institut dafür die geeignete Stätte ist, ergibt sich aus seiner Zweckbestimmung. Die Präsidenten des Bundesverfassungsgerichts und des Bundesgerichtshofs, deren Bibliotheken in engem Kontakt mit der unsrigen stehen, unterstützen diese Forderung ausdrücklichst."

Benutzungsmöglichkeiten für Auswärtige wurden von fremden Einrichtungen erwartet. Internationale Organisationen wie die Vereinten Nationen und die Europäische Union lieferten ihre Dokumente unter der Bedingung, daß sie jedermann und nicht nur wissenschaftlich Interessierten zugänglich wären. Die Deutsche Forschungsgemeinschaft fügte der Sektion 2 (Rechtswissenschaft) ihres Verteilungsplans für Sondersammelgebiete eine Fußnote mit folgendem Wortlaut hinzu:

„Für speziellere Literatur zum ausländischen und internationalen Recht stehen im übrigen die Präsenzbibliotheken der juristischen Max-Planck-Institute nach Maßgabe ihrer Benutzungsbedingungen zur Verfügung."

Die Bibliothek kam dieser Vorschrift dadurch nach, daß sie im Leihverkehr der deutschen Bibliotheken Kopien von Aufsätzen versandte. Wissenschaftler, die sich direkt an die Bibliothek wandten, wurden ebenfalls mit Kopien bedient.

Die Einführung der elektronischen Datenverarbeitung veränderte auch die Benutzung der Bibliothek. Im Jahre 2002 wurde mit der elektronischen Ausleihe der Bücher begonnen. In der Zeitschriftenabteilung wurde für den Umlauf die Ausgabe gedruckter Materialien weitgehend durch die Versendung elektronischer Texte ersetzt. Der elektronische Katalog konnte von auswärts befragt werden, was viele Benutzer taten, deren Wünsche die Bibliothek nicht kannte. Andererseits konnten die Institutsmitarbeiter auswärtige Datenbanken benutzen. Sie waren nicht mehr auf die Angaben der Bibliothekskataloge und des Bibliotheksbestandes beschränkt. Vorteile der Bibliothek – der Besitz systematisierten Bestandes, – waren für Institutsmitarbeiter belanglos, wenn sie den Text eines ihnen bekannten Titels einer fremden Datenbank entnahmen, auch wenn er dort später gelöscht wurde. Man konnte in Gesprächen mit Gästen, die einen Weg nach Heidelberg auf sich genommen hatten, um in der Institutsbibliothek zu forschen, erfahren, daß sie einen Teil der neuen Zeitschriftenaufsätze oder Gesetzestexte auch anderen Datenbanken entnehmen konnten. Neue gedruckte Bücher und Aufsatzsammlungen, etwa zum Völkerrecht und europäischen Recht, wären in großer Zahl für sie nur in unserer Bibliothek zu finden. Deshalb lohne sich ihr hiesiger Aufenthalt.

Die Zahlen der Eintragungen im Benutzerbuch des Lesesaals betrug 1970 4.700 Eintragungen, im Jahr 2000 7.800 Eintragungen und im Jahre 2013 4.300 Eintragungen. Die meisten Eintragungen erfolgten im Jahre 2001 mit 8.700 Unterschriften. Die Zahl der versandten Kopien und später der gescannten Seiten betrug im Jahr 1975 5.200 Kopien, im Jahre 1980 16.800 Kopien, im Jahre 2000 22.200 Kopien und im Jahre 2009 19.900 Kopien. Die meisten Kopien wurden im Jahre 1993 mit 33.000 Seiten versandt. Eine Zusammenstellung der Erwähnungen der Bibliothek in Vorworten wissenschaftlicher Arbeiten aus dem Jahre 2003 zeigt, daß Benutzer Leistungen der Bibliotheksmitarbeiter in ihren Publikationen hervorgehoben haben.[153]

j. Vergleich mit der Entwicklung anderer Bibliotheken

Um die Geschichte der Institutsbibliothek zu beurteilen, soll man auch die Entwicklungen anderer Bibliotheken betrachten. Allerdings werden die großen Sammlungen völkerrechtlicher und öffentlich-rechtlicher Literatur auf der Erde von verschiedenen Trägern unterhalten, dienen verschiedenen Zwecken und sind zu verschiedenen Zeiten gegründet. Es wird hier hauptsächlich auf einige verwandte Bibliotheken hingewiesen.

Der Bestand der gut geführten und ausgestatteten Bibliothek des Bundesverfassungsgerichts überschneidet sich teilweise mit dem unserer Heidelberger Sammlung. Er ist kleiner als der unsere (2014: 386.000 Bände), aber seit 1965 etwa im gleichen Rhythmus gewachsen. Die Bibliothek des Internationalen Gerichtshofs in Den Haag sammelt hauptsächlich völkerrechtliche Literatur. Große völkerrechtliche Bestände in den Vereinigten Staaten von Amerika stehen in Universitätsbibliotheken und sind vielleicht teilweise in den Abteilungen Politik oder Geschichte eingeordnet.

---

[153] Die Bibliothek des Max-Planck-Instituts für ausländisches öffentliches Recht und Völkerrecht, Erwähnungen in Vorworten wissenschaftlicher Arbeiten von 1978 bis 2002, reproduziert und zusammengestellt von Joachim Schwietzke, Zweite, um einen Nachtrag erweiterte Auflage, Heidelberg, 2003, 377 Blätter.

Ein in organisatorischer Hinsicht präziser Vergleich ist allerdings mit der Bibliothek des Max-Planck-Instituts für ausländisches und internationales Privatrecht möglich. Sie bewarb sich in der Max-Planck-Gesellschaft zu den gleichen Bedingungen um Finanzmittel wie unsere Bibliothek. Im Jahre 2002 betrugen ihre Ausgaben 972.000 Euro, die der Heidelberger Bibliothek 892.000 Euro. Im Jahre 2013 waren die Ausgaben der Privatrechtsbibliothek auf 1.394.000 Euro gestiegen, die der Heidelberger Bibliothek auf 710.000 Euro gefallen. Der in Heidelberg verwendete Betrag war etwa auf die Hälfte des Hamburger Haushalts gesunken. Da das durchschnittliche jährliche Wachstum des Haushalts der Bibliothek für Privatrecht in den 11 Jahren von 2002 bis 2013 unter 3% lag, hätte auch das Institut für Völkerrecht eine derartig geringe Etaterhöhung für seine Bibliothek mit Aussicht auf Erfolg in München beantragen und an seine Bibliothek weitergeben können. Der Vergleich der Haushaltszahlen der beiden Bibliotheken zeigt eine bedauerliche Entwicklung der Bibliothek des Max-Planck-Instituts für ausländisches öffentliches Recht und Völkerrecht im letzten Jahrzehnt unserer Berichtszeit.

3. Bewertung der Bibliotheksentwicklung

Zur Bewertung der Entwicklung der Bibliothek ist ihr Jahreshaushalt ein sicherer Maßstab. Lange Zeit stiegen die jährlichen Finanzmittel. Die Büchersammlung der Bibliothek hielt mit der wachsenden Buchproduktion Schritt und wurde zu den besten für Völkerrecht und öffentliche Rechte gezählt. Der Rückgang der für Erwerbungen ausgegebenen Beträge ab 2002 bewirkte eine bedeutende Schwächung der Bibliothek. Der Abbruch der Vertragskartei, die Reduzierung der Aufsatzkatalogisierung und die Schließung des Europäischen Dokumentationszentrums zeigen einen komplementären Rückbau von Bibliotheksabteilungen. Als Teil eines Max-Planck-Instituts verfügte die Bibliothek vielleicht als einzige deutsche Einrichtung über die institutionellen und finanziellen Voraussetzungen, um eine umfassende Sammlung zum Völkerrecht und zu öffentlichen Rechten für Wissenschaft und Praxis zu führen. Dieses Ziel sollte sie auch in Zukunft anstreben.

Dritter Teil: Die Sicht von ehemaligen und jetzigen Direktoren (in zeitlicher Reihenfolge)

Rudolf Bernhardt und Karin Oellers-Frahm sind für dieses Buch und die darin enthaltenen Darstellungen verantwortlich. Es erschien aber angemessen, frühere und die jetzigen Direktoren des Instituts mit persönlichen Ausführungen zu Wort kommen zu lassen. Die Auswahl war hinsichtlich früherer Direktoren schwierig. Insofern wurden von den nicht mehr lebenden ehemaligen Direktoren nur zwei Stellungnahmen aufgenommen, die wegweisend für die weitere Arbeit des Instituts waren, nämlich die Abhandlungen von Viktor Bruns im ersten Band der Institutszeitschrift und Hermann Mosler 50 Jahre später in Band 36 der Zeitschrift über das „Völkerrecht als Rechtsordnung". Die noch lebenden früheren und die jetzigen Direktoren haben ihre persönlichen Ansichten zur wissenschaftlichen Arbeit im Institut und/oder seiner Direktoren und Mitarbeiter nach eigenem Ermessen verfasst; ihre Beiträge folgen also keinem einheitlichen oder vorgegebenen Schema.

© Max-Planck-Gesellschaft zur Förderung der Wissenschaften e.V., to be exercised by Max-Planck-Institut für ausländisches öffentliches Recht und Völkerrecht, Published by Springer-Verlag GmbH Deutschland 2018
R. Bernhardt, K.Oellers-Frahm, *Das Max-Planck-Institut für ausländisches öffentliches Recht und Völkerrecht,* Beiträge zum ausländischen öffentlichen Recht und Völkerrecht, https://doi.org/10.1007/978-3-662-55375-6_3

I. Rudolf Bernhardt, Direktor von 1970 bis 1993

Anlässlich des 90. Geburtstages von Rudolf Bernhardt fand am 15. Mai 2015 im Max-Planck-Haus in Heidelberg ein Kolloquium statt, auf dem der Jubilar eine Rede über „Sechs Jahrzehnte Beschäftigung mit dem Völkerrecht" hielt. Der Text dieser Rede wird hier mit leichten Veränderungen, aber in der Substanz unverändert abgedruckt.

Rudolf Bernhardt

Sechs Jahrzehnte Beschäftigung mit dem Völkerrecht

Rückblicke, Ausblicke

„Sechs Jahrzehnte Beschäftigung mit dem Völkerrecht" lautet der Titel dieses Vortrags. Dazu sind kurze Erläuterungen angebracht. Die sechs Jahrzehnte, die ich meine, beginnen im Herbst 1954, als ich als Assistent von Prof. Hermann Mosler mit ihm von Frankfurt nach Heidelberg kam, und sie enden in der Gegenwart. Ich habe überlegt, ob ich nicht schon früher als im Herbst 1954 völkerrechtlichen Fragen begegnet bin, und da bin ich etwas, aber nur etwas fündig geworden. Am 1. Mai 1945,

2 Tage nach meinem 20. Geburtstag, geriet ich in Potsdam bei Berlin in russische Kriegsgefangenschaft. Damals und in den folgenden zwei Jahren, die ich zunächst in Polen, überwiegend aber in Russland verbracht habe, hatte ich noch keine Ahnung vom humanitären Völkerrecht und den völkerrechtlichen Geboten zum Schutz von Kriegsgefangenen. Und wenn ich eine Ahnung gehabt hätte, hätte sie mir nicht geholfen. Übrigens wurden wir in der Gefangenschaft nicht gut, aber auch nicht so übel und grausam behandelt, wie russische Kriegsgefangene, die während des Zweiten Weltkrieges in deutsche Gefangenschaft gerieten.

Einige Jahre später, von 1948 bis 1952, studierte ich Jura in Frankfurt am Main. Dort hörte ich auch völkerrechtliche Vorlesungen, aber sie hatten damals für mich etwa den gleichen Stellenwert wie Vorlesungen über das Konkursrecht, wobei es wahrscheinlicher war, im Examen Fragen zum Konkursrecht beantworten zu müssen.

Eine erfreuliche Besonderheit gab es damals in Frankfurt: Prof. Wolfgang Preiser hielt auch Vorlesungen zur Geschichte des Völkerrechts. Ich habe sie zwar besucht, aber ihren Stellenwert wiederum kaum erkannt. Damals habe ich immerhin zum ersten (und wohl auch letzten) Mal gehört, dass ein Friedensvertrag zwischen Ägypten und den Hethitern aus dem Jahre 1259 v. Chr. zu den frühesten völkerrechtlichen Dokumenten gehört, ein auf Tontafeln überlieferter Vertrag, also vom Material her etwas dauerhafter als heutige Email-Absprachen.

Eine weitere Begegnung mit dem Völkerrecht gab es bei meiner Dissertation, die ich im Sommer 1954, also vor der Übersiedlung nach Heidelberg, abschloss und abgab. Aber das Staatsrecht und die Rechtsvergleichung standen bei der Dissertation im Vordergrund. Der Titel lautete zwar: „Der Abschluss völkerrechtlicher Verträge im Bundesstaat". Aber der Untertitel fügt treffend hinzu: „Untersuchungen zum deutschen und ausländischem Bundesstaatsrecht."

So begann die ernsthaftere Begegnung mit dem Völkerrecht erst im Herbst 1954 in Heidelberg.

Die sechs Jahrzehnte enden in der Gegenwart. Ich bin zwar schon über 20 Jahre emeritiert, aber manche Aufgaben wurden auch später noch wahrgenommen, etwa die Straßburger Richtertätigkeit bis 31. Oktober 1998, oder die Arbeit an der Enzyklopädie des Völkerrechts bis Anfang des neuen Jahrhunderts. Im Jahr 2001 habe ich im Auftrag des Europarats Belgrad und Podgorica in Montenegro besucht, um über die Menschenrechtssituation in diesen Gebieten zu berichten. 2004 wurde ich zu einem Kolloquium in Jerusalem eingeladen, im Jahr darauf habe ich zum letzten Mal an einer Tagung der American Society of International Law, deren Ehrenmitglied ich bin, in Washington teilgenommen.

Eine weitere Vorbemerkung ist angebracht. Mit manchen äußerst wichtigen Gebieten habe ich mich nicht nennenswert befasst, es handelt sich vor allem um Gebiete, die erst in neuerer Zeit eine herausragende Bedeutung erlangt haben und deren völkerrechtliche Bewältigung zum Teil noch aussteht. Zwei Gebiete möchte ich hervorheben: den internationalen Umweltschutz und die Probleme, die mit dem sogenannten Cyberspace zu tun haben. Der Umweltschutz hat mittlerweile große Aufmerksamkeit auch bei den Völkerrechtlern gefunden, und ich freue mich, dass mit Ulrich Beyerlin und Thilo Marauhn zwei Kollegen, denen ich mich seit langem verbunden fühle, hier wichtige Arbeiten vorgelegt haben. Bei dem sog. Cyberspace, der Nutzung und dem potentiellen Missbrauch moderner Technologie, ist meine Unkenntnis noch größer und sind die Probleme noch weitgehend ungelöst. Es handelt sich, wenn ich es richtig sehe, um ein Gebiet, das sich in einer raschen technischen Entwicklung befindet. Um hier mitreden zu können, müsste ich mich in Gebiete einarbeiten, die mir bisher noch fremd sind, für diese Einarbeitung ist es wohl zu spät.
Auch das Lesen völkerrechtlicher Texte ist im Alter natürlich weitergegangen. Eine Veränderung ist jedoch anzumerken: der Mut zur Lücke, den jeder Völkerrechtler, eigentlich jeder Mensch braucht, ist größer geworden. Problematisch wird es dann, wenn die Lücken zusammenwachsen und schließlich vereint ein schwarzes Loch bilden. Wann man den Weg dahin antritt, ist einem meist selbst verborgen.

Was heißt „Beschäftigung mit dem Völkerrecht“? Ich habe absichtlich einen Begriff gewählt, der unscharf ist. Ich meine die vielfältigen und unterschiedlichen Begegnungen mit völkerrechtlichen Fragen und Problemen. Dazu gehört der frühere oft tägliche Kontakt mit Kollegen, Mitarbeitern und Gästen im Institut, aber auch im Ausland. Dazu gehören internationale Kolloquien und Tagungen, auch eigene Vorträge in allen Kontinenten. Dazu gehörten die Arbeit an der von mir verantworteten Enzyklopädie und zuvor die Mitarbeit am Wörterbuch des Völkerrechts von Strupp/Schlochauer. Die eigenen gedruckten Arbeiten zum Völkerrecht gehören dazu. Die Habilitationsschrift über die Auslegung völkerrechtlicher Verträge hat bei den wohl wenigen Kollegen, die sie ganz gelesen haben, Zustimmung gefunden, das weiß ich von Paul Guggenheim in Genf und natürlich von Hermann Mosler in Heidelberg.

Zwei Begegnungen mit der völkerrechtlichen Praxis möchte ich hervorheben, sie haben mir sehr viel bedeutet. 25 Jahre gehörte ich dem Völkerrechtswissenschaftlichen Beirat des Auswärtigen Amtes an, fast 18 Jahre lang war ich Richter des Europäischen Gerichtshofs für Menschenrechte, als diese Richtertätigkeit noch nebenamtlich wahrgenommen werden konnte und ich so in der Regel die letzte Woche des Monats in Straßburg verbrachte. Auf einige Dinge werde ich zurückkommen, wobei der Mut zur Lücke diesen ganzen Vortrag durchzieht.

Zwei grundsätzliche Feststellungen oder Thesen möchte ich machen, im Anschluss an die Vorbemerkungen. Diese Thesen sind meines Erachtens zu Recht nur selten in der Arbeit des Heidelberger Instituts diskutiert worden.

Die erste These lautet, dass das Völkerrecht „Recht" ist. Das ist in den letzten 200 Jahren von den wenigen Völkerrechts-Leugnern und den nicht wenigen völkerrechtlichen Laien, die sich hierzu geäußert haben, verneint worden, die Argumente sind gleich geblieben und nicht überzeugend. Ich gehe darauf nicht weiter ein.

Die zweite These lautet, dass die Völkerrechtswissenschaft keine nationale, sondern eine internationale Wissenschaft ist. Dazu erscheinen mir einige Anmerkungen angebracht. Es gibt immer wieder Beispiele dafür, dass Völkerrechtler, d.h. hier Vertreter der Völkerrechtswissenschaft, die politischen Ziele und Aktivitäten ihrer Regierung verteidigen und völkerrechtlich zu legitimieren versuchen. Das war in Deutschland während der NS-Diktatur so, es war in der Sowjet-Union so. Als vor wenigen Monaten in Heidelberg ein Kolloquium über die Annexion der Krim durch Russland stattfand, fand ich es erschreckend, dass die russischen Kollegen, ohne im Geringsten auf die Argumente westlicher Kollegen einzugehen, das Vorgehen der russischen Regierung völkerrechtlich zu rechtfertigen versuchten. Nicht weniger hat es mich erschreckt, als einige Jahre oder Jahrzehnte früher auf einer Tagung der American Society of International Law die Rechtsberaterin der amerikanischen Regierung im Hinblick auf eine Entscheidung des Internationalen Gerichtshofs im Nicaragua-Fall die Richter des Internationalen Gerichtshofs pauschal zu Kommunisten erklärte. Aber – und das ist meines Erachtens ein Indiz für die Freiheit von Wissenschaft und Gesellschaft –, in Amerika wurde den Thesen der Regierung von amerikanischen Wissenschaftlern vehement widersprochen, so von dem leider inzwischen verstorbenen Kollegen Thomas Franck.

Wenn Wissenschaftler als Prozessvertreter auftreten, ist das durchaus legitim, folgt aber besonderen Regeln, auf die hier nicht einzugehen ist.

In der Bundesrepublik gab es eine lange und heftige Diskussion über die Rechtslage Deutschlands. Bei meinem Vortrag vor der Staatsrechtslehrer-Vereinigung im Jahr 1979, der in erster Linie dem deutschen Staatsrecht gewidmet war, habe ich auch versucht, völkerrechtskonforme Ergebnisse aufzuzeigen. In persönlichen Gesprächen stimmten mir Kollegen zu, die zu den eher konservativen Kollegen zu rechnen waren, so Karl Carstens, der damalige Bundespräsident, der als Staatsrechtslehrer an der Tagung teilnahm. Ein weiterer Zuspruch von Ernst Friesenhahn hat mich dabei besonders gefreut, ein ebenfalls im persönlichen Gespräch geäußerter Widerspruch von Günter Dürig, einem von mir hochgeschätzten Kollegen, hat mich eher betrübt. Das sind notwendige Divergenzen in der wissenschaftlichen Diskussion.

Aber – und das ist mir hier wesentlich – weder im Max-Planck-Institut noch in der persönlichen Arbeit ging es jemals darum, einen nationalen Standpunkt wissenschaftlich zu vertreten, sondern der objektive Befund, überwiegend gewonnen aus internationalen und ausländischen Quellen, war entscheidend. Auch darüber lässt sich natürlich diskutieren. Aber in der wissenschaftlichen Arbeit zum Völkerrecht haben immer nichtdeutsche Quellen und Publikationen eine wesentliche Rolle gespielt. Deshalb halte ich auch die These für falsch, dass in der Völkerrechtswissenschaft eine deutsche Dominanz festzustellen sei, dafür gibt es keine ausreichenden Belege.

Im Max-Planck-Institut war und ist es selbstverständlich, dass Kontakte mit ausländischen Kollegen nicht von der wissenschaftlichen Übereinstimmung abhängig sind. Schon in den 70er Jahren des vorigen Jahrhunderts begannen regelmäßige Treffen mit polnischen Kollegen, bei denen es sowohl überzeugte Kommunisten gab als auch Kritiker des damaligen Systems in Mittel- und Osteuropa; der Kollege Skubiszewski, später polnischer Außenminister, gehörte dazu. Bilaterale Gespräche mit sowjetischen Kollegen gab es seit 1982, auf russischer Seite war Prof. Grigory Tunkin der führende Gesprächspartner. Ein anderes, sehr heikles Thema, war der Kontakt mit südafrikanischen Wissenschaftlern während des Apartheid-Regimes. Wir haben es stets und mit guten Gründen abgelehnt, ein nicht akzeptables politisches System im Ausland bei unseren wissenschaftlichen Kontakten als Maßstab zu akzeptieren. Natürlich kam es oft nicht zu einer Übereinstimmung der Ansichten, aber der Austausch der Argumente war wichtig.

Bei der Auswahl der Autoren für die Enzyklopädie des Völkerrechts haben wir andererseits berücksichtigen müssen, dass wissenschaftlich objektive und neutrale Darstellungen erforderlich waren; da das bei Autoren aus kommunistischen Staaten damals nicht gesichert war und sie notwendige redaktionelle Änderungen ihrer Texte kaum akzeptieren konnten, haben wir nur wenige Autoren aus den Gebieten jenseits des

Eisernen Vorhangs berücksichtigt. Das alles ist jetzt weitgehend vergangen.

So viel vorerst zu meiner These, dass die Völkerrechtswissenschaft eine internationale Wissenschaft ist.

Zu meiner Beschäftigung mit dem Völkerrecht gehören auch handwerkliche Anstrengungen, darunter verstehe ich eine sachgerechte Durchsicht und Aufarbeitung völkerrechtlich relevanter Texte. Damit habe ich bei meinem Eintritt in das Max-Planck-Institut begonnen. Sein Direktor, Prof. Hermann Mosler, gab mir, damals war ich noch Referendar, den Auftrag, die Reihe der im Kaiser Wilhelm-Institut begonnenen Fontes Iuris Gentium, die dem sog. Weltgerichtshof gewidmet war, fortzusetzen.

Das geschah auf folgende Weise: Die Entscheidungen des sog. Weltgerichtshofs wurden mit dem Ziel, die völkerrechtlich relevanten Aussagen festzustellen, aufmerksam gelesen, und alle relevanten Exzerpte wurden systematisch teils in eine vorgegebene, teils in eine neu zu entwickelnde Systematik eingeordnet. Es folgten Diskussionen und Entscheidungen im Kreis von wenigen Mitarbeitern. Danach wurden die Bände der „Fontes" gedruckt.

Ich hatte die Federführung bei den Bänden 4 bis 7 der dem Internationalen Gerichtshof gewidmeten Reihe, die von 1961 bis 1990 erschienen sind. Die Diskussionen im kleinen Kreis gingen der Publikation wie gesagt voraus. Ich freue mich, dass einige der an diesen Diskussionen Beteiligten heute anwesend sind, Michael Bothe und Karin Oellers-Frahm, Juliane Kokott und Werner Meng.

Die Arbeit an den Fontes Iuris Gentium war meines Erachtens aus den folgenden Gründen so lehrreich. Man prüfte alle Urteile des Ständigen Internationalen Gerichtshofs und des Internationalen Gerichtshofs auf das Gründlichste, und man entschied gemeinsam über die Aufnahme der Exzerpte in eine systematische Ordnung des Völkerrechts. Diese Erfahrungen sind mir später bei ganz anderen Projekten nützlich erschienen. Bei der Abfassung der Urteile des Europäischen Gerichtshofs für Menschenrechte, an denen ich als Richter beteiligt war, habe ich auf eine möglichst weitgehende Präzision der Urteilsgründe besonderen Wert gelegt. Aber auch bei der Enzyklopädie des Völkerrechts kam mir die frühere Arbeit an den Fontes zu Hilfe. Wir haben zur Gewinnung einheitlicher Standards am Anfang der Arbeit jedes Manuskript zu einem Artikel in einem kleineren Kreis diskutiert und soweit notwendig Änderungen vorgenommen (die selbstverständlich noch vom Autor zu billigen waren). Das alles geschah nur am Anfang der Arbeit an den ersten „instalments" der Enzyklopädie, doch meines Erachtens war das wesentlich für die ganze weitere Arbeit.

Ich habe dies etwas ausführlicher dargestellt, um zu zeigen und zu betonen, dass auch im Völkerrecht Kärrnerarbeit hilfreich und zuweilen notwendig ist. Ich komme nun zu einigen Gebieten, die ich etwas näher behandeln will.

Doch zunächst ist noch eine allgemeine Bemerkung angebracht. Im Völkerrecht – wie in anderen Rechtsgebieten – sollte meines Erachtens der Wissenschaftler, vor allem wenn er für Mitarbeiter Verantwortung trägt, sowohl über einen Überblick hinsichtlich des gesamten Rechtsgebietes als auch über die Fähigkeit gebieten, sich in unterschiedliche, auch wechselnde Probleme einzuarbeiten. Den Überblick hat mir nicht zuletzt die Arbeit an der Enzyklopädie vermittelt, Detailarbeit war u.a. im Bereich der Menschenrechte zu leisten.

Den Quellen des Völkerrechts hat das Max-Planck-Institut, habe ich aber auch selbst einige Bemühungen und Publikationen gewidmet. Das Kolloquium zum 50jährigen Bestehen des Instituts hat an den Aufsatz des Institutsgründers, Viktor Bruns, über das Völkerrecht als Rechtsordnung angeknüpft, Hermann Mosler hat 1975 erneut über dieses Thema gesprochen, ich habe mich über „ungeschriebenes Völkerrecht" ausgelassen. In der Enzyklopädie, auch in meiner Haager Vorlesung über „Custom and Treaty in the Law of the Sea" habe ich mich mit den Quellen des Völkerrechts beschäftigt.

Dabei sind wir davon ausgegangen, dass nach wie vor Artikel 38 des Statuts des Internationalen Gerichtshofs die überzeugendste Aussage über die Quellen des Völkerrechts enthält. Verträge, Gewohnheitsrecht und allgemeine Rechtsgrundsätze sind die primären Quellen des Völkerrechts. Richterliche Entscheidungen, insbesondere des Internationalen Gerichtshofs, haben wohl in der Realität eine größere Bedeutung als Art. 38 ihnen ausdrücklich zuzuerkennen scheint, aber auch darüber lässt sich natürlich streiten.

Wer sich den Quellen des Völkerrechts zuwendet, muss notwendigerweise über Abgrenzungen und nichtbindende Resolutionen internationaler Organisationen reflektieren. Die traditionelle Auffassung, die im Institut zu meiner Zeit vorherrschte, hat die Grenzziehung zwischen rechtlich nicht bindenden Aussagen und verbindlichen Normen für notwendig gehalten. Natürlich können Verträge internationale Organe, aber auch Staaten ermächtigen, verbindliche Entscheidungen zu treffen, wie es insbesondere bei dem Sicherheitsrat der Vereinten Nationen der Fall ist, aber ohne eine solche Ermächtigung ist keine Verbindlichkeit zu erreichen. Damit ist auch die Grenzziehung zwischen Norm und nichtverbindlichen politischen Emanationen unausweichlich. Auch insoweit findet sich der Richter in einer anderen Position als der reine Theoretiker des Völkerrechts. Das scheint mir der Grund dafür zu sein, dass neuere wissenschaftliche Äußerungen zuweilen den Eindruck erwecken, die Völkerrechtsquellen seien drastisch zu erweitern. Wer an dem Völkerrecht als Rechtsordnung festhält, kann das nicht mitmachen. Das Recht der Europäischen Union folgt insoweit eigenen „Gesetzen", aber sie tut es aufgrund der Vorschriften in den Gründungsverträgen und ihren späteren Ergänzungen und Modifikationen.

Schwierigkeiten bei der Abgrenzung zeigen sich nicht zuletzt bei dem modernen Begriff des völkerrechtlichen „soft law". Das will ich kurz erläutern. Bei der Arbeit an „meiner" Enzyklopädie habe ich es zunächst, in Übereinstimmung mit dem damaligen Advisory Board, abgelehnt, den Begriff soft law aufzunehmen und zu erläutern, da meines Erachtens soft law kein law, sondern nur soft war. Der Begriff fand sich daher nicht in den Lieferungen der Enzyklopädie. Wir haben ihn dann aber doch in die sogenannte Library Edition der Enzyklopädie aufgenommen, nicht weil ich meine ursprüngliche Skepsis korrigiert hatte, sondern weil auch ein umstrittener Begriff der Kommentierung bedarf, wenn er intensiver diskutiert wird. Natürlich war ich auch froh, dass von dem Schweizer Kollegen Daniel Thürer eine ausgewogene Darstellung zu erwarten war und geliefert wurde.

Ein anderes Problem der völkerrechtlichen Diskussion ist hier anzumerken: zuweilen werden das Gewaltverbot und die ausnahmsweise zulässigen Interventionen in den Vordergrund gestellt, zuweilen gewinnt man so den Eindruck, dass das Völkerrecht sich nur hierauf bezieht. Der amerikanische Kollege Louis Henkin hat zurecht daran erinnert, dass in vielen anderen Bereichen völkerrechtliche Gebote existieren und sie in den meisten Fällen auch beachtet werden. Es ist eine Verkürzung der Diskussion, wenn die Vielzahl und die Vielfalt der völkerrechtlichen Prinzipien und Normen vernachlässigt wird und die Diskussion der UN-Satzung, insbesondere des Kapitels VII, vielleicht auch noch im gleichen Zusammenhang die Artikel 25 und 103, vieles andere verdrängt.

Eine weitere Grundfrage des Völkerrechts möchte ich wie folgt umschreiben: Wie steht es mit der Souveränität der Staaten? Gilt noch die Doktrin der *Lotus*-Entscheidung des Ständigen Internationalen Gerichtshofs, dass die Staaten prinzipiell ungebunden sind, soweit ihnen keine nachweisbaren und in der Regel von ihnen selbst eingegangenen Verpflichtungen auferlegt sind? Diese Doktrin ist meines Erachtens überholt, die Globalisierung, die weltweite Interdependenz gebieten eine veränderte Haltung, sie haben nicht nur einzelne Bereiche, sondern Grundprinzipien des Völkerrechts verändert. Kooperation und Rücksichtnahme auf andere Staaten und ihre Bevölkerung sind Gebot des Völkerrechts, wobei diese These sich nur auf die Realitäten der heutigen Welt stützen lässt und keineswegs unumstritten ist. Das was Alfred Verdross 1926 „Verfassung der Völkerrechtsgemeinschaft" genannt hat, hat sich grundlegend geändert, und diese Änderungen bedürfen weiterhin der wissenschaftlichen Aufarbeitung. Nachhaltigkeit, Generationengerechtigkeit, Solidarität sind auch im Völkerrecht relevante Begriffe. Sie waren es zu Beginn der sechs Jahrzehnte meiner wissenschaftlichen Bemühungen wohl noch nicht, sind es aber inzwischen geworden.

Ich möchte noch kurz ein Thema anschneiden, das mich in der Vergangenheit vielfach beschäftigt hat und an der Nahtstelle zwischen Völkerrecht und staatlichem Verfassungsrecht angesiedelt ist: Das Verhältnis von Völkerrecht zum staatlichen Recht. 1899 hat Heinrich Triepel von zwei sich niemals überschneidenden Kreisen gesprochen. Anzilotti hat sich ähnlich geäußert. Walter Rudolf und Karl Josef Partsch haben nach dem Zweiten Weltkrieg Stellung genommen. Ich habe den Eindruck, dass der Dualismus weitgehend der Vergangenheit angehört, nicht nur das Recht der Europäischen Union, sondern der Internationale Menschenrechtsschutz wirken direkt auf das staatliche Recht ein, für andere Normen des Völkerrechts gilt gleiches, wie Anne Peters eindrucksvoll nachgewiesen hat. Doch auch insoweit gibt es manchen Dissens, kürzlich habe ich mit Befremden zur Kenntnis genommen, dass etliche US-amerikanische Gliedstaaten ihren Gerichten verbieten wollen, Völkerrecht als Rechtsquelle anzurufen. Das ist meines Erachtens ein Beispiel für das Auseinandertriften von europäischen und amerikanischen Rechtsüberzeugungen. Als ich in den 90er Jahren des vorigen Jahrhunderts in Moskau war, wurde mir gesagt, dass der russische Richter von Russland ratifizierte Verträge anzuwenden habe – aber in der Regel von ihrer Existenz gar nichts wisse.

Was hat sich im Völkerrecht im Verlauf der letzten sechs Jahrzehnte geändert? Dieser Frage möchte ich jetzt noch einige Betrachtungen widmen. Einfache, undifferenzierte Aussagen sind von mir erneut nicht zu erwarten. Das möchte ich in einigen Beispielen erläutern.

Der Europäische Gerichtshof für Menschenrechte hat mehrfach erklärt, dass die Europäische Menschenrechtskonvention als lebendes Instrument zu betrachten sei. Die Europäische Menschenrechtskonvention sei deshalb dynamisch oder evolutiv unter Berücksichtigung der gesellschaftlichen Entwicklungen und Anschauungen zu interpretieren. Diese Ansicht hat sich schon vor meiner Wahl zum Richter durchgesetzt, ich halte sie für eindeutig richtig. Sie ist richtig im Falle der Europäischen Menschenrechtskonvention und wohl auch bei anderen Menschenrechtsgarantien, aber es handelt sich meines Erachtens nicht um eine Maxime für die generelle Auslegung völkerrechtlicher Verträge. Die Wiener Vertragsrechts-Konvention bestimmt bei den Auslegungsregeln, dass „object and purpose" des jeweiligen Vertrages zu beachten seien. Damit können Gegenstand und Zweck eines Vertrages zu unterschiedlichen Ergebnissen führen. Menschenrechts-Verträge wollen, wie der Europäische Gerichtshof für Menschenrechte mehrfach erklärt hat, einen effektiven Schutz des Einzelnen erreichen, und deshalb muss die gesellschaftliche Entwicklung bei ihrer Auslegung beachtet werden. In anderen Bereichen sind andere Ergebnisse möglich.

Eine andere Fortentwicklung des Völkerrechts ist offensichtlich bei den Vereinen Nationen zu konstatieren. Der Text der Charta der Vereinten Nationen ist kaum und nicht bei den hier interessierenden Vorschriften geändert worden. Aber die Realität hat sich seit 1989 oder 1990 drastisch verändert. Der Sicherheitsrat hat in vielen, keineswegs allen Fällen in der Realität die Rolle übernommen, die in der Satzung vorausgesetzt wurde und die über Jahrzehnte durch die Ausübung des Veto-Rechts der Großmächte nicht wirksam war. Das kann sich wieder ändern, ohne jede Änderung des Charta-Textes. Die weltpolitische Situation hat sich in den letzten zweieinhalb Jahrzehnten drastisch geändert, und das hat auch das Völkerrecht nicht unberührt gelassen.
Damit bin ich bei der sog. Konstitutionalisierung des Völkerrechts. In meinem knappen Beitrag zur Festschrift Wolfrum habe ich mich dazu skeptisch geäußert, wohl ohne jeden Erfolg. Bei der Konstitutionalisierung-Debatte ist zweifellos richtig, dass die weltweiten Interdependenzen, dass die Globalisierung zuvor ungekannte Dimensionen angenommen hat. Die Realitäten bewirkten zuvor unbekannte globale Resultate, sie fordern neue völkerrechtliche Vereinbarungen auf nahezu allen Gebieten. Der Optimist sieht die positiven Seiten dieser Entwicklung, der Realist ist skeptischer und der Pessimist fürchtet den Untergang nicht nur des Abendlandes. Für jede dieser Positionen gibt es Anhaltspunkte.

Gewehrt habe ich mich dagegen, dass der Begriff Konstitutionalisierung eine nicht vorhandene Nähe zum staatlichen Verfassungsrecht suggeriert.

Zu einem anderen Begriff möchte ich noch kurz Stellung nehmen. Es ist der Begriff „pragmatisch", „Pragmatismus"; es wird zuweilen vorwurfsvoll bemängelt, dass das Heidelberger Institut pragmatisch an das Völkerrecht herangegangen sei, und dasselbe gilt selbstverständlich für seine früheren Direktoren. Soweit das als Kritik geäußert wird, halte ich diesen Vorwurf für abwegig.

Für die Arbeit des Max-Planck-Instituts habe ich mich 1981 geäußert bei der Einführung des Dreier-Direktoriums. Ich zitiere ausnahmsweise mich selbst. Am 27. Februar 1981 habe ich folgendes gesagt:

> „Methodenfragen sind in der Institutsarbeit durchaus diskutiert worden, etwa anläßlich des Institutsjubiläums vor fünf Jahren. Aber es ist richtig, daß eine mehr pragmatische Rechtsbetrachtung im Vordergrund steht und weder die Reine Rechtslehre noch das Naturrecht, noch eine andere Schule unsere Arbeit prägt oder auch nur regelmäßig diskutiert wird. Manche werden das als Mangel empfinden, aber dieser Mangel ist nur in engen Grenzen behebbar. Wer es ständig mit zwischenstaatlichem Recht und dem internen Recht vieler und sehr unterschiedlicher Staaten zu tun hat, kann eine Institution mit einer großen Zahl von Mitarbeitern nicht auf eine bestimmte Schule festlegen. Der Mangel an einer geschlossenen Methode liegt weitgehend in dem Gegenstand, mit dem wir es zu tun haben. Das heißt selbstverständlich nicht, daß der bei uns tätige Wissenschaftler individuell und daß das Institut insgesamt auf jede Methodendiskussion verzichten sollte, im Gegenteil, wir sollten uns dieser Diskussion durchaus verstärkt stellen, nur werden wir in unserer Arbeit auch weiter mehr pragmatisch als dogmatisch vorgehen müssen."

An dieser Ansicht halte ich fest. Für die Arbeit des Völkerrechtlers insgesamt ist Pragmatismus oft unentbehrlich. Völkerrechtliche Vereinbarungen gibt es inzwischen auf nahezu allen Gebieten. Die Menschenrechte, das Recht der internationalen Organisationen, die Streitbeilegung, das Luftrecht, das Meeresvölkerrecht, auch das Familienrecht und Vereinbarungen zum internationalen Privatrecht, das Umweltrecht und viele andere Bereiche des Lebens der Völker und der einzelnen Menschen sind völkerrechtlich geregelt oder jedenfalls beeinflusst. Wer sowohl einen allgemeinen Überblick erlangen und zugleich einzelne Bereiche näher untersuchen will, ist darauf angewiesen, die jeweils maßgeblichen Kriterien und Regelungen sorgfältig zu prüfen. Eine allgemeine, für alle Bereiche geltende Theorie steht nicht zur Verfügung. Ein pragmatisches Herangehen ist meines Erachtens unausweichlich. Pragmatismus ist kein Übel bei der Arbeit im Bereich des Völkerrechts, sondern notwendig und geboten. Auf pragmatisches Vorgehen verzichten kann meines Erachtens nur derjenige, der sich auf die Theorie beschränkt und sich an der Diskussion praktischer Probleme unserer Zeit nicht beteiligt. Weder der Internationale Gerichtshof noch die Menschenrechtsgerichtshöfe unserer Zeit noch andere internationale Spruchkörper können es sich leisten, auf pragmatische Erwägungen zu verzichten, und der Wissenschaftler sollte es ebenso wenig tun. Die Jurisprudenz hat es – von der Rechtsgeschichte abgesehen – mit dem Recht der Zeit zu tun, in der wir leben. Pragmatismus halte ich für eine Tugend und nicht für ein Übel, wobei selbstverständlich Grundwerte wie das Verbot des Völkermordes und der Tortur vorauszusetzen und anzuerkennen sind.

Zu den Realitäten, die der Völkerrechtler sehen muss, gehört schließlich auch die Anerkennung der Staaten als nach wie vor zentralen Subjekten und Gestalten des Völkerrechts. Das schließt keineswegs aus, auch dem einzelnen Menschen Völkerrechtssubjektivität zuzuerkennen, die frühere Völkerrechtsdoktrin hat das verneint und ist insoweit überholt. Das bedeutet andererseits keineswegs, dass die führende Rolle der Staaten zu verneinen ist. In den Vereinten Nationen haben nur die Staaten Sitz und Stimme, Art. 34 des Statuts des Internationalen Gerichtshofs besagt nach wir vor: „Nur Staaten sind berechtigt, als Parteien vor dem Gerichtshof aufzutreten". Eine pragmatische Betrachtung ergibt, dass in manchen Bereichen des Völkerrechts diese traditionelle Rechtslage durch moderne Entwicklungen überholt ist. Aber es sollte zugleich nicht übersehen werden, dass den Staaten auch neue Verpflichtungen auferlegt werden, so etwa die Pflicht, den Einzelnen vor Grundrechtsverletzungen anderer Akteure zu schützen.

Bei einem Versuch, Bilanz zu ziehen und zu fragen, was in den sechs Jahrzehnten meiner Beschäftigung mit dem Völkerrecht sich verändert hat oder gleich geblieben ist, fällt das Urteil zwiespältig aus. Das stimmt mit meiner Überzeugung überein, dass alle Versuche, monokausale Erklärungen für komplexe Dinge zu suchen und zu finden, vergeblich sind.

Eine wichtige, wenn nicht entscheidende Ausgangsfrage lautet: Wer schafft und prägt das Völkerrecht? Von einem bin ich überzeugt: Es sind nicht die Professoren; das was Professoren in Büchern und Aufsätzen zum Völkerrecht von sich geben, wird vor allem von Professoren und Doktoranden gelesen. Es sind nach wie vor die Staaten, die durch Abschluss von Verträgen, durch das Verhalten in der internationalen Praxis das Völkerrecht prägen. Weitere Akteure sind hinzugetreten, internationale Organisationen, non-governmental organisations, weltweit und regional agierende Verbände, die öffentliche Meinung sind andere Faktoren und wirken mit, sie produzieren gemeinsam mit den Staaten zwiespältige Resultate.

In den vergangenen 60 Jahren gab es manche Vorgänge, bei denen das Völkerrecht seine friedenserhaltene Aufgabe zu verfehlen schien. Als Beispiel nenne ich zwei mich selbst seinerzeit stark bewegende Dinge, das Berlin-Ultimatum Chruschtschows von 1958/59 und die Kuba-Krise von 1962. Als ich 1994 zweimal im Auftrag des Europarats in Moskau war, konnte ich den sicheren Eindruck gewinnen, dass eine gesamteuropäische Ordnung in Sicht war. Wie sieht es heute damit aus?

Eine weiter offene Frage: Ist nicht unsere Sicht auf das Völkerrecht nach wie vor wesentlich von unserem amerikanisch/europäischen Horizont geprägt? Wenn etwa die chinesische Regierung oder die russische Regierung bei dem gewaltsamen Vorgehen gegen innere Gegner sich darauf berufen, dass es sich um eine innere Angelegenheit handle, erinnert mich das an das Völkerrecht des 19. Jahrhunderts oder der ersten Hälfte des 20. Jahrhunderts, aber nicht des 21. Jahrhunderts. Art. 2 Abs. 7 der UN-Charta stützt dieses Argument nicht, es gibt kaum noch eine Angelegenheit, „die dem Wesen nach zur inneren Zuständigkeit eines Staates gehört ...“

Vor einigen Jahrzehnten hat die Diskussion begonnen (W. Jenks), ob nicht an die Stelle des Völkerrechts der Koexistenz ein Völkerrecht der Kooperation treten müsse. Ob das seinerzeit berechtigt war, lasse ich dahingestellt. Für die Gegenwart ist internationale Kooperation unausweichlich.

Einen eigenen Vortrag könnte man dem Thema widmen, wie weit technische Entwicklungen die Forschung im Völkerrecht beeinflussen. Auf Entwicklungen seit meiner Emeritierung will ich nicht eingehen, sondern nur an zwei Beispielen kurz zeigen, wie schon in meiner aktiven Zeit technischer Fortschritt die Art und Weise der Arbeit beeinflusst hat.

Das eine Beispiel ist der Nachweis völkerrechtlicher Aufsätze und Bücher in der bisher halbjährlich erscheinenden Publikation “Public International Law“. Anfang der 70er Jahre des vorigen Jahrhunderts wurde die Flut völkerrechtlicher Publikationen immer unübersehbarer. Als Abhilfe kam eine Publikation in Frage, die das Schrifttum einigermaßen vollständig nachwies und alsbald mit den aktuellsten Informationen erscheinen sollte. Erste Gespräche erwogen eine Gemeinschaftsarbeit von drei Völkerrechtsinstituten: dem Göttinger Universitätsinstitut unter der Leitung von Dietrich Rauschning, dem Salzburger Institut unter der Leitung von Herbert Miehsler und dem Heidelberger Max-Planck-Institut. Weitere Gespräche und Verhandlungen ergaben, dass die Koordination der Arbeit der drei Institute so schwierig erschien, dass im allgemeinen Einvernehmen der Beteiligten das Heidelberger

Institut allein die Aufgabe übernahm. Dieter Rauschning kann mich berichtigen, wenn meine Erinnerung nicht korrekt sein sollte.

Ich habe dann mit verschiedenen Verlagen verhandelt, heraus kam die seit 1975 erscheinende Publikation "Public International Law", die in Fachkreisen lange Zeit viel Lob und viele Subskribenten fand. Dass sie nun eingestellt werden soll, ist wohl von der technischen Entwicklung her geboten.

Das zweite Beispiel dafür, dass technische Entwicklungen unsere Arbeit beeinflussen, ist die Enzyklopädie des Völkerrechts. Das Handbuch des Völkerrechts von Strupp/Schlochauer war Anfang der 60er Jahre erschienen, Hermann Mosler gehörte dem Herausgeber- oder Beraterkreis an, Mitarbeiter des Heidelberger Instituts übernahmen etliche Artikel, gut 20 Artikel meist kleineren Umfangs habe ich verfasst. Anfang der 70er Jahre kamen verschiedene Seiten zu der Ansicht, dass eine Neuauflage des Wörterbuchs erwünscht sei.

Hermann Mosler nahm an den ersten Besprechungen mit dem Verlag teil, wurde aber dann von seiner Richtertätigkeit in Den Haag voll in Anspruch genommen, und ich war der alleinige Direktor des Max-Planck-Instituts. Ich führte allein die weiteren Gespräche mit dem holländischen Verlag, der die Enzyklopädie in alleiniger Verantwortung und ohne finanziellen Zuschuss publizieren wollte. Mit dem Verlag De Gruyter in Berlin, der das Wörterbuch von Strupp/Schlochauer herausgegeben hatte, wurden erfolgreiche Gespräche geführt, Mitarbeiter für die Arbeit in Heidelberg wurden gefunden, ihre Bezahlung wurde gesichert.

Ich will hier nur noch auf technische Aspekte des Unternehmens eingehen. Dass die Enzyklopädie zunächst in Instalments und später in der sogenannten Library Edition erschien, beruhte zunächst auf einem Vorschlag des holländischen Verlags. Der Vorschlag war im Advisory Board umstritten. Ich sah einen Vorteil darin, dass man thematisch zusammengehörende Artikel gleichzeitig bearbeiten und publizieren konnte. Das geschah dann auch. Bei Abschluss des Vertrages mit dem Verlag beharrte dieser darauf, dass die Artikel in den Instalments unverändert in die Library Edition übernommen und nur mit getrennten Zusätzen publiziert werden konnten. Änderungen in dem einmal gedruckten Text waren in den 1970er Jahren noch zu aufwendig, deshalb der unveränderte Abdruck der früheren Artikel.

Das alles hat sich längst geändert, die neue Max-Planck-Enzyklopädie stand und steht vor einer anderen Situation.

Nur noch einen anderen Aspekt der Enzyklopädie will ich erwähnen. Die Publikation in englischer Sprache ist von manchen Seiten beanstandet worden. Unsere Entscheidung war nicht alleine von finanziellen Erwägungen bestimmt, auch wenn der holländische Verlag für eine Publikation in einer anderen Sprache nicht zur Verfügung stand. Unser Haupanliegen war, mit der Enzyklopädie die ganze Welt zu erreichen, und das war nur in englischer Sprache möglich. Der Erfolg hat die früheren Erwägungen bestätigt.

Im Übrigen sehe ich die technische Entwicklung nicht nur positiv. Mir selbst fällt es schwer, mit der Entwicklung Schritt zu halten, dazu bin ich zu altmodisch. Meine Annahme, dass der Computer zuweilen der Präzision wissenschaftlicher Ausführungen im Wege steht, ist wohl nicht ganz falsch. Doch damit müssen andere Generationen zurechtkommen.

Zum Schluss möchte ich noch einmal eine ältere Äußerung von mir zitieren. Die damalige Aussage halte ich weiterhin für richtig, auch wenn ich sie heute wohl etwas anders formulieren würde.

Im Juni 1971, also vor mehr als vier Jahrzehnten, habe ich vor der Deutschen Gesellschaft für Völkerrecht einen Vortrag über das interne Recht internationaler Organisationen gehalten. Am Ende dieses Vortrages habe ich folgendes gesagt:

> „Es besteht zweifellos kein Grund zur Euphorie bei der Betrachtung der heutigen internationalen Organisationen, auch wenn vielleicht Grund besteht, in der Fortentwicklung der organisierten Staatengemeinschaft eine Voraussetzung für das Fortbestehen menschlicher und menschenwürdiger Existenz zu sehen. Unverkennbar dürfte sein, daß die Subjekte und die Rechtsquellen des Völkerrechts in einem grundlegenden Wandel begriffen sind, bei dem vielleicht das alte ius gentium in neuer Gestalt wieder erscheint, indem Sachverhalte, Rechtsregeln und Rechtsgrundsätze, die die nationalen Grenzen überschreiten, einem internationalen Recht angehören, in dem die Staaten Rechtsträger und Rechtsschöpfer neben anderen sind."

Ende des Zitats, Ende meines Vortrags.

II. Jochen Abr. Frowein, Direktor von 1981 bis 2002

Jochen Abr. Frowein

Ich bin gebeten worden, aus meiner Sicht als ehemaliger Direktor am Max-Planck-Institut für ausländisches öffentliches Recht und Völkerrecht von 1981 bis 2002 zur Rolle und zu den Aufgaben des Instituts Stellung zu nehmen. Ich betone dabei, dass ich bereits als junger wissenschaftlicher Referent im Jahr 1962 promoviert aus Bonn an das Institut kam und von 1962 bis 1966 unter dem Direktorium von Prof. Mosler das Institut intensiv kennengelernt habe. Ich war damals als Landesreferent für Großbritannien und Commonwealth zuständig. Nachdem ich in USA studiert hatte, war das für mich eine außerordentlich wichtige Ergänzung meiner Kenntnis aus dem Common Law entstandener Rechtsordnungen. Ich habe seinerzeit auch zu einer grundlegenden Entscheidung des House of Lords über die Bedeutung der Völkerrechtsklassiker im schottischen Recht veröffentlicht (Burmah Oil Company Case). Für das Institut war ich auch wesentlich mit der Vorarbeit für das Kolloquium von 1967 über die Staatshaftung befasst. Während meiner Arbeit am Max-Planck-Institut habe ich nach verschiedenen Vorarbeiten in anderen Gebieten meine Habilitationsschrift über das De facto-Regime im Völkerrecht, 1968, erarbeitet. Seit 1966 war ich wissenschaftlicher Assistent an der Universität Bonn und habe mich 1967 mit der in Heidelberg entstandenen Arbeit habilitiert. Ende 1967 wurde ich ordentlicher Professor an der Ruhr-Universität-Bochum und dann von 1969 bis 1981 an der Universität Bielefeld, wo ich der erste Dekan war. 1980 habe ich den Ruf an das Max-Planck-Institut angenommen und bin seit März 1981 bis 2002 Direktor am Max-Planck-Institut gewesen.

Das Max-Planck-Institut in Heidelberg ist in meinen Augen ein für die Wissenschaft bedeutsames Kompetenzzentrum für den Bereich des Völkerrechts und des vergleichenden Verfassungsrechts. Dabei ist natürlich die Beschäftigung mit dem Verfassungsrecht von über 190 Staaten der Welt nicht möglich. Wichtig erscheint aber, dass alle bedeutenden Rechtsordnungen erfasst und bearbeitet werden. Das war in dem Referatssystem, das für das Institut kennzeichnend war, gewährleistet. Über wichtige Entscheidungen der obersten Gerichte Großbritanniens, Frankreichs, der Vereinigten Staaten, Italiens wurde automatisch in der Referentenbesprechung von den dafür zuständigen Referenten berichtet. Entscheidungen der internationalen Gerichte wurden selbstverständlich in der Referentenbesprechung genau analysiert. Dasselbe galt für wichtige Resolutionen der Organe der Vereinten Nationen, vor allem des Sicherheitsrates und der Generalversammlung. Alle wichtigen internationalen Organisationen waren ebenfalls im Rahmen von Referatsgebieten verteilt. Es mag hier darauf hingewiesen werden, dass auch für schwer zugängliche Rechtsgebiete wie die damalige UdSSR oder die Volksrepublik China Referenten zur Verfügung standen, die eine hohe Spezialisierung auf diesen Gebieten hatten. Das galt für den später nach Frankfurt an der Oder berufenen Professor Theodor Schweisfurth für die UdSSR und für Professor Robert Heuser, der später an die Universität Köln berufen wurde, für China.

Das Referatssystem mit der Regelung von Vorträgen in der Referentenbesprechung hatte eine wesentliche Ausbildungsfunktion, da sich die Referenten in das jeweilige Referatsgebiet intensiv einarbeiten mussten. Zudem wurde nicht nur die Information aller Teilnehmer gewährleistet, sondern eine Diskussion geführt, die von den verantwortlichen Direktoren fachlich anspruchsvoll geleitet wurde. Hier wurden auch Korrekturen deutlich gemacht, und es war klar, dass ein Vortrag keine Beliebigkeiten enthalten durfte. Während meiner Zeit als Direktor hat das Institut eine Reihe von großen rechtsvergleichenden Kolloquien durchgeführt. Ich erwähne die Kolloquien zum Ausländerrecht, zum Recht der Minderheiten und das Kolloquium zur Kontrolldichte verwaltungsgerichtlicher Entscheidungen. Die Rolle des Instituts als Kompetenzzentrum im Kontakt mit Wissenschaftlern aus Europa und wichtigen anderen Staaten kam hierbei besonders zum Ausdruck. Derartige Veranstaltungen können kaum in vergleichbarer Weise von anderen Institutionen durchgeführt werden.

Die Rolle des Instituts als ein besonderes Kompetenzzentrum wurde vom Auswärtigen Amt, anderen Bundesministerien, dem Bundesverfassungsgericht, aber auch internationalen Organisationen immer wieder in Anspruch genommen. In dem Bericht sind wichtige Gutachten erwähnt. Ich möchte in diesem Zusammenhang betonen, dass ich als eine meiner letzten Aufgaben als Direktor mit den Referenten des Instituts ein umfangreiches Gutachten über Meinungs- und Pressefreiheit in den Mitgliedstaaten des Europarates erstellt habe. Ich habe dieses Gutachten in Straßburg in einer Sitzung der Ständigen Vertreter beim Europarat vorgestellt. Ich wurde von dem russischen Vertreter massiv angegriffen, weil er meinte, Russland sei auch für die Zeit vor der Ratifizierung der Europäischen Menschenrechtskonvention getadelt worden. Ich musste ihm deutlich machen, dass bereits der Beitritt zum Europarat bestimmte menschenrechtliche Verpflichtungen enthält. Auch der italienische Vertreter beklagte sich über die Einordnung Italiens unter Berlusconi als ein Staat, der erhebliche Besorgnis hinsichtlich von Rundfunk- und Fernsehfreiheit aufwarf. Meine Analyse erhielt Unterstützung von verschiedenen Delegationen. Ich erwähne diesen Vorgang hier, weil nur mit den sehr kompetenten Referenten am Max-Planck-Institut eine derartige Arbeit überhaupt möglich war. Kein Universitätsinstitut wäre in der Lage gewesen, eine vergleichbare Arbeit in angemessener Zeit zu erledigen.

In der Zeit, in der ich das Institut unter Leitung von Hermann Mosler kennengelernt habe, war die genaue Analyse der positiven Rechtsnormen des Völkerrechts und des Verfassungsrechts wichtiger Staaten die zentrale Aufgabe des Instituts. Ich habe in meiner Zeit als Direktor den Versuch gemacht, diese Tradition fortzusetzen. Nach meiner Überzeugung gehört es zu der Verpflichtung des internationalrechtlich tätigen Juristen, die schwierigen Probleme, die sich der Völkerrechtsordnung und der Verfassungsrechtsordnung der Staaten stellen, genau zu analysieren und die Lösungsmöglichkeiten zu erfassen. Nur auf diese Weise kann nach meiner Überzeugung die für den Juristen wesentliche Hilfestellung für Politik und Rechtsentwicklung geleistet werden. Ich betrachte es persönlich als Erfolg dieser Einstellung, dass ich im Laufe meiner wissenschaftlichen Tätigkeit als Jurist immer wieder mit sehr praktischen Problemen der internationalen Politik und der nationalen Rechtsordnung zu tun hatte. Das gilt für meine beratende Tätigkeit im Rahmen der Ostverträge 1970, für meine Vertretungen der Bundesregierung vor dem Bundesverfassungsgericht hinsichtlich der UN-Einsätze, der C-Waffen, des NATO Konzeptes, aber auch für meine Vertretung der Bundesregierung vor dem Internationalen Gerichtshof in dem Liechtenstein-Verfahren und der Regierung von Albanien für das Kosovo-Gutachten. Dem völkerrechtswissenschaftlichen Beirat des Auswärtigen Amtes habe ich seit seiner Gründung 1972 bis zu meinem 70. Geburtstag 2004 angehört. Dort waren und sind immer Direktoren des Instituts vertreten.

Die bedeutende Rolle des Instituts zeigt sich nach meiner Auffassung auch darin, dass sehr wichtige Lehrstühle in Deutschland von früheren Referenten des Instituts besetzt sind. Das gilt hinsichtlich der bei mir habilitierten Schüler für die Humboldt-Universität Berlin (Prof. Nolte), für die Universität München (Prof. Walter) und für die Universität Hamburg (Prof. Oeter). Viele ausländische Gäste, die in den Jahren zwischen 1981 und 2002 am Institut tätig waren, haben mir in Unterhaltungen versichert, dass sie gerade die Referentenbesprechung und die Art der Diskussion als auch für sie besonders wichtig in Erinnerung behalten haben. Während meiner Zeit als Direktor habe ich in Abstimmung mit den Kollegen immer wieder besonders anerkannte Völkerrechtler aus Europa, den USA, aber auch aus anderen Ländern zu Vorträgen eingeladen, die für die Referenten des Instituts von besonderer Bedeutung waren.

III. Rüdiger Wolfrum, Direktor von 1993 bis 2012

Rüdiger Wolfrum

Ich bin gebeten worden, meine Sicht über das Max-Planck-Institut zu formulieren, dem ich über 19 Jahre als Direktor angehört habe. Ich werde versuchen, dies in zwei Schritten zu tun. In einem ersten Schritt will ich meine Erfahrungen zusammenfassen, die ich als Mitglied der Leitung dieses Instituts gewonnen habe. Dabei fließt sicher auch mit ein, dass ich „neu" in das Institut gekommen bin; ich war in der Tat der erste Direktor des Instituts (abgesehen von den Gründungsdirektoren), der ohne eine intensive Tätigkeit am Institut in dieses berufen wurde. Ich sehe dies als einen Vorteil, auch wenn die fehlende anfängliche Vertrautheit mit dem Institut das Einleben in die gewachsenen Strukturen erschwert hat. Ich halte es aber dennoch für positiv, dass seither alle Neuberufungen von außerhalb gewonnen wurden und daher sich weniger durch das Vorgefundene gebunden fühlen mögen.

In einem zweiten Schritt möchte ich mich drei Komplexen zuwenden, die für mich während meiner Zeit als Direktor am Institut im Fokus der wissenschaftlichen Arbeiten am Institut gestanden haben.

Zunächst zu meinen Erfahrungen, die natürlich auch dadurch geprägt waren, dass ich vor meiner Berufung an das Max-Planck-Institut über 10 Jahre Direktor am Institut für Internationales Recht in Kiel und Mitglied der Kieler Juristischen Fakultät war.

Das Max-Planck-Institut ist eine Forschungsstelle, die in der Welt einmalig ist. Dies ist nicht die Sicht eines naturgemäß befangenen ehemaligen Direktors des Instituts, sondern die Sicht vieler herausragender

Köpfe des Völkerrechts und der Rechtsvergleichung. Entscheidend für diese Bewertung ist zweifelsohne die Bibliothek, die in ihrer Vollständigkeit und Organisation einmalig ist. Sie in diesem Zustand zu erhalten unter dem Bewußtsein, dass die Bibliothek nicht nur den Direktoren und den Mitarbeitern zu Verfügung steht und stehen soll, ist m.E. eine der zentralen Aufgaben der Institutsleitung. Zumindest habe ich dies stets so empfunden. Wer nicht die Erfahrung von Bibliotheken mit einem beschränkten Budget gemacht hat wie ich in Bonn, Mainz und Kiel, kann kaum voll ermessen, welcher Reichtum in der Bibliothek versammelt ist. Die Bedeutung der Bibliothek wird auch nicht dadurch geschmälert, dass heute viele Informationen durch das Internet zugänglich sind. Wobei, dies wird immer wieder vernachlässigt, der für die westliche Welt uneingeschränkte Zugang zum Internet nicht universell gilt. Hinzu kommt die intensive Betreuung, die Besucher des Instituts durch das Personal der Bibliothek erhalten. Entscheidend sind aber für die Stellung des Instituts der ständige Diskurs der Direktoren mit ihren Gästen und deren Einbindung in die Referentenbesprechung. Dadurch entsteht ein Klima für die Forschung und die Kooperation, das ich in Universitäten des In- und Auslands so nicht gefunden habe. Die vergleichsweise hervorragende personelle Ausstattung ermöglicht zudem die Durchführung von Konferenzen und die Verwirklichung von Großprojekten. Die Max Planck Encyclopedia of Public International Law hätte ohne das Umfeld im Institut und ohne das internationale Netzwerk, das sich durch das Institut ergab, nicht verwirklicht werden können.

Wo viel Licht ist, ist aber auch Schatten. Die Leitung eines für den geisteswissenschaftlichen Bereich vergleichsweisen großen Instituts bindet Arbeitszeit, das gilt insbesondere, wenn man, wie ich, auch Verantwortung in den Gremien der akademischen Selbstverwaltung übernimmt. Dies war bei mir zunächst die Vizepräsidentschaft in der DFG und dann die Vizepräsidentschaft in der MPG. Die Belastung mit administrativen Fragen durch die Generalverwaltung der MPG hat zudem über die Jahre deutlich zugenommen.

Problematisch war für mich der verringerte Kontakt zur Studentenschaft – bei meinem Eintritt in das Institut gab es noch keine studentischen Hilfskräfte und das Institut versuchte weitgehend, Studenten von dem Institut fernzuhalten. Die Vorlesungstätigkeit in Spezialvorlesungen und die Mitwirkung an Prüfungen sind kein Ersatz für jemanden, der es gewohnt ist, die ganze Palette des öffentlichen Rechts in der Lehre zu vertreten. Die Heidelberger Juristische Fakultät hat mich sehr kollegial aufgenommen. Das heißt aber nicht, dass das Verhältnis immer irritationsfrei war. Dies zeigte sich am Konflikt über die Sprache der Dissertation und die Aufnahme von Doktoranden und Doktorandinnen, die keinen deutschen Abschluss hatten und von dem Angebot des Max-Planck-Instituts angezogen waren. Ohne die Kooperation mit der juristischen Fakultät hätte allerdings das LLM Programm mit Santiago de Chile nie verwirklicht werden können.

Ich komme jetzt zu den Komplexen, die m.E. nur in dem Max-Planck-Institut effektiv wissenschaftlich angesprochen werden können. Sie waren das allgemeine Grundmuster meiner wissenschaftlichen Arbeiten am und mit dem Institut. Dies sind die Erarbeitung von Trends, die die verfassungsrechtliche Entwicklung in allen Staaten, beeinflußt durch das Völkerrecht, die Migrationsbewegungen und die wachsende Interdependenz der Staaten, ausgelöst haben. Dies ist des weiteren die Erarbeitung der ständigen Entwicklung des Völkerrechts. Schließlich ist von zentraler Bedeutung sowohl für die Arbeit im Bereich der Verfassungsrechtsvergleichung als auch für die dogmatische Durchdringung und Fortentwicklung des Völkerrechts, die Entwicklung der nicht westlichen Welt konstruktiv mit einzubeziehen. Diese drei Komplexe hängen eng zusammen.

Bis in die Mitte des 20. Jahrhunderts war es selbstverständlich, dass vor allem die verfassungsrechtliche Entwicklung in den Staaten alleine von diesen determiniert wurde und Einflüsse sowohl des Völkerrechts als auch ausländischen Verfassungsrechts eher gering waren. Dies hat sich grundlegend geändert, wenn auch Unsicherheit darüber besteht, wie weit der Einfluß sowohl des Völkerrechts als auch des ausländischen Verfassungrechts reicht. Die südafrikanische Verfassung hat insoweit eine dogmatische Vorreiterrolle übernommen, als sie die Richter am Verfassungsgericht verpflichtet, bei ihren Entscheidungen Völkerrecht zu berücksichtigen und ermächtigt, bei der Interpretation der südafrikanischen Verfassung andere Verfassungen zu Rate zu ziehen. Das Gericht macht von diesen Möglichkeiten weitgehenden Gebrauch. Ausgelöst wurde diese Entwicklung in erster Linie durch den internationalen Menschenrechtsschutz sowie durch verschiedene Vorstöße der Vereinten Nationen in Bezug auf demokratische Wahlen, die Geltung des Rechtsstaatsprinzips und die Sicherung demokratisch gewählter Regierungen. Man kann, zumindest hypothetisch, davon ausgehen, dass, wenn sich dieser Trend fortsetzt, die Verfassungen der Staaten sich einander annähern. Eine Analyse der verfassungrechtlichen Entwicklungen im 21. Jahrhundert scheint dies zu belegen. Allerdings kann man keinesfalls davon ausgehen,dass stets die Standards der westlichen Welt maßstabbildend sind oder auch auch nur die Standards einzelner westlicher Staaten. Zweifelsohne haben in der Zeit der Dekolonisierung die verfassungrechtlichen Vorstellungen Englands, Frankreichs und der USA einen dominanten Einfluß auf die Verfassungsentwicklung in einzelnen Staaten ausgeübt. Dieser Trend könnte überholt sein. Aus meiner Sicht ist es wissenschaftlich (aber auch politisch) interessanter, die Besonderheiten der verfassungsrechtlichen Entwicklung der Staaten Afrikas, Asiens und Lateinamerikas trendmäßig zu erfassen und sie den Trends in Westeuropa gegenüber zu stellen. Ein bekanntes Beispiel soll diese sehr generelle Aussage konkretisieren.

Das afrikanische Menschenrechtsverständnis ist stark durch Verpflichtungen gegenüber der Familie, Gruppen oder sogar gegenüber dem Staat geprägt (Solidarpflichten), die nicht leicht mit einem individuumbetonten Menschenrechtsverständnis zu vereinbaren sind. Dies aufzuarbeiten ist u.a. das Ziel der Max Planck Encyclopedia of Comparative Constitutional Law, die ich mit Prof. Grote und Dr. Lachenmann herausgeben werde. Die organisatorische Struktur ähnelt der der Max Planck Encyclopedia for International Law. Sie verfügt über einen großen wissenschaftlichen Beirat, der international zusammengesetzt ist und gleichzeitig als *review board* fungiert. Es ist ein besonderes Anliegen dieser Enzyklopädie, möglichst viele Autoren aus dem nicht europäischen Ausland zu gewinnen. Auch wenn diese Aktivität erst nach meiner Emeritierung begonnen wurde, steht sie doch in mehrfacher Hinsicht in der Forschungstradition des Instituts. Sie verwirklicht den Forschungsansatz von Victor Bruns, der davon ausging, dass Rechtsvergleichung und Völkerrecht einander ergänzen und zwar auf Augenhöhe; dass Großprojekte dieser Art nur in enger internationaler Kooperation verwirklicht werden können und dabei auf die etablierten Netzwerke des Instituts zurückgreifen können müssen.

Die Identifikation von Trends – möglicherweise von Prinzipien – war ein weiterer Schwerpunkt meiner wissenschaftlichen Arbeit am Institut. Diesem Ziel dienten u.a. die verschiedenen Symposien am Institut, die bereits angesprochen wurden. Dabei ist die Identifizierung und teilweise auch Förderung derartiger Prinzipien ein Bestandteil der progressiven Entwicklung des Völkerrechts, wie dies insbesondere an dem Prinzip der Solidarität deutlich wird. Auch diese Entwicklung von völkerrechtlichen Prinzipien, die sich deduktiv aus dem positiven Recht herleiten lassen, ist m.E. nur in Kooperation mit ausländischen Partnern zu leisten.

Die hier nur skizzenhaft angedeutenen wissenschaftlichen Grundideen können nur in enger Kooperation mit ausländischen Partnern aus allen Regionen der Welt verwirklicht werden. Dies setzt voraus, dass diese auch Zugang zu den Ressourcen des Instituts, vor allem der Bibliothek, erhalten. Aus diesem Grunde habe ich die von der Max-Planck-Gesellschaft für die Betreuung von Gästen zur Verfügung gestellten Mittel vorzugsweise an Wissenschaftler und Wissenschaftlerinnen aus Entwicklungsländern vergeben. Auf dieser Basis ist auch das Projekt des Globalen Wissentransfers entstanden, das nunmehr von der Max Planck Stiftung für Internationalen Frieden und Rechtsstaatlichkeit fortgeführt wird. Beides, die Entwicklung dieses Programms wie auch dessen Fortführung, war und ist nur durch die Unterstützung der Max-Planck-Gesellschaft möglich.

IV. Armin von Bogdandy, Direktor seit 2002

Armin von Bogdandy

Internationalisierung der deutschen Rechtswissenschaft

Zu den Aufgaben des Max-Planck-Instituts für ausländisches öffentliches Recht und Völkerrecht

Dieser Beitrag wurde in etwas anderer Form bereits publiziert: Internationalisierung der deutschen Rechtswissenschaft. Betrachtungen zu einem identitätswandelnden Prozess, in: Eric Hilgendorf, Helmuth Schulze-Fielitz (Hrsg.), Selbstreflexion der Rechtswissenschaft, Mohr Siebeck 2015, S. 133.

Ein Thema – zwei Zugänge

Eine zentrale Aufgabe des Max-Planck-Instituts für ausländisches öffentliches Recht und Völkerrecht ist es, über seine Grundlagenforschung die deutsche Rechtswissenschaft zu internationalisieren.[1] Wie soll man das verstehen? Das Thema *Internationalisierung der deutschen Rechtswissenschaft*[2] lässt sich mit unterschiedlichen, ja geradezu gegensätzlichen Ausrichtungen untersuchen, die in einem je unterschiedlichen Verständnis des Genetivs im Titel münden: Handelt es sich um einen *genitivus subiectivus* oder aber *obiectivus*?[3] Die Bedeutung beider Ausrichtungen wird im Folgenden tatsachenorientiert (rechtswissenschaftssoziologisch) aufbereitet. Mein Verständnis, das auch meiner Arbeit am Institut zugrunde liegt, lautet: die Lesart als *genitivus subjectivus* ist nicht zukunftsträchtig: Vielmehr sollte die Rechtswissenschaft in Deutschland die derzeitige Transformation so gestalten, dass spätere Generationen den Genetiv des Titels für das frühe 21. Jahrhundert als *genitivus auctoris* deuten werden. Dem fühle ich mich verpflichtet.

Deutsche Rechtswissenschaft als unabhängige Variable

Man kann zum einen die etablierte deutsche Rechtswissenschaft als international exemplarisch setzen und ihre weltweite Verbreitung verfolgen.[4] Die *deutsche Rechtswissenschaft* bildet hier die *unabhängige*

---

1 So ausdrücklich zuletzt Wissenschaftsrat, Perspektiven der Rechtswissenschaft in Deutschland. Situation, Analysen, Empfehlungen, November 2012, Drs. 2558-12.

2 Der Singular *deutsche Rechtswissenschaft* bezeichnet eine gesamthafte Betrachtung des Handelns von rechtswissenschaftlichen Akteuren in deutschen Wissenschaftsinstitutionen. Dieser Beitrag behauptet nicht, dass das System selbst handle. In diese Richtung deutende Formulierungen („die deutsche Rechtswissenschaft setzt ein Thema") sind als Kürzel zu verstehen. Der Singular bezeichnet das soziale System und vertritt keinen Methodenmonismus; insoweit folge ich *Matthias Jestaedt*, Deutsche Rechtswissenschaft im Kontext von Europäisierung und Internationalisierung, JZ 2012, S. 1, 2; *Matthias Jestaedt*, Perspektiven der Rechtswissenschaftstheorie, in: ders./Oliver Lepsius (Hrsg.), Rechtswissenschaftstheorie, 2008, S. 185, 195 ff.

3 Bekannt seit der Debatte um den Titel von *Immanuel Kants* „Kritik der reinen Vernunft".

4 So war es Thema auf der 34. Tagung für Rechtsvergleichung „Recht und Rechtsvergleichung in der Finanzkrise", 12.-14. September 2013, Marburg, vgl. nur die Vorträge von *Hiroshi Nishihara*, Die Renaissance des deutschen rechtswissenschaftlichen Denkens im japanischen Verfassungsrecht: Analyse und Ausblick, 13. September 2013; *Antonio López Castillo*, Das deutsche Vorbild in Spanien: Kontinuität oder schwindende Bedeutung?, 13. September 2013.

Variable, der Genetiv im Titel ist ein *genitivus subiectivus*. Rechtswissenschaftssoziologisch ergeben sich viele weiterführende Fragestellungen: Wie viele ausländische Wissenschaftler kommen zu einem Forschungsaufenthalt nach Deutschland? Wie viele von denen, die hier promoviert und wissenschaftlich sozialisiert wurden, sind später in ihrem Wissenschaftssystem erfolgreich? Bestehen Muster hinsichtlich ihrer geografischen oder wissenschaftlichen Herkunft? Wie viele schaffen es gar auf einen deutschen Lehrstuhl, erfahren also die höchste Anerkennung, die der Gleichwertigkeit? Was bedeutet die spezifisch deutsche „Prägung" für die heimische Reputation? Ist das Publizieren in Büchern und Zeitschriften, die das deutsche Rechtswissenschaftssystem verantwortet, nachgefragt oder karrierefördernd? Werden Themen, die die deutsche Rechtswissenschaft setzt, in anderen Systemen beobachtet oder gar aufgenommen? Wie sehr prägt das deutsche Wissenschaftssystem die konkrete rechtswissenschaftliche Arbeit und die Wissenschaftskultur anderer Länder? Welche deutschen Publikationen werden bezogen? Wie haben sich die Deutschkenntnisse in den letzten 30 Jahren entwickelt? Wie zahlreich sind Zitate deutscher rechtswissenschaftli-

---

Zum Einfluss deutscher öffentlich-rechtlicher Autoren des späten 19. und frühen 20. Jahrhunderts auf Ungarn *András Jakab*, Ungarn, in: Armin von Bogdandy/Pedro Cruz Villalón/Peter Huber (Hrsg.), Handbuch Ius Publicum Europaeum (IPE) II, 2008, § 38 Rn. 7; auf Griechenland *Christos Pilafas*, ibid., § 29 Rn. 15; auf die Niederlande *Remco Nehmelman*, ibid., § 32 Rn. 16; auf Schweden *Kjell Å. Modéer*, ibid., § 35 Rn. 7; auf die Schweiz *Rainer J. Schweizer*, ibid., § 36 Rn. 19; auf Italien *Maurizio Fioravanti*, ibid., § 31 Rn. 15; auf Polen *Andrzej Wasilewski*, Polen, in: Armin von Bogdandy/Peter M. Huber (Hrsg.), Handbuch Ius Publicum Europaeum (IPE) IV, 2011, § 63 Rn. 4.

Zu ihrem Einfluss auf die USA ausf. *Oliver Lepsius*, Der Einfluss deutscher Rechtsideen in den USA, in: Josef Raab/Jan Wirrer (Hrsg.), Die deutsche Präsenz in den USA, 2008, S. 581 ff.; *Mathias Reimann*, Historische Schule und Common Law. Die deutsche Rechtswissenschaft des 19. Jahrhunderts im amerikanischen Rechtsdenken, 1993; zum Einfluss auf Brasilien vgl. *Gilmar Ferreira Mendes/André Rufino do Vale*, O pensamento de Peter Häberle na jurisprudência do Supremo Tribunal Federal, Observatório da Jurisdição Constitucional, Año 2, 2008/2009, S. 2. Zum frühen Einfluss auf Schottland *John W. Cairns*, The influence of the German Historical School in Early Nineteenth Century Edinburgh, Syracuse Journal of International Law and Commerce 20 (1994), S. 191 ff. Für das Strafrecht vgl. z.B. *Sylvia Kesper-Biermann/Petra Overath* (Hrsg.), Die Internationalisierung von Strafrechtswissenschaft und Kriminalpolitik (1870-1930). Deutschland im Vergleich, 2007; *Keiichi Yamanaka*, Geschichte und Gegenwart der japanischen Strafrechtswissenschaft, 2012, S. 24 ff.

cher Publikationen in einschlägigen ausländischen Werken und Zeitschriften? Sind dies aktuelle Texte oder aber Schriften früherer Generationen? Nicht zuletzt, wenngleich hier die unabhängige zu einer abhängigen Variablen wird: Inwieweit lernt die deutsche Rechtswissenschaft von ihrer Verarbeitung durch andere Rechtswissenschaften, etwa nachweislich entsprechender Zitate in deutschen Werken?

Alle diese Fragen lassen sich mit quantitativen und qualitativen Methoden rechtswissenschaftssoziologisch bearbeiten. Mit Zahlen muss man allerdings, wie stets, vorsichtig sein. Eine ehrliche Prüfung wird wissenschaftsimmanente Anreize (wegweisende Forschung, Angebote intensiver wissenschaftlicher Interaktion) und externe Faktoren (gute Bibliotheken, üppige Stipendien, attraktive Standorte) unterscheiden.[5] Zudem sollte die rechtswissenschaftssoziologische Forschung vergleichend vorgehen, also selbige Fragen in den konkurrierenden rechtswissenschaftlichen Systemen untersuchen, insbesondere mit Blick auf Frankreich, Italien, Kanada, Niederlande, Spanien, dem Vereinigten Königreich, den Vereinigten Staaten von Amerika, und nunmehr auch auf neue „Spieler", etwa Australien, Singapur und in einer vielleicht gar nicht mehr so fernen Zukunft China. Erst mit diesem Vergleich lässt sich beantworten, ob das erste Verständnis dem Thema heute gerecht wird.

Deutsche Rechtswissenschaft als abhängige Variable

Wer hieran zweifelt, wird den Genetiv im Titel als *genitivus obiectivus* lesen und die deutsche Rechtswissenschaft als *abhängige* Variable setzen, die externe Kräfte zu einer Internationalisierung im Sinne einer Öffnung und Transformation drängen. Dieser Text beruht auf einem solchen Verständnis.[6] Doch sind solche Kräfte ein neues Phänomen? Spätestens seit dem 2. Weltkrieg finanziert die deutsche Wissenschafts-

---

[5] *András Jakab*, Ungarn, in: Armin von Bogdandy/Peter M. Huber (Hrsg.), Handbuch Ius Publicum Europaeum (IPE) IV, 2011, § 67.

[6] Parallel hierzu für Frankreich *Christophe Jamin*, La cuisine du droit. L'École de Droit de Science Po: une experimentation française, 2012, S. 169 f., mit einer entsprechenden Umsetzung in der Lehre, S. 171 ff. Ungeachtet der überaus schwierigen Lage der Wissenschaft in Frankreich erscheint die französische Antwort zumindest im Bereich der Lehre weiter gediehen, vgl. auch die École de Droit de la Sorbonne, ecolededroitdelasorbonne.univ-paris1.fr/ (25.10.2013).

verwaltung Auslandsaufenthalte junger Hoffnungsträger. Man darf vermuten, dass sie Neues lernen und so die deutsche Rechtswissenschaft verändern sollen. Dabei suchen die meisten dieser Hoffnungsträger auf der Suche nach Erkenntnis und Reputation nicht jene Staaten auf, auf welche die deutsche Rechtswissenschaft einwirkt. Ihr Ziel sind vielmehr regelmäßig amerikanische und englische Institutionen, welche deutsche rechtswissenschaftliche Forschung kaum zur Kenntnis nehmen.[7] Diese amerikanischen und englischen Bildungserlebnisse haben die Hoffnungsträger bestimmt bereichert. Die deutsche Rechtswissenschaft insgesamt wurde hierdurch jedoch allenfalls am Rande beeinflusst, wie die gängigen Forschungsfragen, Methoden, Publikationsformen und -orte sowie nicht zuletzt Umgangsformen in den Fakultäten zeigen.[8]

Um die stolze deutsche Rechtswissenschaft zu bewegen bedarf es ganz anderer Kräfte, die sich seit Beginn dieses Jahrhunderts formieren. Inzwischen sieht sie sich einem erheblichen Änderungsdruck ausgesetzt, der viele Ursachen hat. Der Druck zu ihrer Internationalisierung resultiert vor allem aus der europäischen Integration. Natürlich erschöpft sich die Internationalisierung nicht in einem europäischen Forschungsraum: Wichtige Kooperationspartner, Konkurrenten, *Peers* arbeiten außerhalb dieses Raumes. Es ist aber der europäische Forschungsraum, der zur Internationalisierung drängt.[9] Dies wurde inzwischen auch erkannt, wie die Empfehlungen des Wissenschaftsrats zur deutschen Wissenschaftspolitik im Europäischen Forschungsraum[10] und seine Perspektiven der Rechtswissenschaft in Deutschland[11] zeigen. Insbesondere letztere haben zu einer intensive Debatte geführt.[12]

---

[7] Anders sieht es mit rechtsphilosophischer Forschung aus. *Jürgen Habermas'* Faktizität und Geltung setzt einen Standard auch jenseits des Atlantiks. Aber auch das Werk von *Robert Alexy* ist übersetzt, bekannt und verarbeitet.

[8] Die wichtigste Ausnahme stellt wohl die Rezeption der ökonomischen Analyse des Rechts dar. Für eine besonders originelle Form der Aneignung vgl. *Anne van Aaken*, „Rational choice" in der Rechtswissenschaft: zum Stellenwert der ökonomischen Theorie im Recht, 2003; vgl. aber auch *Oliver Lepsius*, Sozialwissenschaften im Verfassungsrecht, JZ 2005, S. 1.

[9] Genauer: die politischen und institutionellen Kräfte, die diesen Raum wollen und tragen.

[10] *Wissenschaftsrat*, Empfehlungen zur deutschen Wissenschaftspolitik im Europäischen Forschungsraum, Juli 2010, Drs. 9866-10.

[11] Wissenschaftsrat, Perspektiven der Rechtswissenschaft in Deutschland. Situation, Analysen, Empfehlungen, November 2012, Drs. 2558-12. Mit ähnli-

Als Beitrag zu dieser Debatte wird im Folgenden näher untersucht, was hinter dem europäischen Internationalisierungsdruck an tatsächlichen Entwicklungen steht. Identifiziert werden der europäische Forschungsraum, der europäische Rechtsraum, sowie, in jenen gleichsam wie in einem Trojanischen Pferde (aus der Sicht derjenigen, welche die deutsche Rechtswissenschaft als unabhängige Variable sehen wollen) verborgen, die Forschungsleistungen der großen amerikanischen *law schools*. Der zweite Schritt erarbeitet Vorschläge, wie auf den Anpassungsdruck reagiert werden sollte.

Der Druck zu einer Internationalisierung

Der europäische Forschungsraum

Die derzeitige Internationalisierung der deutschen Rechtswissenschaft ist, gesamthaft betrachtet, maßgeblich exogenen Faktoren zu verdanken; sie ist nicht wissenschafts-, sondern politikgetrieben, wenngleich dabei natürlich Wissenschaftspolitiker und die Repräsentanten der wichtigsten Forschungsorganisationen eine zentrale Rolle spielen.[13] Die

---

cher Fragestellung *Carel Stolker* (3.9.2013); Report of the "Koers Committee", Kwaliteit en Diversiteit: Rechtswetenschappelijk onderzoek in Nederland, 2009.

[12] Vgl. Beiträge in der JZ 2013: *Stefan Grundmann*, Ein doppeltes Plädoyer für internationale Öffnung und stärker vernetzte Interdisziplinarität, S. 693 ff.; *Thomas Gutmann*, Der Holzkopf des Phädrus – Perspektiven der Grundlagenfächer, S. 697 ff.; *Christian Hillgruber*, Mehr Rechtswissenschaften wagen!, S. 700 ff.; *Stephan Lorenz*, Forschung, Praxis und Lehre im Bericht des Wissenschaftsrats „Perspektiven der Rechtswissenschaft in Deutschland", S. 704 ff.; *Stephan Rixen*, Juristische Bildung, nicht leicht gemacht: Die „Perspektiven der Rechtswissenschaft" des Wissenschaftsrats, S. 708 ff., sowie *Christian Wolf*, Perspektiven der Rechtswissenschaft und der Juristenausbildung – Kritische Anmerkungen zu den Empfehlungen des Wissenschaftsrats, ZRP 1/2013, S. 20 ff., vgl. auch *Hagen Hof/Götz von Olenhusen* (Hrsg.), Rechtsgestaltung – Rechtskritik – Konkurrenz von Rechtsordnungen. Neue Akzente für die Juristenausbildung, 2012.

[13] Die folgenden Ausführungen übernehmen Passagen aus *Armin von Bogdandy*, Deutsche Rechtswissenschaft im europäischen Rechtsraum, JZ 2011, S. 1-5, und *derselbe*, The past and promise of doctrinal constructivism: A strategy for responding to the challenges facing constitutional scholarship in Europe, Int'l J Constitutional Law 7 (2009), S. 364 ff. Aus den Reaktionen (zur engli-

Politik spielt dabei, wie so oft, über die europäische Bande. Das in Art. 179 Abs. 1 AEUV niedergelegte europäische Projekt, einen europäischen Forschungsraum zu schaffen,[14] betrifft nicht nur die Natur- und Lebenswissenschaften, sondern, nach erheblichen Zweifeln und intensiven Debatten, auch die Sozial- und Geisteswissenschaften und damit die Rechtswissenschaft. Das politische Ziel lautet, die Forschung in allen Fächern durch neue Möglichkeiten und verstärkten Wettbewerb zu verbessern.

Damit bestehen erhellende Parallelen zum Binnenmarktprogramm von 1985.[15] Letzteres verdankte sich maßgeblich der politischen Wahrnehmung allzu sklerotischer Volkswirtschaften, die als schlecht gerüstet galten, dem zunehmenden globalen Wettbewerb mit den USA und Fernost standzuhalten. Die Regierungen der Mitgliedstaaten nutzten die damalige EWG, um ein fundamentales Reformprogramm durchzuführen, das mit ähnlicher Tiefenwirkung durch allein staatliche Maßnahmen kaum je hätte erreicht werden können.

Das Projekt *europäischer Forschungsraum* (European Research Area, ERA) führte unter anderem zum Europäischen Forschungsrat, der 2007 seine Arbeit aufgenommen hat und auch die Rechtswissenschaft fördert.[16] Er hat sich bereits überaus erfolgreich positioniert: Die Erfolgs-

---

schen bzw. italienischen Übersetzung) *Mattias Kumm*, On the past and future of European constitutional scholarship, 7 Int'l J Constitutional Law (2009), S. 401, 410 ff.; *Alexander Somek*, The indelible science of law, 7 Int'l J Constitutional Law (2009), S. 424, 431 ff.; *Michel Rosenfeld*, The role of constitutional scholarship in comparative perspective, 7 Int'l J Constitutional Law (2009), S. 362 ff.; *Enrico Scoditti*, La scienza giuridica e i signori del diritto, Foro Italiano 2012, S. 241 ff.; *Remo Caponi*, Diritto della scienza e scienza del diritto, Foro Italiano 2012, S. 243 ff.; *Massimiliano Granieri*, Roberto Pardolesi, Ma i tre signori del diritto sono rimasti in due?, Foro Italiano 2012, S. 247 ff.; *Alessandro Palmieri*, La scienza giuridica europea e le professioni, Foro Italiano 2012, S. 249 ff.

[14] Näher *Álvaro de Elera*, The European Research Area: On the Way Towards a European Scientific Community?, European Law Journal 12 (2006), S. 559 ff.; *Joseph Franz Lindner*, Die Europäisierung des Wissenschaftsrechts, WissR, Beiheft 19 (2009), S. 1, 7 ff.

[15] Weißbuch Vollendung des Binnenmarktes vom 14.6.1985, KOM (85) 319 endg.; dazu *Roland Bieber/Renaud Dehousse/John Pinder/Joseph Weiler* (Hrsg.), 1992: One European Market?, 1988.

[16] Beschluss 2007/134/EG der Kommission vom 2.2.2007, ABl. L 57 vom 24.2.2007, S. 14; ausführlich *Thomas Groß*, Der Europäische Forschungsrat, EuR 2010, S. 299.

quote bei seinen Programmen ist das vielleicht sichtbarste Instrument des innereuropäischen[17] Vergleichs in puncto Attraktivität und Leistungsfähigkeit der mitgliedstaatlichen wissenschaftlichen Einrichtungen, und eine Förderung durch ihn vermittelt Wissenschaftlern im europäischen Kontext schon jetzt eine so hohe Reputation wie kaum eine andere Auszeichnung. Diese ersten Schritte waren der konkrete Anlass für den deutschen Wissenschaftsrat, eben jene Empfehlungen zur Neuorientierung der deutschen Wissenschaft insgesamt und der deutschen Rechtswissenschaft im Besonderen zu erarbeiten.[18]

Der europäische Forschungsraum bedeutet nicht allein mehr Kontakte oder nur mehr Wettbewerb. Die Grundstruktur des bisherigen Wissenschaftsbetriebs gerät in Bewegung. Die Emergenz eines neuen Raums stellt etablierte Forschungsgegenstände, überkommene Methoden, Publikationsmuster, Karrieremuster, Reputationshierarchien und nicht zuletzt wissenschaftliche Identitäten in Frage. In den USA hat die Bildung eines kontinentalen Raums der Rechtswissenschaft zu Beginn des 20. Jahrhunderts die Verfassung dieser Wissenschaft profund verändert; warum sollte dies in Europa anders sein?

Spätestens an dieser Stelle verbindet sich die Rechtswissenschaftssoziologie mit der Soziologie des Nationalstaats. Die weltumspannende Gemeinschaft des Wissens ruht bislang insgesamt auf nationalen Sockeln. Der Wissenschaftsbetrieb, wie wir ihn heute kennen, bildete sich im 19. und 20. Jahrhundert als nationale Veranstaltung, ja als Veranstaltung des Nationalstaats aus.[19] Er finanzierte die Wissenschaften zwecks effektiver Verwaltung, nationalen Ruhmes und volkswirtschaftlicher Gewinne. Folgsam organisierten sich die Wissenschaftler, zumeist Staatsdiener, in nationalen Vereinigungen, pflegten nationale Publikationsorgane, trugen in der Landessprache eine nationale wissenschaftliche Öffentlichkeit. Gewiss gab es stets mehr oder weniger intensive internationale Kontakte. Doch diese Kontakte ruhten auf einer nationalen Basis, die weitgehend über Ausrichtung und Stil, Medien und Mittel, Karriere und Reputation entschied. Unter der Käseglocke des Nationalstaats entwickelten die nationalen Wissenschaften markant eigene Duftnoten. Dies gilt für die Rechtswissenschaft in besonderem Maße, ist sie doch

[17] Die Mitgliedschaft ist nicht auf die EU-Mitgliedstaaten beschränkt. Insbesondere Israel und die Schweiz sind höchst erfolgreiche Teilnehmer.

[18] Fn. 10.

[19] *Walter Rüegg*, Die Universität in der „Moderne“ des 19. und 20. Jahrhunderts, in: Wolfgang Mantl (Hrsg.), Phänomenologie des europäischen Wissenschaftssystems, 2010, S. 121 ff.

traditionell in allen Fächern, sogar im Europa- und Völkerrecht,[20] engstens auf „ihren" Staat und „dessen" Rechtsordnung bezogen.[21]

Der europäische Rechtsraum

Die entstehende Herausforderung ist für die Rechtswissenschaft noch größer als für die meisten anderen Geistes- und Sozialwissenschaften, weil sich nicht nur der wissenschaftliche Kontext, sondern auch ihr Gegenstand europäisiert und internationalisiert hat. Zwischen der Europäisierung und Internationalisierung besteht dabei wiederum ein enger Zusammenhang, da die Internationalisierung des deutschen Rechts oft durch das europäische Recht vermittelt wird. Weite Teile des internationalen Wirtschaftsrechts, des Umweltrechts, aber auch so heikler Themen wie des internationalen Sanktionsrechts treffen in ihrer unionsrechtlichen Durchführung auf die deutsche Rechtsordnung. Mit anderen Worten: die juristische Internationalisierung erfolgt oft in unionsrechtlicher Form.[22]

Die Europäisierung betrifft inzwischen nicht allein das nationale Verwaltungs- und Wirtschaftsrecht,[23] sondern etwa das Schuldrecht,[24] das

---

[20] Ausf. *Martti Koskenniemi*, The Gentle Civilizer of Nations. The Rise and Fall of International Law 1870–1960, 2002.

[21] Dies gilt auch für das komparatistisch besonders offene Privatrecht, *Reinhard Zimmermann*, The Present State of European Private Law, Am. J. Comp. L. 57 (2009), S. 479, 482.

[22] *Laurence Burgorgue-Larsen*, Los estándares: ¿normas impuestas o consentidas?, in: Armin von Bogdandy/Juan Ignacio Ugartemendia/Alejandro Saiz Arnaiz/Mariela Morales Antoniazzi (Hrsg.), La tutela jurisdiccional de los derechos. Del constitucionalismo histórico al constitucionalismo de la integración, Oñati 2012, S. 378 ff.

[23] *Mario P. Chiti*, Diritto amministrativo europeo, 2011; *Karl-Peter Sommermann*, Veränderungen des nationalen Verwaltungsrechts unter europäischem Einfluss – Analyse aus deutscher Sicht, in: Jürgen Schwarze (Hrsg.), Bestand und Perspektiven des Europäischen Verwaltungsrechts, 2008, S. 18.

[24] *Luis Díez-Picazo y Ponce de León/Antonio Manuel Morales Moreno/Encarna Roca Trias*, Los principios del derecho europeo de contratos, 2002; *Reinhard Zimmermann*, Die Europäisierung des Privatrechts und die Rechtsvergleichung, 2006, S. 46 ff.

Familien- und Erbrecht,[25] das Zivilprozessrecht,[26] das Arbeits- und Sozialrecht,[27] das Strafrecht,[28] das Steuerrecht,[29] das Verfassungsrecht[30] und eben auch, dank der vielfältigen völkerrechtlichen Aktivitäten der EU, das in Europa relevante, insbesondere praktisch relevante Völkerrecht. Es erscheint eine neue Qualität erreicht:[31] Die Phase der schlichten Europäisierung der nationalen Rechtordnungen ist insoweit beendet, als sie zu einem neuen Zustand geführt hat, den der Begriff des europäischen Rechtsraums besonders anschaulich beschreibt.[32] Wenngleich die europäische Überformung in aller Regel nicht kodifikatorisch, sondern „pointillistisch" erfolgt,[33] so ist doch in einer Reihe von Rechtsgebieten die gemeinsame europäische Rechtsschicht inzwischen breiter als in den Vereinigten Staaten. Diese neue Qualität zeigt an-

---

25 *Nina Dethloff*, Familien- und Erbrecht zwischen nationaler Rechtskultur, Vergemeinschaftung und Internationalität, ZEuP 2009, S. 992; *Silvia Masucci*, La famiglia e la successione ereditaria, in: Nicolò Lipari (Hrsg.), Trattato di diritto privato europeo, 2003, S. 413.

26 *Burkhard Hess*, Europäisches Zivilprozessrecht, 2010; *Fernando Gascón Inchausti/Andrés de la Oliva Santos*, Derecho procesal civil europeo, competencia judicial internacional, reconocimiento y ejecución de resoluciones extranjeras en la Unión Europea, 2011.

27 *Ulrich Becker/Winfried Boecken/Angelika Nußberger/Heinz-Dietrich Steinmeyer* (Hrsg.), Reformen des deutschen Sozial- und Arbeitsrechts im Lichte supra- und internationaler Vorgaben, 2005.

28 *Ulrich Sieber*, Die Zukunft des Europäischen Strafrechts, ZStW 122 (2009), S. 1 ff.; *Joachim Vogel*, Strafrecht und Strafrechtswissenschaft im internationalen und europäischen Rechtsraum, JZ 2012, S. 25 ff.

29 *Wolfgang Schön*, Die Auswirkungen des gemeinschaftsrechtlichen Beihilferechts auf das Steuerrecht. Österreichischer Juristentag (Hrsg.), 17. Österreichischer Juristentag Wien 2009, IV/2 Steuerrecht, 2010, S. 21.

30 *Armin von Bogdandy*, Zweierlei Verfassungsrecht, Der Staat 39 (2000), S. 163.

31 *Rainer Wahl*, Europäisierung: Die miteinander verbundene Entwicklung von Rechtsordnungen als ganzen, in: Hans-Heinrich Trute/Thomas Groß/Hans Christian Röhl/Christoph Möllers (Hrsg.), Allgemeines Verwaltungsrecht – zur Tragfähigkeit eines Konzepts, 2008, S. 869. Zum Begriff auch *Anna Katharina Mangold*, Gemeinschaftsrecht und deutsches Recht, 2011, S. 21 ff.

32 Art. 3 Abs. 2 EUV, Art. 26 Abs. 2 AEUV.

33 *Hein Kötz*, Rechtsvereinheitlichung – Nutzen, Kosten, Methoden, Ziele, Rabels Zeitschrift 50 (1986), S. 1, 5; *Stefan Leible*, Europäisches Privatrecht am Scheideweg, NJW 2008, S. 2558.

schaulich der Singular Rechts*raum*: Es gibt nunmehr ein neues Ganzes, welches das Bisherige, die einzelnen Nationalstaaten, transzendiert. Zugleich vermeidet der Begriff sowohl eine föderale als auch eine rein völkerrechtliche Deutung dieses neuen Ganzen und so eine Positionierung in der ältesten und prinzipiellen Kontroverse der europäischen Integration. Vielmehr eröffnet der Begriff eine für beide Verständnisse akzeptable und tragfähige Basis, um das neue Ganze zu erfassen. Zudem ist dem Begriff des europäischen Rechtsraums eine Dimension unmittelbarer Anschaulichkeit zu eigen, nachvollziehbar für jeden Bürger, der sich innerhalb der Europäischen Union bewegt – anders als abstrakte Leitbegriffe wie „Verbund", „Mehrebenensystem" oder „Netzwerk".

Grundlage des europäischen Rechtsraums ist das durch die mitgliedstaatlichen Rechtsordnungen definierte Territorium der Europäischen Union. Dabei ist ihm die Kombination von Staatlichem und Supranationalem wesentlich. Kern des Begriffs ist die Feststellung, dass die rechtliche Organisation dieses Territoriums ebenso durch mitgliedstaatliche wie unionale Normen erfolgt, um die Ziele des EU-Vertrags im Rahmen einer neuen politischen und rechtlichen Einheit zu verwirklichen.

Entsprechend mutieren, staatssoziologisch, der einsilbige Staat zum Mitgliedstaat, verwaltungswissenschaftlich, die Staatsverwaltung zum Glied einer Verbundverwaltung und, rechtswissenschaftssoziologisch, die staatliche Rechtsordnung zum Teil eines größeren Zusammenhangs.[34] In anderen Worten formuliert: Bislang konnte sich eine „große" Rechtsordnung, also solche mit langer Tradition, erheblichen Ressourcen und vielen Wissenschaftlern wie die deutsche als ein normatives Universum begreifen. Nunmehr jedoch, da zusammengeschlossen mit Rechtsordnungen wie der bulgarischen oder rumänischen, deren gelebtes Recht sich deutlich von dem deutschen unterscheidet, erscheint es angebracht, diesen Zusammenhang als ein Pluriversum zu verstehen, zumal die hierarchische Zuordnung des nationalen und supranationalen Rechts in der Schwebe bleibt.[35] Die Wissenschaft und v.a. Dogmatik des deutschen Rechts, will sie diese Entwicklung verarbeiten und damit

[34] Näher *Christoph Schönberger*, Verfassungsvergleichung heute: Der schwierige Abschied vom ptolemäischen Weltbild, VRÜ 43 (2010), S. 6.

[35] *Niel Walker*, The Idea of Constitutional Pluralism, MLR 65 (2002), S. 317; aus rechtsvergleichender Perspektive *Daniel Halberstam*, Constitutional Hierarchy: The Centrality of Conflict in the European Union and the United States, in: Jeffrey L. Dunoff/Joel P. Trachtman (Hrsg.), Ruling the World? Constitutionalism, International Law, and Global Governance, 2009, S. 326 ff.

praxistauglich bleiben, also nicht zuletzt den Bedürfnissen des Rechtsstabs, der Wirtschaft und der Studierenden nachkommen, muss sich in diesem Pluriversum neu aufstellen. Dies verschärft den Veränderungsdruck.

Amerikanische Universitäten

In diesem Kontext versteht sich die Herausforderung durch die führenden US-amerikanischen *Law Schools*.[36] Die Entgrenzung und Bildung von neuen Räumen erfolgt zumeist nach den Regeln des stärksten Systems. So wie der europäische Währungsraum maßgeblich nach deutschen Vorstellungen und dem Beispiel der Deutschen Mark gestaltet wurde, so formt sich der europäische Wissenschaftsraum nach den Regeln und Praktiken der angelsächsischen Wissenschaftswelt, welche im rechtswissenschaftlichen Bereich die amerikanischen Elite *Law Schools* maßgeblich prägen, obwohl die Vereinigten Staaten natürlich nicht Teil des Forschungsraums sind.[37] Wenngleich es einige Fächer und Fragestellungen geben mag, wo dies anders ist, so erscheint es mir, gesamthaft betrachtet, unzweifelhaft, dass diejenigen rechtswissenschaftlichen Autoren, die in grenzüberschreitenden Fachdebatten besonders häufig auftauchen und die Debatten oft mehr als andere prägen, und sei es auch nur als „Stachel", an amerikanischen Institutionen arbeiten, wobei dies bemerkenswert häufig nicht US-Amerikaner, sondern oft Ausländer sind.[38]

Soll die deutsche Rechtswissenschaft in diesen Debatten präsent sein, so birgt dies für deutsche Rechtswissenschaftler Mühe und Kosten. So ist Englisch für den europäischen Diskurs in den allermeisten juristischen Disziplinen die maßgebliche Sprache, wie inzwischen selbst französi-

---

[36] *Oliver Lepsius*, Was kann die deutsche Staatsrechtslehre von der amerikanischen Rechtswissenschaft lernen?, Die Verwaltung, Beiheft 7: Staatsrechtslehre als Wissenschaft, 2007, S. 319, 348 ff.

[37] Zum allgemeinen Phänomen *William M. Johnston*, How Higher Education in the United States Challenges Universities in Europe and the United Kingdom, in: *Mantl* (Fn. 19), S. 145.

[38] Es dient der internationalen Strahlkraft des amerikanischen Wissenschaftssystems, dass es ausländischen Wissenschaftlern eine berufliche Zukunft bietet. Amerikanische Fakultäten sehen, anders als viele deutsche Fakultäten, Ausländer, die nicht 2 Staatsexamen gestählt haben, als volltaugliche Kollegen auch im Unterricht des heimischen Rechts.

sche Kollegen anerkennen. Weiter kann deutsche Dogmatik kaum ohne Modifizierungen erfolgreich europäisch präsentiert werden: Vielmehr ist der juristische Gedanke für den neuen Kontext spezifisch zu entfalten.[39] Es gibt zudem deutliche Hinweise, dass die deutsche Rechtswissenschaft, nicht zuletzt dank der der deutschen Sprache eigenen Möglichkeiten von Substantivierungen und Substantivkombinationen, ein besonders dichtes Netz autonomer dogmatischer Begriffe und entsprechender Lehren gewoben hat, die es so kaum woanders gibt, und deren sachliche Angemessenheit, also Funktionalität, nicht immer hinreichend kontrolliert werden. Der Glanz der deutschen dogmatischen Rechtswissenschaft, ihre hohe Autonomie und begriffsprägende Kraft, und ihr Elend, nämlich Verstrickung in funktional zweifelhaften Abstraktionen, sind gleichursprünglich.

Eine besonders große Herausforderung durch die führenden amerikanischen *Law Schools* liegt darin, dass die Forschung in diesen Institutionen, so unterschiedlich sie sich im Einzelnen auch darstellt, regelmäßig mit der „normalen" dogmatischen Forschung in Europa kontrastiert.[40] Zunächst verlangt die amerikanische Rechtswissenschaft Thesen: Beschreibungen, aber auch dogmatische Klassifizierungen, sind wenig geschätzt. Die zentrale Rolle, die im kontinentaleuropäischen rechtswissenschaftlichen Diskurs die dogmatische Argumentation hat, wird im amerikanischen Diskurs am ehesten durch die *Economic* oder die *Policy Analysis of Law* wahrgenommen.[41] Als eigentlich wissenschaftlich gilt in jenen Institutionen oft die Anwendung der Methoden und Theorien anderer Wissenschaften auf das Recht. Die praxisgerechte Aufbereitung des geltenden Rechts wird hingegen weitgehend Verlagsjuristen überlassen, die die Datenbanken pflegen; die großen Rechtswissenschaftler sehen sich eher als *public intellectuals*,[42] die neue Ideen, oft durch interdisziplinäre Anleihen, produzieren. Innovationsfreudigkeit steht hoch im Kurs. In einem globalisierten System der Rechtswissenschaft steht daher der hergebrachte Modus dogmatischer Wissenschaft unter Druck.

---

[39] Von besonderer Bedeutung sind hierfür viele Beiträge im German Law Journal; zu dessen Rolle die Beiträge zum 10-jährigen Bestehen dieser Zeitschrift in German Law Journal 10 (2009), S. 1291 ff.

[40] Eine Ursachenanalyse bei *Richard A. Posner*, The Decline of Law as an Autonomous Discipline, Harvard Law Review 100 (1987), S. 761.

[41] *Robert C. Post*, Constitutional Scholarship in the United States, 7 Int'l J Constitutional Law (2009), S. 416, 421.

[42] So zuspitzend *Lepsius* (Fn. 36), S. 340 f.

Wege der Verarbeitung

Von der Notwendigkeit einer Strategie

Nach den Kräften, die zur Internationalisierung der deutschen Rechtswissenschaft treiben, kommen nun mögliche Evolutionen, ja Transformationen zur Sprache. Rechtswissenschaftssoziologisch formuliert geht es um Entwicklungsszenarien im sozialen System Rechtswissenschaft. Am Ausgangspunkt steht dabei die Feststellung, dass es keineswegs gesichert ist, dass die Internationalisierung gleichsam automatisch positive Effekte für die deutsche Rechtswissenschaft und, in der Verlängerung, die Rechtspraxis zeitigen wird. Der über die europäische Bande gespielte Wandlungsprozess der universitären Ausbildung (Bologna-Prozess) belegt anschaulich, wie wissenschaftsfremd und dysfunktional solche Impulse wirken können. Die Dominierung des globalen Wissenschaftsystems durch natur- und insbesondere lebenswissenschaftliche Verständnisse kann etwa dazu führen, dass ungeeignete Formen (etwa schwerfällige Forschungsverbünde) und Anreizstrukturen (etwa Umstellung auf extrinsische Motivation) gesetzt werden.

Auch steht zu befürchten, dass die allgegenwärtige Innovations-, Durchbruchs- und Paradigmenwechselrhetorik die für das Rechtssystem so wichtige akademische „Pflege eines Rechtsgebiets" unattraktiv werden lässt. Israel, ein Land mit einer überaus leistungsfähigen Rechtswissenschaft, wie schon sein Abschneiden im Rahmen des ERC zeigt, gibt ein warnendes Beispiel. Für die Evaluation von Forschungsarbeit ist die Publikation in amerikanischen und englischen Zeitschriften besonders relevant.[43] Dies hat natürlich weitreichende Folgen: Es leiden Qualität und Quantität der akademischen Durchdringung des israelischen Rechts, das als solches die amerikanischen und englischen Redaktionen kaum interessiert.[44] Der etablierte Forschungsgegenstand, nämlich die eigene Rechtsordnung, verliert so an Bedeutung.

Doch nicht nur das: die Schaffung eines neuen Forschungsraums stellt viele weitere wissenschaftliche Muster in Frage. Etablierte Forschungs-

---

[43] Vgl. die entsprechende Klassifizierung rechtswissenschaftlicher Zeitschriften in dem Ranking der hebräischen Universität Jerusalem. http:// israelaw.files.wordpress.com/2012/05/jerusalem-ranking-of-legal-journals-may-2012.doc. Danach können israelische Kollegen in Deutschland allenfalls im Göttingen Journal of International Law und dem German Law Journal publizieren, soll ihnen dies akademisch irgendwie nützen.

[44] Wie israelische Kollegen berichten.

interessen, namentlich Beschreibung, dogmatische Einordnung und pragmatischer Vorschlag zum Umgang mit einer Frage, müssen sich gegen Theorien und Methoden anderer Wissenschaften behaupten. Beliebte Publikationsmuster, etwa Sammel- und vor allem Tagungsbände, aber auch Lehrbücher, geraten gegenüber Zeitschriften, insbesondere solchen mit *peer review*, ins Hintertreffen. Soweit diese Zeitschriften im Ausland betreut werden, verlieren die etablierten Vertreter des Fachs im Inland an Einfluss. Es eröffnen sich zudem neue Karrieremuster im Ausland, wie fast jeder Besuch in englischen, niederländischen oder norwegischen Fakultäten zeigt. Viele der dort tätigen Ausländer meinen, dass sie in ihrem Heimatsystem ziemlich chancenlos waren. Der Freiheitsgewinn, insbesondere für den akademischen Nachwuchs, ist gewaltig.

Schon deshalb sollte man diesen Entwicklungen, ungeachtet der angesprochenen Risiken, offen begegnen. Zudem bedingt die Einbettung in dieses größere Wissenschaftssystem keinen unausweichlichen Abstieg oder gar Verfall, insbesondere keineswegs notwendige Unterordnung und US-Hegemonie. Es gibt in vielen Disziplinen globale Leuchttürme außerhalb der Vereinigten Staaten. Einige Länder – vor allem Skandinavien, die Niederlande und die Schweiz – haben wichtige Teile ihres Wissenschaftssystems entsprechend umgestellt und erscheinen im globalen Wissenschaftsbetrieb nach Maßstab der *citation indexes* sogar erfolgreicher als die in den Vereinigten Staaten und Großbritannien organisierte Forschung. Die Max-Planck-Gesellschaft, würde sie sich, wie die Rockefeller Universität, mit ihrer Doktorandenausbildung als Graduiertenuniversität konstituieren (sie müsste dazu gegenüber dem jetzigen Zustand eigentlich nur noch selbst die Doktorgrade vergeben), befände sich in dem Shanghai-Ranking weltweit unter den ersten fünf Institutionen.[45]

Will man im europäischen und internationalen Wissenschaftssystem aber erfolgreich sein, so drängt dies den deutschen, ebenso wie den französischen, spanischen oder italienischen Wissenschaftsbetrieb in vieler Hinsicht zu einem Umdenken, für welches die Empfehlungen des Wissenschaftsrats Hilfestellung geben.[46] So wird es wohl notwendig,

---

[45] Peter Gruss, 63. Jahresversammlung der Max-Planck-Gesellschaft, 14. Juni 2012, Stärke in der Forschung durch Vielfalt im System; http://www.mpg.de/5852163/hv2012Gruss.pdf, und dies mit einem deutlich kleineren Budget als die wichtigsten Konkurrenten.

[46] Siehe oben (Fn. 10, 11). Vgl. für eine die Beschreibung der Karrieremöglichkeiten in Deutschland http://www.eui.eu/ProgrammesAndFellowships/Aca

die knappen Ressourcen auf weniger Forschungseinrichtungen zu konzentrieren; die deutsche Exzellenzinitiative weist genau in diese Richtung.[47] Denn Entgrenzung erleichtert die Migration; internationale Attraktivität ist teuer.[48] Und ähnlich wie in den USA dürfte sich die Ausbildung des wissenschaftlichen Nachwuchses zunehmend auf eine Handvoll Institutionen konzentrieren.

Insgesamt geht es darum, die vielfältigen Chancen zu nutzen, die ein europäischer und international eng eingebundener Wissenschaftsraum nach den Regeln der angelsächsischen Wissenschaftswelt bietet. Es gilt die allgemeine Einsicht, dass weltweite Spezialisierung und Wettbewerb grundsätzlich segensreich sind. So dürfte die kontinentale Wissenschaft vom diskursiveren angelsächsischen Stil profitieren. Es ist zugleich jedoch keine Strategie, amerikanische Forschung einfach zu kopieren, denn Kopie ist niemals Spitzenforschung. Es gilt vielmehr, Wege der Öffnung und Fortentwicklung zu finden, ohne auf die vielfachen Leistungen einer differenzierten Rechtsdogmatik, also einer systematisierenden Aufbereitung des Rechtsstoffs in praktischer Absicht, zu verzichten.[49] Eine vielversprechende Strategie sollte Aneignungen aus allen Richtungen in klarer Kognition des eigenen Wegs und der eigenen Stärken bedeuten.[50] Dies hat eine eminent rechtswissenschaftssoziologische Dimension.

---

demicCareersObservatory/AcademicCareersbyCountry/Germany.aspx (Stand 08.01.2014).

[47] Näher *Michael Hartmann*, Die Exzellenzinitiative – ein Paradigmenwechsel in der deutschen Hochschulpolitik, Leviathan 34 (2006), S. 447.

[48] Vgl. in diesem Zusammenhang auch *Ayelet Shachar*, The race for talent: highly skilled migrants and competitive immigration regimes, NY University Law Review 81 (2006), S. 148 ff.

[49] Zur normativen Bedeutung einer solchen Dogmatik unzweideutig *Jürgen Habermas*, Diskurstheorie und Völkerrecht, ZaöRV 73 (2013), S. 295 ff. (298). Diese Dimension zu vernachlässigen wird jenen *law schools* oft vorgeworfen, ausf. *Harry T. Edwards*, The Growing Disjunction between Legal Education and the Legal Profession, Michigan Law Review 91 (1992), S. 34; vergleichend *Alexander Somek*, The indelible science of law, Int'l J Constitutional Law 7 (2009), S. 424.

[50] Exemplarisch *Eberhard Schmidt-Aßmann*, Verwaltungsrechtliche Dogmatik, 2013.

Rechtsvergleichung und methodologische Europäisierung

Dieser Befund und die mit ihm zusammenhängende Entwicklung verlangen nach wissenschaftlicher Orientierung. Die Rechtsvergleichung erhält dabei eine neue Dimension,[51] denn die einzelnen (Teil-) Rechtsordnungen sind in ein „Gespräch" zu bringen, das Identität *und* Differenz zugleich sucht.[52] Mit einer solchen Erkenntnisgrundlage lässt sich der gemeinsame Rechtsraum besser verstehen und gestalten. Die Qualität dieses Rechtsraums hängt davon ab, dass Wissenschaftler und Praktiker ein Verständnis für das Recht anderer Staaten entwickeln. Sie sollten auf der Grundlage gemeinsamer Fertigkeiten, Kenntnisse und Wertvorstellungen operieren sowie in der Perspektive des europäischen Rechtsraums ihren jeweiligen rechtlichen *acquis* neu justieren und fortentwickeln. Rechtsvergleichung, bislang nur in kleineren Staaten ein allgemeiner Standard guter Forschung, wird aufgrund des europäischen Rechtsraums zum Beruf der Zeit.[53]

Zudem ist oft nur mittels Rechtsvergleichung das Regelungsmodell eines europäischen Rechtsaktes oder die Entscheidung eines europäischen Gerichts zu durchdringen und die angestoßene Transformation des nationalen Rechts zu begreifen. Rechtsvergleichung und Kenntnisse

---

[51] *Reinhard Zimmermann*, Comparative Law and the Europeanization of Private Law, in: Mathias Reimann/ders. (Hrsg.), The Oxford Companion of Comparative Law, 2008, S. 539 ff. Dem haben sich nunmehr für das öffentliche Recht angenommen *Albrecht Weber*, Europäische Verfassungsvergleichung, 2010; *Claus Dieter Classen*, Nationales Verfassungsrecht in der Europäischen Union, 2013; *Ulrich Sieber/Karin Cornils* (Hrsg.), Nationales Strafrecht in rechtsvergleichender Darstellung. Allgemeiner Teil, 2010; *Jean Pradel*, Droit pénal comparé, 3[ieme] ed. 2008.

[52] Näher *Mireille Delmas-Marty*, Études juridiques comparatives et internationales du droit, 2003, S. 32; *Susana de la Sierra*, Una metodología para el Derecho Comparado europeo. Derecho Público Comparado y Derecho Administrativo Europeo, 2004, S. 67 ff.; *Marie-Claire Ponthoreau*, Droit(s) constituionnel(s) comparé(s), 2010, S. 103 ff.; *Michel Rosenfeld/András Sajó*, Introduction, in: dies. (Hrsg.), The Oxford Handbook of Comparative Constitutional Law, 2012, S. 1, 10 f.

[53] Dies gilt nicht nur für Europa, vgl. *Flavia Piovesan*, Ius commune latinoamericano en derechos humanos e impacto del sistema interamericano: Rasgos, potencialidades y desafíos, in: Armin von Bogdandy/Eduardo Ferrer Mac-Gregor/Mariela Morales Antoniazzi (Hrsg.), Ius Constitutionale Commune en derechos humanos en América Latina. Una aproximación conceptual, México, 2013, p. 181 ff. Pointiert dagegen *Hillgruber* (Fn. 12), S. 700, 701.

anderer Rechtssysteme können dem europäisch wie zwischenstaatlich agierenden Anwalt, Beamten oder Richter helfen, die Positionen der Kollegen zu verstehen und die eigene Argumentationslinie abzustimmen und anzureichern. Ähnliches gilt für die sich intensivierende Begegnung von Rechtswissenschaftlern im europäischen rechts*wissenschaftlichen* Raum auf Tagungen, am Schreibtisch, und zwar keineswegs allein bei „europabezogenen" Themen. Es wird immer mehr zum Standard guter rechtswissenschaftlicher Forschung, selbst eine rein innerstaatliche Fragestellung in einer europäischen Perspektive und aus fremden Lehren schöpfend neu zu entfalten.

Allerdings ist ausländisches Recht fremd. Rechtsquellen und Rechtserkenntnisquellen sind nicht leicht zu erschließen. Oft ist die Terminologie eine andere. Aufgrund der unterschiedlichen Entwicklungspfade können dieselben Worte bzw. ihre sprachlichen Äquivalente divergierende Begriffe tragen. Diese sind nicht einfach zu ermitteln, da Rechtsbegriffe ihren vollen Gehalt erst im Zusammenhang mit anderen Rechtsbegriffen und aus der praktischen Handhabung erhalten. Die Pluralität im europäischen Rechtsraum im Allgemeinen sowie die in Art. 4 Abs. 2 EUV anerkannte expressive, die nationale Identität aufzeigende Rolle der mitgliedstaatlichen Verfassungen im Besonderen verlangen, fremdes Recht als fremdes zu akzeptieren und der Neigung entgegenzuwirken, sprachlichen Assonanzen unbeschwert nachzugeben. Es gilt, die Grundlagen anderer europäischer Rechtsordnungen, insbesondere prägende historische Erfahrungen, Entwicklungsstufen, systematische Grundlagen, juristische und rechtswissenschaftliche Stile in der Perspektive des sich bildenden europäischen Rechtsraums zu erschließen und den eigenen Bestand im diesem Lichte fortzuentwickeln.

Die Berücksichtigung der anderen Rechtsordnungen sollte sich nicht im Vergleich erschöpfen. Vielmehr erscheint es angezeigt, den europäischen Rechtsraum als relevanten Kontext juristischer Arbeit zu begreifen, für dessen Funktionieren alle juristischen Akteure eine Verantwortung tragen, weshalb er in Entscheidungen und Begründungen zu berücksichtigen ist. Dies wirkt sich etwa bei den Folgenerwägungen aus, die oft für juristische Entscheidungen tragend sind.[54] Danach ist zu prüfen, wie eine Interpretation und insbesondere eine Rechtsfortbil-

---

[54] *Gertrude Lübbe-Wolff*, Rechtsfolgen und Realfolgen, 1981, S. 139 ff.; vgl. auch *Rolf Wank*, Grenzen richterlicher Rechtsfortbildung, 1978, S. 46 ff.

dung sich konkret auswirkt, wie sie auf andere Konstellationen passt und ob sie auch dort plausible, überzeugende Ergebnisse produziert.[55]

Gewiss ist dies selbstverständliches, fest etabliertes methodisches Handwerkszeug eines jeden Juristen. Aber: Bislang ist der Bezugsrahmen allein der mitgliedstaatliche Kontext, soweit es um eine Interpretation des mitgliedstaatlichen Rechts geht. In einem gemeinsamen Rechtsraum erscheint dies zu eng, auch Konsequenzen außerhalb der staatlichen Grenzen sind zu berücksichtigen.[56] Für Deutschland kann dies rechtlich im Integrationsgebot des Grundgesetzes verankert werden.[57] Ein solches Vorgehen stellt ein wichtiges Instrument dar, überzeugende von weniger überzeugenden dogmatischen Figuren und Fortentwicklungen zu unterscheiden und kann so helfen den methodischen Nationalismus zu überwinden.[58] Doch die methodischen Fragen reichen weit darüber hinaus und berühren die Identität der Rechtswissenschaft.

Transformation der disziplinären Identität

Die deutsche Rechtswissenschaft arbeitet in erster Linie in einer dogmatischen Ausrichtung.[59] Damit liegt sie, auf hohem Niveau, im europäischen Mainstream: Die praxisorientierte, klassifizierende und systematisierende Aufbereitung des positiven Rechtsmaterials, wenngleich in deutlich unterschiedlichen Ausprägungen, bildet in den meisten rechtswissenschaftlichen Disziplinen der meisten Länder die akademische Pflicht, die Bearbeitung darüber hinausgehender Fragestellungen hingegen die Kür. Dies erscheint nur zukunftsträchtig, wenn die Kür, wie in jeder guten Vorstellung, als unerlässlich begriffen und insbesondere

---

55 *Lübbe-Wolff* (Fn. 54), S. 156.

56 *Martin Böse*, Die Entscheidung des Bundesverfassungsgerichts zum Vertrag von Lissabon und ihre Bedeutung für die Europäisierung des Strafrechts, ZIS 2010, S. 76, 83.

57 Näher *Peter M. Huber*, Offene Staatlichkeit: Vergleich, in: Armin von Bogdandy/Pedro Cruz Villalón/ders. (Hrsg.), Handbuch Ius Publicum Europaeum (IPE) II, 2008, § 26 Rn. 104 ff.

58 Zum Begriff *Michael Zürn*, Politik in der postnationalen Konstellation, in: Christine Landfried (Hrsg.), Politik in einer entgrenzten Welt, 2001, S. 181; *Anne Peters*, Die Zukunft der Völkerrechtswissenschaft: Wider den epistemischen Nationalismus, ZaöRV 67 (2007), S. 721 ff.

59 Vgl. nur die Bestandsaufnahme des Wissenschaftsrates (Fn. 11), S. 35.

unter kritischer Verwendung amerikanischer Erfahrungen ausgebaut wird.[60]

Für die Sichtbarkeit einer Rechtswissenschaft und eines Rechtswissenschaftlers im europäischen Rechtsraum wird es vor allem auf Beiträge zu den großen gemeinsamen Fragen des europäischen Rechtsraums, grundbegrifflich ausgerichtete dogmatische Arbeiten sowie interdisziplinär und theoretisch informierte Forschung ankommen. Nur mit solchen Projekten dürfte man etwa beim Europäischen Forschungsrat Chancen haben. Anwendungsorientierte dogmatische Beiträge zu Einzelfragen insbesondere des mitgliedstaatlichen Rechts, das Gros der rechtswissenschaftlichen Arbeit, sind hingegen in der Regel allzu eng mit dem spezifischen nationalen Rechtsmaterial verwoben und daher weniger sichtbar und schwer zu rezipieren. Neben der dogmatischen Analyse bedarf es wirkungsorientierter, aufgabenbezogener und nicht zuletzt kritischer Betrachtungsweisen des Rechts, die nicht nur mit dogmatischer Begrifflichkeit, sondern auch mit Skalierungen, Leitbildern, Typologien, Begriffen anderer Wissenschaften sowie einer Vielzahl von Methoden und Interessen arbeiten.[61] Diese Pluralisierung hat transformatorischen Charakter: Danach bestimmt sich nämlich die Rechtswissenschaft nicht mehr über eine einzige, sog. juristische Methode.[62] Im Zuge dieser Entwicklung steht zudem zu erwarten, dass der derzeit breite Graben zwischen internen (dogmatischen) und externen Bearbeitungen des Rechts besser überquerbar wird.[63]

Eine solche Pluralisierung steht in ihrer transformierenden Kraft nicht allein. In vielen Rechtsordnungen haben sich die einzelnen rechtswissenschaftlichen Fächer durch die Konzentration auf ein spezifisches rechtliches Segment in Abgrenzung zu anderen Fächern etabliert. Sie haben jeweils ein Proprium gefunden, wie der weitgehend standardisierte Zuschnitt der disziplinprägenden Lehrbücher zeigt. Bereits die

---

[60] Zu den Problemen ausf. *Edwards* (Fn. 49), S. 34 ff.; *Edward L. Rubin*, Law And the Methodology of Law, Wisconsin Law Review 1997, S. 521 ff.

[61] Sabino Cassese, New paths for administrative law: A manifesto, Int'l J Constitutional Law 10 (2012), S. 603, 612 f.

[62] So etwa *Andreas Voßkuhle*, Neue Verwaltungsrechtswissenschaft, in: Wolfgang Hoffmann-Riem/Eberhard Schmidt-Aßmann/ders. (Hrsg.), Grundlagen des Verwaltungsrechts, Band 1, 2. Auflage 2012, S. 1, 2. Hierzu *Jestaedt* (Fn. 2), S. 195 ff.

[63] *Martijn Hesselink*, A European Legal Method? On European Private Law and Scientific Method, European Law Journal 15 (2009), S. 20, 45.

Konstitutionalisierung der Rechtsordnung hat dies in Frage gestellt.[64] Im Zuge der Entwicklung des europäischen Rechtsraums bedarf es nun zunehmend einer rechtsordnungsübergreifenden Bearbeitung bestimmter Fragen. Angesichts der Bedeutung unionsrechtlicher Vorgaben ist auch die praxisorientierte Rechtswissenschaft gezwungen, sich unionsrechtlich auszuweiten. Die Überwindung des staatlichen Gesichtskreises drängt darüber hinaus auf eine Fortentwicklung, ja Transformation der traditionellen Identität der Disziplinen; zwei Aspekte ragen heraus.

Erstens steht eine Europäisierung der wissenschaftlichen Identität an. Ungeachtet eines entwickelten europäischen Rechts ist man heute von einer *gemeinsamen* Wissenschaft, von europaweiten Disziplinen zu den meisten Rechtsfragen selbst des Unionsrechts weit entfernt.[65] Ein europäischer Diskussions- und Rezeptionszusammenhang existiert derzeit nur in Ansätzen, weil eben die meisten Rechtswissenschaftler sich in erster Linie mit Blick auf das jeweilige staatliche Recht und die entsprechende wissenschaftliche *Community* begreifen. Dies kann als kollektive Ausrichtung für die Zukunft kaum überzeugen. Soll der europäische Rechtsraum den berechtigten Rationalitätserwartungen genügen, die im 20. Jahrhundert mit Blick auf das staatliche Recht formuliert wurden, so bedarf es einer intensiven wissenschaftlichen Begleitung, die allein aus den nationalen Wissenschaftsräumen heraus nicht geleistet werden kann.[66] Es bedarf einer europäischen wissenschaftlichen *Community*, und eine solche *Community* verlangt eine entsprechende Identität ihrer tragenden Mitglieder.

Der Weg dahin ist weit und mühsam: die Sprachenfrage, die Unübersichtlichkeit der Forschungs- und Publikationslandschaft, schlichtweg die Vielgestaltigkeit des europäischen Wissenschafts- und Rechtsraums. Es gibt eine Vielfalt nationaler Wissenschaftsstile und -kulturen, die ein

---

64 Vergleichend *Armin von Bogdandy*, Wissenschaft vom Verfassungsrecht – Vergleich, in: ders./Pedro Cruz Villalón/Peter M. Huber (Hrsg.), Handbuch Ius Publicum Europaeum (IPE) II, 2008, § 39, Rn. 38 ff.; *Luc Heuschling*, Verwaltungsrecht und Verfassungsrecht, in: Armin von Bogdandy/Sabino Cassese/Peter M. Huber (Hrsg.), Handbuch Ius Publicum Europaeum (IPE) III, 2010, § 54, Rn. 43 ff.

65 *Matthias Ruffert*, Was kann die deutsche Europarechtslehre von der Europarechtswissenschaft im europäischen Ausland lernen?, in: Helmuth Schulze-Fielitz (Hrsg.), Staatsrechtslehre als Wissenschaft, Die Verwaltung, Beiheft 7, 2007, S. 253, 256.

66 *Reinhard Zimmermann*, Savigny's Legacy, L. Q. Rev. 42 (1996), S. 576.

gemeinsames Gespräch stark erschwert.[67] Die Gründung eines *European Law Institute*[68] nach dem Beispiel des *American Law Institute*[69] kann zu einem solchen Gespräch ebenso beitragen wie europäische Fachgesellschaften, die Gewicht in den Karrieren ihrer Mitglieder haben. Insgesamt hängt der künftige Weg und Erfolg der deutschen Rechtswissenschaft maßgeblich an einer Neujustierung der Kriterien wissenschaftlicher Karriere im Lichte der Chancen und Herausforderungen des europäischen Rechtsraums.

Zweitens sind im europäischen Rechtsraum disziplinäre Identitäten, die sich in erster Linie aus Abgrenzungen bilden, also etwa des verwaltungsrechtlichen Materials gegenüber verfassungsrechtlichem, des nationalen gegenüber unionsrechtlichem und völkerrechtlichem, aber auch des öffentlich-rechtlichen gegenüber privatrechtlichem Material, kaum zukunftsträchtig.[70] Die disziplinäre Positionierung einer rechtswissenschaftlichen Disziplin im europäischen Rechtsraum sollte weniger durch die Bestimmung von Grenzen und erst recht nicht durch die Fixierung einer Methode, sondern vor allem durch die Klärung ihres jeweiligen zentralen Interesses erfolgen.

Die rechtsquellentheoretische Zuordnung zum Völkerrecht, Unionsrecht oder staatlichen Recht sollte also in Zeiten der Interdependenz der verschiedenen Rechtsordnungen nicht mehr das primäre Kriterium disziplinärer Identitäten bilden.[71] Rigide Primäridentitäten wie Staatsrechtler, Europarechtler oder Völkerrechtler werden damit ebenso pre-

---

[67] Zu deren Bedeutung für das europäische Projekt *Tony Judt*, Geschichte Europas von 1945 bis zur Gegenwart, 2006, S. 869 ff.

[68] *Stefan Leible* (Fn. 33), S. 2562; als eine Initiative hierzu vgl. www.europeanlawinstitute.eu (6.9.2010).

[69] Zur zentrale Rolle und den Aufgaben des American Law Institute vgl. *Joachim Zekoll*, Das American Law Institute – ein Vorbild für Europa?, in: Reinhard Zimmermann (Hrsg.), Globalisierung und Entstaatlichung des Rechts, 2008, S. 101.

[70] *Michael Stolleis*, Geschichte des öffentlichen Rechts in Deutschland. Vierter Band, 2012, S. 676.

[71] *Andrea Hamann/Hélène Ruiz Fabri*, Réseaux transnationaux et constitutionnalisme, in: Hélène Ruiz Fabri/Michel Rosenfeld (Hrsg.), Repenser le constitutionnalisme à l'âge de la mondialisation et de la privatisation, 2011, S. 174, 178 ff. Dies zielt nicht darauf ab, die diversen Rechtsordnungen in einem diffusen *globalen* Recht zusammenfließen zu lassen, näher *Armin von Bogdandy*, Prolegomena zu Prinzipien internationalisierter und internationaler Verwaltung, in: Trute/Groß/Röhl/Möllers (Hrsg.) (Fn. 31), S. 683, 684.

kär wie eine Identitätsbestimmung aus dem Gegensatz von öffentlichem Recht und Privatrecht. Es steht zu erwarten und zwecks einer problemadäquaten Wissenschaft auch zu hoffen, dass diese Identitäten sich im europäischen Rechtsraum zwar nicht verflüchtigen, da sie für die Lehre nützlich bleiben, aber doch weiter verflüssigen.[72] Andere Identitätsgehalte wie ein besonderes Interesse an einem Sachgebiet (Wettbewerbsrecht, Wirtschaftsrecht, Vergaberecht, Sicherheitsrecht, Verfahrensrecht oder Rechtsschutz im Verbundsystem, oft im Zusammenspiel öffentlich-, privat- und strafrechtlicher Komponenten) oder einer bestimmten Aufgabenstellung (Anwendungsdiskurse, Politikberatung, dogmatischer Systembau, eine bestimmte theoretische Forschungsrichtung) dürften dann wohl an Gewicht für das Selbstverständnis gewinnen. Dogmatische Arbeit sollte die identitätsprägende Mitte der Rechtswissenschaft bleiben,[73] jedoch weit mehr als heute durch eine Reihe weiterer Ausrichtungen ergänzt werden, die für diese Mitte als unerlässlich gelten.[74] Man darf hoffen, dass eine solche Pluralisierung die Attraktivität der Rechtswissenschaft stärken wird; dies verspricht das amerikanische Beispiel.

Spezifische Projekte

Mein spezifisches Interesse ist vor diesem Hintergrund, eine Idee des öffentlichen Rechtes zu entwickeln, aus dem heraus sich der Strukturwandel der Ausübung von Hoheitsgewalt durch internationale, europäische und nationale Institutionen besser begreifen und begleiten lässt. Ich versuche aus vielen Diskursen zu schöpfen und in viele Diskurse hinein zu wirken. Meine Publikationsstrategie ist daher in aller Regel

---

[72] *Brams Akkermans*, Challenges in Legal Education and the Development of a New European Private Law, German L. J. 10 (2009), S. 803, 813 f.

[73] Zur Bedeutung dogmatischen Denkens für die gesellschaftliche Rationalität *Habermas* (Fn. 49), S. 298.

[74] Zu den Optionen die Beiträge in *Christoph Engel/Wolfgang Schön* (Hrsg.), Das Proprium der Rechtswissenschaft, 2007; zu meiner Position *von Bogdandy* (Fn. 13); kritisch hierzu, da als viel zu „dogmatisch“ verstanden, *Massimo Bruni*, Per la scienza giuridica europea (riflessioni su un dibattito in corso), Rivista trimestrale di diritto pubblico 62 (2012), S. 905; *Giulio Napolitano*, Sul futuro delle scienze del diritto pubblico, 60 Rivista trimestrale di diritto pubblico 1 (2010); *Post* (Fn. 42), S. 421.

mehrsprachig, Deutsch, Englisch, zumeist auch Spanisch und oft auch noch in weiteren Sprachen.

Zu den konkreten Projekten: Im Rahmen des Völkerrechtes versuche ich einen Teilbereich zu identifizieren, der sich als internationales öffentliches Recht fassen lässt und die Ausübung von Hoheitsgewalt durch internationale Organisationen in diesem Sinne fasst und Ideen für ihre Fortentwicklung entwickelt. Der zentrale Begriff, welcher den Forschungsgegenstand identifiziert, ist dabei derjenige der internationalen öffentlichen Gewalt. Ein zweiter großer Komplex beschäftigt sich mit dem öffentlichen Recht im europäischen Rechtsraum, das sich aus dem Recht der Europäischen Union, dem öffentlichen Recht der Mitgliedstaaten sowie dem Recht des Europarates zusammensetzt. Ich verfolge dabei in der Nachfolge von Hermann Mosler ein Verständnis, welches sich gegen eine Monopolisierung des Begriffs des Europarechts durch das Recht der Europäischen Union wendet und insbesondere dem öffentlichen Recht der Mitgliedstaaten viel Aufmerksamkeit schenkt. Das wichtigste Projekt in diesem Zusammenhang ist das Forschungsprojekt Ius Publicum Europaeum. Aber natürlich ist auch die gemeinsame europäische, insbesondere unionale Ebene von großer Bedeutung: hier gilt speziell die Forschung dem EU-Verfassungsrecht, insbesondere seinen vielen Krisen. Das dritte Standbein meiner Forschung ist die Arbeit mit Lateinamerika. Gemeinsame verfassungsrechtliche Strukturen in jedem Raum werden unter dem Leitbegriff des Ius Constitutionale Commune en América latina untersucht. Die Idee ist es, hier einen Vergleich zu ermöglichen, der für den europäischen und den lateinamerikanischen Raum gleichermaßen fruchtbar ist.

V. Anne Peters, Direktorin seit 2013

Anne Peters

Die Zeitspanne, die das vorliegende Buch abdeckt, erlaubt es mir nicht, auf Traditionen zurückzublicken und aus meiner persönlichen Erfahrung zu berichten, sondern lediglich einen Blick in die Zukunft zu werfen, wie ich sie mir für das Institut vorstelle. Ich sehe meine Aufgabe vor allem darin, die Forscher am Institut zur Avantgarde einer wahrhaft globalen Völkerrechtswissenschaft zu machen.

Diese Wissenschaft sollte das übergreifende und grundlegende Problem eines epistemischen Nationalismus adressieren. Es scheint, dass nicht immer universelle bzw. universalisierbare Argumente die konkreten Forschungsergebnisse bestimmen, sondern dass die wissenschaftlichen Aussagen durch die Eingebettetheit der Sprecher in ihren jeweiligen nationalen Diskursen determiniert werden, und bewusst oder unbewusst ausserdem die politischen Ziele ihres Heimatstaates rechtlich stützen. Dies wiegt umso schwerer, als ein übergreifender akademischer Diskurs nur schwach institutionalisiert ist. Zu den einflussreichen Publikationsorganen und Konferenzen zu allgemeinen völkerrechtlichen Themen haben Wissenschaftler aus einigen Weltregionen (z.B. aus Osteuropa und aus dem globalen Süden) nur wenig Zugang. Umgekehrt fehlen ihnen vielfach die materiellen Ressourcen und das Know-how, um an ihren eigenen Institutionen Konferenzen mit wirklich universeller Beteiligung auszurichten. Aus diesem Grund stehen sich die divergierenden Interpretationen des Rechts oft abstrakt, und vielfach in einem verpolitisierten Schlagabtausch, gegenüber.

Demgegenüber verlangt die Funktion des internationalen Rechts als einer globalen Ordnung gerade einen genuin transnationalen akademischen rechtlichen Diskurs, in dem völkerrechtliche Argumente allein dann als gültig anerkannt werden, wenn sie sich für eine universale Anwendbarkeit eignen und intersubjektiv nachvollziehbar sind, unabhängig von der Staatsangehörigkeit oder sonstigen Zugehörigkeit der Diskursteilnehmer. Voraussetzung solcher Universalisierbarkeit ist in einem ersten Schritt ein freier Austausch über völkerrechtliche Konzepte, für den das Institut ein Forum bieten kann.

In internationalen Krisen und Konflikten zeigt sich immer wieder, dass Staaten anerkannte völkerrechtliche Tatbestände (z.B. die Intervention zugunsten eigener Staatsangehöriger, das Selbstbestimmungsrecht der Völker, das Selbstverteidigungsrecht, die Notwendigkeit der Zustimmung zur Begründung der Zuständigkeit eines internationalen Gerichts, usw.) in stark gedehnter Weise anwenden. Hier erscheint die Unbestimmtheit und Unterdeterminiertheit des Fachdiskurses in kritischem Licht und gibt Anlass, die Eigenständigkeit des Völkerrechtssystems gegenüber dem politischen System und die Bedeutung des Völkerrechts als Ordnungsfaktor der internationalen Beziehungen neu zu überdenken. Das Max-Planck-Institut ist ein besonders geeigneter Reflexions- und Begegnungsraum für die Mitglieder des „invisible college of international lawyers".

Sowohl die positive als auch die normative Analyse des Völkerrechts ist Aufgabe des Instituts. Persönlich sehe ich den Wert von Völkerrechtsforschung vielfach darin, dass sie eine realistische (im Gegensatz zu einer illusionären oder naiven) Utopie entwirft. Auf der Basis einer positiven Analyse der geltenden Normen und der Praxis kann und sollte die normative Analyse nach der Rechtfertigung von Normen fragen, ihre Anwendung oder Nichtanwendung kritisieren und Vorschläge für neue Normen oder Auslegungen entwickeln.

Die Forschungsprojekte, die ich verfolgen werde, liegen im Bereich der Menschenrechte und im allgemeinen Völkerrecht.

Das Projekt zum Status des Individuums untersucht, ob und inwieweit der Mensch bereits ein primäres Völkerrechtssubjekt ist. Hierzu muss Ideengeschichte und Dogmatik der Völkerrechtspersönlichkeit des Menschen näher beleuchtet und die Rechtspraxis in zahlreichen Teilrechtsgebieten, angefangen vom Recht der internationalen Verantwortung über das Recht des bewaffneten Konflikts, das Recht der Katastrophenhilfe, das internationale Strafrecht, das internationale Umweltrecht, das Konsularrecht und das Recht des diplomatischen Schutzes, das internationale Arbeitsrecht, das Flüchtlingsrecht bis hin zum internationalen Investitionsschutzrecht untersucht werden.

Die Forschung zum globalen Tierrecht soll konzeptionelle Grundlagen schaffen, die zur praktischen Entwicklung des Felds durch die Bereitstellung passender Rechtsargumente und Rechtsbegriffe beitragen. Zur Forschungsagenda gehört auch, Rechtslücken zu identifizieren und dadurch Rechtsreformen anzuregen. Zu diesem Zweck müssen die verstreuten internationalen (universellen und regionalen, insbesondere europäischen) Vorschriften (harte und weiche Normen), welche das Tierwohl betreffen, zunächst identifiziert, systematisch dargestellt und analysiert werden. Internationale und europäische Rechtsstreitigkeiten (vor dem EuGH, dem EGMR, dem IGH, dem WTO-Streitbeilegungsgremium usw.) sowie einschlägige Reformprojekte müssen kommentiert und kritisiert werden. Schließlich soll diese Forschung die praktische Notwendigkeit, die ethische Rechtfertigung und die politischen Chancen einer Konsolidierung und Stärkung des Korpus spezifisch völkerrechtlicher Tierwohlvorschriften untersuchen.

Das Projekt der „Max Planck Trialogues on the Law of Peace and War" soll aktuelle und grundlegende Fragen des *jus contra bellum*, des *jus in bello* und des *jus post bellum* jeweils durch drei verschiedene Autoren „trialogisch" aufarbeiten lassen, um den ideellen und geographischen Pluralismus der Ansätze sichtbar zu machen.

Schliesslich soll sich ein Projekt zum Rechtsprinzip der Solidarität und zu den „sozialen" Aspekten des Völkerrechts mit Globalisierungsfolgen, dem Nord-Süd-Gefälle und der Weltarmut befassen. In dogmatischer Hinsicht stellt sich hier die Frage positiver völkerrechtlicher genzüberschreitender bzw. extraterritorialer Handlungspflichten (in Form von Schutzpflichten, Verfahrenspflichten, Informationspflichten usw.) von Staaten gegenüber anderen Staaten oder Individuen ausserhalb ihrer staatlichen Grenzen. Eine Frage lautet, unter welchen konkreten Umständen sich ein Staat durch Unterlassen von finanzieller, militärischer oder logistischer Unterstützung nicht nur moralisch, sondern auch völkerrechtlich verantwortlich macht gegenüber konkreten Menschengruppen oder Staaten – etwa durch Vorverhalten oder aufgrund juristisch relevanter Nähebeziehungen. Die Völkerrechtsteilgebiete, die einschlägige und ausbaufähige Normen bereitstellen, sind vor allem die sozialen Menschenrechte, das Recht der Entwicklungszusammenarbeit, das Recht der Katastrophenhilfe, das internationale Arbeitsrecht und das Flüchtlings- und Migrationsrecht. Die genannten

Solidaraspekte stellen, aus der Perspektive des globalen Konstitutionalismus und der *global governance*, eine notwendige soziale Ergänzung des globalen Verfassungsrechts dar.

Alle Projekte haben oft eine vertikale und/oder horizontale vergleichende Dimension, die auch Forschung zum europäischen und nationalen Recht impliziert. Sie beinhalten auch oft eine historische Dimension, die durch die Arbeit am Journal of the History of International Law gepflegt und vertieft wird. Die Zeitschrift kann über Themenhefte und die Publikation von Kolloquien (etwa zur Geschichte des ottomanischen Reiches oder zum völkerrechtlichen Erbe der russischen Revolution) die Forschungsagenda im boomenden Bereich der Völkerrechtsgeschichte mit gestalten.

Für die Durchführung der meisten Projekte bietet sich ein Methodenpluralismus an. Die dogmatische Forschung spielt eine wichtige Rolle für die Beantwortung konkreter Rechtsfragen, da sie die Ordnung und Strukturierung der Rechtskonzepte, Grundprinzipien und Entscheidungsregeln erlaubt und auf der Grundlage der bestehenden Rechtsnormen, -prinzipien und Entscheidungen eine logisch-semantische Analyse „innerhalb" des Rahmens der Rechtsordnung vornimmt. Dies liefert wegen der spezifischen Eigenschaften des Völkerrechts, insbesondere seiner Unbestimmtheit und Fragmentiertheit, bisweilen nur begrenzte Resultate. Die empirische Forschung, welche die Bedingungen betrifft, unter denen Völkerrecht entsteht und wirksam ist, spielt vor allem im Bereich der Geschichtsforschung eine wesentliche Rolle. Wichtig ist mir auch die theoretische Forschung, die Fragen über das Recht, seine Funktion, Struktur und Normativität aus der Außenperspektive untersucht. Dies kann von der kritischen Theorie über das Recht bis zur ökonomischen Analyse des Rechts reichen. Ethische Forschung ist insbesondere in den menschenrechtlichen Projekten erforderlich; sie beinhaltet die Untersuchung des ethischen Gehalts des Völkerrechts anhand von Gerechtigkeitsstandards. Dies erfordert eine Reflexion über den Umgang mit dem in der globalen Rechtspraxis aufscheinenden Wertepluralismus. Die Skizzierung dieser Forschungsansätze zeigt, dass die Projekte nicht allein mit rechtswissenschaftlichen Methoden durchführbar sind, sondern Interdisziplinarität erfordern, insbesondere durch die Einbindung der Politikwissenschaft, Geschichtswissenschaft, Philosophie, Soziologie und Wirtschaftswissenschaft.

Schließlich aber hängt die Durchführung aller Projekte immer ganz wesentlich vom Geist und der Zusammenarbeit der Teams ab, die sie bearbeiten. Diesen Teamgeist, den ich mir für mein gesamtes Wirken am

Institut, im wissenschaftlichen aber auch nicht wissenschaftlichen Bereich wünsche und zu dem ich beitragen möchte, stelle ich unter das Motto „trust, solidarity and flexibility“.

Anhang

Vorbemerkung

Im folgenden Anhang werden unterschiedliche Texte wiedergegeben, die für die Entwicklung des Instituts von Bedeutung sind. Die ersten beiden Texte wurden von früheren Direktoren des Instituts verfasst und behandeln die wissenschaftlichen Anliegen der jeweiligen Zeit. Die anderen Texte (Satzungsbestimmungen) sind für den Rahmen der Institutsarbeit relevant.

I. Viktor Bruns: Völkerrecht als Rechtsordnung (ZaöRV 1 (1929), S. 1-56)

Völkerrecht als Rechtsordnung

Dr. Viktor Bruns, Professor an der Universität Berlin, Direktor des Instituts für ausländisches öffentliches Recht und Völkerrecht.

© Max-Planck-Gesellschaft zur Förderung der Wissenschaften e.V., to be exercised by Max-Planck-Institut für ausländisches öffentliches Recht und Völkerrecht, Published by Springer-Verlag GmbH Deutschland 2018
R. Bernhardt, K.Oellers-Frahm, *Das Max-Planck-Institut für ausländisches öffentliches Recht und Völkerrecht,* Beiträge zum ausländischen öffentlichen Recht und Völkerrecht, https://doi.org/10.1007/978-3-662-55375-6

1. Vorbemerkung

Das Völkerrecht ist eine Rechtsordnung für die Gemeinschaft der Staaten, ein System von Rechtsgrundsätzen, Rechtsinstituten und Rechtssätzen, die untereinander in einem Ordnungszusammenhang stehen.

Überprüft man irgendeine der in- oder ausländischen Gesamtdarstellungen dieses Rechtsgebiets, so scheint die eben aufgestellte Behauptung nicht begründet. In ihnen wird, wenn wir von einigen wenigen Ausnahmen absehen, zu denen in erster Linie das Lehrbuch von *Anzilotti* und etwa „Die Verfassung der Völkerrechtsgemeinschaft" von *Verdross* gehören, das Völkerrecht als eine Vielheit von Regeln behandelt, deren Ordnungszusammenhang nur undeutlich erkennbar ist. Das Völkerrecht, so wird gelehrt, besteht zum ganz überwiegenden Teil aus Vertragsregeln, die sich einzelne Staaten oder Staatengruppen geschaffen haben. Daneben sollen ein paar Normen gelten, die auf das sogenannte Gewohnheitsrecht als Rechtsquelle zurückgeführt oder aus stillschweigendem Vertragsschluß abgeleitet werden. Das wären etwa die Regeln über die Rechts- und Handlungsfähigkeit der Staaten, über deren völkerrechtliche Repräsentationsorgane, über die Rechtsprivilegien der Diplomaten, über den Abschluß von Staatsverträgen und über das völkerrechtliche Delikt. Wäre diese Auffassung richtig, dann gäbe es allerdings keine Völkerrechtsordnung und damit auch kein Völkerrecht.

Ein Blick auf die Praxis der Staaten und die Rechtsprechung der überstaatlichen Gerichte zeigt, wie irrig eine solche Anschauungsweise ist. Die Urteile dieser Schiedsgerichte insbesondere stützen sich auf eine große Zahl von Rechtsnormen, die weder zum Vertragsrecht, noch zu dem gesicherten Bestand des Gewohnheitsrechts gehören. Eine sorgfältige Prüfung z.B. der bisherigen Entscheidungen des Ständigen Internationalen Gerichtshofs im Haag ergibt bereits einen Bestand von mehreren Hundert solcher Regeln. Wie gewinnt dieser Gerichtshof, wie gewinnen die anderen Schiedsgerichte diese Normen? Oder gehören gar diese Normen nicht zum positiven Völkerrecht?

Es kann nicht geleugnet werden, daß unser heutiges System oder die heutigen Systeme des Völkerrechts nicht ausreichen, den Rechtsstoff, der durch die Schiedsgerichte nicht geschaffen, sondern nur evident gemacht worden ist, zu erfassen. Sie reichen vollends nicht aus, die wichtigste Aufgabe einer Wissenschaft zu erfüllen, nämlich eben jener Tätigkeit der Gerichte vorzuarbeiten und ihr die systematischen Zusammenhänge einer in sich geschlossenen Rechtsordnung aufzuzeigen.

Dazu wird freilich eine Wissenschaft nicht imstande sein, die einer festen Methode entbehrt und ohne System arbeitet. Hätte man in weiten Kreisen nicht verlernt, sich auf die Grundlagen zu besinnen, so könnte z.B. nicht aus dem Umstand, daß in zwei oder drei Staatsverträgen angeblich dem Einzelindividuum eine Klagbefugnis vor einer Internationalen Instanz gewährt wird, der Schluß gezogen werden, daß ganz allgemein Einzelpersonen nach Völkerrecht Rechtssubjekte sein können. Man übersieht dabei vollkommen, daß dieses Ergebnis eine Änderung der Grundstruktur der Völkerrechtsordnung voraussetzt, die nicht durch diesen oder jenen Einzelvertrag abgeändert werden kann. Was soll ein Völkerrechtssystem bedeuten, das einige Sätze des gemeinen Rechts mit einzelnen Vertragsbestimmungen nach den angeblich konstitutiven Elementen des Staates (Staatsverfassung, Staatsvolk, Staatsgebiet) zusammenordnet? Es genügt in diesem Zusammenhang auf einige weitere Fehlerquellen hinzuweisen, die besonders verhängnisvoll für die wissenschaftliche Bearbeitung des Völkerrechts geworden sind.

Wenn einzelne Staaten untereinander über einen bestimmten Gegenstand inhaltlich ähnliche Verträge geschlossen haben, so kann durch eine Abstraktion aus diesen Verträgen nicht auf die Existenz eines Rechtsinstituts des gemeinen Völkerrechts geschlossen werden. Es gibt zwar Auslieferungsverträge, aber kein Völkerrechtsinstitut der Auslieferung. Es gibt Verträge, in denen ein Staat dem anderen die Ausübung hoheitlicher Befugnisse überträgt; es gibt aber kein Völkerrechtsinstitut des Protektorats. Nicht selten wird bei der Auslegung eines solchen Einzelvertrags auf den Begriff des Protektorats oder der Suzeränität Bezug genommen, um aus ihm rechtliche Folgerungen für die Beziehungen der beiden Vertragsstaaten abzuleiten. Im Grunde wird bei diesem Verfahren ein Vertrag mit Hilfe von Bestimmungen ausgelegt, die zwischen ganz anderen Vertragsparteien vereinbart sind. *Westlake* hat (The Collected Papers S. 435 f.) die Fehlerhaftigkeit dieser Methode an einem eindrücklichen Beispiel gezeigt, wie man zu politischen Zwecken den Sinn und die Bedeutung der zwischen England und der Südafrikanischen Republik 1884 in London geschlossenen Konvention zu fälschen versuchte, indem man bei der Auslegung der einzelnen Bestimmungen von dem Begriff der Suzeränität ausging.

In ein System des Völkerrechts, das nur ein System des gemeinen Völkerrechts sein kann, gehören einzelne Verträge überhaupt nicht, sondern nur Rechtsgrundsätze, Rechtsinstitute und Rechtssätze von allgemeiner Geltung.

In den meisten der heutigen Darstellungen findet man mehr oder weniger breite Umschreibungen der Texte von Einzelverträgen über spezielle Gegenstände, vergeblich aber wird man eine Systematik der Vertragsverpflichtungen suchen. Was uns in der Lehre vom völkerrechtlichen Vertrag geboten wird, ist eine Aufzählung der Formalien des Vertragsschlusses und der Vertragsaufhebung. Kaum irgendwo aber findet man eine Darstellung des völkerrechtlichen Rechtsgeschäfts. Es wird z.B. nicht geschieden zwischen den Beendigungsgründen für das Rechtsverhältnis als Ganzes und den Aufhebungsgründen der einzelnen Verpflichtungen aus diesem Rechtsverhältnis. Weder die verschiedenen Arten der Gesamtgläubigerschaft der Staaten, noch die möglichen Typen einer Gesamtschuldnerschaft finden Beachtung, obwohl die Friedensverträge etwa mit den Bestimmungen über die Reparationsforderungen die Behandlung solcher Fragen besonders nahe legen.

Auch die möglichen Arten vertraglicher Leistungsverpflichtungen begegnen keinerlei Interesse; und doch wäre bei der meist äußerst sorglosen Fassung der Verträge, die den Inhalt der Staatenverpflichtung kaum erkennen läßt, gerade diese Aufgabe von besonderer Wichtigkeit und Dringlichkeit. Um nur ein Beispiel zu geben: Verpflichten sich zwei Staaten gegenseitig, ihren Staatsangehörigen bestimmte Rechte (auf Niederlassung, Eigentumserwerb usw.) zu gewähren, so wird der Sinn dieser Verträge (also etwa der Klauseln von Handels- oder Niederlassungsverträgen) der sein, daß die Staaten versprechen, durch ihre Gesetzgebung den Angehörigen des Vertragspartners unmittelbar die vereinbarte Rechtsstellung einzuräumen und so die Angehörigen an dem landesrechtlichen Rechtsschutzverfahren teilhaben zu lassen. Wird der Vertrag als Landesgesetz in den beiden Staaten verkündet, so werden dadurch unmittelbare landesrechtliche Berechtigungen der gegenseitigen Staatsangehörigen geschaffen. Verpflichtet sich dagegen ein Staat durch Vertrag einem anderen gegenüber, dessen Angehörigen einen unter bestimmten Voraussetzungen entstandenen Schaden zu ersetzen, so wird dadurch lediglich eine Verpflichtung von Staat zu Staat begründet. Die Verkündung dieses Vertrags als Landesgesetz in den beiden Staaten wird nach dem Sinn des Vertrages weder die Bedeutung haben, daß die im Vertrag genannten Staatsangehörigen einen unmittelbaren Anspruch nach dem Landesrecht des verpflichteten Staates diesem gegenüber bekommen sollen, noch daß sie einen Anspruch gegen den berechtigten Heimatstaat nach dessen Landesrecht erwerben. Ein Hauptgrund, weshalb heute so viel Unklarheit und Streit über den Inhalt der Schadensersatzverpflichtung besteht, ist darin zu sehen, daß man es bisher vielfach versäumt hat, die völkerrechtlichen Pflichten des gemeinen und des Vertragsrechts mit der nötigen Schärfe zu erfassen.

Eine weitere Fehlerquelle ist in der Vermengung von Völkerrecht und staatlichem Recht zu erblicken. In manchen Lehrbüchern werden rein landesrechtliche Probleme erörtert und staatliche Rechtsnormen aufgezählt. Was soll es z.B. für einen Sinn haben, wenn die verschiedenen Gründe für den Erwerb und Verlust der Staatsangehörigkeit aus den verschiedenen Landesgesetzen, Bestimmungen über Ein- und Auswanderung, über Fremdenrecht usw. zusammengestellt und aufgezählt werden. Für die Beziehungen unter den Staaten sind landesrechtliche Gesetzesbestimmungen bloße Tatsachen und keine Rechtsnormen. Haben zwei Staaten, unter denen eine Staatsangehörigkeitsfrage streitig geworden ist, über diesen Gegenstand keine Vereinbarung getroffen, so kann sich nur die Frage erheben, ob etwa Normen des gemeinen Völkerrechts bestehen, die eine Abgrenzung der beiden staatlichen Verbände in personeller Hinsicht regeln, ob und in welcher Beziehung also der einzelstaatliche Gesetzgeber durch überstaatliche Normen bei der gesetzlichen Fixierung der Staatszugehörigkeit gebunden ist.

Staatliche Normen haben auf alle Fälle nur dann im Verkehr der Staaten Rechtsgeltung, wenn durch vertragliche Bestimmung oder eine Regel des gemeinen Völkerrechts auf sie verwiesen und ihr Inhalt damit zur völkerrechtlichen Norm geworden ist. Obwohl man fast allgemein in Theorie und Praxis Völkerrecht und Landesrecht als zwei getrennte Rechtsordnungen ansieht, in denen sich die Entstehung, Veränderung und Aufhebung der Rechtsnormen nach selbständigen Regeln durch die Tätigkeit verschiedener Organe vollzieht, soll aus den in den wichtigsten Kulturstaaten bestehenden, inhaltlich übereinstimmenden Zivilrechtssätzen unmittelbar auf die Existenz gleichlautender Völkerrechtsnormen geschlossen werden. So wird etwa versucht, Regeln der landesrechtlichen Zivilgesetzbücher über Willenserklärung, Vertrag oder Schadensersatz zu Völkerrechtsregeln zu machen, obwohl es z.B. nicht einmal im Landesrecht ein Rechtsinstitut des Vertrages gibt, sondern man zwischen öffentlichrechtlichem und privatrechtlichem Vertrag, die verschiedene Rechtsinstitute sind, unterscheidet. Dieser methodische Fehler wird nicht dadurch beseitigt, daß man sich auf den Analogieschluß beruft. Ein solcher Analogieschluß wäre nur zulässig, wenn die Völkerrechtsordnung ihn durch eine Norm gestattete.

In diesem Zusammenhang muß in aller Offenheit erklärt werden, daß die Gemischten Schiedsgerichte, die durch die Friedensverträge eingesetzt sind, in Verkennung ihrer Stellung und ihrer Aufgaben in zahlreichen Fällen rein völkerrechtliche Streitfragen unter Anwendung staatlicher Gesetzesnormen entschieden haben. So wurde z.B. in einem Urteil des Deutsch-Polnischen Schiedsgerichts (Recueil Band IV S. 359) die polnische Staatsangehörigkeit auf Grund des Artikels 9 des *code civil* festgestellt, obgleich übrigens dieser Artikel im Alten Russischen Reich durch das Gesetz vom 31. Dezember 1867 aufgehoben war und auch von Polen später nicht in Kraft gesetzt wurde. Im Verhältnis von Deutschland zu Polen gelten für die Anwendung des Versailler Vertrags ausschließlich die vertraglichen Bestimmungen über die Staatszugehörigkeit, aber nicht etwa die Bestimmungen der polnischen Staatsgesetze.

In einem anderen Falle hat das Deutsch-Rumänische Schiedsgericht in einem Prozeß, in dem der rumänische Staat auf Grund des Artikels 297 e VV. Ersatz für den durch deutsche Requisitionen einer rumänischen Aktiengesellschaft entstandenen Schaden forderte, erklärt, daß ein bestimmtes Verhalten des rumänischen Staates als *acte de souveraineté* der rechtlichen Würdigung durch das Gemischte Schiedsgericht entzogen sei und daß das Schiedsgericht sich in eine Streitfrage, die ausschließlich die kriegführenden Staaten angehe, nicht einmischen dürfe. Vermutlich war für diese Feststellung die Regel des französischen Rechts, daß die *actes de gouvernement* der Nachprüfung durch den Richter nicht unterworfen werden dürfen, maßgebend. Dieser landesrechtliche Satz ist damit zur Grundlage eines Urteils des durch einen völkerrechtlichen Vertrag eingesetzten überstaatlichen Gerichts gemacht worden, dessen Aufgabe die Anwendung der Bestimmungen der abgeschlossenen Staatsverträge und der ergänzenden Regeln des gemeinen Völkerrechts ist, also einer Rechtsordnung, die gerade die Würdigung von Staatsakten und nur von solchen zum Gegenstand hat.

Die Unklarheit über die Beziehungen der Völkerrechtsordnung zu den einzelstaatlichen Rechtsordnungen wirkt sich nicht selten auf die Art und Weise der Problemstellung aus. In der völkerrechtlichen Literatur, aber auch gelegentlich in der internationalen Rechtsprechung werden die Probleme so formuliert, als handelte es sich um Fragen des staatlichen und nicht um Fragen des überstaatlichen Rechts. Dazu scheint die grundsätzliche Auffassung von dem Geltungsgrund des Völkerrechts zu verleiten. Wer die Geltung völkerrechtlicher Verträge oder überhaupt die Geltung völkerrechtlicher Normen auf die Selbstbindung des Staates zurückführt, der sieht trotz allem in dem Völkerrecht doch nur eine Art äußeren Staatsrechts; er betrachtet die zwischenstaatlichen Beziehungen vom Boden der staatlichen Rechtsordnung aus, ihm verdrängen landesrechtliche Gesichtspunkte die völkerrechtliche Betrachtungsweise.

So werden die völkerrechtlichen Normen ihrem Wesen nach als Beschränkungen der staatlichen Souveränität aufgefaßt und daraus der Schluß gezogen, daß, was das Völkerrecht nicht ausdrücklich verbiete, erlaubt sei. Im Staatenstreit müßte demnach die Partei, die sich durch einen Hoheitsakt eines anderen Staates beschwert fühlt, die Verbotsnorm, die Beschränkung der einzelstaatlichen Souveränität nachweisen. Eine solche Auffassung, die von dem sogen. Begriff der Souveränität ausgeht, ist verfehlt, sie gründet auf staatsrechtlichem und nicht auf völkerrechtlichem Boden. Für die völkerrechtliche Beurteilung kommt es darauf an, ob das staatliche Verhalten rechtmäßig ist oder nicht. Rechtmäßig ist es, wenn die Völkerrechtsordnung den Staat zu seinem Verhalten berechtigt; rechtswidrig, wenn sie es verbietet. Ein Verhalten, das weder erlaubt noch verboten, also rechtlich indifferent wäre, kann es nicht geben.

Ein Beispiel bildet der Streitfall zwischen Danzig und Polen, der von dem Ständigen Internationalen Gerichtshof im Haag am 3. März 1928 entschieden wurde. Es handelte sich um die Frage, ob Polen zur Anerkennung der von den Danziger Gerichten gefällten Urteile verpflichtet war, die sich auf gewisse Ansprüche von in den polnischen Eisenbahndienst übergetretenen Danziger Beamten bezogen. Die beiden Staaten hatten ein Abkommen geschlossen, in welchem die Rechtsstellung dieser Eisenbahnbeamten geregelt worden war. Einige der Beamten hatten den polnischen Staat vor den Danziger Gerichten, die, wie nicht bestritten wurde, für solche Klagen zuständig waren, verklagt, da sie der Meinung waren, die polnische Eisenbahnverwaltung enthalte ihnen bestimmte Leistungen vor, zu deren Erbringung Polen sich in dem Beamtenabkommen dem Danziger Staate gegenüber verpflichtet habe. Die Danziger Gerichte hatten ihre Urteile auf die Bestimmung dieses Beamtenabkommens gestützt, Polen weigerte sich, diese Urteile anzuerkennen und auszuführen. Es berief sich darauf, daß die Ansprüche der Eisenbahnbeamten weder nach polnischem Beamtenrecht, noch nach den Anstellungsverträgen der Beamten gerechtfertigt seien. Auf das Beamtenabkommen selbst könnten sich weder die klagenden Beamten noch die Danziger Gerichte stützen, da dieses als Staatsvertrag nur Rechte für die vertragschließenden Staaten begründe. Die Gegenseite versuchte, den Nachweis zu führen, daß man bei Abschluß dieses Vertrages beabsichtigt habe, unmittelbar Rechte für die Beamten zu schaffen, sowie daß der Vertrag polnisches Landesrecht oder doch Bestandteil der Anstellungsverträge der Eisenbahnbeamten geworden sei, da diese beim Übertritt in den polnischen Staatsdienst eine Erklärung zu unterschreiben hatten, die sich ausdrücklich auf das Beamtenabkommen bezog.

Beide Parteien hatten durch diese Formulierung der Streitfrage den Fall auf das Gebiet des Landesrechts zu schieben gesucht und sich darüber gestritten, welches Recht die Danziger Gerichte anzuwenden berechtigt und verpflichtet und ob die Bestimmungen des Beamtenabkommens in polnisches Landesrecht umgewandelt worden seien.

In Wahrheit aber war der Streitgegenstand ein rein völkerrechtlicher. Polen hatte sich Danzig gegenüber in dem Abkommen zu einer in allen Einzelheiten geregelten Behandlung der in den polnischen Staatsdienst übergetretenen Danziger Eisenbahnbeamten verpflichtet und ferner zur Anerkennung und Ausführung der Urteile der Danziger Gerichte, denen durch völkerrechtlichen Rechtsakt die Zuständigkeit zur Beurteilung der zwischen den Beamten und der Eisenbahnverwaltung aus dem Anstellungsvertrag sich ergebenden Streitigkeiten übertragen war. Die einzige Frage, die demnach von den internationalen Instanzen zu prüfen war, ging dahin, ob die Urteilssprüche der Danziger Gerichte im Einklang standen mit den zwischen Danzig und Polen geltenden Normen des partikulären und gemeinen Völkerrechts. Ob die Danziger Gerichte zu Recht oder zu Unrecht in ihren Urteilen das völkerrechtliche Abkommen als solches oder als Danziger oder polnisches Recht zugrunde gelegt hatten, war für diesen Staatenstreit ohne jede rechtliche Bedeutung. Eine Nachprüfung dieser Frage wäre nur statthaft gewesen, wenn Danzig durch eine völkerrechtliche Rechtsnorm verpflichtet wäre, in seinen Gerichten ein bestimmtes Landesrecht, also etwa das polnische anwenden zu lassen; das war aber nicht der Fall.

Dieser eine Fall mag hier genügen, um zu zeigen, daß der Staatenstreit seine eigene Problemstellung besitzt, die nur vom Boden der überstaatlichen Rechtsordnung aus gefunden werden kann.

Unsere heutige Rechtslehre und besonders die Theorie des Völkerrechts bezeichnet sich als die Lehre vom positiven Recht. Für sie ist Recht nur das gesetzte und das Gewohnheitsrecht, Völkerrecht nur, was durch Vertrag oder Rechtsübung der Staaten ausdrücklich geschaffen ist. Alles andere soll Naturrecht sein, eine Summe von Postulaten sittlicher, politischer, wirtschaftlicher Art. Einer solchen Auffassung fehlt die Einsicht in den Begriff und das Wesen des Rechts. Sie ist darum nicht imstande, zu leisten, was sie vorgibt. Worin besteht dieser Positivismus im Völkerrecht? Er umschreibt den Inhalt einzelner Staatsverträge und sucht durch Generalisierung des Gemeinschaftlichen zu allgemein Gültigem zu kommen. Er beschreibt Einrichtungen und Vorgänge und vermißt sich, aus dem Faktischen die Norm abzuleiten. Für ihn ergibt sich aus der Tatsache, daß einige Staaten in einer bestimmten Lage sich ähnlich verhalten haben, die Rechtsregel. Da die Staatenpraxis aber auf keinem Gebiet eine völlig gleichförmige ist, ist für ihn eben ein anderes Verhalten normwidrig. Warum das Verhalten des einen Staates als rechtmäßig und das Verhalten des anderen Staates als rechtswidrig bezeichnet wird, dafür gibt es keinen Grund, es sei denn die Addition der Staaten und der Fälle. Im übrigen hat dieser Positivismus sein eigenes Programm nicht verwirklicht; die Staatenpraxis, selbst soweit sie in den veröffentlichten diplomatischen Noten enthalten ist, wurde kaum je ernstlich erforscht, eine rühmliche Ausnahme macht nur – allerdings auf die Praxis der Vereinigten Staaten beschränkt – das berühmte Werk von J.B. Moore. Auch die Rechtsprechung der internationalen Schiedsgerichte ist von der Theorie noch nicht entfernt ihrer Bedeutung entsprechend gewürdigt. Daher hat *Brierly* (British Year Book of International Law 1924 S. 4 ff.) mit guten Gründen gezeigt, wie wirklichkeitsfremd die herkömmliche Lehre von den Grundlagen des Völkerrechts ist, wie wenig die Theorie des positiven Völkerrechts mit dem lebenden Recht der Staaten zu tun hat.

Rechtsnormen sind Bewertungskriterien für menschliches Verhalten, für das Verhalten von Einzelindividuen wie von Personenverbänden. Sie qualifizieren dieses Verhalten zu einem rechtmäßigen oder rechtswidrigen. Aber nicht umgekehrt qualifiziert das Verhalten die Regel. Die treffendste Kritik hat W. *Schönfeld* in seinem anregenden Buche über die logische Struktur der Rechtsordnung, diesem sogenannten Positivismus gesprochen. Der Rechtsbegriff samt den von ihm abhängigen Begriffen wird „nicht durch generalisierende Abstraktion aus einer Erfahrung, von der niemand weiß, warum sie gerade Rechtserfahrung sein soll, nicht aus der Betrachtung dessen gewonnen, was sich als Recht ausgibt, wie der Positivismus in seiner Naivität meint …, sondern vielmehr durch Analyse der Rechtserfahrung erkannt, indem nach der Bedingung der Möglichkeit wirklichen Rechts gefragt wird. Analysieren ist nicht generalisieren und darum der apriorische Wesensbegriff kein empirischer Gattungsbegriff".

Die nachstehenden Ausführungen, denen in den nächsten Bänden dieser Zeitschrift noch weitere Aufsätze folgen sollen, stellen einen Versuch dar, für das Völkerrecht ein System und eine Methode zu finden. Ein Versuch, der bei dem krisenhaften Zustand der allgemeinen Rechtslehre noch große Mühe und Geduld erfordern wird. Es kann dabei nicht die Absicht sein, an dieser Stelle eine Auseinandersetzung mit den verschiedenen Richtungen unserer heutigen Theorie zu unternehmen, insbesondere nicht mit der reinen Rechtslehre *Kelsens*, die auf so ganz verschiedener Grundlage aufgebaut ist. Der grundsätzliche Gegner dieser Lehre wird trotzdem gerne anerkennen, wieviel Anregung er ihr selbst und dem Versuche von *Verdross*, auf ihrer Grundlage ein wissenschaftliches System des Völkerrechts zu errichten, verdankt. Der eigene

Versuch ist eine Erweiterung von im Jahre 1927 in Berlin, Danzig und Dorpat gehaltenen Vorträgen und gleichzeitig eine Vorarbeit zu einer systematischen Darstellung des Völkerrechts. Den Ausführungen kommt daher nur der Charakter einer vorläufigen Formulierung zu.

2. *Rechtsordnung und Rechtsgemeinschaft*

Recht bedeutet Ordnung und Frieden in einer Gemeinschaft. Die Ordnung des Zusammenlebens von Menschen oder Menschengruppen in einer Gemeinschaft bedingt die Unterdrückung der Eigenmacht, des freien Spiels der Kräfte, der willkürlichen Selbstbestimmung der einzelnen Genossen. Das Wesen einer Ordnung besteht nicht bloß in einem Negativen, in der Anordnung des Nichtdürfens. Ordnung ist Zuweisung einer Eigensphäre des Handelns und Herrschens an den Genossen, ist Gewährung eines Dürfens und ist Schutz dieses Dürfens durch Anordnung des Nichtdürfens der übrigen Genossen. So ist eine Rechtsordnung ihrem Wesen nach Verteilungs- und Friedensordnung.

Denkt man sich die Rechtsordnung in einem gegebenen Kreise fort, so gäbe es für die Bewertung des Verhaltens der einzelnen Menschen zueinander keine rechtliche Norm. Der Einzelne hätte die Möglichkeit zu allem, freilich nur soweit seine Fähigkeit, seine tatsächliche Macht reicht. Der Schwache hätte keine Aussicht, sich überhaupt eine Eigensphäre zu schaffen, der Schwächere müßte ständig damit rechnen, die einmal erworbene wieder zu verlieren. Die Ungebundenheit hebt alle Möglichkeiten des Einzelnen auf, sie schafft Unsicherheit und damit Unfreiheit. Sicherheit und Freiheit im Sinne einer unentziehbaren, unverkümmerbaren Stellung kann es im Naturzustande nicht geben. In diesem ist jeder zu Allem, keiner zum Besonderen befähigt. Freiheit des Einzelnen als gesicherte Stellung kann es nur geben, wo die anderen zu seinen Gunsten gebunden sind. Freiheit setzt Bindung, setzt Ordnung voraus. Freiheit des einen ist Beschränkung des anderen. So ist Meeresfreiheit nicht Freiheit *von* Regeln, sondern Freiheit *durch* Regeln. „La liberté est le droit de faire tout ce que les lois permettent" (*Montesquieu*).

Freiheit in diesem Sinn ist nur im Recht und durch das Recht. Das Recht aber schafft die Freiheit durch Frieden. Der Frieden wird gewirkt durch Verbot eigenmächtiger Gewaltanwendung, möge sie um behaupteten Rechtes willen oder ohne solchen Anspruch geschehen. Im staatlichen Verband dienen diesem Zweck Besitzschutz und Strafnormen, im Recht der Staaten die Kriegsächtung. Zum Freiheitsschutz in diesem Sinne gehört nicht bloß das Verbot der Gewalt, sondern gehören auch alle Normen, die die Willensmißachtung oder Willensbeugung verbieten. Diese Normen dienen zum Schutz der Person des Genossen und seiner Freiheit.

Die Rechtsordnung als Teilungsordnung weist jedem Genossen eine durch Normen abgegrenzte und geschützte Sphäre für seine Eigenbetätigung als Herrschaftsrecht zu. „Der Sinn aller rechtlichen Ordnung ist Gewährung, Abgrenzung und Zusammenordnung von Freiheitssphären." (E. *Kaufmann*, Wesen des Völkerrechts S. 51.) Sie baut diese Rechtsstellung durch Normen an die übrigen Mitglieder der Gemeinschaft, durch Auferlegung von Duldungs- und Unterlassungsverpflichtungen aus. Das Recht, die Freiheit des einen ist die Pflicht, die Beschränkung des anderen. Die Beschränkung, die Verpflichtung des einen erfolgt um des Rechtes des oder der anderen willen. Wo keine Verpflichtung, keine Beschränkung der anderen gegeben, kann auch der eine kein Recht haben. Darin liegt die Grundstruktur jeder Rechtsordnung.

Mit dem Ausdruck „Rechtsordnung" bezeichnet man eine Vielheit, einen Inbegriff von Rechtsinstituten und Rechtsnormen, von Rechtsgrundsätzen und Rechtssätzen. Freilich nicht eine systemlose Zusammenfassung von einzelnen unter sich beziehungslosen Regeln und Einrichtungen. Dem Begriff der Rechtsordnung wohnt die Bedeutung einer Ordnung im doppelten Sinn inne. Nicht bloß soll die einzelne Norm in der sozialen Wirklichkeit Ordnung schaffen, es müssen vielmehr die einzelnen Grundsätze, Institute und Regeln selbst zueinander in einem Ordnungsverhältnis stehen, ein System bilden. Rechtsordnung ist Ordnung von Ordnungsnormen.

Eine Norm, ein Institut kann Rechtsnorm, kann Rechtsinstitut nur sein als Bestandteil einer bestimmten Rechtsordnung. Läßt sich die Zugehörigkeit einer Regel zu einer bestimmten Rechtsordnung nicht nachweisen, so kann diese Norm keinen Rechtscharakter besitzen.

Jede Rechtsordnung setzt eine Rechtsgemeinschaft, setzt einen bestimmten Kreis von Rechtsgenossen voraus. Darauf neuerdings wieder hingewiesen zu haben, ist ein Verdienst von *Husserl* (Rechtskraft und Rechtsgeltung 1925) und von *Heller* (Die Souveränität S. 42). Eine Ordnung ist Rechtsordnung nur in der Gemeinschaft, die sie sich geschaffen und die durch sie zu einer Rechtsgemeinschaft konstituiert wird. Darum nimmt der Einzelne an der Rechtsordnung nur als Genosse eben dieser Rechtsgemeinschaft teil, nur als Mitglied dieser Gemeinschaft berechtigen und verpflichten ihn die Normen der Gemeinschaftsordnung. Wie die Rechtsordnung immer nur für die Gemeinschaft, die sie sich gesetzt hat, gilt, so gilt auch die einzelne Rechtsregel nur dann als Bestandteil der Rechtsordnung, wenn sie von der Gemeinschaft als solcher oder von einem durch sie eingesetzten Funktionsträger aufgestellt ist. Gegenstand einer besonderen Untersuchung wird in einem der nächsten Kapitel das Wesen der Rechtsgemeinschaft und die Frage sein, ob und inwiefern die heutige Staatengesellschaft eine Rechtsgemeinschaft ist. Für die vorliegende Untersuchung wird der Rechtscharakter der Staatengemeinschaft vorausgesetzt.

Eine Rechtsordnung setzt eine Rechtsgemeinschaft voraus, die Gemeinschaft eine Mehrzahl von Genossen. Die Rechtsordnung und ihre Normen regeln das Zusammenleben von Personen in der Gemeinschaft, die wechselseitigen Beziehungen der Gemeinschaftsgenossen. Genosse der Rechtsgemeinschaft ist, wen deren Ordnung dazu macht.

Wer durch die Rechtsordnung zur Mitgliedschaft im Verband berufen ist, ist Rechtsperson in der Gemeinschaft. Er ist damit gleich den anderen Genossen zur Schaffung und Verwirklichung der Ordnung berufen. Er ist weiter Träger der Rechte und Pflichten, die diese Ordnung für den Einzelnen in seinen Beziehungen zu den übrigen Genossen festsetzt. Er ist Funktionsträger und Rechtssubjekt. Eine Rechtsordnung muß um die Gemeinschaft zu ordnen zunächst die Stellung des einzelnen Genossen als Rechtsperson bestimmen. Das bedeutet Rechtsnormen-Schutz und -Garantie für die Existenz und Unversehrtheit des Genossen und für die Freiheit seiner Willensentschließung, bedeutet die Schaffung einer Eigensphäre und die Zuweisung eines Anteils an den Lebensgütern.

In der Gemeinschaft ist der Einzelne nur zu dem berechtigt, was ihm die Gemeinschaft zuweist oder zu tun erlaubt. Aus der Vielzahl der Genossen ergibt sich die Konkurrenz der Berechtigungen und darum die Beschränkung der Einzelsphären. Die Eigensphäre des Einzelnen wird bemessen mit Rücksicht auf die Gleichheit der Genossen, und den Gemeinschaftszweck. Nicht das Individualinteresse des einzelnen Genossen, seine Eigenbestimmung ist Grundlage und Maßstab für die Gemeinschaftsordnung, sondern der Gemeinschaftsgedanke und der dadurch bedingte Ausgleich und die Vereinigung der Einzelinteressen der Genossen.

Bedeutet die Gemeinschaft für den Genossen Konkurrenz und Teilung, so empfängt er auf der anderen Seite von der Gemeinschaft Schutz und Freiheit. Das Genossesein in einer Rechtsgemeinschaft bedeutet Unterordnung unter den Gemeinschaftsgedanken und den Gemeinschaftszweck, unter die gemeinschaftliche Ordnung. Eine Rechtsgemeinschaft kann sich nicht aufbauen auf dem Recht und der Pflicht der Einzelnen, für die eigene Erhaltung nach Maßgabe der Individualinteressen zu sorgen, sondern nur auf dem Gemeinschaftszweck und dem Solidaritätsgrundsatz, in dem die Erhaltung des Einzelnen in der und durch die Gemeinschaft beschlossen ist. Das Wesen der Gemeinschaft und ihrer Ordnung liegt in der Unterordnung des Einzelnen unter das Ganze, nur durch sie bekommt er ein Recht auf Existenz und Freiheit. Nicht die Souveränität der Staaten ist Grundlage der Völkerrechtsordnung, vielmehr reicht das Recht eines Staates in der Gemeinschaft so weit, als diese durch ihre Ordnung ihm Unabhängigkeit und Selbstbestimmung garantiert. „C'est donc bien à tort qu'on a pu longtemps présenter la souveraineté de l'Etat, surtout considerée comme absolue, comme le fondement du droit international; elle ne peut pas plus être le fondement du droit international que la liberté de l'individu considerée comme inaliénable et illimitée, ne peut être le fondement du droit public interne; à elles seules liberté individuelle et souveraineté nationale illimitées assureraient bien plutôt la destruction de tout le droit public, interne ou externe, par le ferment anarchique qu'elles représentent. (*Le Fur*, Recueil des Cours de l'Académie de Droit International 1927 III 418.) Kürzer noch hat dem Gedanken *Montesquieu* Ausdruck gegeben: „L'indépendance de chaque particulier est l'objet des lois de Pologne et ce qui en résulte l'oppression de tous."

So irrt der Ständige Internationale Gerichtshof, wenn er erklärt (Serie B Nr. 5 S. 27): „le principe de l'indépendance des Etats est à la base même du droit international". Grundprinzip jeder Rechtsordnung ist nicht die Unabhängigkeit des Einzelnen, sondern seine Beschränkung um der Gemeinschaft willen.

3. Die sogenannten Grundrechte und Grundpflichten der Staaten

Die juristische Doktrin, die sich die positivistische nennt, erkennt als Recht einer Gemeinschaft nur an, was durch speziellen konkreten Willensakt als Norm gesetzt wurde. Sie identifiziert weithin im Staat Recht mit Gesetz, in der Staatengemeinschaft Völkerrecht mit den Bestimmungen der Staatsverträge. Sie sieht sich freilich genötigt, anzuerkennen, daß nicht alles Recht auf solche Weise entstehen kann und setzt neben das Gesetzes- und Vertragsrecht das sogenannte Gewohnheitsrecht. Sie muß mit einer Duplizität der Rechtsquellen arbeiten, die von ihrer eigenen Grundlage aus unerklärbar bleibt. Darum sind auch die von einer solchen Anschauung ausgehenden Versuche, die Voraussetzungen des Gewohnheitsrechts und sein Verhältnis zu dem Gesetzesrecht zu formulieren und zu erklären, gescheitert.

Zur Rechtsgeltung des Gesetzes gehört seine Verwirklichung durch die Genossen der Gemeinschaft. Sie bleiben auch in dem Rechtskreis, in dem die Rechtssetzung besonderen Gemeinschaftsorganen übertragen ist, unentbehrliches, nicht ersetzbares Organ der Rechtsbildung. Und weiter, wie die Lehre vom Gewohnheitsrecht selbst zugibt, vermögen sie neben den, ja gegen die Gesetzesnormen unmittelbar durch Übung Recht zu schaffen. Nur wer sich die durch keine Gesetzesnorm entziehbare Stellung der Rechtsgenossen als Funktionsträger der Rechtsgemeinschaft klar macht, wird den Prozeß der Rechtsentstehung und Rechtsgeltung als einen Einheitsvorgang und das Verhältnis von Recht zu Gesetz und Staat erfassen können.

Auch diesen Problemen soll eine eigene Untersuchung gewidmet werden. Aber selbst unter Zuhilfenahme einer zweiten Rechtsquelle, des Gewohnheitsrechtes, vermag die positivistische Doktrin nicht Herkunft und Geltung des ganzen Bestandes positiver Normen einer Rechtsgemeinschaft zu erklären. Sie übersieht, daß nicht durch eine geschriebene Verfassung die deutsche Rechtsgemeinschaft geschaffen wird, daß vielmehr umgekehrt die Rechtsnatur dieser Verfassung nur ableitbar ist aus dem Rechte der Deutschen Rechtsgemeinschaft. Das hat *C. Schmitt* für das Verfassungsrecht in überzeugender Weise entwickelt (Verfassungslehre S. 10, 75). Ganz ebenso kann die Rechtsnatur der Verträge in der Staatengemeinschaft nicht aus dem Selbstverpflichtungswillen der Staaten im Einzelfall, sondern nur aus der Rechtsordnung der zu einer Rechtsgemeinschaft zusammengeschlossenen Staaten gefolgert werden. Diese Rechtsordnung und ihre grundlegenden Friedens- und Verteilungsgrundsätze sind positives Recht. Ohne sie könnte auch den Einzelverträgen der Rechtscharakter nicht zukommen. Recht einer Rechtsgemeinschaft ist nicht bloß, was deren zur Rechtsetzung berufene Funktionsträger im einzelnen formuliert und konkretisiert haben, Recht einer Rechtsgemeinschaft sind alle sich aus der konkreten Ordnung dieser Gemeinschaft ergebenden rechtlichen Folgerungen und Voraussetzungen. Darum verweist das Statut des Ständigen Internationalen Gerichtshofs in Artikel 38 und ihm folgend zahlreiche Schiedsverträge auf die principes généraux de droit reconnus par les nations civilisées.

Seit langen Zeiten hat man versucht, einen Katalog von Grund- und Freiheitsrechten für das Einzelindividuum im Staat und für die Staaten in der Völkerrechtsgemeinschaft aufzustellen. Solche Grund- und Freiheitsrechte des Einzelnen finden sich in zahlreichen geschriebenen Verfassungen und beziehen sich dort auf das Verhältnis des Einzelnen zur staatlichen Gemeinschaft und zu den staatlichen Organen. So wird z.B.

die Unverletzlichkeit der Freiheit in dem Sinne proklamiert, daß ein Staatsorgan diese Freiheit nur auf Grund eines Gesetzes entziehen oder beeinträchtigen darf. Die Unverletzlichkeit der Person, ihr Schutz gegen jede Verletzung durch die anderen Rechtsgenossen, findet sich nicht unter den Grundrechten der Verfassungen. Die Konkretisierung dieses Fundamentalsatzes jeder Rechtsgemeinschaft überläßt die staatliche Verfassung den Einzelgesetzen. Sprechen diese für die Verletzung des Lebens und der Freiheit Schadensersatz zu oder drohen mit Strafe, so deklarieren und konkretisieren sie nur einen Grundsatz der Rechtsgemeinschaft, ohne den diese keine Rechtsgemeinschaft und ihre Ordnung keine Rechtsordnung sein kann.

Grund- und Freiheitsrechte kann es nur geben in einer Rechtsgemeinschaft und durch deren Rechtsordnung. Insofern sind sie vorstaatliches Recht, ihre Aufnahme in die Staatsverfassung hat lediglich deklaratorische Bedeutung. Sie sind positives Recht, weil in und durch die Rechtsordnung einer bestimmten Gemeinschaft verliehen, aber nicht naturgegebenes Freiheits- oder Persönlichkeitsrecht, das der Einzelne aus dem vorrechtlichen Naturzustand mitbringt und innerhalb der Rechtsgemeinschaft sich bewahrt.

Was von den Grundrechten des Menschen im Staate gilt, gilt erst recht von den Grundrechten und -pflichten der Staaten in der Völkerrechtsgemeinschaft. Alle Bemühungen, Grundrechte und -pflichten der Staaten nachzuweisen, sind im Grunde nichts anderes als ein Versuch zur Konstruktion einer Rechtsordnung für die Staatengemeinschaft. Es mag hier genügen, auf ein Beispiel zu verweisen, den Beschluß der *Interparlamentarischen Union* vom 29. August 1928 über eine *„Erklärung der Rechte und Pflichten der Staaten“*; er lautet:

1. Für die Beziehungen zwischen Staaten gelten dieselben Grundsätze von Recht und Moral wie für die Beziehungen zwischen Einzelpersonen.
2. Alle Staaten sind unter sich solidarisch und bilden eine tatsächliche und rechtliche Gemeinschaft.
3. Alle Mitglieder der Staatengemeinschaft sind vor dem Recht gleich. Jeder Staat besitzt in der Gemeinschaft nur die Rechte, die ihm durch das Völkerrecht eingeräumt werden.
4. Die Verträge sind für die Staaten Gesetz. Es ist ihre unumgängliche Pflicht, sie einzuhalten. Ein Vertrag kann nur mit Zustimmung der beteiligten Staaten oder gemäß internationalem Recht aufgehoben oder abgeändert werden.

5. Alle Streitigkeiten zwischen Staaten, die nicht gütlich beigelegt werden können, müssen in einem gerichtlichen Verfahren (Schlichtung, Schiedsspruch oder Gerichtsurteil) erledigt werden. Jeder Staat muß ein ergangenes Urteil in guten Treuen ausführen.

6. Die Staaten haben nicht das Recht, zur Selbsthilfe zu greifen. Jeder bewaffnete Angriff stellt ein Verbrechen dar. Die verantwortlichen Einzelpersonen werden nach internationalen Normen belangt.

7. Ein mit bewaffneter Gewalt angegriffener Staat befindet sich in Notwehr; die Gesamtheit der übrigen Staaten ist verpflichtet, ihm beizustehen. Diese Beistandspflicht besteht ebenfalls bei Nichtachtung oder Verletzung anerkannter Rechte.

8. Die Unabhängigkeit jedes Staates ist unverletzlich; es gibt kein Eroberungsrecht.

9. Die Völker haben das unveräußerliche und unverjährbare Recht, frei über sich selbst zu verfügen. Territoriale Verschiebungen können nur gemäß internationalem Recht stattfinden.

10. Die Staaten sollen die Völker, die eine anders geartete Zivilisation haben und ihrem Schutze unterstellt sind, nicht für ihren eigenen Vorteil ausbeuten. Sie haben vielmehr die Aufgabe, zusammenzuwirken, um den wirtschaftlichen, moralischen und intellektuellen Stand dieser Völker zu heben, damit sie möglichst bald in die Staatengemeinschaft aufgenommen werden können. Die wirtschaftliche und gewerbliche Betätigung in den von den genannten Völkern bewohnten Gebieten soll den Staatsangehörigen aller Staaten erlaubt sein.

11. Die Staaten sollen auf allen Gebieten menschlicher Tätigkeit zusammenwirken, besonders aber auf denen, die auf die Förderung des Gesamtwohls gerichtet sind. Die Völkergemeinschaft soll jedem ihrer Glieder die unbedingt notwendigen wirtschaftlichen Voraussetzungen zu ihrer Existenz und ihrer Entwicklung gewährleisten.

12. Es soll in allen Staaten jedem Bürger, ohne Unterschied der Religion, der Rasse oder der Nationalität, das Recht auf die freie Entwicklung seiner kulturellen Eigenart zuerkannt werden.

13. Die Staaten sind verpflichtet, allen Bewohnern ihres Gebietes ohne Unterschied der Rasse, der Nationalität, des Alters oder Geschlechtes und ohne Rücksicht auf Glaubensbekenntnisse, philosophische und soziale Überzeugungen dieselben Rechte wie den eigenen Staatsangehörigen zu gewähren, mit Ausnahme aller oder gewisser politischer Rechte.

14. Die Mitglieder der Staatengemeinschaft sollen allen geistig und körperlich Arbeitenden ihre Menschenwürde, ihr Recht auf Arbeit, auf Ruhe und Mußestunden und ein angemessenes Entgelt für ihre Arbeit garantieren.

Der Beschluß spricht von einer tatsächlichen und rechtlichen Gemeinschaft unter den Staaten; von einer Rechtsordnung, ohne die eine Rechtsgemeinschaft nicht denkbar ist, schweigt er. Dafür sollen die Verträge für die Staaten Gesetz sein und die Staaten die unumgängliche Pflicht haben, sie einzuhalten. Woher einerseits die Verträge die Gesetzes-, also wohl die Rechtskraft nehmen und warum andererseits für diese Gemeinschaft nur Vertragsrecht gelten soll – Gewohnheitsrecht oder andere nicht in Verträgen enthaltene Normen werden nicht erwähnt –, bleibt unklar. Der erste Grundsatz, daß für die Beziehungen zwischen Staaten dieselben allgemeinen Grundsätze von Recht und Moral gelten sollen wie für die Beziehungen zwischen Einzelpersonen, ist wenig glücklich gefaßt. An eine einfache Übertragung der Rechtssätze des staatlichen Rechts auf die Staatengemeinschaft ist wohl kaum gedacht, offenbar soll der Satz besagen, daß für die Beziehungen der Staaten nicht der Grundsatz des Eigennutzes, der Selbstherrlichkeit gelten solle, sondern daß die Staaten wie die einzelnen Menschen den Gesetzen des Rechts und der Moral unterworfen seien. So aufgefaßt enthält der Satz eine etwas unpräzise Umschreibung der Annahme, daß die Staaten einer Rechtsordnung unterstehen.

Wenn weiter die Unverletzlichkeit der Unabhängigkeit der Staaten und die Rechtsgleichheit der Mitglieder der Staatengemeinschaft proklamiert wird, so kann darin der Versuch der Feststellung ihrer Rechtspersönlichkeit, ihrer Rechtsstellung in der Rechtsgemeinschaft gesehen werden. In dem Verbot der Selbsthilfe und dem Gebot der gerichtlichen Erledigung aller Streitigkeiten sind die Grundprinzipien einer Rechtsordnung zum Ausdruck gebracht.

Zur Wahrung des Gemeinschaftsfriedens sollen alle Genossen verpflichtet sein, nicht bloß durch Unterlassung jeder Eigenmacht, sondern auch durch aktive Bekämpfung jeden Friedensbruches. Folgerichtig wird auch der Eroberung der Charakter eines Rechtstitels abgesprochen.

Im übrigen vermeidet es der Beschluß mit Recht, einzelne sogenannte Grundrechte, die in der Theorie so lange eine Rolle gespielt hatten, wie das Recht auf Selbsterhaltung, auf Achtung, auf Verkehr usw. aufzuführen. Er begnügt sich mit dem Satze: jeder Staat besitzt in der Gemeinschaft nur die Rechte, die ihm durch das Völkerrecht eingeräumt sind.

Schon *Jellinek* (System der subjektiven öffentlichen Rechte 2. A. S. 318) hatte den Katalog der völkerrechtlichen Grundrechte eine große Tautologie genannt; er besage nichts anderes, als daß der Staat das Recht habe, Staat zu sein und daß kraft der von ihm gewährten Anerkennung kein Staat das Recht habe, einen anderen in der Betätigung seiner notwendigen Funktionen zu hindern. Alle die angeblichen Grundrechte bezeichneten nichts als bestimmte Richtungen des von einschränkenden Normen und darauf gegründeten Ansprüchen freien Raumes staatlicher Tätigkeit. Den Inhalt dieses *status libertatis* zu fixieren, sei unmöglich. Nicht die staatliche Freiheit, sondern deren Beschränkung sei in erster Linie völkerrechtlich von Bedeutung. Daher ließen sich alle Behauptungen über die Grundrechte der Staaten juristisch in dem einen Satze zusammenfassen: kein Staat könne rechtlich von dem anderen etwas fordern oder ihn rechtmäßig zu etwas zwingen, als auf Grund eines Rechtssatzes.

Mit dem eben erwähnten Satz wird nicht etwa ein Grundrecht bezeichnet, sondern die Grundstruktur jeder Rechtsordnung angegeben. In der Zugehörigkeit zu einer Rechtsgemeinschaft liegt die gegenseitige Anerkennung der Mitglieder als Rechtsgenossen. Aus ihr folgt die Rechtspersönlichkeit als notwendig gleiches Recht der Genossen. Rechtsgenosse sein bedeutet, in der Gemeinschaft ein Recht auf Existenz und Betätigung der Persönlichkeit haben. In der Staatengemeinschaft bezieht sich diese gegenseitige Anerkennung nicht bloß auf den staatlichen Verband als solchen, seine Organe, deren Funktionen und Tätigkeiten (Gesetzgebung, Rechtsprechung usw.), sondern auch auf die ihn bildenden Personen, seine Staatsangehörigen und die diesen nach seiner Rechtsordnung gehörigen Lebensgüter.

Die Schaffung der Rechtspersönlichkeit und ihrer Eigen- und Freiheitssphäre bedeutet nicht etwa die Anerkennung von Handlungssphären der einzelnen Genossen, die *außerhalb* der rechtlichen Bewertung bleiben, also als rechtlich indifferent oder neutral aufgefaßt werden sollen. In diesem Sinne hat vor kurzem *Husserl* (Arch. f. civil. Praxis Bd. 127) von neuem den aussichtslosen Versuch unternommen, das Völkerrecht als Koordinationsrecht im Gegensatz zum staatlichen Subordinationsrecht zu konstruieren. Der Ausgangspunkt dieser Lehre ist die scharfe Scheidung zwischen einer internen Sphäre gedurfter Herrschaft und der Gemeinschaftssphäre. Erstere wird nur als personale Rechtsvoraussetzung aufgefaßt. Es soll ein vorrechtlich zugeordnetes und von Rechts wegen freigegebenes Handlungsfeld sein, in das sich das Recht überhaupt nicht einmischt, das nur von dem Individualwillen beherrscht wird, und zwar ohne irgendwelche Verantwortung gegenüber einem höheren Willen, der eine Norm für die Beurteilung der Rechtmäßigkeit dieser Willensbetätigung abgeben könnte. Diese innere Souveränität, diese Machtregion bleibt außerhalb des Völkerrechts, für das sie allein als Konstitutionselement der Person in Betracht kommt. Die selbstverständliche Folge dieser Auffassung ist, daß auch die anderen Genossen die auf diesem Gebiet vorgenommenen Akte nicht anzuerkennen verpflichtet sind.

Die treffendste Kritik dieser Theorie enthalten die vom Verfasser selbst gezogenen Konsequenzen. Die Abmauerung der Individualwertsphären, die vor der rechtlich erfaßten Welt liegen, mache, so führt er aus, es unmöglich, Wertzuordnungen an den einzelnen zum Rechtszweck zu erheben und rechtlich zu bewerkstelligen. Weder Forderungsbegründung noch Vermögensbelastung noch überhaupt Wertverschiebungen von einem zum anderen Rechtsgenossen könnten durch Rechtsakte vermögensrechtlichen Charakters geleistet werden, da es ein Vermögen in diesem Recht überhaupt nicht gäbe. So könne das Völkerrecht also nicht Verpflichtungen und Forderungen zwischen den Genossen begründen, sondern nur Legitimationen zum Können, wodurch Gewaltakte zu Rechtsakten umgewertet würden und dadurch den Charakter der Rechtmäßigkeit erhielten. Die Rechtsgenossen seien nicht untereinander, sondern nur an die Rechtsordnung gebunden. Was zwischen ihnen sei, sei kein Recht. Was bei dieser Auffassung Sinn und Bedeutung eines gewöhnlichen Handels-, Niederlassungs- oder Auslieferungsvertrags sein soll, bleibt unklar.

Ist wirklich in einer Ordnung jeder Eingriff der Gemeinschaft in die Sonderwelt des Einzelnen ausgeschlossen, dann kann diese Ordnung keine Rechtsordnung sein. Wie soll der Frieden in der Gemeinschaft anders als durch Verbot von Eigenmacht und Selbsthilfe bewirkt werden? Das Nichtinterventionsprinzip kann nicht für die Gemeinschaft als solche gelten, sondern nur im Verhältnis der Genossen untereinander. In dieser Bedeutung gehört es zur Struktur jeder Rechtsordnung. Es ergibt sich aus der Anerkennung der Rechtspersönlichkeit des Genossen und seiner Eigensphäre durch die Gemeinschaftsordnung. Wäre diese Individualsphäre nicht rechtlich geschützt, so wäre das Eingriffsverbot grundlos. Die Eigensphäre ist durch Eingriffsverbot geschützt und damit die Ausschließlichkeit der Betätigung des einzelnen Staates rechtlich statuiert. Das bedeutet, daß die Akte der Rechtsperson, also die seiner Organe und seiner Angehörigen, von den übrigen Staaten anerkannt werden müssen. Der Vollstreckungsbeamte des Staates A, der eine Freiheitsstrafe vollzogen hat, darf im Staate B nicht wegen Freiheitsberaubung verfolgt werden. Mit Recht hat *Neumeyer* (Wörterbuch des Völkerrechts I 571) dafür den Rechtssatz formuliert, daß, was ein Staat im Bereiche seiner Zuständigkeit gesetzmäßig vornimmt, von anderen Staaten nicht als rechtlos geschehen behandelt werden darf. Der Eigentumserwerb, den ein Staatsangehöriger des Staates C in seiner Heimat nach der dort geltenden Rechtsordnung vollzogen hat, darf vom Staat D auf seinem und für sein Gebiet nicht in Frage gestellt und die Sache etwa als eine herrenlose behandelt werden, so wenig wie die von einem Dieb unter denselben Voraussetzungen gestohlene Sache als dessen Eigentum im Ausland angesehen werden darf. Auch die vertragliche Anerkennung, daß die Staatsangehörigen nach dem Personalstatut ihres Heimatsrechts im Aufenthaltsstaat leben sollen (vgl. diese Zeitschrift Bd. 1 T. 2 S. 276, 278), ist nichts als die ausdrückliche Konkretisierung des eben erwähnten Grundsatzes des gemeinen Völkerrechts. Dasselbe ist gemeint, wenn in der Literatur und etwa in Art. 8 des Code de droit international privé der sechsten panamerikanischen Konferenz von den extraterritorialen Wirkungen der wohlerworbenen Rechte gesprochen wird.

Dabei wird vorausgesetzt, daß die Tätigkeit staatlicher Organe und das Handeln der Staatsangehörigen, soweit sie als Organe des Staates zur Verwirklichung seiner Rechtsordnung angesehen werden können, nicht die Rechtssphäre anderer Staaten berühren. Diese rein internen Akte einer Völkerrechtsperson sind erlaubte, d. h. geschützte Handlungen.

Die Rechtsordnung regelt im Grundsatze die wechselseitigen Beziehungen der Genossen einer Gemeinschaft, ihr Verhalten, soweit es über die Eigensphäre hinaus und in die eines anderen Genossen hineingreift (vom öffentlichen Recht, das die Einsetzung besonderer Gemeinschaftsorgane und das Verhältnis der einzelnen zu ihnen regelt, kann hier abgesehen werden). Im Völkerrecht ist die Situation dieselbe. Die Ordnung befaßt sich mit den wechselseitigen Beziehungen der Staaten und ihrer Organe, daneben aber auch entsprechend der Struktur der Rechtspersonen dieser Gemeinschaft mit den Beziehungen der Angehörigen eines Staates, die dessen Verband bilden, zu den anderen Staaten. Gegenstand möglicher Regelung ist aber auch die Eigensphäre der einzelnen Staaten, wie die auf die Verfassungsgesetzgebung oder die Behandlung eigener Minderheiten bezüglichen Verträge dartun. Gerade in dem letzten Fall handelt es sich nicht um Einbeziehung außerhalb der Völkerrechtsordnung stehender Gebiete, sondern nur um Einschränkung des rechtlich anerkannten Gebietes der sogenannten freien Selbstbestimmung.

Die Befugnisse, die sich aus der Anerkennung des Persönlichkeitsrechts, der Eigensphäre, ergeben, werden durch die Rechtsordnung meist nicht im einzelnen geregelt. So gewähren staatliche Rechtsordnungen als Eigentumsrecht das umfassendste Herrschaftsrecht, das man über eine Sache haben kann (vgl. M. *Wolff*, Sachenrecht § 51). Die einzelnen aus ihm fließenden Befugnisse werden nicht bestimmt, wohl aber wird die Ausschließlichkeit des Herrschaftsrechts durch Eingriffsverbote an die übrigen Rechtsgenossen festgelegt. Bei dem Persönlichkeitsrecht steht es ähnlich. Das deutsche bürgerliche Gesetzbuch hat hier freilich in Verkennung der Rechtslage einzelne Lebensgüter aufführen zu müssen geglaubt, die geschützt sein sollen. So zählt es in § 823 Abs. 1 das Leben, den Körper, die Gesundheit und die Freiheit auf und sieht sich dann in Abs. 2 genötigt, allgemein auf die den Schutz eines anderen bezweckenden Normen anderer Gesetze, also vor allem des Strafrechts, zu verweisen, denen doch innerhalb einer Rechtsordnung nur sekundärer Charakter zukommt, die also durch ein die Rechtsordnung bereits als schutzwürdig anerkanntes Gut oder Interesse, wie etwa die Freiheit der Willensentschließung (anerkannt in den §§ 119 ff.) noch unter Strafschutz stellen. Eine in der historischen Tradition allzu sehr befangene Lehre und Praxis hat geglaubt, über diese Einzelbestimmungen hinaus den Schutz der Person des Rechtsgenossen nicht ausdehnen zu dürfen (so etwa auf das eigene Bild, den Leichnam usw.) und hat damit das Wesen der Rechtspersönlichkeit verkannt. Es ist hier nicht der Ort zu zeigen, wie langsam und mühselig in der Praxis wenigstens für die im Gesetz aufgezählten „Lebensgüter", des Lebens, der Gesundheit, Freiheit, die vorbeugende Unterlassungsklage sich durchgesetzt hat, die das Gesetz für die Sachgüter, für das Eigentum, den Besitz, die beschränkten Sachenrechte, selbst angeordnet hat. So wird auf umständlichem Weg, zum Teil gegen das Gesetz eine Art absoluten Schutzes der Person des Rechtsgenossen erreicht.

Das Persönlichkeitsrecht des Genossen schützt seine Person und ihre Eigensphäre und garantiert deren Unverletzlichkeit. Es findet da seine Grenze, wo das Handeln in die Eigensphäre eines anderen Genossen, im Völkerrecht also in die eines anderen Staates eingreift. Nur so weit reicht die Berechtigung und der Schutz der Rechtsordnung, nur soweit auch die Verpflichtung der anderen Genossen zur Nichteinmischung. Daher kann nach der Völkerrechtsordnung ein Staat, sei es durch Gesetzgebung, sei es durch Richterspruch, sei es durch Verwaltungsakt, nur die Rechtsverhältnisse seiner eigenen Angehörigen regeln. Unterstellt er Fremde seiner Gesetzgebung, unterwirft er Ausländer seiner Staatstätigkeit, so greift er damit in eine fremde Rechtssphäre ein. Ein solches Verhalten ist grundsätzlich ohne eine besondere Erlaubnisnorm rechtswidrig, also solange, als dieser Staat nicht durch einen besonderen

Rechtssatz dazu berechtigt und der andere Staat dementsprechend zur Duldung verpflichtet ist.

Die Ausübung der Gerichtsbarkeit über Ausländer, die sich im Inland aufhalten, ist nur auf Grund einer gemeinrechtlichen Erlaubnisnorm zulässig, welche die Zustimmung ihres Heimatstaates ersetzt, dessen Gesetzen sie auch im Ausland unterstehen, während sie durch bloße Niederlassung im Aufenthaltsstaate nicht Genossen dieser Rechtsgemeinschaft werden. Solange die Staatsangehörigkeit nicht durch eine Gebietsangehörigkeit ersetzt ist, lebt auch heute *völkerrechtlich* das Einzelindividuum nach seinem Personalstatut. *Brierly* (The Law Quarterly Review 1928 S. 156), macht auf die historische Entwicklung aufmerksam und schreibt: „The original conception of law was personal and it was only the rise of the modern territorial State that subjected aliens – even when they happened to be resident in a state not their own – to the law of that State. International law did not start as the law of a society of States each of omni-competent jurisdiction, but of States possessing a personal jurisdiction over their own nationals and later acquiring a territorial jurisdiction over resident non-nationals. If it is alleged that they have now acquired a measure of jurisdiction over non-resident non-nationals, a valid international custom to that effect should surely be established by those who allege it."

Es braucht nicht an die Konsulargerichtsbarkeit erinnert zu werden. Selbst wo der Staatsfremde im Aufenthaltsstaat unter dessen Gesetz und Gesetzesschutz steht, bleibt er Gast im Recht und wird nicht Rechtsgenosse; er ist heute noch Ungenosse, dem der Staat in widerruflicher Weise seinen Schutz gewährt, dazu verpflichtet dem Heimatsstaat durch Völkerrecht.

Daß der Nichtheimatsstaat den Ausländer während seines Aufenthalts auf seinem Gebiet seiner Herrschaft unterwirft, beruht auf längst allgemein anerkannten Rechtssätzen, die Herrschaftsausdehnung und Schutzpflicht für den Aufenthaltsstaat begründen; ihnen entspricht eine Duldungspflicht und ein Anspruch auf Schutzgewährung des Heimatstaates. Damit wird auf territorialer Grundlage eine Modifikation der Abgrenzung der Eigensphäre der Staaten gezogen. Während die Abgrenzung auf personaler Grundlage im Grundsatz die Zuweisung *ausschließlicher* Eigensphären ist, bedeutet die Gestattung der *territorialen* Ausdehnung einer Verbandsherrschaft auf Ausländer die Schaffung einer *konkurrierenden* Berechtigung zur Herrschaftsausübung für den Aufenthaltsstaat. Der Heimatsstaat muß diesen durch die Erlaubnisnorm gestatteten Eingriff dulden, er bleibt aber daneben berechtigt, die aus der Gemeinschaftszugehörigkeit sich ergebende Rechtsunterworfenheit seines Angehörigen geltend zu machen. So kann in völkerrechtlich erlaubter Weise sowohl der Aufenthaltsstaat ein von einem Ausländer auf seinem Gebiet begangenes Delikt strafen, wie der Heimatstaat des Täters. Auf diese konkurrierende Berechtigung der Staaten hat *Verdross* (Verfassung der Völkerrechtsgemeinschaft S. 165) mit Recht aufmerksam gemacht. Ist das Delikt auf staatenlosem Gebiet begangen, so besitzt völkerrechtlich nur der Heimatstaat die Berechtigung zum Einschreiten, soweit nicht Spezialsätze auch hier eine Konkurrenz der Berechtigung schaffen. Wenn nach Artikel 308 des Entwurfs eines Code de droit international privé, den die sechste Panamerikanische Konferenz aufgestellt hat, die sogenannten Delikte gegen das Völkerrecht (Seeraub, Sklavenhandel, Mädchenhandel, Beschädigung von Unterseekabeln usw.), die auf offenem Meer oder staatenlosem Gebiet begangen sind, von dem auteur de la capture conformément à ses propres lois pénales sollen bestraft werden dürfen, so ist darin eine solche spezielle Erlaubnisnorm zu erblicken.

An dieser Stelle mag es genügen, die allgemeinen Grundsätze für die Abgrenzung der Verbandspersönlichkeiten als Rechtssubjekte der Völkerrechtsordnung aufgezeigt zu haben. Diese Sätze sind zugleich die Fundamentalsätze der Völkerrechtsordnung für die Beziehungen dieser Rechtssubjekte untereinander, für ihre Berechtigungen und Unterlassungsverpflichtungen. Josef *Kohler* hat diesem Gedanken in seinem Lehrbuch der Rechtsphilosophie (S. 53) Ausdruck gegeben, wenn er schreibt: „Das Recht an der eigenen Person oder Persönlichkeitsrecht muß der Ausgangspunkt einer jeden Rechtsordnung sein. Denn jedes Recht bedarf eines Rechtssubjekts, und wer Rechtssubjekt ist, muß als Persönlichkeit den Schutz des Rechtes finden. Das gilt von physischen Persönlichkeiten wie von juristischen. Und wer daher die Persönlichkeit hindern will, sich in dem durch das Recht gestatteten Gebiet zu betätigen, der greift in das Persönlichkeitsrecht ein und muß zurückgewiesen werden."

Diese Grundstruktur jeder Rechtsordnung verkennt, wer behauptet, daß in einer Rechtsgemeinschaft dem Einzelnen alles erlaubt sei, was nicht ausdrücklich verboten ist. Dieser Meinung hat *Ricci Busatti* in der Experten-Kommission des Völkerbundes zur Beratung des Statutenentwurfes für den Ständigen Internationalen Gerichtshof Ausdruck gegeben: „En constatant l'absence d'une règle positive de droit international, c'est à dire d'une limite internationale à la liberte des Parties, on établit tout de même une situation juridique. Ce qui n'est pas défendu est permis; voilà un principe général de droit que la Cour aura à appliquer. Si un litige est porté devant elle et si elle trouve qu'il n'y a pas de règle qui le concerne, elle déclarera qu'il n'existe pas de droits à faire valoir par l'une des parties contre l'autre, que la conduite de l'état mise en cause n'était contraire à aucune règle admise". Ihm ist der Haager Gerichtshof im Lotusfall, von dem noch zu sprechen sein wird, gefolgt.

Wohin die Konsequenz einer solchen Theorie führt, das lehrt eine Entscheidung von *Asser*, dem Vorsitzenden des deutsch-französischen Gemischten Schiedsgerichts. In dem Artikel 304 des Versailler Vertrages ist bestimmt, daß „tous les différends relatifs aux contrats conclus avant la mise en vigueur du présent Traité entre les ressortissants des Puissances alliées et associées et les ressortissants allemands, seront régies par le Tribunal arbitral mixte". Der Artikel begründet zwar nur die Kompetenz des gemischten Schiedsgerichts zur Erledigung von Streitigkeiten und Ansprüchen aus Verträgen von Privatpersonen; aber, was nicht verboten ist, ist erlaubt und weil in dem Artikel kein ausdrückliches Verbot für die richterliche Einmischung in andere Streitigkeiten gegeben ist, so erklärt er, daß auch Legalobligationen, unter die er Rechtsfolgen aus staatlichen Hoheitsakten rechnet, unter Artikel 304 und damit unter die Kompetenz seines Gerichts fallen. (Vgl. diese Zeitschrift Bd. 1 T. 2 S. 116.)

Schließlich soll noch eine eigenartige Ausgestaltung der eben besprochenen Lehre dem Leser nicht vorenthalten werden. H. *Walther* hat in einer Besprechung des *Lotus*-Urteils (L'affaire du Lotus ou de l'abordage hauturier en droit pénal international, Paris 1928, S. 178 ff.) ausgeführt, kein Tatbestand könne rechtlich indifferent sein, also müsse jeder Tatbestand notwendigerweise erlaubt oder unerlaubt sein. Ein Tatbestand sei erlaubt oder unerlaubt, je nachdem ihn das Recht gestatte oder untersage. Da nun das Recht alle Tatbestände kennen müsse und doch im voraus und im einzelnen ihre unendliche Fülle unmöglich vorhersehen könne, so stünde es vor der Wahl, entweder zu erklären, daß alles, was nicht ausdrücklich erlaubt sei, verboten sei oder daß alles, was nicht ausdrücklich verboten, erlaubt sei. Eine Rechtsordnung könne also wählen zwischen der *conception autocratique* und der *conception démocratique*. Sowohl die Landesrechtsordnungen aller modernen zivilisierten Staaten wie das Völkerrecht bekennten sich zur demokratischen Rechtsauffassung, nämlich zu der Auffassung, daß alles, was nicht verboten, erlaubt sei, und zwar nach der Rechtsordnung erlaubt sei, nicht etwa wegen mangelnder rechtlicher Normierung. Nun haben wir doch endlich ein sicheres Kriterium für die Aufstellung der Grundstruktur einer Rechtsordnung, das politische Glaubensbekenntnis.

Zur Grundlegung jeder Rechtsordnung gehört die Bestimmung der Rechtssubjekte, die Normierung der Rechtspersönlichkeit. Die völkerrechtlichen Rechtssubjekte sind Personenverbände. Ihre personelle und territoriale Abgrenzung durch Völkerrechtsnormen ist erforderlich für die Schaffung der Rechtsperson. Es gibt keinen Satz des gemeinen Völkerrechts, der ähnlich wie etwa § 1 des deutschen Bürgerlichen Gesetzbuchs bestimmte, daß ein Personenverband beim Vorliegen bestimmter Bedingungen *ipso iure* völkerrechtliche Rechtssubjektivität besitzt. Dazu, daß ein neuer Staat Rechtssubjekt und Rechtsperson des Völkerrechts werde, genügt eine bloße Anerkennungserklärung der übrigen Mitglieder der Völkerrechtsgemeinschaft noch nicht. In ihr liegt gewöhnlich nur die Erklärung, den neuen Staat als Verhandlungsgegner für die Festlegung seiner Rechtsperson und insoweit als Rechtssubjekt anerkennen zu wollen. Ist der neue Staat aus Personen gebildet, die bisher einem anderen Verband angehört haben, hat er sich auf einem Gebiet konstituiert, das bisher von einem anderen Staat beherrscht wurde, so bedarf es zunächst der Einwilligung des Altstaates zur Abänderung seines und zur Schaffung der Rechtspersönlichkeit des Neustaates. Durch die Anerkennung des Altstaates sind die übrigen Mitglieder der Völkerrechtsgemeinschaft diesem gegenüber gebunden und können ohne Verletzung des Völkerrechts den Neustaat nicht anerkennen. Denn seine Anerkennung bezieht sich auf die personale Zusammensetzung des Verbandes, wie auf die territoriale Ausdehnung seiner Herrschaft, wobei zu beachten ist, daß grundsätzlich die personelle Verbandszugehörigkeit nach territorialen Merkmalen, wie Wohnsitz in oder Abstammung aus einem bestimmten Gebiet bestimmt wird.

Ein neuer Staat erlangt Rechtspersönlichkeit erst, wenn die personelle und territoriale Abgrenzung durch Rechtsnormen geschaffen, die als neue Normen und zugleich als Abänderung alter Normen die Zustimmung aller übrigen Staaten erfordern, die jedenfalls aber kein Staat gegen sich gelten lassen muß, der ihnen nicht zugestimmt hat. Darum ist die Schaffung einer neuen Rechtsperson des Völkerrechts ein viel komplizierterer Vorgang als die Theorie annimmt, die auch in dieser Beziehung von der seit langen Zeiten ganz konstanten Praxis keine Notiz zu nehmen geruht. Neue Völkerrechtspersonen oder Neuabgrenzungen unter alten Mitgliedern der Völkerrechtsgemeinschaft sind in Europa durch gemeinschaftliche Abmachungen meist auf internationalen Konferenzen, vor allem dem Wiener, dem Berliner und dem Pariser Kongreß, geschaffen. Wenn die Völkerrechtstheorie behauptet, daß es keine Völkerrechtsregel gebe, die bei Neuentstehung von Staaten, bei Inkorporationen oder anderen Arten von Veränderungen im Bestande der Mitglieder der Völkerrechtsgemeinschaft dem Erwerberstaat als dem Nachfolger des Verliererstaates völkerrechtliche Pflichten auferlege, so übersieht sie, daß die Staatenpraxis im Einzelfall vor allem bei der Anerkennung neuentstandener Staaten jeweils ein besonderes Statut von Völkerrechtsverpflichtungen geschaffen und so den Mangel einer angeblich fehlenden Norm des gemeinen Rechts durch die Schaffung von Spezialnormen ersetzt hat. Das ist bei der Anerkennung der Unabhängigkeit Belgiens genauso der Fall gewesen wie bei der Anerkennung der Balkanstaaten durch den Berliner Kongreß oder bei der Anerkennung der nach dem Weltkrieg neu entstandenen Staaten, deren Statut in den Minoritätenabkommen enthalten ist, die weit mehr Fragen regeln als bloß die Behandlung der Minderheiten im neuen Staat. Mit Recht hat Clémenceau in der Mantelnote zum Minderheitenvertrag der alliierten und assoziierten Hauptmächte mit Polen ausgeführt: „C'est une procédure depuis longtemps établie en droit public européen que lorsqu'un Etat est créé ou même lorsqu'un État déjà existant reçoit des accroissements territoriaux considérables, sa reconnaissance collective et formelle des Grandes Puissances doit être accompagnée de l'assurance que cet Etat s'engagera, sous forme d'une convention internationale, à observer certains principes ..."

Jede territoriale Änderung im Bestande der Völkerrechtsgemeinschaft, die zugleich eine Änderung des personalen Bestandes ist, bedarf als Rechtsänderung nicht bloß der Zustimmung der unmittelbar beteiligten Staaten, sondern der Anerkennung der übrigen Mitglieder der Völkerrechtsgemeinschaft, sofern es sich nicht um relativ geringfügige Grenzveränderungen handelt. Mit Recht hat *Brierly* (British Year Book of International Law 1924 S. 12 ff.) ausgeführt, daß die Staatenpraxis „normally regard the alienation of territory as a matter of international concern" und daß „the supposed absolute right of a State to alienate its own territory is a fiction which is suggested to us, not by anything in the practice of States, but by our preconceived notions of what sovereignty ought to imply". Derselben Meinung hat die zur Lösung der Aalandfrage eingesetzte Juristenkommission Ausdruck gegeben. (Vgl. unten S. 41.)

Diesen Zusammenhang übersieht ein Urteil des deutsch-rumänischen gemischten Schiedsgerichts (Recueil 4 S. 853). Es stellt fest, „que la nationalité roumaine relève avant tout de la souveraineté roumaine et du droit roumain; que dans un litige de droit privé, entre un ressortissant allemand et une personne que le gouvernement roumain reconnaît comme ressortissant roumain, le rôle du T. A. M. se borne à contrôler si la reconnaissance officielle est une simple faveur, accordée pour les besoins de la cause, faveur qui ne pourrait fonder une compétence qui suppose la nationalité de droit, ou si elle procède, au contraire, d'une

Interprétation plausible du droit roumain". Entscheidend war in diesem Fall allein die Frage, ob die Inkorporation von Bessarabien und damit die rumänische Staatsangehörigkeit der Bewohner dieses Gebiets dem Deutschen Reich entgegengehalten werden konnte und eventuell von welchem Augenblick an. Dafür ist aber nicht genügend die Feststellung des Urteils, „que, sans qu'il appartienne au T.A.M. de discuter l'annexion de 1878, les Bessarabiens doivent être considérés, en droit international, comme redevenus Roumains par le fait de l'union en 1918". Denn die „Tatsache" der Vereinigung, die übrigens durchaus nicht bewiesen war, genügt keinesfalls nach Völkerrecht. Dieses fordert für jede Änderung des bestehenden Rechtszustandes die Anerkennung des Staats, dem sie entgegengehalten werden soll.

4. „Rechtsfreier Raum"

Das eben festgestellte Ergebnis müßte eine Einschränkung erleiden, wenn anzunehmen wäre, daß die Rechtsordnung einer Gemeinschaft auf bestimmte Beziehungen der Genossen untereinander beschränkt wäre oder doch beschränkt werden könnte. Kann man annehmen, daß einzelne Arten staatlicher Tätigkeit, die oben zur Eigensphäre gerechnet wurden oder einzelne Beziehungen der Gemeinschaftsgenossen untereinander außerhalb der Rechtsordnung stehen, sei es, weil sich keine Norm für sie finden läßt oder gar die Gemeinschaft sie von einer rechtlichen Regelung ausschließen will? Gibt es wahre Rechtslücken, gibt es einen rechtsfreien Raum?

Diese oft erörterte Frage hat unter anderem *Bergbohm* (Jurisprudenz und Rechtsphilosophie 1892, S. 375 ff.) besonders eingehend behandelt und bejahen zu müssen geglaubt. Er nimmt an, daß um das Recht, das Handlungen, Zustände und sonstige äußere Verhältnisse der Menschen zum Gegenstand der Normierung habe, ein rechtsleerer Tatsachenraum gelagert sei. Kein positives Recht habe es für notwendig und zweckmäßig gehalten, die Totalität der möglichen Rechtsstoffe in seinem persönlich-räumlichen Gebiet auch wirklich zu regeln, vielmehr lasse jedes eine Menge derselben beiseite. Dadurch, daß es bestimmte Verhältnisse regele, entscheide es *implicite* hinsichtlich des Restes, daß hierüber rechtlich nichts verordnet sein solle, daß diese Stoffe in den rechtsleeren Raum fielen. Hier herrscht Willkür, das reine Belieben im juristischen Sinne. Diesen Rest nicht geregelter Privatsachen könne man zusammenfassen zu dem Gebiet der reinen Freiheit, um welches die Rechtsordnung zwar die Grenzen absteckt, jedoch unter Ablehnung jedes Urteils der Billigung wie der Mißbilligung des Freiheitsgebrauchs, namentlich also unter Vermeidung aller Verheißungen und Bedrohungen, aus denen ein spezifisches Urteil nach den Kategorien der Rechtmäßigkeit resp. Unrechtmäßigkeit gefolgert werden müßte.

Wäre dem wirklich so, dann läge es also im Belieben jeder Rechtsgemeinschaft, den Kreis der zu regelnden Lebensverhältnisse enger oder weiter zu ziehen und von den möglichen Beziehungen der Genossen beliebig viele welcher Art auch immer aus dem Bereich der Rechtsordnung auszuschließen. Für diese gälte das freie Belieben, die Willkür. Man hätte also in derselben Gemeinschaft zwei Arten von Beziehungen zu unterscheiden, die geregelten und die nicht geregelten, und müßte neben der Rechtsordnung eine Art Naturzustand konstatieren. Da für die nicht geregelten Beziehungen keinerlei Verheißung oder Bedrohung durch den in der Rechtsordnung gegebenen Gemeinschaftswillen existierte, gälte hier weder eine Verteilungs- noch eine Friedensordnung. Der einzelne könnte mit jeder Art Gewalt durchsetzen, wozu er die Macht hat. Schon diese Konsequenz zeigt, daß die Berufung auf positive Rechtsordnungen nicht geeignet ist, die Theorie vom rechtsleeren Raum zu stützen. Mag man auch zunächst zugeben, daß in manchen Rechtsordnungen nicht für die Gesamtheit der Beziehungen ausdrückliche, ohne weiteres erkennbare gesetzliche Verteilungsnormen vorhanden sind, die Friedensgebote jedenfalls erstrecken sich auf jedes Verhalten der Genossen und gelten für alle denkbaren Beziehungen. In dieser Hinsicht kann es keine teilweise Rechtsgemeinschaft geben. Sinn und Wesen der Rechtsgemeinschaft ist Ausschluß der Gewalt, der eigenmächtigen Selbstdurchsetzung. Eine Gemeinschaft, in der es den Mitgliedern erlaubt wäre, auf bestimmten Gebieten die eigenen Wünsche und Interessen mit Gewalt durchzusetzen und zu diesem Zweck sogar bis zur Vernichtung der Genossen zu gehen, kann keine Rechtsgemeinschaft sein. Frieden und Krieg schließen sich aus.

Das Wesen der Rechtsordnung ist das uneingeschränkte, für alle Beziehungen und unter allen Umständen geltende Friedensgebot. Diesem Erfordernis hat sich auch keine staatliche Rechtsordnung unserer Zeit entzogen. Und gerade hierin liegt auch die juristische Bedeutung des Kelloggpaktes für die Staatengemeinschaft, der nicht unterscheidet zwischen verschiedenen Kategorien zwischenstaatlicher Beziehungen und nicht darauf abstellt, ob sich für sie ausdrücklich gesetzte Völkerrechtsnormen finden lassen. Der Verzicht auf die Gewalt, den Krieg bezieht sich auf alle Streitfragen und Konflikte, welcher Art und welchen Ursprungs sie auch sein mögen, ihre Regelung und Entscheidung soll niemals anders als durch friedliche Mittel angestrebt werden.

Wenn die Friedensgebote einer Rechtsordnung für alle Fälle und alle Beziehungen der Rechtsgenossen untereinander gelten, so kommt ihr jedenfalls in dieser Beziehung der Charakter einer universalen Ordnung zu. Nun lassen sich aber die Normen nicht einteilen in solche, die ausschließlich der Bewahrung des Friedens dienen und solche, die ausschließlich Verteilungscharakter haben. Es wirken vielmehr alle Normen gleichzeitig in beiden Richtungen. So gut etwa den Regeln über das Eigentum nicht bloß die Bedeutung von Verteilung, sondern auch von Friedensgrundsätzen einwohnt, so ist in dem Verbot eigenmächtiger Gewaltanwendung die Sanktionierung des augenblicklichen Besitzstandes enthalten.

Mit jeder Rechtsordnung sind notwendig auch allgemeinste Verteilungsgrundsätze gegeben, die universale Bedeutung besitzen, also für alle Beziehungen der Gemeinschaftsgenossen Geltung haben. Die Rechtsentstehung innerhalb einer Gemeinschaft vollzieht sich als Konkretisierung dieser allgemeinen Rechtsgrundsätze, und zwar je nach der Verfassung der Gemeinschaft auf verschiedene Weise. Im staatlichen Verband fällt dem Gesetzgeber die Aufgabe zu, diese Konkretisierung in Form allgemeiner Regeln für die Beziehungen der Genossen untereinander und zur Gemeinschaft nach Maßgabe dieser obersten Grundsätze, zu denen die sogenannten Grundrechte gehören, vorzunehmen. Der Richter hat die Aufgabe, den Einzelstreit zwischen Genossen der Gemeinschaft nach Maßgabe der obersten Rechtsgrundsätze und etwa in Gesetzesform erfolgter Konkretisierung zu entscheiden. Während der Gesetzgeber zu seiner Aufgabe bloß ermächtigt, aber nicht verpflichtet ist, muß der Richter entscheiden. Er darf sich nicht auf den Mangel einer ausdrücklichen Gesetzesvorschrift berufen, denn seine Aufgabe ist nicht, bloß das Gesetz anzuwenden, sondern Recht zu sprechen. So kann er berufen sein, beim Fehlen einer Gesetzesvorschrift selbst die Konkretisierung der Rechtsgrundsätze der Gemeinschaft zu vollziehen. Für ihn kann es also zwar einen gesetzlosen, aber keinen rechtsleeren Raum geben.

Das schweizerische Zivilgesetzbuch weist den Richter für den Fall des Schweigens des Gesetzes an, sein Urteil nach der Regel zu sprechen, die er als Gesetzgeber aufstellen würde. Seine Aufgabe ist, nach den Grundprinzipien seiner Rechtsordnung und im Einklang mit dem durch den Gesetzgeber entwickelten System der Konkretisierungsnormen die Entscheidung zu finden. Auch das schweizerische Zivilgesetzbuch macht durch diese Bestimmung aus dem Richter keinen Gesetzgeber. Noch weiter geht der Code civil, der in seinem Artikel 4 den Richter sogar bedroht: „Le juge qui refusera de juger, sous prétexte du silence, de l'obscurité ou de l'insuffisance de la loi, pourra être poursuivi comme coupable de déni de justice". Wenn in dem Entwurf zu diesem Gesetz ausdrücklich bestimmt war, daß im Falle des Schweigens des Gesetzes das Naturrecht anzuwenden sei, so war darin für einen richtigen Gedanken nur ein falscher Ausdruck gewählt.

Diese Bestimmungen über die Richterpflicht sind keine willkürlichen Festsetzungen, sie ergeben sich aus der Grundstruktur jeder Rechtsordnung. Ist der einzelne Genosse als Mitglied einer Gemeinschaft in seiner Selbstbestimmung beschränkt und dem Gemeinschaftswillen unterworfen, dann muß diese Ordnung, die ein eigenmächtiges Handeln des Einzelnen untersagt, Sorge treffen für die möglichen Streitigkeiten und Konflikte. Eine Ordnung, die nur mehr oder weniger allgemeine Verhaltens- und Ordnungsregeln aufstellt, wäre eine unvollkommene Rechtsordnung. Steht Rechtsbehauptung gegen Rechtsbehauptung, so muß ein Dritter autoritativ für die Parteien und die Gemeinschaft das Recht sprechen, damit durch seinen Spruch die Gemeinschaft entscheide. Steht die Norm für den Einzelfall nicht fest, so kann es für ihn kein Recht geben, keine Ordnung bestehen.

Die Gemeinschaftsentscheidung ersetzt die fehlende Einigung der streitenden Genossen. Die Einigung schafft Recht zwischen den Genossen, vorausgesetzt, daß sie nicht im Widerspruch zu Grundsätzen der Gemeinschaft steht, die diese als zwingende aufgestellt hat, sei es um des Schutzes für berechtigt erklärter Interessen Dritter willen, sei es, weil ein Abbedingen dieser Grundsätze dem Rechtsbewußtsein der Gemeinschaft unerträglich wäre. Hält sich die Vereinbarung in diesen Grenzen, so setzt sie für die beteiligten Genossen Recht. Die Parteivereinbarung ist als „Rechtsgeschäft" Recht der Gemeinschaft, *lex contractus*. Denn ihre Rechtswirkung erschöpft sich nicht in der Bindung der Parteien; auch als partikuläre Norm ist sie von den übrigen Genossen zu respektieren. Mag die einzelne positive Rechtsordnung auf den verschiedenen Gebieten den Schutz solcher Abreden nach außen verschieden stark gestalten, darin besteht gerade das Wesen eines Rechtsgeschäftes, daß es auch als Recht von den übrigen Genossen respektiert werden muß. Das wiederum ist der Grund, weshalb es keine unbeschränkte Dispositionsfreiheit in einer Rechtsgemeinschaft geben kann.

So kann auch der Satz „pacta sunt servanda" nicht die Ursprungsnorm allen Rechtes sein. Es würde ja nur bedeuten, daß, wenn zwischen zwei Personen eine Einigung zustande kommt, sie daran gebunden seien. Aber nicht kann er erklären, warum eine Rechtsordnung gerade den Mangel einer Einigung ersetzen muß und kann. Aus dem Vertragsgrundsatz, also dem Prinzip der Bindung durch Zustimmung in jedem

Einzelfall, kann doch nicht sein Gegenteil, die Bindung gegen den Willen, gefolgert werden, ohne die eine Rechtsordnung nicht denkbar ist. Die Grundlage einer Rechtsordnung so wenig wie die eines Staates kann der Vertrag der einzelnen sein.

Im Völkerrechtskreise gibt es zwar auch Verfassung und Organe, aber es ist noch nicht zur Aufstellung besonderer Gemeinschaftsorgane gekommen; die einzelnen Genossen sind Funktionsträger im Sinne einer Verfassung. Die Konkretisierung der Rechtsgrundsätze dieser Gemeinschaft liegt den einzelnen Mitgliedern ob.

Auch der Gemeinschaftsrichter fehlt im Staatenverband. Ihn gibt es nur in den kleineren oder größeren partikulären Entscheidungsgemeinschaften. In den Schiedsgerichts- und Vergleichsabkommen der Nachkriegsperiode ist zum Teil für alle Streitigkeiten rechtlicher oder politischer Art ein Entscheidungs- oder Streitbeilegungsverfahren vorgesehen. Soweit es sich um Rechtsstreitigkeiten handelt, soll ein Richter das Urteil nach Rechtsgrundsätzen fällen. Auch er darf nicht zu einem *non liquet* kommen und ist beim Schweigen der Vertragstexte oder dem Versagen des sogenannten Gewohnheitsrechts zur Feststellung der Spezialnorm für den Einzelfall aus den allgemeinen Rechtsgrundsätzen der Gemeinschaft und aus dem System und der Struktur der Rechtsordnung berufen. Die Einsetzung des Richters durch die Parteien im Schiedsvertrag hat zur Voraussetzung eine in sich geschlossene Rechtsordnung, da ohne sie die richterliche Tätigkeit nicht möglich wäre. Darum hat auch *Descamps* bei den Beratungen des Haager Courstatuts mit Nachdruck auf der Aufnahme der allgemeinen Rechtsgrundsätze als Entscheidungsgrundlage für das Gericht bestanden „pour parer à l'éventualité d'un non liquet“ (Proces-verbaux S. 318, 336).

Auch der internationale Richter hat die Aufgabe und die Pflicht, für den Einzelfall die Entscheidungsnorm der Gemeinschaft aus der Rechtsordnung evident zu machen. Gerade er wird viel häufiger als der staatliche Richter in die Lage kommen, aus den allgemeinen Rechtsgrundsätzen die konkrete Norm abzuleiten, da es in den meisten Fällen an ausdrücklichen Vertragstexten fehlen wird und das sogenannte Gewohnheitsrecht nur eine geringe Rolle spielt.

Gewinnt der internationale Richter in einem solchen Fall die konkrete Norm aus allgemeinen Rechtssätzen der Völkerrechtsgemeinschaft, so macht er durch diese Konkretisierung lediglich den bereits unausgesprochen vorhandenen Rechtssatz evident, er schafft nicht neues Recht. Daher bleibt er im Rahmen der übertragenen Aufgabe und begeht keine Überschreitung der ihm übertragenen Befugnisse. Vor dem englisch-amerikanischen Schiedsgericht hatte die englische Regierung Schadensersatz verlangt, weil die Regierung der Vereinigten Staaten während des spanisch-amerikanischen Krieges einer englischen Gesellschaft gehörende Kabel zwischen Manila und Hongkong und Manila und Capiz hatte durchschneiden lassen. Die amerikanische Regierung bestritt eine Verpflichtung zum Schadensersatz und ließ erklären, da keine ausdrückliche Norm des Völkerrechts ihr diese Verpflichtung auferlege, sei das Schiedsgericht nicht ermächtigt, irgendeinen neuen völkerrechtlichen Rechtssatz aufzustellen, sondern es dürfe nur die zur Zeit des Vorfalls geltenden Völkerrechtsregeln auslegen und anwenden. Dieser Auffassung trat der Präsident des Schiedsgerichts Henri Fromageot, in seinem Spruche vom 9. November 1923 (Nielsen, American and British Claims Arbitration, 1926, S. 75) entgegen. Er führt aus: „In our opinion, however, even assuming that there was in 1898 no treaty and no specific rule of international law formulated as the expression of a universally recognised rule governing the case of the cutting of cables by belligerents, it cannot be said that there is no principle of international law applicable. International law, as well as domestic law, may not contain, and generally does not contain, express rules decisive of particular cases; but the function of jurisprudence is to resolve the conflict of opposing rights and interests by applying, in default of any specific provision of law, the corollaries of general principles, and so to find – exactly as in the mathematical sciences – the solution of the problem. This is the method of jurisprudence; it is the method by which the law has been gradually evolved in every country resulting in the definition and settlement of legal relations as well between States as between private individuals."

Aber auch die Auslegung und Anwendung von Vertragssätzen wird meist nur mit Hilfe der gemeinrechtlichen Rechtsgrundsätze möglich sein. Die Staatenverträge müssen zur Fixierung des von den Parteien vereinbarten Vertragsinhalts die allgemein gebräuchlichen Ausdrücke einer oder mehrerer Umgangssprachen verwenden. In der Bestimmung, daß ein Text allein oder mehrere in verschiedenen Sprachen abgefaßte Texte verbindlich sein sollen, liegt keineswegs eine Verweisung auf das Landesrecht der Staaten, deren Sprache der Vertragsabfassung zugrunde gelegt wurde. Vielmehr muß der juristische Gehalt der einzelnen Vertragsbestimmung aus dem Vertrage selbst, und da er nur einen Bestandteil der für die Parteien geltenden partikulären Rechtsordnung ist, nach dem Sinn und der Bedeutung, den der Vertrag innerhalb dieser Rechtsordnung besitzt, ausgelegt werden. Da weiter die partikuläre Vertragsgemeinschaft zweier Staaten eine Rechtsgemeinschaft im Rahmen der allgemeinen Völkerrechtsgemeinschaft ist, so gelten subsidiär die Regeln des gemeinen Völkerrechts auch für diese partikuläre Rechtsgemeinschaft. Ist also in einem Staatsvertrage nichts Näheres über den Sinngehalt eines juristischen Ausdrucks, wie etwa Wohnsitz, Urteil, Schadensersatz usw. vereinbart, so muß die Auslegung dieses Vertrags nach den Regeln des gemeinen Völkerrechts erfolgen. So hat der Haager Ständige Internationale Gerichtshof (Arrêt Nr. 7 S. 42) erklärt, „C'est ce qui ressort du principe du respect des droits acquis, principe qui, ainsi que la Cour a eu l'occasion de le constater à maintes reprises, fait partie du droit international commun qui, sur ce point, entre autres, est à la base de la Convention de Genève". Es darf keine Norm, auch nicht eine solche des partikulären Vertragsrechts aus sich heraus, sondern nur im Ordnungszusammenhang der gesamten Rechtsordnung ausgelegt werden. Die Völkerrechtstheorie der letzten Jahrzehnte ist hier demselben Fehler verfallen, den *Smend* (Verfassung und Verfassungsrecht 1928 S. 128 ff.) für die Staatslehre gerügt und bekämpft hat; seine methodischen Ausführungen sind auch für den Völkerrechtsjuristen von großem Nutzen.

Für den Charakter einer Ordnung als einer Rechtsordnung kommt es *nicht* auf die Art und den Grad bereits vollzogener Konkretisierung der allgemeinen Rechtsgrundsätze der Gemeinschaft an. So kann es sein, daß die Entwicklung und Fixierung von Rechtssätzen in den einzelnen Ordnungen, ja innerhalb einer und derselben Rechtsgemeinschaft für die verschiedenen Lebensgebiete verschiedene Grade und Stufen erreichen kann. Daraus kann aber nicht der Schluß auf einen rechtsleeren Raum gezogen werden. Es genügt vollkommen, wenn die Gemeinschaft für die Gebiete, für die eine rechtssatzmäßige Konkretisierung noch nicht vorhanden ist, in ihrer Verfassung ein Verfahren und damit ein Organ zur Festsetzung der Entscheidungsnorm im einzelnen Falle vorsieht. Dieses Erfordernis erfüllt auch die Völkerrechtsordnung, freilich zurzeit noch in unvollkommener Weise. Ihr fehlt der Gemeinschaftsrichter, ihn kennt sie nur in partikulären Vertragsgemeinschaften.

Die Universalität oder Geschlossenheit der Rechtsordnung ist, wie *Radbruch* (Grundzüge der Rechtsphilosophie S. 188) ausführt, nicht nur positivrechtliche Eigenschaft der Rechtsordnungen, die ein non liquet über Rechtsfragen nicht kennen, sie ist vielmehr apriorische Notwendigkeit jedes rechtlichen Ordnens.

5. Die Freiheit der Staaten

Besteht eine Rechtsgemeinschaft, so erfaßt ihre Ordnung grundsätzlich alle Beziehungen der Genossen untereinander. Ihr Friedensgebot kann

nur universaler Natur sein und ebenso steht es mit den Grundsätzen für die Verteilung der Eigensphären. Aus dem Fehlen konkretisierter Rechtssätze darf nicht der Schluß gezogen werden, daß diese Gebiete einen rechtsfreien Raum darstellten.
In der Völkerrechtswissenschaft und -praxis ist die Meinung weit verbreitet, daß die Staaten grundsätzlich frei seien, zu tun, was ihnen beliebe und daß diese Freiheit nur insoweit beschränkt sei, als ausdrückliche Verbotsnormen des Völkerrechts bestünden. In diesen Völkerrechtsnormen pflegt man die ständig wachsende Zahl von Beschränkungen der Staaten in ihrer ursprünglichen Freiheit sich vorzustellen. Der Gedanke ist dabei wohl der, daß die Völkerrechtsordnung ganz allmählich immer mehr zwischenstaatliche Beziehungen in den Bereich ihrer Regelung einbeziehe, die bisher außerhalb der Rechtsordnung geblieben waren. Diese Anschauung geht von einem Nebeneinanderbestehen eines rechtlich geregelten und eines noch rechtsfreien Betätigungsgebiets der Staaten aus; auch sie operiert also mit einem rechtsleeren Raum.
Wäre diese Meinung richtig, dann müßte man bei jedem Staatsakt untersuchen, ob er in der rechtsfreien oder der der Rechtsordnung unterworfenen Sphäre gesetzt ist. Handelte es sich um einen Staatsakt innerhalb der ursprünglichen, auch heute noch nicht rechtlich erfaßten Freiheitssphäre der Staaten, so müßte er als rechtlich indifferent angesehen werden, da es ja an einem Bewertungssatz der Rechtsordnung fehlt. Die Folge davon wäre, daß ein anderer von dieser Maßnahme betroffener Staat ihr gegenüber dieselbe Handlungsfreiheit besäße, also in der Lage wäre, mit allen ihm zugänglichen Mitteln gegen ihn zu reagieren. Eine Verpflichtung zur Duldung könnte nicht bestehen, da die Handlung außerhalb der Rechtsordnung vorgenommen wurde. Ein zwischen den beiden Staaten entstandener Streit über einen solchen Staatsakt könnte nicht der Aburteilung eines internationalen Gerichts unterstellt werden, dessen Kompetenz sich auf die Entscheidung von Rechtsstreitigkeiten beschränkt.

Die angegebene Betrachtungsweise führt ihre Vertreter zu einer negativen Formulierung der Rechtsfragen. Da sie die Völkerrechtsnormen als Beschränkungen der ursprünglichen Freiheitssphäre der Staaten auffaßt, wird im Einzelfalle nicht nach der Berechtigung eines Staates zur Vornahme einer Handlung, sondern lediglich nach dem Nichtverbotensein dieser Tätigkeit gefragt. So hat z.B. in dem Lotusfall der Ständige Internationale Gerichtshof die von ihm zu entscheidende Streitfrage nicht dahin aufgefaßt, daß er die Berechtigung der Türkei zur Ausübung der

Gerichtsbarkeit, sondern lediglich das Nichtverbotensein ihrer Ausübung zu prüfen habe.

Formuliert man die Rechtsfrage in dieser Form, sucht man lediglich negativ das Bestehen oder Nichtbestehen von Schranken einer ursprünglichen Souveränität festzustellen, so stellt man sich bei der Beurteilung völkerrechtlicher Probleme auf den Standpunkt des einzelnen Staates, aber nicht auf den Boden der Völkerrechtsordnung. Vom Standpunkt der letzteren aus kann nur gefragt werden, ob ein Staat im konkreten Fall eine Berechtigung zum Handeln besaß, der eine Duldungsverpflichtung des oder der anderen Staaten entsprechen muß. Unterscheidet man zwischen einer rechtlich geregelten und einer rechtsfreien Sphäre, dann ergibt sich aus der bloß negativen Feststellung des Nichtverbotenseins einer Handlung noch nicht, in welchen Bereich sie zu rechnen ist. Eine nicht verbotene Handlung kann diesen Charakter deswegen haben, weil sie in den rechtsfreien Raum fällt, also rechtlich indifferent ist. Sie kann aber auch rechtlich erlaubt sein und daher dem von der Rechtsordnung erfaßten Tätigkeitsbereich angehören. Dementsprechend müßte ein mit einem solchen Streit befaßtes internationales Gericht in dem letzteren Fall ein verurteilendes oder abweisendes Sachurteil fällen, im ersteren Fall seine Unzuständigkeit feststellen.

Die angeführte Lehre argumentiert häufig mit dem Begriff der *Souveränität* der Staaten, aus dem sie für die völkerrechtliche Betrachtung Rechtsfolgen ableitet. Dabei scheint vielfach Souveränität und Souveränitätsrecht verwechselt zu werden. Wird mit Souveränität die freie unbeschränkte Selbstbestimmung bezeichnet, so liegt dabei der Gedanke an jene rechtsfreie Sphäre der Staaten zugrunde, den die langsam sich ausdehnende Völkerrechtsordnung mit ihrer Regelung noch nicht erfaßt hat. Souveränität in diesem Sinne kann nur eine Tatsache sein, aus der sich als solcher Rechtsfolgen nicht ableiten lassen. So formuliert auch *Brierly* in seiner Kritik des Lotus-Urteils (Law Quarterly Review Bd. 44 S. 155) klar und treffend: „we are not entitled to deduce the law applicable to a specific state of facts from the mere fact of sovereignty or independence".

Bezeichnet man mit Souveränität das Souveränitätsrecht oder besser das von der Rechtsordnung geschaffene Persönlichkeitsrecht oder das Recht auf die Eigensphäre, also die Rechtsstellung eines Völkerrechtssubjekts, dann lassen sich aus diesem Begriff Rechtsfolgen ableiten. Es ist der Inbegriff der Berechtigungen, welche die Völkerrechtsordnung einer Rechtsperson ausdrücklich zuschreibt.

Nach dem eben Ausgeführten kann der Ausdruck „Souveränität" im Sinne der *ursprünglichen* Freiheit der Staaten nicht als Rechtsbegriff angesehen werden. Der Ständige Internationale Gerichtshof hat in seinem Gutachten (B 5, 27) erklärt: „le principe de l'indépendance des Etats est à la base même du droit international". Der Gerichtshof verwendet diesen Grundsatz, um festzustellen, daß Rußland keine Verpflichtung habe, in einem Streitfall mit einem anderen Staat sich der Schlichtung einer internationalen Instanz zu unterwerfen, da es weder Mitglied des Völkerbundes sei, noch mit Finnland einen Schiedsgerichts- oder Vergleichsvertrag abgeschlossen habe. Die tatsächliche Freiheit eines Staates ist nicht die Grundlage der Völkerrechtsordnung, aus ihr kann weder im negativen noch im positiven Sinne eine Rechtsfolge gewonnen werden, vielmehr ergibt sich aus der Struktur der Verfassung der Völkerrechtsgemeinschaft, die keine Entscheidungsinstanz, keinen Gemeinschaftsrichter kennt, daß eine solche Instanz nur durch besonderen Vertrag errichtet werden kann und bei seinem Fehlen keine allgemeine Verpflichtung des Staates, sich einer solchen Instanz zu unterwerfen, angenommen werden darf.

Auch sonst wird nicht selten behauptet (vgl. z.B. Arrêts de la Cour, A. 10, 19), daß die Souveränität eines Staates den Rechtstitel für die Ausübung der Staatsgewalt bilde, und zwar gerade mit Bezug auf das Gebiet, auf dem das Völkerrecht der Betätigung des Einzelstaates keine Schranken gezogen hat. Aus dem Nichtverbotensein, aus dem Fehlen von Schranken, aus der bloß tatsächlichen Freiheit eines Staates kann aber keine Rechtsfolge sich ergeben. Nur wenn festgestellt wird, daß die Völkerrechtsordnung einen Staat berechtigt, auf bestimmten Gebieten nach freiem Belieben zu handeln, und dadurch die anderen Staaten verpflichtet, diese Tätigkeit als eine rechtmäßige anzuerkennen, kann von einem Recht des Staates gesprochen und können Rechtsfolgen für die anderen Staaten festgestellt werden.

Von Souveränität kann im Völkerrecht nur insoweit die Rede sein, als es sich um die tatsächliche Voraussetzung für die Anerkennung als Rechtssubjekt handelt. Staat im Sinne der Völkerrechtsordnung ist nichts anderes als völkerrechtliche Wesenheit, Einheit, Individuum, genau wie für die Landesrechtsordnung zunächst der Mensch die Einheit bildet. Die letztere knüpft an die reale Gegebenheit der Menschwerdung, die Geburt an; sie qualifiziert sie rechtlich, das heißt, sie stellt die Voraussetzungen auf, unter denen der reale Vorgang eine bestimmte rechtliche Bedeutung hat, etwa daß die Geburt von einer freien Mutter Rechtsfähigkeit und Bürgerrecht entstehen läßt. Ganz ähnlich wird bei der sogenannten juristischen Person an den realen Vorgang der Vereinigung mehrerer Personen zu einem bestimmten Zweck angeknüpft und bei dem Vorliegen bestimmter weiterer von der Rechtsordnung aufgestellter Voraussetzungen die Rechtsfähigkeit zugesprochen. Ebenso verhält es sich im Völkerrecht. Auch hier wird ein sozialer Vorgang durch bestimmte Rechtsnormen bewertet. Voraussetzung für die Anerkennung eines neuen Staates als Mitglied der Völkerrechtsgemeinschaft ist der Zusammenschluß einer Mehrheit von Personen. Als weitere tatsächliche Gegebenheit werden verlangt eine stabile Herrschaftsorganisation und Unabhängigkeit von der Herrschaftsgewalt eines bestehenden Rechtssubjektes der Gemeinschaft, also Souveränität als Freiheit im tatsächlichen Sinne, die den Verband zu einem völkerrechtsunmittelbaren macht.

Der Grund, weshalb man in Theorie und Praxis des Völkerrechts so zähe an der mißbräuchlichen Verwendung des Souveränitätsbegriffs festhält, ist unschwer festzustellen. Solange man die Geltung der Völkerrechtsnormen und die bindende Kraft der Staatsverträge auf die Selbstverpflichtung der Staaten zurückführt, ist es im Grunde der einzelne Staat, der dieses Völkerrecht, sein Entstehen und sein Bestehen bestimmt. Von diesem Standpunkt scheint jeder Vertragsschluß die Aufgabe eines Stückes der Souveränität zu bedeuten.

Aber es ist keine Widerlegung, wenn einer solchen Auffassung entgegengehalten wird, daß ja gerade die Fähigkeit internationale Abkommen abzuschließen, ein Attribut der Staatssouveränität sei (Cour, A, I, 5, 25). Die Fähigkeit, rechtlich bindende Verträge zu schließen, verleiht allein die Völkerrechtsordnung. Sie ergibt sich nicht aus der Souveränität des Staates, sondern aus seiner Eigenschaft als Rechtssubjekt in der Völkerrechtsgemeinschaft. Die freie Selbstbestimmung steht dem Staat, der Mitglied dieser Rechtsgemeinschaft ist, nicht zu; seine Mitgliedschaft bedeutet ein Unterworfensein unter die Völkerrechtsordnung. Nicht weil ein Staat Verträge abgeschlossen hat, ist er nicht mehr souverän im angeführten Sinne, sondern weil er als Mitglied einer Rechtsgemeinschaft unter deren Rechtsordnung steht. Weil er als deren Mitglied Rechtspersönlichkeit besitzt, kann er Verträge abschließen, aber nicht, weil er souverän ist.

Der Völkerrechtsjurist hat also nicht nach Beschränkungen der ursprünglichen Unabhängigkeit des Staates zu fragen. Er muß vielmehr die von der Völkerrechtsordnung geschaffenen Rechte und Pflichten feststellen. Es ist ein Grundübel bei der Erörterung internationaler Streit- und Rechtsfragen, daß unter Berufung auf die Souveränität immer und immer wieder die Kompetenz internationaler Organe oder das Bestehen völkerrechtlicher Verpflichtungen bestritten wird. So wenig vor dem Zivilrichter eines einzelstaatlichen Gerichtes die allgemeinen Menschen- und Freiheitsrechte angerufen werden können, wenn es sich um die Rückzahlung eines Darlehns durch den Empfänger handelt, so wenig ist die Berufung im Staatenstreit auf die Souveränität möglich, in dem es sich um Bestehen und Erfüllung völkerrechtlicher Verpflichtungen handelt.

Einen besonders naiven Ausdruck hat die Auffassung, daß ein internationales Organ sich von jedem Eingriff in die Souveränität eines Staates fernzuhalten habe, in einigen Urteilen des Deutsch-Polnischen Gemischten Schiedsgerichts gefunden. Der Versailler Vertrag gibt in seinem Artikel 305 dem Schiedsgericht die Kompetenz, der „partie qui aura subi de ce chef un préjudice" eine Reparation zuzuerkennen, wenn durch eine Entscheidung des polnischen Liquidationskomitees, die die beteiligten Regierungen wie das Schiedsgericht als ein „jugement d'un tribunal" im Sinne dieses Artikels ansehen, eine Bestimmung über das Liquidationsrecht verletzt wird. Das Gericht verweigerte eine einstweilige Verfügung gegen den polnischen Staat unter anderem, weil die Liquidation zwar verfügt, aber noch nicht völlig beendet sei. Der Staat hatte das Grundstück beschlagnahmt und dem Eigentümer das Verfügungsrecht entzogen, sich selbst aber noch nicht das Eigentum angeeignet. Das Gericht erklärte, selbst wenn die Liquidation in dem eingeklagten Falle nach dem Versailler Vertrag unzulässig sei, dürfe es nicht in die im Gang befindliche Liquidation eingreifen. Wenn das Gericht das Recht hat, einen Staat, der eine Vertragsbestimmung verletzt hat, zum Schadensersatz und damit zur Wiederherstellung des Zustandes, wie er ohne den rechtswidrigen Eingriff bestanden haben würde, zu verurteilen, so muß es ihm auch im Wege der einstweiligen Verfügung die Fortsetzung der begonnenen Rechtsverletzung untersagen können, vorausgesetzt, daß seine Prozeßordnung die einstweilige Verfügung als Rechtsinstitut kennt. Das Gericht hat in anderen Fällen nach Beendigung der Liquidation dem polnischen Staat durch einstweilige Verfügung untersagt, über das Grundstück, das er sich im Wege der Liquidation angeeignet hatte, zu verfügen, wie wenn dieses Verbot nicht ebenfalls einen Eingriff in die Souveränität des Polnischen Staates darstellte. Die Meinung des Gerichts beruht auf einer völligen Verkennung des Wesens der einstweiligen Verfügung sowie der Verletzung einer Völkerrechtsverpflichtung.

Vor einigen Jahren hat diese Probleme *Politis* in einer Reihe von Vorträgen an der Haager Völkerrechtsakademie behandelt (Recueil des Cours 1925 I S. 1 ff.). Er bekämpft die Lehre von der Souveränität der Staaten, die eine irreführende und gefährliche Bezeichnung sei, da die Souveränität nur dem Recht, also der Völkerrechtsordnung zukomme. Er will den Ausdruck Souveränität aus der Rechtssprache streichen und durch die Bezeichnung Freiheit ersetzen. Darunter versteht er das von der Rechtsordnung verliehene und begrenzte Recht zu freier Betätigung. Wer die Freiheit zum Handeln beanspruche, müsse die Gewährung durch das Recht nachweisen. Das Wort Souveränität erwecke die Vorstellung von Omnipotenz und Absolutismus; wer sich auf sie berufe, behaupte das Recht zu haben, nach freiem Belieben zu handeln, sofern er nicht eine Beschränkung seiner Freiheit selbst übernommen habe. Eine absolute Freiheit gebe es so wenig für die Staaten wie für die Individuen im Staat; die gegenseitige wirtschaftliche, moralische, politische Abhängigkeit der Staaten schaffe den Begriff der Solidarität und damit eine wachsende Zahl von Freiheitsbeschränkungen. Immerhin könne man im heutigen Völkerrecht zwei Gebiete unterscheiden: das der beschränkten und das der unbeschränkten Freiheit; auf letzterem gebe es für gewisse Betätigungen der Staaten noch keine formelle Schranken. Es ist das Vorbehaltsgebiet, le domaine réservé, wohl bekannt aus Artikel 15 Abs. 8 des Völkerbundsstatuts.

Die Lehre von *Politis* ist der interessante Versuch, den politischen Vorbehalt der Großmächte, dessen Ausdruck Art. 15 Abs. 8 ist, mit dem Wesen der Völkerrechtsordnung in Einklang zu bringen. Ein Versuch, der von vornherein zum Scheitern verurteilt war.

Unter *domaine réservé* sind nach *Politis* die vom Völkerrecht noch nicht geregelten Arten staatlicher Betätigung zu verstehen. Sie sind der ausschließlichen Kompetenz des Einzelstaats vorbehalten. Es sollen das Angelegenheiten sein, die „la vie intime des Etats“, die hauptsächlich, wenn auch nicht ausschließlich die Interessen eines einzelnen Landes betreffen und daher „affaires purement intérieures ou, comme disent les Anglo-Saxons, domestiques“ bezeichnet werden können.

Wie wenig ernst es *Politis* mit seinem Grundsatz von der Souveränität des Rechts und von der Nichtsouveränität der Staaten ist, ergibt sich aus seiner rechtlichen Charakterisierung dieses *domaine reservé*. „Là, chaque pays peut revendiquer un pouvoir absolu. II règle ses affaires domestiques comme bon lui semble en tenant compte de ses seuls intérêts, sans se préoccuper de leur répercussion internationale. II n'admet aucune intervention étrangère, aucun contrôle extérieur. Sa compétence est exclusive en ce sens qu'elle ne peut être concurrencée par aucune autre ni par celle d'un juge, ni même par celle d'un médiateur ou d'un conciliateur. Les affaires domestiques ne sont pas justiciables. Elles ne peuvent, en principe, être soumises à l'arbitrage. Elles ne sont pas davantage matière à discussion diplomatique. Elles ne peuvent pas, la règle générale, faire l'objet d'une procédure de conciliation“.

Ist es möglich, mit schärferen Worten die Omnipotenz und den Absolutismus der Staaten zu proklamieren? Ist je die Souveränität der Staaten krasser betont worden? Freilich soll sich diese Souveränität und Omnipotenz der Staaten ja nur auf einzelne Gebiete beziehen. Aber da diese Souveränität nicht einmal diplomatische Verhandlungen zuläßt, bleibt ihre Abgrenzung dem freien Ermessen der Staaten überlassen. Ist es wirklich denkbar, daß die Staaten einer Rechtsordnung unterstehen und trotzdem für die Hälfte oder zwei Drittel ihrer Beziehungen souverän sind? *Politis* hat diese Frage selbst verneint, in dem er wenige Seiten vorher schreibt: „Mais une souveraineté réduite n'en est plus une, car, par définition, elle implique une notion absorbante et exclusive de toute restriction. On est indépendant ou on ne l'est pas. Une indépendance limitée est déjà de la dépendance". Oder anders ausgedrückt, eine teilweise Unterordnung unter eine Rechtsordnung, ist ein Widerspruch in sich selbst.

Diese rechtsfreien Arten von Staatsstreitigkeiten „sont en marge du droit". Es sind die in den Schiedsverträgen erwähnten Lebensinteressen der Staaten, die politischen, nicht gerichtsfähigen Angelegenheiten. Es sind die Fragen, die Art. 15 Abs. 8 des Völkerbundsstatuts „laisse à la compétence exclusive" der Staaten.

Da sich die Anerkennung eines der Souveränität der Staaten vorbehaltenen Tätigkeitsbereichs im Völkerbundsstatut findet, so meint *Politis*: „l'existence du domaine réservé est certainement une norme du droit international". Was soll das bedeuten? „La question est de savoir quel appui le domaine réservé trouve dans le droit international. Est-il reconnu ou seulement toléré par lui? En est-il consacré dans son contenu ou seulement dans son principe". Seine Antwort lautet: „La verité est que si le droit reconnaît l'existence d'un domaine réservé, il en ignore le contenu. Il ne s'occupe pas des affaires domestiques au point de vue matériel pour indiquer comment elles doivent être réglées. II s'en occupe seulement au point de vue formel pour dire à qui en revient le règlement". So bedeutet also, immer nach *Politis*, Art. 15 Abs. 8 des Völkerbundsstatuts, daß, wenn es vom Völkerrecht nicht geregelte Materien gibt, ihre Regelung dem freien Ermessen des interessierten Landes überlassen bleibt. Aber das Statut sagt nicht, um welche Materien es sich handelt. „Car il ne lui appartient pas de le dire. II est en effet inconcevable que le droit décide lui-même que telle activité humaine reste hors de son empire".

Also die „Existenz" des staatlichen Vorbehaltsgebiets soll einerseits eine Rechtsnorm sein. Andererseits aber soll diese Norm den Inhalt des Vorbehaltsgebiets und damit ihren eigenen Inhalt nicht kennen! Zumal ja das Recht nicht selbst bestimmen könne, daß gewisse menschliche Tätigkeiten von der Rechtsordnung nicht erfaßt werden sollen. Würde die Norm, auf der das landesrechtliche Vorbehaltsgebiet beruht, einen Inhalt haben, so wäre ja auch dies Gebiet durch das Völkerrecht geregelt. Darum äußert *Politis* selbst Zweifel an der Richtigkeit des Satzes, von dem er ausgegangen war und erklärt, wenn bestimmte Materien der landesgesetzlichen Regelung überlassen seien, so beruhe das nicht auf einer Rechtsregel, sondern auf dem Nichtvorhandensein einer solchen, denn wenn es irgendeine Rechtsnorm über diese Materie gäbe, so gehörte sie eben nicht mehr zum vorbehaltenen, d. h. also völkerrechtsfreien Gebiet. Und gerade die Abgrenzung des Vorbehaltsgebiets nennt er darum eine Tatfrage, obwohl doch wiederum die „Existenz" des Vorbehaltsgebiets auf einer Rechtsnorm beruhen soll.

Nicht aller Vertragsinhalt ist schon als solcher Rechtsnorm, sondern nur das rechtlich überhaupt Normierbare. Die Konstatierung von Tatsachen, Wünsche, ein Schuldbekenntnis kann niemals eine Rechtsnorm bilden. Im speziellen Fall würde die Feststellung der *existence du domaine réservé* nur den Sinn haben können, ein Negatives festzustellen, daß es Beziehungen unter den vertragsschließenden Staaten gibt, die rechtlich nicht geregelt sind. Ist das eine Rechtsnorm? Eine Rechtsordnung kann doch nur bestimmen, daß auf einem bestimmten Gebiet das Verhalten der Rechtsgenossen in einer bestimmten Weise zu beurteilen sei, aber nicht, daß auf unbestimmtem Gebiet dies Verhalten nicht nach Regeln bewertet werden solle.

Die Theorie von *Politis* ist im Wesentlichen eine Wiederaufnahme der von *Bergbohm* aufgestellten Lehre, die schon seit langem von E. *Kaufmann*, (Wesen des Völkerrechts und die Clausula rebus sic stantibus 1911 S. 507; vgl. dazu etwa noch *Strisower*, Der Krieg und die Völkerrechtsordnung S. 15 Anm. 4) mit zwingenden Gründen widerlegt ist. *Kaufmann* meint, ein rechtsleerer Tatsachenraum sei eine unvollziehbare Vorstellung. Denn wenn das Recht die Grenze zum rechtsleeren Raum ziehe, so liege darin die Bewilligung des Freiheitsgebrauchs von Rechts wegen; dieser werde vom Recht gewollt und daher mit umfaßt. Die Macht über die Grenze sei identisch mit der Macht über das Ganze.

Eine absolute Freiheit kann die Rechtsordnung nicht gewähren und garantieren. Sollte es eine rechtsfreie Sphäre, eine partielle Souveränität geben, so nur als Tatsache nicht als Recht. Die Theorie von *Politis* will das Unvereinbare vereinen. Gerade seine Ausführungen sind gegen seinen Willen zum Beweis dafür geworden, daß es einen rechtsfreien Raum nicht gibt. Das muß er denn auch zugeben, wenn er im weiteren Verfolg seiner Ausführungen die Lehre vom *abus de droit* entwickelt, die auch für das Völkerrecht und hier sogar für das rechtsfreie Vorbehaltsgebiet gelten soll. Während er zu Anfang (S. 43) die völlige Unabhängigkeit der Staaten für dieses Gebiet proklamiert, und jede Art von völkerrechtlicher Normierung oder internationaler Kontrolle abgelehnt hatte, erklärt er hier (S. 88): „le domaine réservé n'est pas illimité au point d'échapper absolument à toute espèce de contrôle". Diese Freiheit der Staaten sei nämlich keine unbedingte. Die Staaten blieben Mitglieder der Völkerrechtsgemeinschaft und hätten daher bestimmte Pflichten: „Ils doivent, avant tout, obéir aux exigences du droit international qui ne leur permet d'user de leur liberté qu'en conformité du but social dans lequel il la leur a reconnu". Also selbst auf dem Vorbehaltsgebiet sind die Staaten in ihrer Freiheit durch Rechtsregeln beschränkt. Der einzige Schluß aus dieser These kann doch nur der sein, daß die Rechtsordnung alle Betätigungsgebiete ergreift und daß es eine rechtsfreie Sphäre nicht geben kann. Im übrigen ist die Lehre vom *abus du droit* in der von *Politis* vorgetragenen Form wohl nicht zu halten. Sie beruht auf der Annahme, daß ein Staat auf bestimmten Gebieten eine unbegrenzte Befugnis zum Handeln habe, auch wenn er dabei Interessen anderer Staaten verletze. Er will die grundsätzliche Freiheit korrigieren durch einen einschränkenden Rechtssatz, der den antisozialen Gebrauch der Freiheit verbietet. Diese These geht von unrichtigen Voraussetzungen aus. Der Verfasser hat übersehen, daß in der Grundstruktur jeder Rechtsordnung die Rechtspersönlichkeit und die Eigensphäre als ein begrenztes Freiheitsrecht gegeben ist.

6. *Domaine réservé, compétence exclusive*

Die Lehre von *Politis* geht von der Voraussetzung aus, daß es völkerrechtlich nicht geregelte Beziehungen zwischen den Staaten gibt. Nach ihm soll die Existenz dieses Vorbehaltsgebiets auf einer Norm des Völkerrechts beruhen. Diese Norm findet sich in Artikel 15 Abs. 8 des Völkerbundsstatuts und in den Schiedsgerichtsverträgen, die die sogenannten politischen Streitigkeiten oder die die Lebensinteressen der Staaten berührenden Konflikte von der Erledigung im Schiedsgerichtsverfahren ausschließen. Diese Bestimmungen sind jedenfalls zunächst rein partikulärer Art, sie gelten kraft ausdrücklicher Vereinbarung für die Vertragsstaaten. Aus diesen Vertragsbestimmungen aber, mögen sie sich in noch so vielen Verträgen vorfinden, läßt sich kein Schluß auf eine inhaltlich gleiche Norm des gemeinen Völkerrechts oder gar die Grundstruktur der Völkerrechtsordnung ziehen. Es kann also nicht angenommen werden, daß um dieser Bestimmungen willen auch nach gemeinem Völkerrecht ein Unterschied zwischen rechtlich normierbaren und normierten Staatenbeziehungen und solchen gemacht werden müßte, die sich einer Bewertung durch die Rechtsordnung ihrer Natur nach entziehen. Der einzige Schluß, der sich aus diesen Vertragsbestimmungen gewinnen läßt, ist der, daß die Vertragsparteien bestimmte Streitigkeiten nicht in einem Gerichtsverfahren oder auch nicht einmal in einem politischen Ausgleichsverfahren durch eine internationale Instanz erledigen lassen wollen.

Die in solchen Verträgen formulierte Absicht der Partei bezieht sich also nur auf das Verfahren der Streitschlichtung. Völlig zu trennen ist davon die andere Frage, ob für diese Art Streitigkeiten die materielle Völkerrechtsordnung Rechtssätze enthält oder nicht. Selbst wenn die Vertragsparteien beim Abschluß solcher Vereinbarungen von der Vorstellung geleitet gewesen wären, daß für diese Konflikte keine Völkerrechtsnormen existierten und daß deshalb das Schiedsgerichtsverfahren nicht möglich sei, so wäre diese Parteiansicht für die Prüfung der Frage, ob eine Rechtsordnung ein rechtsfreies Gebiet unter den Genossen ihrer Gemeinschaft beläßt, ohne jede Bedeutung. Neben solchen Schiedsverträgen gibt es andere, die eine richterliche Erledigung *aller* Staatenstreitigkeiten nach Rechtsnormen vorsehen. Es darf an dieser Stelle auf die früheren Ausführungen über das Wesen einer Rechtsordnung und ihren universalen Charakter verwiesen werden.
Bei der großen Bedeutung, die dem Völkerbundsstatut und in ihm dem Absatz 8 des Art. 15 zukommt, ist eine kurze Erörterung dieser Bestimmung geboten. Absatz 8 des Artikels lautet in französischer und englischer Sprache:

> „Si l'une des Parties prétend et si le Conseil reconnaît que le différend porte sur une question que le droit international laisse à la compétence exclusive de cette Partie, le Conseil le constatera dans un rapport, mais sans recommander aucune solution."

> „If the dispute between the parties is claimed by one of them, and is found by the Council, to arise out of a matter which by international law is solely within the domestic jurisdiction of that party, the Council shall so report, and shall make no recommendation as to settlement."

Über diesen Absatz liegt bereits eine unübersehbare Menge von literarischen Äußerungen vor. Es muß hier genügen, einige der wichtigsten Punkte klarzustellen. Der Versuch, aus der Natur der zwischenstaatlichen Beziehungen objektive Kriterien für die Abgrenzung des Gebietes der *domestic jurisdiction* zu gewinnen, ist als gescheitert anzusehen, und heute wohl ziemlich allgemein aufgegeben. Die Juristenkommission, die dem Völkerbund in der Aalandfrage ein Gutachten erstattete, hatte noch geglaubt, „une question appartient au domaine international ou relève de la juridiction intérieure d'un Etat en vertu de ses caractères intrinsèques et propres". Sie hat aber festgestellt, daß der schwedisch-finnische Streit nicht zum Vorbehaltsgebiet Finnlands gehöre, zumal er zu einer Zeit entstanden sei, in welcher Finnland noch nicht als Völkerrechtssubjekt konstituiert gewesen sei. Diese Konstituierung eines neuen Staates „tend à amener des modifications dans l'ensemble des membres de la communauté internationale et dans leur statut territorial et juridique et par conséquent, il intéresse cette communauté au plus haut degré aussi bien dans l'ordre politique que dans l'ordre juridique".

Abzulehnen ist die Unterscheidung zwischen äußeren und inneren Angelegenheiten eines Staates; der Sinn des Artikel 15 Abs. 8 kann nicht der sein, daß nur die inneren Staatsangelegenheiten unter die Ausnahme dieser Bestimmung fallen. Artikel 15 Abs. 8 bezieht sich sicher auf Betätigungen der Einzelstaaten, die eine Außenwirkung haben, also in die Interessensphäre anderer Staaten eingreifen. Des weiteren wird kaum mehr bestritten, daß die Formulierung des Völkerbundsstatuts dieselben Fragen betrifft, die in den Einzelschiedsverträgen als nichtrechtliche oder politische Streitigkeiten bezeichnet werden.

Der Streit der Meinungen konzentriert sich vor allem auf die Hauptfrage, ob das Völkerbundsstatut die ausschließliche Zuständigkeit der Einzelstaaten als vom Völkerrecht negativ oder positiv bestimmt ansieht. Man will in dieser Beziehung einen Unterschied zwischen der französischen und der englischen Fassung des Textes konstatieren. Der französische Text spricht von „question que le droit international laisse à la compétence exclusive de cette Partie" und der englische Text von „matter which by international law is solely within the domestic jurisdiction of the party".

Man hat aus der französischen Fassung den Schluß ziehen wollen, daß es sich um Fragen handele, für die keine Norm des Völkerrechts existiere, während sich aus der englischen Fassung ergeben soll, daß hier positiv durch Völkerrechtsnormen die ausschließliche Zuständigkeit der Einzelstaatsgewalt zur Regelung dieser Frage anerkannt sei. Mit Recht hat der Haager Ständige Internationale Gerichtshof in seinem 4. Gutachten (B, 4, S. 22) festgestellt, daß die beiden sprachlichen Fassungen dieselbe rechtliche Bedeutung haben.

Der Gerichtshof nimmt bei der Interpretation dieses Artikels an, daß das Hauptgewicht auf die Ausschließlichkeit, die der Kompetenz des Einzelstaates nach der Völkerrechtsordnung zukomme, zu legen sei. Er sagt: „Il faut bien souligner le mot exclusive, auquel correspond dans le texte anglais: 'solely' (within the domestic jurisdiction). Il ne s'agit pas d'examiner si l'une des Parties en cause est ou n'est pas compétente en droit pour faire ou ne pas faire telle ou telle chose, mais bien si la compétence qu'elle revendique est exclusive". Nach diesen Ausführungen sollte man meinen, der Gerichtshof erblicke in der ausschließlichen *compétence en droit* eine durch das Völkerrecht übertragene ausschließliche Befugnis oder Ermächtigung an die Einzelstaaten zur Ausübung ihrer Staatsgewalt auf bestimmten Gebieten. Die Ausschließlichkeit der Befugnis wird begründet durch entsprechende Verbote an die anderen Staaten. Diese *compétence en droit* müßte dementsprechend die rechtlich geschützte Befugnis zum Handeln sein.

Leider verläßt der Gerichtshof in den folgenden Ausführungen diesen Standpunkt: „A un certain point de vue, on pourrait bien dire que la compétence d'un Etat est exclusive dans les limites tracées par le droit international, ce terme, pris dans son sens large, comprenant à la fois le droit coutumier et le droit conventionnel général ou particulier. Mais un examen attentif du paragraphe 8 de l'article 15 démontre que ce n'est pas dans ce sens qu'on y parle de compétence exclusive. Les mots 'compétence exclusive' semblent plutôt envisager certaines matières qui, bien que pouvant toucher de très près aux intérêts de plus d'un Etat, ne sont pas, en principe, réglées par le droit international. En ce qui concerne ces matières chaque Etat est seul maître de ses décisions".

Der Gerichtshof glaubt, es gäbe zwei Möglichkeiten der Interpretation des Artikels 15 Abs. 8. Nach der einen wäre die ausschließliche Kompetenz des Staates begrenzt durch die Vorschriften des gemeinen und partikulären Völkerrechts; es wäre also die Völkerrechtsordnung, die die Grenzen dieser Befugnis festsetzte. Dabei liegt die Vorstellung zugrunde, daß das Völkerrecht die Summe der Beschränkungen eines Staates darstellt. Diese negative Konstruktion einer Völkerrechtsordnung geht noch deutlicher aus dem später zu besprechenden Urteil im Lotusfall hervor, in welchem der Gerichtshof nur die Frage prüft, ob eine generelle oder spezielle Beschränkungsnorm existiert, die die ursprüngliche und auch heute noch fortdauernde Freiheit, d. h. Souveränität der Staaten beschränkt. Die Struktur der Rechtsordnung besteht aber in der Verleihung von Herrschaftsrechten, die, wenn das Herrschaftsrecht ein ausschließliches sein soll, durch entsprechende Verbote an die übrigen Genossen ausgestaltet wird, während dem einfachen Herrschaftsrecht nur eine Duldungsverpflichtung der übrigen Genossen entspricht. Dementsprechend bedeutete die erste Interpretationsmöglichkeit, die der Gerichtshof erwähnt, die durch das gemeine und partikuläre Völkerrecht geschaffene ausschließliehe Berechtigung zur Setzung von Hoheitsakten auf bestimmten Gebieten.

Der zweite mögliche Sinn der Bestimmung soll nach der Auffassung des Gerichtshofs der sein, daß für die Bewertung von einzelstaatlichen Hoheitsakten auf bestimmten Gebieten Völkerrechtsnormen überhaupt fehlen, obwohl diese Akte die Interessen mehr als eines Staates sehr nahe berühren können. Der Gerichtshof denkt also an ein Vorbehaltsgebiet, das die Rechtsordnung frei läßt und auf dem jeder Staat uneingeschränkte Bestimmungsfreiheit besitzt, hier braucht er keinerlei Rücksichten zu nehmen, er kann handeln wie ihm beliebt und jeden Eingriff in die Rechtssphäre seiner Genossen vornehmen, wenn er ihm gutdünkt. Es ist „l'interêt primordial de chaque Etat de conserver intacte son indépendance dans les affaires que le droit international reconnaît comme étant de son domaine exclusif". Die Konsequenz dieser Auffassung müßte sein, daß die anderen Staaten mit derselben Rücksichtslosigkeit diesen Eingriff zurückzuweisen in der Lage wären und, da für dieses Gebiet keine Normen existieren, jede Art von Gewalt, deren sie tatsächlich fähig sind, anwenden können.

Ein solches Nebeneinanderbestehen von zwei Tätigkeitsgebieten der Staaten, von denen das eine der Völkerrechtsordnung unterstellt ist, das andere ihr völlig entzogen ist, kann nicht angenommen werden. Besteht überhaupt eine Rechtsordnung zwischen Genossen, so gelten ihre allgemeinen Friedens- und Verteilungsgrundsätze für alle denkbaren Beziehungen der Genossen untereinander. Möglich ist nur, daß auf dem einen oder anderen bereits eine Konkretisierung oder Spezialisierung der Rechtsgrundsätze stattgefunden hat, während das auf anderen Gebieten noch nicht ausdrücklich geschehen ist. Die speziellere Norm, mag sie als gemeine für alle Staaten verbindlich sein oder als partikuläre nur für einzelne Staaten gelten, setzt notwendig einen allgemeineren Grundsatz der Rechtsordnung voraus. Darum kann auch dem Gerichtshof bei seinen weiteren Ausführungen über die Abgrenzung des Vorbehaltsgebiets nicht unbedingt Folge geleistet werden. Der Gerichtshof nimmt nämlich an, daß für die Frage, ob eine Materie in den von der Völkerrechtsordnung geregelten Bereich gehört oder nicht, eine einheitliche Beantwortung nicht möglich sei. Das hänge von dem Grad der Entwicklung der internationalen Beziehungen ab, er meint damit wohl von dem Grade der Ausbildung völkerrechtlicher Normen ab. Als solche Normen können sowohl die Grundsätze des gemeinen Völkerrechts, als die Rechtssätze des partikulären in Frage kommen. Und zwar glaubt er, daß ein Tätigkeitsgebiet auch dann nicht zu dem rechtsfreien Vorbehaltsgebiet gezählt werden könne, wenn es zwar grundsätzlich nicht vom Völkerrecht geregelt sei, sondern nur für den speziellen Fall zwischen den Parteien partikuläre Rechtsvereinbarungen bestünden.

Der Gerichtshof glaubt also, daß es partikuläre Vertragsnormen für ein bestimmtes Gebiet geben kann, für welches gemeinrechtliche Normen oder allgemeine Rechtsgrundsätze der Völkerrechtsordnung nicht existieren. Wäre dies möglich, so könnte für derartige Vereinbarungen nur die bindende Kraft des Vertragsschlusses, also immerhin ein allgemeiner Rechtsgrundsatz der Völkerrechtsordnung festgestellt werden. Im übrigen aber fehlte es an einem Rechtsgrundsatz, der eine rechtliche Bewertung der partikulären Abmachung an dem Recht der Gemeinschaft gestattet. Es könnte also nicht festgestellt werden, ob die Vertragsbestimmung nur eine erlaubte Konkretisierung des Rechtswillens der Gemeinschaft oder eine – erlaubte oder nicht erlaubte – Aufhebung der Gemeinschaftsgrundsätze darstellt. Solche Vertragsbestimmungen stünden also gewissermaßen außerhalb des Systems der Völkerrechtsordnung.

Eine Regel kann den Charakter einer Rechtsnorm nur als Bestandteil einer Rechtsordnung nur in dem und durch das System dieser Rechtsordnung besitzen. Der Gerichtshof hat an anderer Stelle (Urteil Nr. 7 Serie A S. 42) in vorbildlicher Weise gerade diesem Gedanken Ausdruck gegeben. Er hat damals festgestellt, daß der Grundsatz des Schutzes der wohlerworbenen Rechte ein Grundsatz der gemeinen Völkerrechtsordnung sei, „qui sur ce point entre autres, est à la base de la Convention de Genève". Was er hier für die Genfer Konvention ausgesprochen und sicher nicht auf diesen Vertrag beschränken wollte, ist der Gedanke, daß die gemeine Völkerrechtsordnung allgemeine und allgemeinste Grundregeln enthält, an denen der partikuläre Parteivertrag geprüft und bewertet werden kann, ob er mit ihnen übereinstimmt oder nicht.

Zur Illustrierung seiner allgemeinen These gibt der Gerichtshof ein Beispiel und erklärt, nach dem heutigen Stand des Völkerrechts gehörten die Fragen der *Staatsangehörigkeit* in den Bereich der ausschließlichen Kompetenz der Einzelstaaten. Dieser Ausspruch des Gerichtshofs ist häufig zitiert und zur Grundlage der Behandlung des Staatsangehörigkeitsproblems gemacht worden. Auch der für die Kodifikationskommission des Völkerbunds erstattete Bericht von *Rundstein* hat diesen Grundsatz des Gerichtshofs übernommen. (C 196 M. 70 S. 9.)

„Or, il est de toute évidence que les questions concernant la nationalité sont à envisager comme des problèmes appartenant exclusivement à la législation intérieure des Etats particuliers. C'est le domaine strict où les principes de la souveraineté trouvent leur expression la plus accentuée; et dans l'état actuel du Droit international, les questions de la nationalité sont en principe comprises dans le domaine réservé à la compétence exclusive des Etats particuliers (cf. Avis consultatifs de la Cour permanente de Justice internationale du 7 février 1923, Recueil des avis consultatifs, série B No. 4). Il n'existe point une norme coutumière ou écrite du droit international qui puisse être regardée comme statuant une restriction ou même une exemption de la compétence susmentionnée".

Dem entspricht, daß in der Theorie die Staatsangehörigkeit nur zu häufig als rein interne Angelegenheit des Einzelstaates aufgefaßt wird. So ist für *Niboyet* (Manuel de droit international privé 10. Aufl. S. 3) jede Begründung dafür überflüssig, daß die Bestimmung der Staatsangehörigkeit „est essentiellement faire acte de souveraineté indépendante", wie auch der Staat in völliger Unabhängigkeit die Rechtsstellung der Fremden auf seinem Gebiet soll bestimmen können. Wollte man das leugnen, „on ferait échec à la souveraineté de l'Etat, dans ce qu'elle a de plus sacré". Dieses wie so manches andere System des Internationalen Privatrechts ist auf der Leugnung des Völkerrechts aufgebaut.

Gerade das Beispiel der Staatsangehörigkeit zeigt, daß es sich bei *compétence exclusive* nicht um ein von der Rechtsordnung freigelassenes Gebiet staatlicher, d. h. hier gesetzgeberischer Tätigkeit handeln kann. Gehörte wirklich die Zu- und Aberkennung der Staatsangehörigkeit nicht zu den vom gemeinen Völkerrecht geregelten Materien, so könnten zwei Staaten, zwischen denen keine Vereinbarung über diesen Gegenstand abgeschlossen wurde, in einem völkerrechtlichen Rechtsstreit die vom Gegner anzuerkennende Zugehörigkeit von Personen zu ihrem staatlichen Verband nicht reklamieren. Es stünden sich also zwei Staaten gegenüber, die nach der Völkerrechtsordnung in ihrem Verhältnis zueinander überhaupt keine Staatsangehörigen besäßen.

Völkerrechtspersonen können nur Staaten im Sinne des Völkerrechts, d. h. organisierte Herrschaftsverbände sein. Mitglied einer Rechtsgemeinschaft sein bedeutet Anerkennung des Genossen und seiner Rechtspersönlichkeit, bedeutet in der Völkerrechtsgemeinschaft Anerkennung des staatlichen Verbandes und der ihn bildenden Verbandsgenossen. Gibt es keine spezielle Norm des Vertragsrechts, der die Personalverbände der beiden Staaten untereinander völkerrechtlich begrenzt, so folgt aus der Mitgliedschaft in derselben Rechtsgemeinschaft der Satz, daß die beiden Staaten sich gegenseitig das Recht zuerkennen, im Rahmen der Grundsätze des gemeinen Völkerrechts die Zugehörigkeit zu dem Verband selbständig zu bestimmen. Mit anderen Worten: Die Völkerrechtsordnung räumt dem Staat grundsätzlich die Befugnis ein, Staatsangehörigkeitsnormen selbständig aufzustellen. Aus dieser Befugnis ergibt sich die Verpflichtung der übrigen Staaten, die getroffene Regelung anzuerkennen; sie ist den anderen Staaten gegenüber opposabel. Der Inhalt dieser Völkerrechtsnorm, die insofern eine Blankettnorm ist, wird durch die Landesgesetzgebung ausgefüllt, ohne daß freilich damit etwa das Landesrecht zum Völkerrecht würde.

Dieser allgemeine Grundsatz des Völkerrechts gilt für alle Staaten der Völkerrechtsgemeinschaft gleichmäßig. Die Ermächtigung zur Regelung der Staatsangehörigkeitsfragen ist also eine von der Völkerrechtsordnung verliehene Befugnis, die sich auf alle Staaten bezieht. Diese Befugnis ist keineswegs eine ausschließliche. Selbstverständlich kann auf Grund dieser Befugnis nur jeder Staat selbständig für sich und insofern ausschließlich bestimmen, wer seine Angehörigen sein sollen. Aber die Befugnis ist nicht in dem Sinn eine ausschließliche, daß die von der Gesetzgebung eines Staates als Staatsangehörige reklamierten Individuen nicht unter Umständen von einem anderen Staat auf Grund derselben Ermächtigung ebenfalls zu Staatsangehörigen erklärt werden könnten. Die Befugnis zur Regelung der Staatsangehörigkeitsfrage ist also in diesem Sinne eine konkurrierende und keine ausschließliche. Aus dieser Konkurrenz der völkerrechtlichen Ermächtigungen der Staaten ergeben sich die bekannten Konflikte der doppelten Staatsangehörigkeit und der Heimatlosigkeit. Leider hat der Haager Gerichtshof sich nicht darüber ausgesprochen, in welchem Sinn er die Ausschließlichkeit der einzelstaatlichen Befugnis versteht.

Nun ist aber die Ermächtigung der Völkerrechtsordnung zur Regelung der Staatsangehörigkeitsfrage durchaus nicht eine völlig unbeschränkte. Man wird anzunehmen haben, daß die Völkerrechtsordnung den Staaten nur gestattet, ihre Staatsangehörigkeit zu verleihen auf Grund allgemein üblicher und anerkannter Anknüpfungsmomente als welche etwa das *jus soli* und das *jus sanguinis* anzusehen wären. Die Begrenzung der von der Völkerrechtsordnung den Staaten erteilte Ermächtigung zur Regelung der Staatsangehörigkeitsfragen durch Grundsätze des gemeinen Völkerrechts bedarf dringend einer eingehenden Spezialuntersuchung. Besonders wertvolle Anregungen für eine solche Arbeit enthalten der in diesem Band der Zeitschrift veröffentlichte Vortrag von *Triepel* (vgl. S. 185) sowie die Ausführungen *Borchards* über die völkerrechtlichen Wirkungen der Naturalisation (Diplomatic Protection of Citizens Abroad S. 533). Des weiteren kann auf den eben erschienenen Kodifikationsvorschlag amerikanischer Völkerrechtsjuristen verwiesen werden. (Research in International Law, Harvard Law School, Nationality; Responsibility of States; Territorial Waters, 1929, S. 24 ff.). Artikel 2 dieses Vorschlags lautet:

„Except as otherwise provided in this convention, each state may determine by its law who are its nationals, subject to the provisions of any special treaty to which the state may be a party; but under international law the power of a state to confer its nationality is not unlimited.“

In dem Kommentar zu diesem Artikel ist in höchst dankenswerter Weise das Material der Staatsverträge über Staatsangehörigkeitsfragen zusammengestellt und auch die Existenz gemeinrechtlicher Beschränkungen der einzelstaatlichen Gesetzgebungskompetenz erörtert.

So müssen wir denn feststellen, daß entweder die Staatsangehörigkeitsfragen nicht zu der *compétence exclusive* gehören oder das Wesen und die Bedeutung dieses Vorbehaltsgebiets in einem anderen Sinne erfaßt werden muß, als die Cour es getan hat. Da es einen von der Völkerrechtsordnung nicht erfaßten Bereich einzelstaatlicher Tätigkeit nicht geben kann, wird man dem Artikel 15 Abs. 8 des Völkerbundsstatuts eine andere Bedeutung geben müssen als dies der Ständige Internationale Gerichtshof und ihm folgend zahlreiche Völkerrechtsjuristen getan haben. Die ausschließliche Kompetenz, die das Völkerrecht den Staaten läßt, ist eine durch die Rechtsordnung übertragene Rechtsbefugnis. Die auf Grund dieser Befugnis einseitig getroffene Regelung der Staatsangehörigkeit eines Staates muß von den übrigen Staaten anerkannt und wenn sie sich in den durch die erwähnten gemeinrechtlichen Rechtsgrundsätze gezogenen Grenzen hält, als rechtmäßig und opposabel angesehen werden. Die Ermächtigung ist insofern eine ausschließliche, als jeder Staat über die Zugehörigkeit zu seinem Verband ausschließlich zu bestimmen befugt ist. Sie ist aber nicht ausschließlich in dem Sinn, daß die von dem einen Staat zu seinen Staatsangehörigen erklärten Individuen von einem anderen, wenn er sich im Rahmen der gemeinrechtlichen Völkerrechtsgrundsätze hält, nicht ebenfalls als seine Angehörigen erklärt werden können. Daraus folgt, daß Staat A, wenn er im Rahmen der gemeinrechtlichen Grundsätze handelt, keinen Eingriff in die Rechtspersönlichkeit des Staates B begeht, indem er seine Staatsangehörigkeit an Individuen verleiht, die bereits im Besitze der Staatsangehörigkeit des Staates B sind.

Ist man der Auffassung, daß schon die Existenz allgemeiner Grundsätze des gemeinen Völkerrechts genügt, um die ausschließliche Zuständigkeit der Staaten im Sinne des Art. 15 Abs. 8 des Völkerbundsstatuts auszuschließen, so wird man Staatsangehörigkeitsfragen als nicht zum *domaine réservé* gehörig betrachten müssen. Es wird sich dann freilich zeigen, daß im Grunde keine der gewöhnlich zu diesem Gebiet gerechneten Materien unter diese Bestimmung fällt. Soll also Art. 15 Abs. 8

einen Inhalt haben, so wird man ihn dahin interpretieren müssen, daß er sich auf diejenigen Gegenstände bezieht, die den Einzelstaaten zur selbständigen näheren Regelung von der Völkerrechtsordnung im Rahmen der allgemeinen Grundsätze des gemeinen Rechts überlassen sind. Erhebt sich also in dem oben angeführten Beispiel zwischen Staat A und Staat B, die ein und dasselbe Individuum zum Angehörigen ihres Verbandes erklärt haben, ein Konflikt, so soll dieser, wenn keine partikulären Vertragsnormen existieren, der begutachtenden Tätigkeit des Völkerbundes entzogen sein. Voraussetzung für die Anwendbarkeit der Bestimmung des Völkerbundsstatuts ist, daß eine Ermächtigung der Völkerrechtsordnung für die in Frage stehende Fähigkeit des Staates nachgewiesen werden kann und weiter, daß sich der Staat, der sich auf diese Bestimmungen beruft, seinem Streitgegner gegenüber dieser Ermächtigung nicht durch Abschluß eines völkerrechtlichen Vertrages begeben hat. Für diesen Fall wollen die Unterzeichner des Völkerbundsstatuts das politische Streiterledigungsverfahren vor dem Rat ausschließen. Besteht zwischen den Parteien ein Schiedsvertrag, so könnte die Streitigkeit als Rechtsstreitigkeit bei dem Schiedsgericht anhängig gemacht werden; beriefe sich hier die andere Partei auf den politischen Charakter der Streitigkeit, so müßte dieser Einwendung dann stattgegeben werden, wenn die Schiedsvertragsklausel den Ausschluß des schiedsgerichtlichen Verfahrens für den Fall vorsieht, daß spezielle Konkretisierungen der allgemeinen Völkerrechtsgrundsätze auf diesem Gebiet noch nicht stattgefunden haben.

Wenn Artikel 15 Abs. 8 und ihm folgend eine weitverbreitete Lehre von der ausschließlichen Zuständigkeit der einzelnen Staaten zur Regelung bestimmter Materien sprechen, so liegt es nahe, an die Zuständigkeitsabgrenzungen in der Verfassung eines Bundesstaates zu denken. Nicht selten ist denn auch behauptet worden, so etwa von *de Lapradelle* in seinem Plädoyer vor dem Ständigen Internationalen Gerichtshof (Serie C, Nr. 2 S. 73), daß die inneren Angelegenheiten der Staaten zu vergleichen seien mit den in einer bundesstaatlichen Verfassung vorbehaltenen Kompetenzen der Einzelstaaten. Dieser Vergleich hinkt, denn in dem Bundesstaat ist die Rechtsnorm des Gesamtverbandes auch unmittelbar verpflichtende Rechtsnorm in seinen Ausgliederungen, den einzelnen Staaten, und die Rechtsnorm des Einzelstaates gilt zwar zunächst nur räumlich beschränkt für das Gebiet, dessen Staat die Norm aufstellt, sie muß aber auf Grund der Bundesverfassung auch in den übrigen Staaten als Rechtsnorm anerkannt werden. In der Völkerrechtsgemeinschaft gilt die Rechtsnorm zunächst nur für die Staaten als solche, nicht auch innerhalb der Staaten für deren Verbandsgenossen. Die Völkerrechtsordnung kann immer nur durch Ermächtigung an den Staat zur Regelung bestimmter Tatbestände erreichen, daß die von einem Staat gesetzte Norm als solche von den übrigen Staaten respektiert werden muß, da in dieser Ermächtigung eine Verweisung auf das Landesrecht liegt. Nicht aber erhält eine landesrechtliche Regel ihren Landes*rechts*charakter durch die Völkerrechtsordnung. Und die einzelstaatliche Rechtsnorm als solche hat Rechtscharakter weder in der Völkerrechtsgemeinschaft noch in den übrigen Staaten dieser Rechtsgemeinschaft. Im einzelstaatlichen Verband ist eine Norm Rechtsnorm nach Maßgabe der Rechtsgrundsätze dieses Verbandes. Im Einzelstaat eines Staatenbundes ist eine Regel Rechtsnorm nur, weil und wenn das Bundesrecht ihr diesen Charakter verleiht. Die Völkerrechtsordnung bestimmt nur darüber, ob der Staatsakt eines Mitgliedsstaates völkerrechtsmäßig oder völkerrechtswidrig ist, aber nicht darüber, daß der Staatsakt innerhalb des eigenen einzelstaatlichen Verbandes ein Rechtsakt sei oder nicht. Aus der Verfassung eines Bundesstaates leitet sich der Rechtscharakter der Handlungen nicht bloß der bundesstaatlichen, sondern auch der einzelstaatlichen Organe her. Die Völkerrechtsordnung bestimmt dagegen nur, ob irgendeine Staatstätigkeit völkerrechtlich erlaubt, d. h. von den anderen Staaten anzuerkennen und daher völkerrechtlich geschützt ist. Die Völkerrechtsordnung ist es nicht, die dem einzelnen Personalverband die Staatsqualität verleiht, sie bestimmt nur, ob ein Verband Rechtssubjekt innerhalb der Völkerrechtsordnung ist. Sie schafft nicht den Staat, sondern nur die völkerrechtliche Rechtspersönlichkeit; auch hier im Gegensatz zu der bundesstaatlichen Verfassung, die bestimmt, welchem Personenverband auf ihrem Gebiet der Staatscharakter zukommt.

Durch die Ermächtigung an die Staaten wird die verweisende Blankettnorm des Völkerrechts mit dem Inhalt landesrechtlicher Bestimmungen ausgefüllt; Rechtswirkungen treten ausschließlich für die Genossen der Völkerrechtsgemeinschaft ein. Durch die Kompetenzzuteilung an den Bundesstaat wird diesem nicht die Befugnis zur Schaffung von Bundesrecht gewährt. Gerade die grundlegenden Strukturunterschiede zwischen Völkerrechtsgemeinschaft und Bundesstaat lassen es verfehlt erscheinen, nicht vorhandene Ähnlichkeiten aufzusuchen, um dann etwa aus der Struktur der einen Ordnung Schlüsse auf die Rechtsgestaltung der anderen zu ziehen. Die sogenannte völkerrechtliche Kompetenzverteilung ist eine Abgrenzung von Freiheits- und Handlungssphären zwischen Verbänden, die als Rechtspersonen gedacht werden, und ist daher nur mit der entsprechenden Abgrenzung der Freiheitssphären der Einzelindividuen durch die staatliche Rechtsordnung zu vergleichen.

7. Das Lotusurteil

Die behandelten Probleme sind in dem Lotusfall Gegenstand eines Urteils des Ständigen Internationalen Gerichtshofs gewesen. In diesem Prozeß war die Streitfrage zu entscheiden, ob die Türkei berechtigt gewesen war, den französischen Schiffsoffizier, der den Zusammenstoß eines französischen und türkischen Schiffes auf hoher See verschuldet hatte, auf türkischem Boden durch ein türkisches Gericht aburteilen zu lassen. Die französische These ging dahin, die Türkei müsse einen völkerrechtlichen Rechtstitel nachweisen, der sie zur Ausübung der Gerichtsbarkeit Frankreich gegenüber berechtige. Da grundsätzlich die Strafgerichtsbarkeit der Staaten territorial begrenzt sei, müsse die Türkei einen ausdrücklichen Erlaubnissatz, der die Ausübung der Strafgewalt über diese Grenze hinaus gestatte, nachweisen. Die Türkei nahm für sich die Ausübung der Gerichtsgewalt für alle Fälle in Anspruch, für die nicht ein ausdrückliches Verbot im Völkerrecht bestehe. Der Ständige Internationale Gerichtshof stellte fest, daß „la limitation primordiale qu'impose le droit international à l'Etat est celle d'exclure – sauf l'existence d'une règle permissive contraire – tout exercice de sa puissance sur le territoire d'un autre Etat. Dans ce sens, la juridiction est certainement territoriale; elle ne pourrait être exercée hors du territoire, sinon en vertu d'une règle permissive découlant du droit international coutumier ou d'une convention". Aber, fährt er fort, daraus könne noch nicht gefolgert werden, daß das Völkerrecht einem Staate verbiete, auf seinem eigenen Gebiet seine Gerichtsbarkeit über im Ausland begangene Handlungen auszuüben, solange er sich nicht auf die ausdrückliche Erlaubnisnorm stützen könne. Eine solche Auffassung wäre nur richtig, wenn das Völkerrecht ganz allgemein den Staaten verböte, ihre Gesetzgebung und entsprechend ihre Rechtsprechung auf Personen, Güter und Handlungen außerhalb ihres Hoheitsgebietes zu erstrecken und wenn es nur ausnahmsweise für besondere Fälle den Staaten eine solche Erlaubnis gäbe. „Or, tel n'est certainement pas l'état actuel du droit international. Loin de défendre d'une manière générale aux Etats d'étendre leurs lois et leur juridiction à des personnes, des biens et des actes hors du territoire, il leur laisse, à cet égard une large liberté, qui n'est limitée que dans quelques cas par des règles prohibitives; pour les autres cas chaque Etat reste libre d'adopter les principes qu'il juge les meilleurs et les plus convenables".

Diese Freiheit, die das Völkerrecht den Staaten belasse, ergebe sich aus der Verschiedenartigkeit der gesetzlichen Regelung innerhalb der Staaten, die diese ohne Widerspruch der übrigen Staaten getroffen hätten. Alles, was man von einem Staat verlangen könne, sei, daß er die seiner Kompetenz vom Völkerrecht gezogenen Schranken nicht überschreite; „en deça de ces limites, le titre à la juridiction qu'il exerce se trouve dans sa souveraineté".

Es ist, um zunächst ein methodisches Bedenken zu äußern, wohl nicht möglich, aus der im übrigen sehr verschiedenen Gestaltung des Landesrechts irgendeinen Schluß auf einen Grundsatz des gemeinen Völkerrechts zu ziehen. So betont *Anzilotti* (Lehrbuch des Völkerrechts S. 79) nachdrücklich, daß die Existenz von Landesgesetzen, die in einer bestimmten Frage übereinstimmen, nicht genüge, um die Existenz eines völkerrechtlichen Gewohnheitsrechts zu beweisen. Denn diese Übereinstimmung könne sehr wohl das Ergebnis einer bloß gleichen Auffassungsweise sein, einer Denkweise, deren sich die Staaten beliebig bedienen und die sie jederzeit ändern könnten. Der Gerichtshof irrt übrigens, wenn er annimmt, daß jede Regelung von dem Einzelstaat hätte getroffen werden können, ohne Widerspruch bei den anderen Staaten zu begegnen. *Noel-Henry* zählt (Revue de droit international, 1928, S. 96) eine Reihe von Fällen mehr oder weniger freundschaftlicher Interventionen und Proteste auf. Außerdem darf nicht übersehen werden, daß eine Anzahl von Staaten, wie England, die Vereinigten Staaten, Dänemark, Portugal nur das auf eigenem Gebiet begangene Delikt mit Strafe bedrohen und nur in wenigen Staaten grundsätzlich auch die im Ausland von Ausländern begangenen Handlungen bestraft werden. Was erlaubt uns, gerade aus den letztgenannten Landesgesetzen die Norm des Völkerrechts zu folgern, und warum könnte sie nicht ebensogut aus den ersteren entnommen werden? Die von zahlreichen Staatengruppen abgeschlossenen Auslieferungsverträge haben zur Voraussetzung, daß die Vertragsstaaten das Recht nicht beanspruchen, das vom Ausländer im Ausland begangene Verbrechen zu bestrafen und die Bestrafung dem Aufenthaltsstaat überlassen.

In dem Vorentwurf für eine Kodifikation des amerikanischen Völkerrechts, den das amerikanische Völkerrechtsinstitut dem Geschäftsführenden Rat der panamerikanischen Union vorgelegt hat, wird ausdrücklich bestimmt (12. Vorschlag), daß die Staatsgewalt sich nicht über die Grenzen eines Staates erstrecke und daß die Gesetze der Staaten nur für sie selbst gelten sollen und daß die Gesetze eines Staates keine Wirkung für fremde Länder oder Erdteile haben sollen, die einer anderen Staatsgewalt unterworfen seien, sofern sie nicht mit den Grundsätzen des privatrechtlichen Internationalrechts im Einklang stehen. Dementsprechend sollten die Bürger der amerikanischen Republiken auch nur der Strafgerichtsbarkeit des Aufenthaltsstaates für die auf dessen Gebiet begangenen Delikte unterworfen sein. Die sechste Panamerikanische Konferenz in Cuba hat Vertragsentwürfe ausgearbeitet, in denen auch auf die hier behandelten Fragen Bezug genommen wird. Nach Artikel 340 des Code de droit international privé sollen die Richter und Gerichte eines vertragschließenden Staates zuständig sein, die auf dessen Gebiet begangenen Verbrechen und Vergehen abzuurteilen, während Artikel 341 ganz allgemein die Ermächtigung gibt, die strafgerichtliche Kompetenz nach Maßgabe der Landesgesetzgebung auszudehnen (Leur compétence s'étend à tous les autres délits et infractions auxquels doit s'appliquer la loi pénale de l'Etat conformément aux dispositions du présent Code.) Soweit also die Landesgesetzgebungen die Kompetenz selbst im Widerspruch zu den Formen des gemeinen Völkerrechts festgesetzt haben, wird durch diese Vertragsbestimmung die Zustimmung der übrigen Vertragsstaaten dazu erteilt. Da die Ermächtigung an keine Schranken gebunden ist, wird die unbegrenzte Selbstbestimmung zum Rechtsgrundsatz gemacht, was einen Rückschritt gegenüber der gemeinrechtlichen Regelung bedeutet.

Der Gerichtshof verwirft die These der französischen Regierung, wonach die Türkei in jedem Falle sich auf eine ausdrückliche, die Ausübung ihrer Gerichtsbarkeit erlaubende Regel des internationalen Rechtes stützen müsse und stellt fest, daß sie im Widerspruch mit dem gemeinen Völkerrecht stehe. Das Urteil geht zwar von dem Grundsatz der territorialen Begrenzung der Ausübung der Staatsgewalt als einer Grundregel des Völkerrechts aus. Es macht darin aber sofort ohne jede Begründung einen Unterschied zwischen den verschiedenen Funktionen dieser Staatsgewalt und meint, daß die Gerichtsbarkeit nur auf dem eigenen Staatsgebiet ausgeübt werden könne, daß die Gesetzgebung aber sich nach freiem Belieben des Staates auch auf Personen, Güter und Handlungen außerhalb des Staatsgebietes erstrecken könne. Und weil eine derartige Ausübung der Gesetzgebungsgewalt völkerrechtlich zulässig sei, sei die Anwendung solcher Gesetze durch die Gerichte dieses Staates völkerrechtsmäßig. Der Gerichtshof glaubt, nicht feststellen zu können, daß eine allgemeine Verbotsnorm des Völkerrechts existiere, die eine solche Ausübung der staatlichen Gewalt untersage. Darin wird man ihm nicht folgen können. Gesetze, die sich auf Ausländer beziehen, stellen einen Eingriff in die Rechtssphäre anderer Staaten dar und sind daher grundsätzlich völkerrechtswidrig. Nur auf Grund einer speziellen Erlaubnisnorm verlieren sie diesen Charakter. Die Existenz einer solchen Norm hat der Gerichtshof nicht geprüft, da er ein grundsätzlich unbegrenztes Recht jedes Staates zur Gesetzgebung annimmt.

Auch der Ständige Internationale Gerichtshof geht zunächst von der Annahme aus, daß, soweit keine Verbotsnorm existiere, die ursprüngliche Freiheit des Staates nicht eingeschränkt sei. Wenn er meint, das Völkerrecht belasse den Staaten diese Freiheit, so kann dies nur so verstanden werden, daß dieses Gebiet als rechtsfreier Raum noch außerhalb der Völkerrechtsordnung stehe. Ist er doch der Ansieht, daß die französische These, die eine besondere völkerrechtliche Erlaubnisnorm verlangt, im Widerspruch zu dem gemeinen Völkerrecht stehe.

Die Folge dieser Rechtsauffassung wäre, daß der Lotusstreit sich auf ein vom Völkerrecht nicht erfaßtes Gebiet bezöge. Gründete sich die Zuständigkeit des Gerichtshofs auf einen institutionellen Schiedsvertrag, so hätte er feststellen müssen, daß ein Rechtsstreit überhaupt nicht vorläge, und er daher nicht in der Lage sei, zu dieser Streitfrage Stellung zu nehmen. Die bloße Feststellung des Nichtverbotenseins der Ausübung der Gerichtsbarkeit hätte noch nicht genügt, um die Zulässigkeit eines abweisenden Sachurteils zu begründen. Eine von der Rechtsordnung nicht verbotene Handlung kann einen verschiedenen Charakter besitzen, sie kann in den rechtsfreien Raum gehören, also rechtlich indifferent sein, möglich ist aber auch, daß sie rechtlich erlaubt ist. Nur im letzteren Fall wäre ein Sachurteil zulässig gewesen, da dann der Streit als Rechtsstreit zu der Kompetenz des Gerichtshofs gehörte.

Tatsächlich aber lag nur ein sogenanntes Spezialkompromiß vor, in welchem der Gerichtshof um die Entscheidung der Frage gebeten war, ob die Türkei im vorliegenden Fall im Widerspruch mit den Grundsätzen des Völkerrechts ihre Strafgewalt ausgeübt habe. Für die Beantwortung dieser Frage genügte die negative Feststellung, daß diese Ausübung nicht verboten gewesen sei.

In weiterem Verlauf der Erörterung scheint das Urteil von einer anderen Grundlage aus zu argumentieren. Der Staat dürfe die ihm vom Völkerrecht gezogenen Grenzen nicht überschreiten, innerhalb der Grenzen gründe sich der Rechtstitel zur Ausübung der Staatsgewalt auf seine Souveränität. Hier scheint das vom Völkerrecht verliehene Souveränitäts- oder Persönlichkeitsrecht gemeint zu sein, also gerade der von dieser Rechtsordnung geschaffene Rechtstitel. Daß dieses Recht grundsätzlich nicht unbeschränkt sein kann, bedarf keines Beweises. Denn eben dieses Persönlichkeits- oder Freiheitsrecht kann mit Rücksicht auf die gleichgeordneten Genossen der Gemeinschaft nur als ein grundsätzlich beschränktes geschaffen werden. Diese aus der Vergemeinschaftung sich ergebende Beschränkung des Handlungsbereiches ist durch die

Struktur der Rechtsordnung gegeben und braucht gar nicht erst gesucht zu werden. Wäre das Recht auf Handlungsfreiheit nicht generell beschränkt, so wäre jedem Staat jeder Eingriff in fremde Rechtssphären gestattet, solange nicht eine besondere Verbotsnorm existierte. Auf solcher Grundlage ist eine Rechtsordnung überhaupt nicht denkbar.

Aber auch von einem anderen Gesichtspunkte aus scheint die grundsätzliche Auffassung des Gerichtes anfechtbar. Eine Regel kann nur als Bestandteil einer bestimmten Rechtsordnung Rechtscharakter besitzen und die Rechtsordnung selbst kann nur für eine bestimmte Rechtsgemeinschaft gelten. Die von der Rechtsgemeinschaft geschaffene Rechtsregel, mag sie von den Rechtsgenossen selbst oder von dem mit der Funktion der Rechtssetzung betrauten Organ aufgestellt worden sein, ist Rechtsnorm nur in dieser Gemeinschaft, bindet nur die Rechtsgenossen dieses Kreises. Eine Norm hat Rechtscharakter nur in dem und für den Verband, der sie geschaffen hat. Ein deutsches Reichsgesetz kann an sich keine Rechtsnorm für die Angehörigen anderer Staaten schaffen.

Wollte man annehmen, daß der Gesetzgeber eines Staates befugt sei, Rechtssätze für nicht zu seiner Rechtsgemeinschaft gehörige Personen zu schaffen, so setzte man dabei voraus, daß jedes Gesetz grundsätzlich Weltgeltung habe und es nur vom Belieben des einzelstaatlichen Gesetzgebers abhänge, ob er die Geltung auf den eigenen Rechtskreis beschränken wolle oder nicht. Nimmt man auch nur für eine einzige Rechtsnorm die Geltung über den eigenen Personenkreis der Gemeinschaft an, so muß man den Grundsatz möglicher universeller Geltung jeder Rechtsnorm statuieren. Auf dieser Grundeinstellung beruhen freilich die meisten Theorien des internationalen Privat- und Strafrechts. Besonders scharf hat *Radbruch* (Rechtsphilosophie S. 89) diese These formuliert: „Der Wille jeder einzelnen Rechtsordnung umfaßt den gesamten Erdball und das Geltungsgebiet jeder Rechtsordnung ist die ganze Welt". Damit hat man freilich die jeder Rechtsordnung einwohnende Grundstruktur preisgegeben und sieht sich vor einem unentwirrbaren Chaos von Rechtssätzen, in das man nun wieder mit Hilfe einzelstaatlicher Rechtsregeln des sogenannten internationalen Zivil- und Strafrechts Ordnung zu bringen sich vergeblich bemüht.

Der Grundfehler einer solchen Anschauung ist der, daß sie von der Möglichkeit der isolierten Betrachtung eines Staates und seiner Funktionen ausgeht. In ihren Prämissen liegt nicht nur eine Leugnung des überstaatlichen Rechts, der Völkerrechtsordnung, sondern sie übersieht auch die Koexistenz einer Vielzahl von Staaten als tatsächliche Gegebenheit. Ist diese Lehre im Wesentlichen erwachsen im Kreise von Juristen, die sich ausschließlich mit dem eigenstaatlichen Recht befassen, so findet sich ihr Spiegelbild unter den Völkerrechtsdoktrinen in der Lehre von der ursprünglichen Freiheit aller Staaten, zu tun, was ihnen beliebt, soweit und solange keine ausdrückliche spezielle Verbotsnorm des Völkerrechts diese Freiheit beschränkt.

In dem Artikel 129 des Friedensvertrages von Sèvres war vorgesehen, daß die Juden nichttürkischer Staatsangehörigkeit, die zur Zeit des Inkrafttretens des Vertrags ihren Wohnsitz innerhalb des Gebietes von Palästina hätten, ihre alte Staatsangehörigkeit verlieren und die palästinensische Staatsangehörigkeit erwerben sollten. Eine Bestimmung, die offenbar nicht bloß für die Juden gelten sollte, die den vertragschließenden Staaten angehörten. Wäre eine solche Bestimmung in irgendeinem Landesgesetz enthalten, so würde wohl niemand bezweifeln, daß die Aberkennung der bisherigen Staatsangehörigkeit rechtlich ohne Wirksamkeit dem ursprünglichen Heimatstaat und seinen Staatsangehörigen gegenüber bleiben müßte. Die amerikanische Praxis geht, wie *Borchard* (The Diplomatic Protection of Citizens Abroad S. 535) berichtet, dahin, daß „the loss of citizenship cannot be imposed as a penalty nor a new national status forced as a favor by one government upon a citizen of another".

In zahlreichen Strafgesetzbüchern sind Bestimmungen enthalten, die von Ausländern im Ausland begangene Handlungen mit Strafe bedrohen. In ähnlicher Weise knüpfen andere Gesetze an von Ausländern im Ausland gesetzte Tatbestände bestimmte Rechtsfolgen an. Da es sich hier um einzelstaatliche Normen handelt, die der Gesetzgeber für Personen erlassen hat, die nicht seiner Rechtsgemeinschaft angehören, ist die Rechtsgeltung solcher Bestimmungen für die Nichtverbandsgenossen zu verneinen.

Der Sinn derartiger Bestimmungen muß daher ein anderer sein. Der Gesetzgeber befiehlt hier eine Norm in Anwendung zu bringen, sobald der ausländische Täter das Inlandsgebiet betreten und damit in den Herrschaftsbereich der inländischen Gesetze eingetreten ist. Die zur Normverwirklichung berufenen Rechtsgenossen haben nunmehr nach dem Willen des Gesetzgebers die Norm dem Ausländer gegenüber durchzuführen, der Strafrichter hat also den Ausländer zur Strafe zu verurteilen. Ob und inwieweit der Fremde durch das Betreten ausländischen Staatsgebiets der dort geltenden Gesetzesordnung unterworfen ist, ohne Rechtsgenosse zu werden, soll an dieser Stelle noch nicht geprüft werden.

Wird in einem Staat ein Strafgesetz erlassen, das im Ausland von Ausländern begangene Handlungen mit Strafe belegt, so wird dadurch der

Normenbestand der übrigen Staaten nicht verändert. Denn die Rechtsnorm des Staates A ist im Staate B als solche nicht auch Rechtsnorm. Für die übrigen Staaten und ihre Angehörigen bedeutet der Erlaß eines solchen Strafgesetzes keine Setzung einer Rechtsnorm, sondern lediglich eine Tatsache. In der Schaffung des Gesetzes liegt die Bedrohung mit einem Eingriff in die Rechtssphäre der übrigen Staaten. Schon das Gesetz als solches bedeutet eine Gefährdung, seine Vollziehung im Einzelfall einen Eingriff in die Hoheitssphäre des fremden Staates, solange nicht eine ausdrückliche Erlaubnisnorm des Völkerrechts besteht.

Eine solche Strafnorm ist ein Sondergesetz gegen Ausländer, wenn sie dem Richter befiehlt, einzuschreiten gegen einen Täter, für den jedenfalls zur Zeit der Tat diese Norm nicht gegolten hat. Soweit in dem staatlichen Strafgesetzbuch die Regel aufgestellt ist, daß eine Handlung nur dann mit einer Strafe belegt werden kann, wenn diese Strafnorm erlassen war, bevor die Handlung begangen wurde, so kann ihr Sinn nur der sein, daß der Täter verpflichtet gewesen sein muß, die mit Strafe bedrohte Handlung zu unterlassen, daß also für ihn die Norm vor Begehung der Tat Geltung erlangt hat. Wird am Ausländer das Auslandsdelikt geahndet, so wird ein Täter bestraft, für den zur Zeit der Begehung der Tat die Norm nicht galt. Die Aburteilung des Auslandsdelikts eines Auslandstäters ist eine Verletzung der Inlandsnorm. Wird der Satz *nulla poena sine lege poenali* vom staatlichen Gesetzgeber ohne Rücksicht auf die Staatsangehörigkeit des Täters, also auf die rechtliche Geltung der Strafnorm formuliert, so liegt darin eine differenzielle Behandlung, eine Schlechterstellung des Ausländers. Nur eine ausdrückliche Erlaubnisnorm kann die Völkerrechtswidrigkeit solcher Ausübung der Strafgerichtsbarkeit beseitigen.

Man wird heute annehmen können, daß für die Bestrafung einzelner Delikte, die vom Ausländer im Ausland begangen sind, eine gemeinrechtliche Erlaubnisnorm gegeben ist, so z.B. für die Handlungen gegen die Sicherheit des Staates selbst. So sieht der zitierte Entwurf der sechsten Panamerikanischen Konferenz in Artikel 305 vor: „Sont soumis à l'étranger aux lois pénales de chaque Etat contractant ceux qui ont commis un délit contre sa sécurité interne ou externe ou contre son crédit public, quelque soient la nationalité ou le domicile du délinquant". Die Fassung des Artikels ist irreführend. Der Einzelne kann durch Staatsvertrag nicht einer beliebigen Rechtsordnung unterstellt werden, sondern es kann nur der Heimatstaat sich mit einer solchen Ausdehnung der Gerichtsbarkeit der anderen Staaten einverstanden erklären.

II. Hermann Mosler: Völkerrecht als Rechtsordnung (ZaöRV 36 (1976), S. 6-49)[1]

Inhaltsverzeichnis

---

[1] Es handelt sich um einen Vortrag und einen Artikel zum 50jährigen Bestehen des Kaiser-Wilhelm-/Max-Planck-Instituts. Aus diesem Anlass fand 1975 eine Tagung mit mehreren Beiträgen früherer und aktueller Mitarbeiter des Instituts zum Grundthema „Völkerrecht als Rechtsordnung" statt. Alle Beiträge sind in Band 36 (1976) der Institutszeitschrift abgedruckt. Mit Moslers hier erneut gedrucktem Beitrag begannen die Jubiläumsveranstaltungen.

Der erste, von mir zu vertretende Gegenstand nimmt mit der Bezeichnung „Völkerrecht als Rechtsordnung“ das Generalthema auf. Innerhalb des ganzen Fächers, dessen einzelne Sektoren von neun Beiträgen ausgefüllt werden, ist mir die Aufgabe zugefallen, die Frage nach der Grundlegung der Völkerrechtsordnung zu stellen. Die nähere Darstellung der Rechtsquellen ist Sache des Beitrags über das ungeschriebene Völkerrecht.[2] Übergriffe in jenes Thema und in die folgenden sind unvermeidlich, weil die Grundfrage nicht ohne eine Stellungnahme zur Entstehung der Rechtssätze möglich ist und ohne Beispiele aus speziellen Bereichen nicht anschaulich gemacht werden kann.

Ausgangspunkt der Ausführungen ist die Aufsatzfolge von *Bruns* über das Völkerrecht als Rechtsordnung, vor allem deren erster Teil, mit dem die neue Zeitschrift für ausländisches öffentliches Recht und Völkerrecht der Fachwelt vorgestellt wurde[3]. Diese Anknüpfung ist durch den Anlaß gegeben, die Bruns'sche Fragestellung zum gegenwärtigen Zeitpunkt wieder aufzuwerfen: das 50jährige Bestehen des Kaiser-Wilhelm/Max-Planck-Instituts für ausländisches öffentliches Recht und Völkerrecht. Der Bruns'sche Versuch nimmt deshalb hier einen größeren Raum in Anspruch, als ihm – unter Anerkennung seines großen Verdienstes – in einer Darstellung zukommen würde, die sich allgemein mit dem Stand der Völkerrechtstheorie in der Mitte zwischen den beiden Weltkriegen befassen würde. Es ist aber kaum notwendig zu unterstreichen, daß außer der Bruns'schen Arbeit, die wegen ihrer Verbindung mit der Gründung und den Aufgaben des Instituts hervorgehoben wird, die anderen Stimmen aus jener Zeit nicht fehlen dürfen.

Obwohl die Wiederholung der damals gestellten Grundfrage nach dem Charakter des Völkerrechts als einer Rechtsordnung durch die goldene

---

[2] Unten S. 50 in ZaöRV 36 (1976).

[3] ZaöRV Bd. 1 (1929), S. 1-56 (zitiert: *Bruns* I); Teil II, ZaöRV Bd. 3 (1933), S. 445-487 (zit. *Bruns* II).

Jubiläumszahl nahegelegt worden ist, soll nicht der Eindruck erweckt werden, als falle der Fünfzigjahreszeitraum seit der Entstehung des Instituts mit einer Epoche der Völkerrechtsgeschichte zusammen. Eine wissenschaftliche Einrichtung in dieser Weise in den Mittelpunkt zu stellen, wäre anmaßend und ließe jeden Sinn für Proportionen vermissen. Andererseits läßt sich nicht übersehen, daß die beiden Zeitpunkte – Mitte der zwanziger und Mitte der siebziger Jahre – günstige Ansätze für die Beurteilung für den Vergleich bieten. Zwischen diesen beiden Polen liegen die alsbald enttäuschten Hoffnungen auf die Wirksamkeit einer internationalen Ordnung unter der Führung des Völkerbundes, der Zusammenbruch der internationalen Gemeinschaft im zweiten Weltkrieg, der Versuch des Neuaufbaus unter dem Zeichen der Vereinten Nationen mit ihrer gesamten Infrastruktur und den in ihrem Rahmen angesiedelten Gruppierungen und Einrichtungen, ferner die Vermehrung der Staatengesellschaft durch Dekolonisierung um ca. 130% ihres Vorkriegsbestandes und der Ansturm der sog. Dritten Welt und ihrer politischen Gruppierungen gegen das traditionelle Gefüge der internationalen Beziehungen, vor allem im wirtschaftlichen Bereich. Diese im Verhältnis zur Mitte der zwanziger Jahre neuen Einwirkungen auf die internationale Gemeinschaft und deren Rechtsordnung lassen es sinnvoll erscheinen, die Grundfrage nach dem Völkerrecht unter Einbeziehung dieser Phänomene jetzt aufzuwerfen. Dagegen könnte man einwenden, daß auch die gegenwärtige Phase, die wie jeder zeitlich fixierte Moment in der Geschichte einen Übergang repräsentiert, so stark die Zeichen des Unsicheren und Gleitenden aufweist, daß nützliche, einigermaßen dauerhafte Aussagen nicht zu erwarten sind. Man könnte die Meinung vertreten, die Analyse sei angesichts der wirtschaftlichen und politischen Kräfteverschiebungen verfrüht. Die Stichworte: China als noch unbekannte Kraft, die Ölfrage mit der Umverteilung der Einkommen, die Herrschaft der großen Zahl in den Vereinten Nationen und die Versuche von Staatengruppen der Dritten Welt, ein neues Wirtschaftsvölkerrecht durchzusetzen, verdeutlichen dieses Fragezeichen. Darauf möchte ich erwidern, daß die mit rechtswissenschaftlichen und, je nach der wissenschaftlichen Methode, auch mit philosophischen Mitteln gewonnenen Erkenntnisse über das Völkerrecht niemals endgültig sein können, sondern auf der Basis der in der Geschichte sich verändernden Struktur der internationalen Gesellschaft der ständigen Überprüfung bedürfen. Mit dieser Aussage will ich nicht, wie sich später zeigen wird, einer soziologischen Rechtsbegründung das Wort reden, wohl aber zur Bestimmung der Werte, die die Rechtsordnung zu wahren hat, die Bedürfnisse der internationalen Gesellschaft in der jeweiligen Phase ihrer Entwicklung mit heranziehen.

I. Das Völkerrechtsverständnis zwischen den beiden Weltkriegen

1. Die Völkerrechtstheorie

Die wissenschaftliche Diskussion über das Wesen des Völkerrechts war in der ersten Hälfte der zwanziger Jahre durch die Wiener Schule, vor allem durch Hans *Kelsen* und Alfred *Verdross*, im Vergleich zu der Zeit der Hochblüte der Nationalstaaten vor 1914 in eine neue Richtung gelenkt worden. Die Gedanken der Wiener Schule hatten sich durchgesetzt und begannen, weltweiten Einfluß zu gewinnen. Die Verdross'sche Verfassung der Völkerrechtsgemeinschaft von 1926, der 1923 die Einheit des rechtlichen Weltbildes auf der Grundlage der Völkerrechtsverfassung und frühere, bis 1914 zurückreichende Schriften vorausgegangen waren, markierte einen Zwischenabschluß und ein vorläufiges Ende dieses Weges.[4]

Die Kelsen'sche Lehre von der Grundnorm, die anstelle eines natürlichen Rechts als Rechtshypothese zur Voraussetzung eines objektiven Völkerrechts gemacht worden war, war voll entwickelt[5]. Kelsen hatte, teilweise in Parallele und Überschneidung mit früheren Arbeiten von Verdross, eine Rechtstheorie begründet, die zwar relativistisch und folglich positivistisch war, es aber erlaubte, den Staat nicht mehr als Träger eines unbeschränkten souveränen Willens zu sehen und ihm in einer Kompetenzordnung einen Platz anzuweisen.[6] Kelsens Rechtsbe-

---

[4] A. *Verdross*, Die Verfassung der Völkerrechtsgemeinschaft (1926) (zit.: Verfassung); *ders.*, Die Einheit des rechtlichen Weltbildes auf der Grundlage der Völkerrechtsverfassung (1923) (zit.: Einheit); *ders.*, Zur Konstruktion des Völkerrechts, Zeitschrift für Völkerrecht 1914, S. 329 ff. – Die Wiener Rechtstheoretische Schule, ausgewählte Schriften von Hans Kelsen, Adolf Julius Merkl und Alfred Verdross, hrsg. von Hans Klecatsky, René Marcic und Herbert Schambeck, Bd. 3 (1968), S. 1995.

[5] H. *Kelsen*, Das Problem der Souveränität (1928) u.a. S. 206 ff.

[6] *Kelsen*, Souveränität, S. 206: Denn der Rechtssatz, daß Verträge zu erfüllen sind, diese Grundlage des „willkürlichen" Völkerrechtes, muß, da er nicht durch den Willen eines einzelnen oder mehrerer Einzelstaaten gesetzt werden kann – er soll ja erst die Verbindlichkeit dieses ‚Willens' und damit diesen ‚Wil-

gründung in einer Hypothese gestattete, einen völkerrechtlichen Monismus anzunehmen, dessen Grundnorm die Staaten untergeordnet waren. Adolf Julius *Merkl* untersuchte den Stufenbau des Rechts, indem er von bedingenden und bedingten Rechtssätzen sprach und zwischen höheren – mit derogierender Kraft ausgestatteten – und niedrigeren Akten unterschied.[7]

Verdross füllte, mit zunehmender Entschiedenheit, im Laufe einer langen Entwicklung zuletzt zusammengefaßt in dem Buch von 1973 über die Quellen des universellen Völkerrechts, materielle Wertgrundlagen in dieses System ein.[8] Die Verdross'sche Variante der Wiener Schule war für Viktor *Bruns*, der auf verbindliche materielle Rechtsgrundsätze auf Grund rationaler Ableitung hinsteuerte, eindrucksvoll und sympathisch. Er bekennt, ihr viel zu verdanken, identifiziert sich aber nicht mit ihr und bezeichnet sich als Gegner der Reinen Rechtslehre Kelsens.

Das Lehrbuch von Dionisio *Anzilotti*, der sich zur völkerrechtlichen Grundnorm pa*cta sunt servanda* bekannte, setzte sich in Deutschland durch. Sein Eindruck auf Bruns geht vor allem daraus hervor, daß der erste Band – Die Allgemeinen Lehren – in der deutschen Übersetzung

---

len' als Rechtstatsache begründen –, als ‚natürliches' Recht, d. h. hier aber nichts anderes als eine Rechtshypothese vorausgesetzt werden. Damit wird aber nicht nur das sog. natürliche Recht – dessen Kern stets die Norm pacta sunt servanda ist –, sondern auch das ganze auf diesem natürlichen Recht gegründete willkürliche Völkerrecht, das in seinem Inhalt variabel, durch den Willen des Staates bestimmte Vertrags-Völkerrecht in die Sphäre der objektiven Geltung und damit in die Sphäre des Rechts gezogen". Siehe auch später *Kelsens* „Reine Rechtslehre" (1934), S. 147: „Dann nämlich, wenn – wie ganz allgemein und insbesondere auch von Seiten der Vertreter der dualistischen Konstruktion – angenommen wird, daß die Staaten oder, ohne Personifikation ausgedrückt, die einzelstaatlichen Rechtsordnungen einander koordiniert und in ihren Geltungsbereichen, insbesondere den territorialen, rechtlich gegeneinander abgegrenzt sind. Denn das ist nur möglich, wenn man über den einzelstaatlichen Rechtsordnungen eine sie koordinierende und in ihren Geltungsbereichen gegenseitig abgrenzende Rechtsordnung voraussetzt, die nur die Völkerrechtsordnung sein kann und in der Tat auch ist. Denn es sind Normen des positiven Völkerrechts, die diese Funktion leisten".

[7] A. J. *Merkl*, Prolegomena einer Theorie des rechtlichen Stufenbaus, Gesellschaft-Staat-Recht, Festschrift für Kelsen (1931), S. 252-294 – Die Wiener Rechtstheoretische Schule, S. 1311-1361.

[8] A. *Verdross*, Die Quellen des universellen Völkerrechts (1973).

der Institutsmitglieder Carlo *Schmid* und Cornelia *Bruns* als Sonderpublikation des Instituts erschien.[9]

Es sollte ferner nicht übersehen werden, daß außer Verdross sich Erich *Kaufmann* in seiner im Jahre 1921 erschienenen „Kritik der Neukantischen Rechtsphilosophie“ gegen den Rechtspositivismus erhoben hatte.[10] Er hatte sich, was nach meiner Kenntnis häufig übersehen wird, in seinem bekannten Vortrag über die Gleichheit vor dem Gesetz auf der Tagung der Vereinigung der Deutschen Staatsrechtslehrer von 1926 nicht gescheut, sich zu naturrechtlichen, von ihm überpositiv genannten Vorstellungen zu bekennen.[11] Später schreibt er darüber: Die Erkenntnis, daß alles geschriebene Recht auf allgemeinen Kategorien und Rechtsprinzipien beruht und nur auf dieser Grundlage so gesetzt wie ausgelegt werden kann, führte mich zu der Einsicht, daß der Gedanke des *Naturrechts*, den die historische Schule und der Rechtspositivismus als überholt und überlebt ansahen, als das „Wissen von einer höheren Ordnung“ etwas Ewiges und Unvermeidliches ist ... Nur wenn gewisse oberste Rechtsprinzipien nicht verletzt werden, schafft das ‚Gesetz‘ wirklich ‚Recht‘.[12]

Soviel über die geistige Umgebung des Versuchs von Bruns, wobei zu bemerken ist, daß er sich nicht auf Kaufmann bezieht.

---

[9] D. *Anzilotti*, Lehrbuch des Völkerrechts, Bd. 1: Einführung, Allgemeine Lehren, vom Verfasser durchgesehene und autorisierte Übertragung nach der 3. erweiterten und revidierten italienischen Auflage des Corso di Diritto Internazionale von Cornelia Bruns und Dr. Karl Schmid (1929). Die im Text erwähnte Stelle über das Bekenntnis zur Grundnorm findet sich dort auf S. 33: „Jede Rechtsordnung besteht aus einem System von Normen, die ihren verpflichtenden Charakter aus einer Grundnorm herleiten, auf die sich alle, direkt oder indirekt, zurückführen lassen. Die Grundnorm bestimmt daher, welches die Normen sind, die eine gegebene Rechtsordnung bilden, und faßt sie zu einer Einheit zusammen. Das Besondere am Völkerrecht ist, daß bei ihm der Satz ‚pacta sunt servanda‘ nicht, wie beim innerstaatlichen Recht, auf einer höheren Rechtsnorm beruht, sondern daß er selbst die höchste Norm ist.“

[10] Nachdruck in: E. *Kaufmann*, Rechtsidee und Recht, Rechtsphilosophische und ideengeschichtliche Bemühungen aus fünf Jahrzehnten, Gesammelte Schriften Bd. 111 (1960), S. 176-245.

[11] E. *Kaufmann*, Die Gleichheit vor dem Gesetz im Sinne des Art. 109 der Reichsverfassung, Veröffentlichungen der Vereinigung der Deutschen Staatsrechtslehrer, H. 3 (1927), S. 2 ff.

[12] Gesammelte Schriften, Vorwort zu Band III, S. XXVIII-XXIX.

2. Völkerrecht als Rechtsordnung in der Bruns'schen Interpretation

Die Arbeit von Bruns stellt nach ihrem Selbstzeugnis einen Versuch dar, für das Völkerrecht ein System und eine Methode zu finden.[13] Die beiden diesem Gegenstand gewidmeten Abhandlungen bilden keine Einheit. Der Hauptaufsatz von 1929 ist trotz seines Titels keine Grundlegung des Völkerrechts in systematischer Form. Bruns bemüht sich vielmehr, seine zu Beginn aufgestellte These, das Völkerrecht sei ein System von Rechtsgrundsätzen, Rechtsinstituten und Rechtssätzen, die untereinander in einem Ordnungszusammenhang stehen, durch punktuelle Einzelnachweise zu begründen. Dazu dienen Ausführungen über Rechtsordnung und Rechtsgemeinschaft, über das Fehlen eines rechtsfreien Raumes und über die durch das Völkerrecht abgegrenzten Freiheitssphären der Staaten. Die Entstehung des allgemeinen Völkerrechts, die die Wiener Schule und vor allem Verdross interessierte, wird von Bruns nicht berührt. Zwar geht er davon aus, daß es Gewohnheitsrecht gibt; sein Zustandekommen und Außerkrafttreten werden aber nicht erörtert. Allgemeine Rechtsgrundsätze, wie z.B. Auslegungsregeln für Verträge, werden als bestehend angenommen, ohne daß der Vorgang der Rechtserzeugung dargelegt wird.

Bruns' Anliegen ist also offenbar, den von ihm postulierten Gesamtzusammenhang von Rechtsgrundsätzen, Rechtsinstitutionen und Rechtssätzen der Gemeinschaft der Staaten darzustellen, ohne sich der Methoden von Verdross und Anzilotti bedienen zu müssen. Er bevorzugt vielmehr den Blick auf die Praxis der Staaten und die Rechtsprechung der überstaatlichen Gerichte, die zeige, wie richtig die Auffassung sei, daß es nicht nur Vertragsrecht oder gesicherten Bestand des Gewohnheitsrechts gebe.[14] Seine Argumentation hält sich also im Rahmen rechtswissenschaftlicher Methodik. Er verzichtet auf die Grundlegung des Völkerrechts sowohl durch eine philosophische Theorie als auch durch eine soziologische oder historische Beweisführung. Er konstruiert sein Gebäude des Völkerrechts aus den jeder Rechtsordnung und speziell einer zwischenstaatlichen Ordnung immanenten Gesetzen. Der Zeit entsprechend ist das neue Phänomen der institutionalisierten Zusammenarbeit in internationalen Organisationen bis auf wenige Stellen, die aber nur Bezug zum allgemeinen Völkerrecht haben, nicht behandelt. Zwar werden die Art. 13 und 15 Abs. 8 der Völkerbund-Satzung ausgelegt, welche schiedsrichterliche Regelung von Streitigkeiten und

---

[13] *Bruns* I, S. 8.

[14] *Bruns* I, S. 1.

den Vorbehalt der nationalen Kompetenz betreffen. Die internationale Organisation als Gesamtphänomen wird von ihm aber noch nicht in die Völkerrechtsordnung eingegliedert. Bruns erkennt die Bindungen auch des innerstaatlichen Rechts an gewisse Sätze des Völkerrechts an, findet die Begründung dafür aber mehr in dem Zusammenhang von Völkerrechtsordnung und Staatenfreiheit als in dem Recht der organisierten Staatengemeinschaft. Die Existenz als Staat hängt nach seiner Lehre nicht vom Völkerrecht ab, wohl aber die Anerkennung des Staates als Völkerrechtssubjekt. Zu dieser Rechtsfähigkeit gehören Persönlichkeitsrechte, vor allem dasjenige auf Existenz und Handlungsfreiheit zu grundsätzlich gleichen Bedingungen für alle.[15] Die deutsche These gegen den Friedensvertrag von Versailles, nach der ein Staat nicht durch Vertrag der Mittel beraubt werden kann, seine Position als gleiches Mitglied der Völkerrechtsgemeinschaft wahrzunehmen, deutet sich hier an, freilich ohne ausdrücklich genannt zu werden.

Entscheidenden Wert legt Bruns auf die Lückenlosigkeit des Völkerrechts, ein für die damalige Zeit fortschrittlicher Gedanke, der aus der Notwendigkeit, daß jede Rechtsordnung geschlossen sein müsse, abgeleitet wird. In der durch rationale Argumentation und Staatenpraxis begründeten Erkenntnis, daß die staatliche Sphäre durch das Völkerrecht abgegrenzt wird und daß diese Abgrenzung keine Lücken aufweist, sehe ich ein Hauptverdienst der Bruns'schen Arbeit. Konsequenterweise ist für Bruns nicht, wie für die zeitgenössischen Verfechter des staatlichen Souveränitätsdogmas, dem Staate alles erlaubt, was nicht ausdrücklich durch eine völkerrechtliche Abgrenzungsnorm verboten ist. Vielmehr ist die Freiheit des Einzelnen zugunsten des anderen gebunden. So ist die Meeresfreiheit nicht Freiheit von Regeln, sondern Freiheit durch Regeln.[16]

Der zweite Aufsatz (1933) ist auf die Streitentscheidung unter Zugrundelegung der grundsätzlichen Abgrenzung zwischen justitiablen und nicht-justitiablen Streitigkeiten beschränkt. Er ist insbesondere auf die internationale Gerichtsbarkeit und Schiedsgerichtsbarkeit zugeschnitten. Der Aufsatz enthält indes insofern grundsätzliche Überlegungen, als der in der Hauptarbeit unternommene Versuch, die Lückenlosigkeit der Völkerrechtsordnung nachzuweisen, durch die Methoden der Streitbeilegung demonstriert wird. Die wesentlichen, in zwei Leitsätzen gedrängt zusammengefaßten Aussagen finden sich aber nicht in den beiden besprochenen Abhandlungen selbst, sondern in dem Vorwort,

---

[15] *Bruns* II, S. 460.

[16] *Bruns* I, S. 9.

das dem ersten Heft der Zeitschrift für ausländisches öffentliches Recht und Völkerrecht vorangestellt ist:

> „Der Aufbau einer Völkerrechtsordnung muß vom Individuum und seinem Zusammenschluß im staatlichen Verbande ausgehen. Als Ordnung der Verbände stützt sich das Völkerrecht weitgehend auf die Organisation und die Rechtsordnung des Einzelverbandes, nicht nur für dessen Beteiligung am internationalen Verkehr, sondern auch für die Bildung neuer Normen und die Verwirklichung dieser Normen überhaupt. Die Völkerrechtsordnung im ganzen wie in ihren Teilen hat ihre Wurzel in der Rechtsüberzeugung aller, nicht etwa bloß in der Auffassung der Organe des zwischenstaatlichen Verkehrs. Recht und Gerechtigkeitsidee im überstaatlichen Kreis entsteht durch Anpassung und Ausgleichung staatlichen Rechtsdenkens".

Und weiter:

> „So ist das Völkerrecht ohne staatliches Recht, der Staat und seine Rechtsordnung ohne Völkerrechtsordnung nicht erfaßbar. Völkerrecht und Landesrecht sind weder zwei völlig getrennte, voneinander unabhängige Rechtskreise noch bilden sie eine Einheit. Das Problem des Völkerrechts besteht in der Erkenntnis des Verhältnisses der beiden Rechtsordnungen zueinander"[17].

Auf zwei in diesen Zitaten zum Ausdruck gebrachte, von der damaligen Zeit aus gesehen in die Zukunft weisende Gedanken möchte ich hinweisen: auf das Individuum als letzten Ausgangspunkt der Völkerrechtsordnung – wenn auch durch das Medium des staatlichen Verbandes – und auf die Bildung der völkerrechtlichen Rechtsüberzeugung ohne Beschränkung auf die Organe des zwischenstaatlichen Verkehrs. Beide Punkte hat Bruns nicht vertieft. Sie wirken fast wie Fremdkörper in seinem streng etatistischen Völkerrechtsaufbau.

3. Aufgabenstellung für die Institutsgründung und zeitgeschichtlicher Hintergrund

Aus dem soeben zitierten Vorwort zur Zeitschrift für ausländisches öffentliches Recht und Völkerrecht folgt das Programm für die wissenschaftliche Arbeit des Instituts: Es handelte sich um die Zuordnung von

---

[17] ZaöRV Bd. 1 Teil 1, S. III, IV.

Staat und Völkerrechtsgemeinschaft, um die Abgrenzung und den Zusammenhang zwischen staatlicher und völkerrechtlicher Ordnung.

Es ist vielleicht nicht ohne Interesse, den zeitgenössischen Hintergrund, der zur Gründung des Instituts führte oder doch zumindest sie begünstigte, in Kürze zu charakterisieren. Zwar führt dieser Exkurs von der Erörterung des abstrakt formulierten Themas ab. Er vermag aber zu zeigen, welcher Zusammenhang zwischen Praxis und Wissenschaft besteht, und läßt ahnen, daß dem Völkerrechtler nicht nur Wissen, sondern auch Charakter abverlangt wird.

In den zwanziger Jahren wurde der Kampf gegen den als ungerecht empfundenen Vertrag von Versailles geführt. Das Ziel war politisch die Gleichberechtigung Deutschlands. Die rechtlichen Mittel, die das Vertragswerk selbst an die Hand gab, sollten ausgeschöpft werden. Außerdem gab es Argumente für die Revisionsthese aus der Vorgeschichte des Vertrages im Herbst 1918.

Das Institut verdankt seine Entstehung weitgehend dem Bedürfnis, die Auseinandersetzung mit soliden völkerrechtlichen Argumenten auf der Basis einer umfassenden Dokumentation zu führen. Dieses Motiv sollte nicht nachträglich als Rückfall in einen überholten Nationalismus verdächtigt werden. Die wissenschaftliche Einrichtung, die geschaffen wurde, war kein Hilfsinstrument der Reichsregierung, sondern ein Institut der Grundlagenforschung, das seine Aufgabe zunächst darin sah, eine in Deutschland nicht vorhandene vorzügliche Sammlung des literarischen und dokumentarischen Materials aufzubauen. Am Beginn der Institutsaufgaben stand also der Gedanke der Analyse und der Anwendung des Völkerrechts durch sorgfältiges Studium der zwischenstaatlichen Vorgänge und der nationalen, insbesondere gerichtlichen Praxis, die auf den internationalen Bereich einwirkte. Es waren die verhältnismäßig guten Jahre nach der Stabilisierung der Reichsmark und des relativen wirtschaftlichen Aufschwungs. Das besiegte Deutschland trat nach dem Westpakt von Locarno in den Völkerbund ein und gewann gleichzeitig die Position eines ständigen Ratsmitglieds. Die Organisation kam dadurch dem Ziel der Universalität ein Stück näher, ohne es allerdings jemals zu erreichen. Man konnte damals die Hoffnung haben, daß die neue Friedensorganisation, die vielfältige Formen der Zusammenarbeit zu entwickeln begann, ihren Zweck erfüllen könne. Der neubegründete Internationale Gerichtshof stand in der Phase des Aufstiegs. Die Kritik, die ihn einige Jahre später zu treffen begann, als die großen politischen Auseinandersetzungen auch ihn nicht unberührt ließen, hatte noch keine Nahrung gefunden.

In dieser Umwelt begann das Institut seine Arbeit. Von ihr war auch Bruns geprägt, als er sich bemühte, für das Völkerrecht ein System und eine Methode zu finden. Wenn dieser Versuch nach einem halben Jahrhundert erneut unternommen wird, muß er die Entwicklung einbeziehen, die sich seitdem vollzogen hat. Er muß die Veränderung der Struktur der internationalen Rechtsgemeinschaft und die wesentlichen Tendenzen berücksichtigen, die ihre derzeitige Phase kennzeichnen. Die Antwort auf die Grundfrage kann also nur insoweit dieselbe sein, als die Grundlagen die gleichen geblieben sind. Die Staatenwelt und ihre Organisationsformen sind ständigen Veränderungen unterworfen. Auf der anderen Seite muß betont werden, daß sich der Wandel in der Kontinuität, der Geschichte, also in komplexen und langwierigen Prozessen, vollzieht. Die Bändigung des souveränen Staates ist nicht mehr das überwältigende Problem des Völkerrechts schlechthin, wie es vor fünfzig Jahren der Fall war. Es wäre aber falsch, die Wirkung der internationalen Organisationen und insbesondere den mühsamen Willensbildungsprozeß in den Vereinten Nationen für eine bereits vollzogene grundlegende Änderung der zwischenstaatlichen Basis des Völkerrechts zu halten.

II. Methodische Fragen des Völkerrechtsverständnisses in der Gegenwart

1. Koordinationsordnung „gleicher und souveräner" Staaten und organisierte Internationalisierung staatlicher Aufgaben

a) Der Entstehung und Entwicklung des Völkerrechts entsprechend kreisen herkömmlicherweise alle Völkerrechtstheorien um den Staat im Sinne des historisch in der Neuzeit gewachsenen, grundsätzlich allzuständigen Territorialverbandes. Das Völkerrecht galt ausschließlich und gilt heute noch in erster Linie für diejenigen, die keinen gemeinsamen Richter haben oder, moderner ausgedrückt, die keinem rechtlich übergeordneten Verband eingegliedert sind. Die Existenz einer internationalen Rechtsgemeinschaft hat zu allen Zeiten, also auch heute, zwei Voraussetzungen: Die Tatsache, daß eine gewisse Anzahl von selbständigen, organisierten Verbänden auf territorialer Basis nebeneinander besteht, und ein psychologisches Element, nämlich die allgemeine Überzeugung, daß diese Einheiten untereinander durch gleicherweise geltende, auf alle anwendbaren Regeln gebunden sind, welche Rechte gewähren, Verpflichtungen auferlegen und Kompetenzen zuweisen. Staat im

Sinne des für die internationale Ordnung in Betracht kommenden Begriffs ist der unabhängige, allen gleichartigen Verbänden koordinierte, je nach dem Grade der internationalen Verflechtung mehr oder weniger sich selbst genügende, intensivste Sozialverband. Er ist die in jeder Konzentrationsstufe der Entwicklung der internationalen Gesellschaft relativ höchste Einheit, die man auch als Lebenserhaltungseinheit eines Volkes und früher mehr als heute als Verteidigungseinheit bezeichnen kann. Rechtlich gesehen ist er die unteilbare Wirkungseinheit in der internationalen Rechtsgemeinschaft.

Diese Definition dient der Beschreibung der Mitglieder, deren Zusammenleben der Zweck der Völkerrechtsordnung ist. Obwohl ihr der *index communis* fehlt, bilden sie in ihrer Gesamtheit als Subjekte der Völkerrechtsordnung eine Gemeinschaft. Diese hat zwar keine allgemein zuständigen Organe, wie sie in der Verfassung eines Staates konstituiert sind, sie hat aber verbandsähnliche Züge, weil sie Verfahren der Erzeugung verbindlichen Rechts kennt.[18] Auch in der Gegenwart ruht diese Rechtsgemeinschaft auf den Staaten. Als Hinweise, die hier nicht näher ausgeführt werden sollen, verweise ich auf die fortdauernde unbestrittene Anerkennung der souveränen Gleichheit der Staaten, das Nichtinterventionsprinzip und die Willensbildung in den internationalen Organisationen. Das sog. Vetorecht zugunsten der ständigen Mitglieder des Sicherheitsrats privilegiert zwar nur wenige Staaten, wirft aber ein Schlaglicht auf die etatistische Grundstruktur.[19]

---

[18] Siehe unten S. 31 ff. in ZaöRV 36 (1976).

[19] In derselben Weise ist die Schlußakte der Konferenz über Sicherheit und Zusammenarbeit in Europa zu verstehen, die am 1.8.1975 durch die Vertreter von 32 europäischen Staaten sowie der Vereinigten Staaten von Amerika, Kanadas und des Heiligen Stuhls in Helsinki unterzeichnet worden ist. Die teilnehmenden Staaten bringen klar zum Ausdruck, daß sie rechtliche Bindungen, die ihnen Ansprüche gewähren oder Verpflichtungen auferlegen, nicht eingehen wollen, obwohl sie grundlegende Prinzipien ihres künftigen gegenseitigen Verhaltens einschließlich vielfacher Einzelregelungen als Richtschnur ihres künftigen Handelns proklamieren. Darunter befinden sich Definitionen der Zuordnung der Staaten zueinander und allgemeine Ordnungsgrundsätze des Völkerrechts, deren Formulierung erkennen läßt, daß die Teilnehmerstaaten die Grundlagen der Völkerrechtsordnung in der Gemeinschaft der souveränen Staaten sehen. Z.B. spricht Nr. 1 der Erklärung über die Prinzipien, die die Beziehungen der Teilnehmerstaaten leiten von der gegenseitigen Achtung ihrer souveränen Gleichheit und Individualität sowie von allen ihrer Souveränität innewohnenden und von ihr umschlossenen Rechte, einschließlich insbesondere des Rechts eines jeden Staates auf rechtliche Gleichheit, auf territoriale Integri-

Man kann indessen nicht an der Erkenntnis vorbeigehen, daß heutzutage, anders als vor fünfzig Jahren, die Völkerrechtstheorie nicht mehr alle anderen im internationalen Bereich auftretenden Einheiten ignorieren darf. Zwar sind die internationalen Organisationen, an ihrer Spitze der Völkerbund und die Vereinten Nationen, auf Grund zwischenstaatlicher Verträge als dienende Faktoren für die Zusammenarbeit der Staaten geschaffen worden. Sie sind theoretisch und, wenn der Mitgliederkreis klein ist, auch praktisch von dem fortbestehenden Vertragswillen der Mitgliedstaaten abhängig. Sie besitzen also nicht, wie nach der traditionellen, von der Geschichte bestätigten Theorie die Staaten, eine Existenz aus sich selbst. Sie sind nicht der Rechtsordnung vorgegeben, wie ein neu entstehender Staat, der in die Rechtsordnung einbezogen werden muß, sei es der spontan entstandene Staat Israel oder die aus der östlichen Besatzungszone Deutschlands verselbständigte Deutsche Demokratische Republik.

Nichtsdestoweniger spielen sie – um so mehr, je mehr ihre Mitgliedschaft der Universalität angenähert ist – eine Rolle bei der Aufnahme neuer Rechtsgenossen in die Völkerrechtsgemeinschaft. Die unabhängig von der Rechtsordnung entstandenen Staaten, die ausschließlich die Grundlage der alten Völkerrechtsordnung waren und es in entscheidend überwiegender Weise heute noch sind, sind seit der Explosion der Mitgliederzahl der Vereinten Nationen nicht mehr die alleinigen „souveränen und gleichen" Subjekte der Völkerrechtsordnung. Vielmehr werden Territorien durch die Aufnahme in die Weltorganisation juristisch zu jener idealtypisch gedachten Wirkungseinheit befördert, die sie als Sozialkörper mit originärer Vitalität nicht besitzen. Kann man wirklich sagen, daß der Staat Kongo-Léopoldville, das heutige Zaire, nach seiner Unabhängigkeitserklärung im Jahre 1960 und seiner Aufnahme in die Vereinten Nationen dem Staatsbegriff entsprochen hätte? Immerhin konnte die ehemalige belgische Kolonie in diese Rolle hineinwachsen. Wer aber wollte behaupten, daß winzige Gebilde, die ihre „souve-

---

tät sowie auf Freiheit und politische Unabhängigkeit. Dazu gehören auch das Recht jedes Teilnehmerstaates, sein politisches, soziales, wirtschaftliches und kulturelles System frei zu wählen und zu entwickeln, sowie sein Recht, seine Gesetze und Verordnungen zu bestimmen (zitiert nach dem Bulletin des Presse- und Informationsamts der Bundesregierung Nr. 102 vom 15. 8. 197571 S. 969). Auch diese und ähnliche Definitionen, die die Souveränität absichern, sind nicht Gegenstand einer rechtlichen Verpflichtung, also nur auf der Rechtsgrundlage des allgemeinen Völkerrechts verbindlich, soweit die Formulierung diesem entspricht.

räne Gleichheit“ nur der Aufnahme in die Vereinten Nationen verdanken, Staaten im Sinne des oben definierten Begriffs sind?

Gewiß hat es immer die Anerkennung von Staaten kraft Konvention derjenigen Mitglieder der Völkerrechtsgemeinschaft gegeben, die in Anspruch genommen haben, für die Gesamtheit zu sprechen. Der Berliner Kongreß von 1878 ist dafür ein typisches Beispiel.[20] Damals handelte es sich aber bei der Anerkennung der Unabhängigkeit der Balkanstaaten um die Bestätigung von Bestehendem oder im letzten Prozeß der Entwicklung Begriffenem, nicht um die Schaffung von Staaten durch Konvention. Wenn dies geschah, wie es bei dem Freistaat der Ionischen Inseln, der Freien Stadt Krakau, der Freien Stadt Danzig und dem Freien Territorium von Triest über eine Zeitspanne von 150 Jahren hinweg der Fall war, handelte es sich um die politische Stillegung von Gebieten, in denen sich Großmachtinteressen überschnitten, nicht um Staaten im Sinne der selbständigen Mitglieder der Völkerrechtsgemeinschaft. Jedes dieser Gebilde war Objekt eines internationalen Regimes, wie es heute als Dauerprovisorium für West-Berlin oder – nach unserer Überzeugung – für Gesamt-Berlin besteht, zuletzt mit dem Vorbehalt des Fortbestandes der bisherigen Rechtsgrundlage festgelegt im Viermächte-Abkommen vom 3. September 1971.[21]

Man wird sich die Frage vorlegen müssen, ob die Mitglieder der internationalen Gesellschaft, die rechtliche Wirkungseinheiten innerhalb der Völkerrechtsgemeinschaft sind, heute noch so viele gemeinsame Merkmale aufweisen, daß sie dem Idealtypus Staat als Grundlage der Völkerrechtsordnung im großen und ganzen entsprechen. Die Einheiten, die durch Aufnahmebeschlüsse internationaler Organisationen in das Völkerrecht eingeführt werden und erst durch den Erwerb der Mitgliedschaft in den Vereinten Nationen den Status der souveränen Gleichheit

---

[20] Der Kongreß erkannte die Unabhängigkeit Rumäniens, Serbiens und Montenegros an, die dadurch als vollberechtigte Mitglieder in die europäische Völkerrechtsgemeinschaft aufgenommen wurden. Er nahm das Recht für sich in Anspruch, diesen Schritt im Namen Europas zu tun. Während der Debatten über Rumänien stellte Bismarck, ohne Widerspruch zu finden, fest, die Vereinigung der beiden Donaufürstentümer Moldau und Walachei zum rumänischen Staat sei zwar von mehreren Mächten dadurch anerkannt worden, daß sie Handelsabkommen mit Rumänien geschlossen hätten; doch habe allein Europa das Recht, die Unabhängigkeit zu sanktionieren (Protokoll des Berliner Kongresses vom 1.7.1878, British and Foreign State Papers, Bd. 69, S. 982).

[21] Treaty Series No. 111 (1972) Cmnd 5135. Bulletin des Presse- und Informationsamts der Bundesregierung Nr. 127 vom 3.9.1971, S. 1360 ff.

erhalten, welchen die Staaten im soziologischen Sinne von vornherein als notwendige Mitglieder der Völkerrechtsgemeinschaft besitzen, stören das Bild der überkommenen Staatengemeinschaft. Zu ihnen gehören die Ministaaten und diejenigen abhängigen Gebiete, die ohne eine zur Selbsterhaltung fähige Ordnung in die internationale Gesellschaft und damit in die Völkerrechtsordnung entlassen werden. Man könnte sie konventionelle, nicht aber soziologische oder originäre oder spontane Staaten nennen. Diese Überlegung ist von Bedeutung für die Weiterentwicklung des Völkerrechts durch progressiven oder derogierenden Konsens. Sie stellt sich vor allem bei der Bildung und Änderung von Gewohnheitsrecht. Die Entwicklung von Konsensualrecht, besonders die Entstehung, Änderung und Aufhebung von Gewohnheitsrecht, kann nur so lange als Rechtserzeugungsvorgang funktionieren, wie die Rechtsträger ein einigermaßen ausgewogenes Gewicht untereinander haben.[22]

b) Entscheidend für das Entstehen des Völkerrechts war die Koordination einer Mehrzahl von Verbänden, die voneinander unabhängig waren. Das Völkerrecht ist aber nicht die einzige Koordinationsordnung; jeder Vertrag zwischen gleichviel welchen Partnern ist eine solche. Das Völkerrecht ist auch nicht die einzige Koordinationsordnung, die von keiner höheren, die Partner umfassenden Ordnung überwölbt wird. Ich brauche nur an die seit längerer Zeit geführten Diskussionen um den Rechtscharakter von Verträgen zwischen einem Staat und einem nichtstaatlichen ausländischen Partner zu erinnern, dessen tatsächliche Position so stark ist, daß die kollisionsrechtliche Regel, nach welcher Recht und Forum des staatlichen Partners auch für den nichtstaatlichen gelten, nicht angewendet werden kann. Die gelegentlich in solchen Verträgen zu findende Verweisung hinsichtlich des materiellen Rechts auf die allgemeinen Rechtsgrundsätze kommt der Verweisung auf eine Rechtsquelle gleich, aus der auch allgemeines Völkerrecht im zwischenstaatlichen Bereich gewonnen wird.

Ferner möchte ich an die neuen, allmählich stärker in das Bewußtsein dringenden vertraglichen Vorgänge auf dem Gebiet des öffentlichen Rechts hinweisen, die grenzüberschreitende Probleme eines Agglomerationsbereichs, z.B. des Dreiländerzipfels von Basel, Weil am Rhein und den oberelsässischen Grenzgemeinden, durch ein Netz rechtlich bisher nicht hinreichend durchleuchteter und folglich nicht hinreichend qualifizierter, aber durch die Verhältnisse geforderter und tatsächlich

---

22 Statistische Angaben über Bevölkerungszahlen und Flächengrößen in: International Associations, Bd. 28 (1974), S. 89-96.

funktionierender Abmachungen verbinden. Das Bundesverfassungsgericht hat bekanntlich in der Entscheidung über den *Kehler Hafenvertrag*, der zwischen dem Land Baden und dem „Autonomen Hafen Straßburg", einem zum Abschluß dieses Abkommens nach französischem öffentlichem Recht befugten *établissement public*, geschlossen wurde, zwar festgestellt, daß es sich nicht um einen völkerrechtlichen Vertrag im Sinne des Grundgesetzes handele. Das Gericht hat es aber unterlassen, eine positive Qualifizierung vorzunehmen und sich darüber zu äußern, auf welcher Rechtsgrundlage die Parteien verpflichtet seien, sich an die Vereinbarung zu halten.[23] Diese Unterlassung hat freilich nicht gehindert, daß der Vertrag. seine Funktion erfüllt hat. Die beiderseitigen Rechte und Pflichten konnten im Rahmen einer Koordinationsordnung verbindlich begründet werden. Inhaltlich konnten im Hinblick auf den öffentlich-rechtlichen Verbandscharakter der Partner nur völkerrechtliche Normen anwendbar sein.

Es besteht kein Anlaß zu zweifeln, daß Vereinbarungen zwischen koordinierten Partnern, von denen keiner Jurisdiktion über den anderen besitzt, auch dann, wenn die Abrede nicht, wie privatrechtliche Verträge, in eine bestimmte bestehende Rechtsordnung eingebettet ist, dem Grundsatz der Vertragsheiligkeit unterliegen. Für dieses Ergebnis ist es gleichgültig, ob man den Satz *pacta sunt servanda* mit Kelsen als eine Hypothese für den Vertrag als bilaterale Rechtsordnung ansieht oder ob man die Pflicht, ihn zu halten, auf eine materielle Wertgrundlage stützt. Insofern besteht kein Unterschied zwischen diesen Koordinationsordnungen und dem Völkerrecht. Das Problem besteht vielmehr in der Frage, welcher Rechtsordnung die Normen und Auslegungsgrundsätze zu entnehmen sind, wenn die stipulierten Bestimmungen der Vereinbarung nicht ausreichen.

Das Völkerrecht ist unter den vielen möglichen Koordinationsordnungen dadurch gekennzeichnet, daß eine Anzahl von soziologisch mehr oder weniger gleichartigen, von mir nach bestimmten Merkmalen definierten Sozialverbänden besteht, zwischen denen vernünftigerweise Friede und Ausgleich, ja sogar Verteilungsgerechtigkeit herrschen muß. Im Kriegsfall muß die Auseinandersetzung durch rechtlich begrenzte Mittel geführt werden und die Wiederherstellung des Friedenszustands mit rechtlichen Mitteln möglich sein. Solange die selbständigen Staaten

[23] BVerfGE Bd. 2, S. 347 ff., 375. Der Rechtsstreit betraf die Frage, ob der Vertrag von der Bundesregierung anstelle des Landes Baden hätte geschlossen werden müssen und unter dieser Voraussetzung der Mitwirkung der gesetzgebenden Körperschaften in der Form eines Bundesgesetzes bedurft hätte.

das Rückgrat dieser Rechtsordnung bilden und solange die Organisationen, die sie selbst geschaffen haben, sie nicht derart überwuchern, daß sie in wesentlichen Fragen ihrer Existenz von ihnen abhängen, solange wird Völkerrecht bestehen.

2. Rechtsfähigkeit

Rechtsfähigkeit ist ein unentbehrliches Konstruktionselement für jede Art von Rechtsbeziehungen. Sie bedeutet die Eigenschaft einer natürlichen, also von der Rechtsordnung vorgefundenen, oder juristischen, also durch die Rechtsordnung konstituierten Person, Träger von subjektiven Rechtspositionen, d. h. Rechten, Pflichten oder – im Bereich des öffentlichen Rechts – Zuständigkeiten zu sein. Die Völkerrechtsordnung ist als die typische Verkehrsweise der Staaten entstanden. Sie ist es, mit den erwähnten Randerscheinungen aus dem Bereich der internationalisierten Zusammenarbeit, nach wie vor. Wer Rechtssubjekt ist, ergibt sich aus den Normen der Rechtsordnung, innerhalb deren Rechte, Pflichten oder Zuständigkeiten bestehen sollen. Die Rechtsordnung schafft die Rechtssubjekte, indem sie an ein bestimmtes Substrat den Status der Rechtsfähigkeit anknüpft. Da der Zweck der Völkerrechtsordnung der Ausgleich zwischen vielen gleichartigen unabhängigen Verbänden ist, ist der selbständige Staat das natürliche Völkerrechtssubjekt. Das ist eine Binsenwahrheit, über die kein Streit besteht. Anders dagegen steht es mit der Frage, ob die Rechtsfähigkeit ein reines Zurechnungsmoment ist oder ob es materielle Kriterien für eine Rechtspersönlichkeit gibt. Hierüber gibt es eine alte Auseinandersetzung, in der z.B. Hersch *Lauterpacht* den Standpunkt vertreten hat, daß zur Völkerrechtspersönlichkeit jedenfalls die Vertragsfähigkeit gehöre.[24] Danach schließt die Rechtsfähigkeit notwendigerweise eine gewisse Mindestkapazität ein, die er *basic capacity* nennt, d. h. ein Minimum von Rechten und Pflichten. Diese Konzeption verbindet die Rechtsfähigkeit mit ihrer soziologischen Basis, d. h. sie bindet sie inhaltlich an den gesellschaftlichen Organismus, an den sie anknüpft.

Nach meiner Meinung kann man zwar den *Begriff* der Rechtsfähigkeit von dem Substrat abstrahieren, das ein Faktum aus der Welt der gesellschaftlichen Phänomene in diejenige der Rechtsordnung einführt. Jede *bestimmte Rechtsordnung* hingegen muß die Anknüpfung an ein Sub-

---

[24] UN Doc. A/CN. 4/63, S. 154.

strat vornehmen, das bestimmte, für die Zwecke der Rechtsordnung erhebliche Merkmale besitzt. Mit anderen Worten, es gibt so etwas wie eine materielle Rechtspersönlichkeit, die hinter dem Rechtssubjekt steht. Auf das Völkerrecht bezogen, liegt hier die Begründung für die Lehre von den Grundrechten – und folglich den Grundpflichten – der Staaten, die Verdross folgendermaßen ausdrückt: „Mit der Anerkennung sind alle völkerrechtlichen Grundrechte der Staaten anerkannt, nämlich die Achtung ihrer Gebietshoheit und ihrer inneren Ordnung, sowie das Grundrecht der Gleichheit der Staaten, das sich vor allem in der Exemtion der Staaten als Träger der öffentlichen Gewalt von jeder fremden Gerichts- und Zwangsgewalt auswirkt, ebenso das Grundrecht auf Achtung und Ehre der Staaten".[25]

Die gesellschaftliche Einheit, der durch die Rechtsfähigkeit die Eigenschaft als Wirkungseinheit in der Rechtsordnung zuwächst, muß als Minimum ein *Recht auf Existenz* besitzen. Der Pakt der Vereinten Nationen über bürgerliche und politische Rechte erkennt für jedermann d. h. für natürliche Personen, ein solches Recht an. Art. 16 lautet: „Everyone shall have the right to recognition everywhere as a person before the law".[26] Ein solches Mindestrecht muß jede Rechtsordnung, gleichgültig welcher Art, denjenigen Mitgliedern zuerkennen, die sie notwendigerweise konstituieren. Das sind im Völkerrecht die unabhängigen Territorialverbände, also die Staaten. Ein Zusammenhang zwischen der Zugehörigkeit eines Verbandes zur Völkerrechtsordnung und den Merkmalen der Einheit Staat kann also nicht geleugnet werden.

Wenn heute durch die Aufnahme von Territorialverbänden mit ungesicherter eigener Lebensfähigkeit in die Vereinten Nationen Völkerrechtssubjekte auf gleicher Basis und gleicher rechtlicher Funktion wie die Staaten des traditionellen Typus geschaffen werden, beobachten wir

---

25 A. *Verdross*, Die Wertgrundlagen des Völkerrechts, Archiv für Völkerrecht, Bd. 4 (1953/54), S. 129 ff. Die Wiener Rechtstheoretische Schule, Bd. 2 (1968), S. 2189-2201, 2195. An anderer Stelle heißt es: „Das moderne Völkerrecht beginnt mit der gegenseitigen Anerkennung der Souveränität der selbständig gewordenen Völker. Der erste, das neue Völkerrecht tragende Wert ist daher zweifellos die Freiheit der verschiedenen Völker und Volksgruppen, die in der Selbstregierung nach innen und Unabhängigkeit nach außen ihren juristischen Ausdruck findet. Die gegenseitige Anerkennung ihrer Souveränität bedeutet daher nichts anderes als die Anerkennung des Grundwertes der Freiheit und Selbstregierung der Völker" (S. 2194 f.).

26 Ebenso schon Art. 6 der Allgemeinen Erklärung, der Menschenrechte vom 10.12.1948.

eine Erscheinung, die es zwar auch im unorganisierten Völkerrecht gelegentlich gab, die aber heute durch die Ausübung der Mitgliedschaftsrechte zu einer wesentlich gesteigerten Wirkung führt. Welchen Einfluß der Grundsatz der souveränen Gleichheit hat, wenn er durch die Regel *one State – one vote* aktualisiert wird, kann man an den Abstimmungsergebnissen in der Generalversammlung der Vereinten Nationen ablesen. In völkerrechtlicher Hinsicht sind vor allem diejenigen Resolutionen der Generalversammlung von Bedeutung, die zwar nicht den Anspruch erheben, neues Völkerrecht in unmittelbar verbindlicher Weise zu setzen, wohl aber Rechtsüberzeugungen und Tendenzen zur Weiterentwicklung des Völkerrechts zum Ausdruck zu bringen. Die Generalversammlung vom Spätherbst 1974 bietet dafür Beispiele; das bekannteste ist die Charta über die wirtschaftlichen Rechte und Pflichten vom 12. Dezember.[27]

3. Verschiedene Klassen von Teilnehmern der Völkerrechtsordnung?

Die Unterscheidung verschiedener Klassen von Völkerrechtssubjekten nach ihrem Entstehungsvorgang und ihrer Funktion ist inzwischen allgemein anerkannt, mag auch die sowjetische Völkerrechtslehre größere theoretische Schwierigkeiten für die Klassifizierung haben als die übrige Welt. Die selbständigen Staaten, die kraft ihrer Existenz als relativ höchste Verbandsstrukturen auf einem Territorium Mitglieder der Völkerrechtsgemeinschaft sind, werden als primäre oder ursprüngliche oder notwendige Rechtssubjekte bezeichnet, während die von ihnen durch Vertrag geschaffenen internationalen Organisationen und anstaltsähnlichen Einrichtungen in ihrer Fähigkeit, Rechte, Pflichten und Zuständigkeiten zu haben, funktional auf ihre Aufgaben im internationalen Bereich und *quoad personas* auf die Beziehungen zu denjenigen Staaten, die ihre Mitglieder sind oder die sie in einer rechtserheblichen Form anerkannt haben, beschränkt sind. Gemeinhin wird diese Unterscheidung mit dem Gegensatzpaar umfassend und partiell rechtsfähig beschrieben.[28] Die partiellen Völkerrechtssubjekte besitzen kein eigenes

---

[27] GA/RES/3281 (XXIX). Siehe dazu unten den Beitrag von Chr. *Tomuschat*, Die Charta der wirtschaftlichen Rechte und Pflichten der Staaten. Zur Gestaltungskraft von Deklarationen der UN-Generalversammlung.

[28] Zur Vermeidung von Wiederholungen sei es mir gestattet, auf meine Aufsätze „Die Erweiterung des Kreises der Völkerrechtssubjekte“, ZaöRV Bd. 22 (1962), S. 1 ff., „Réflexions sur la personnalité en droit international public“, in:

Recht auf Existenz. Ihre Rechtspersönlichkeit, wie sie von mir gekennzeichnet wurde, gibt es nicht. Sie sind jeweils ein Homunkulus der Staaten, die sie als Mitglieder geschaffen haben, die sie während ihrer Existenz tragen und die sie wieder beseitigen können.

So wenigstens verhält es sich in der Theorie. In mehrfacher Hinsicht ist diese Einteilung aber unscharf. Ich habe bereits darauf hingewiesen, daß internationale Organisationen, je größer ihre Mitgliederzahl ist und je stärker sie auf das politische und wirtschaftliche Leben innerhalb der Mitgliedstaaten einwirken, praktisch nicht mehr durch *contrarius actus* beseitigt werden können. Nicht jeder Fall liegt so einfach wie die Auflösung des Völkerbundes, die nach seinem tatsächlichen Untergang durch den zweiten Weltkrieg im Jahre 1946 in ähnlicher Weise wie die Liquidation einer Handelsgesellschaft vorgenommen wurde.[29] Viele internationale Organisationen sind derart zum Bestandteil der internationalen Beziehungen im universellen oder regionalen Bereich geworden, daß sie manchen Staaten an Dauerhaftigkeit kaum nachstehen. Man erinnere sich nur an den politischen Zwang zur Einigung innerhalb der Europäischen Wirtschaftsgemeinschaft, der sich bisher in jeder der zahlreichen Krisen gezeigt hat. Bereits vor 25 Jahren hat der Internationale Gerichtshof den Vereinten Nationen, deren Repräsentativität damals geringer war als heute, die Qualität einer objektiven internationalen Persönlichkeit zuerkannt.[30]

Es kann nicht ausbleiben, daß solche Gebilde eine größere völkerrechtliche Bedeutung erlangen, als sie die Theorie der abhängigen Völkerrechtssubjekte ihnen zuweist. Man wird heute nicht mehr sagen können, daß die internationalen Organisationen, wie es die Theorie heute noch will, vom Erzeugungsvorgang des allgemeinen Völkerrechts ausgeschlossen sind.

Ein weiteres Phänomen in diesem Zusammenhang ist die Vertretung von Staaten durch internationale Organisationen. Die Europäische Gemeinschaft ist jetzt zuständig für Handelsabkommen mit Außenseitern. Sie vertritt die Rechte ihrer Mitglieder in gewissen internationalen Zusammenschlüssen, wie z.B. im GATT. Verträge mit Nichtmitglied-

---

Festschrift für Henri Rolin (1964), S. 228 ff., sowie den Artikel „Völkerrechtsfähigkeit", in: Strupp-Schlochauer, Wörterbuch, Bd. 3 (2. Aufl. 1962), S. 655 ff., zu verweisen.

[29] Resolution der Versammlung des Völkerbundes vom 18.4.1946, Series of League of Nations Publications, General 1946, S. 97.

[30] ICJ Reports 1949, S. 149, 185.

staaten – sei es mit Gruppen von Staaten oder mit einzelnen Partnern – werden nicht nur von den Vertretern der Mitgliedstaaten, sondern von dem Präsidenten des Ministerrats im Namen der Gemeinschaft abgeschlossen. Selbst in einem hochpolitischen Kollektivdokument wie der Schlußakte der Konferenz von Helsinki über Sicherheit und Zusammenarbeit in Europa vom 1. August 1975 hat der amtierende Ratspräsident nicht nur für seine eigene, die italienische, Regierung, sondern auch für die Gemeinschaft unterzeichnet. An den vorangegangenen Verhandlungen in Genf war die Gemeinschaft beteiligt.

Die Rechtswirkungen der einheitlichen Vertretung der Mitgliedschaftsrechte in einer internationalen Organisation – als Beispiel ist wiederum das GATT geeignet – werden den Mitgliedstaaten, die individuell der Organisation angehören, als solchen zugerechnet. Sie bilden aber, intern in ihrer Sonderorganisation, im Beispielsfalle der Europäischen Gemeinschaft, einen gemeinsamen Willen, dessen Wahrnehmung – mit einem gewissen Verhandlungsspielraum – sie den zuständigen Organen überlassen. Auch diese Erscheinung trägt dazu bei, die internationalen Organisationen in ihrer Gesamtheit hinsichtlich ihrer Position im Rechtsleben nicht undifferenziert zu sehen, sondern sich darüber Rechenschaft zu geben, daß einige von ihnen, je nach den Umständen verschieden, sich als stabile Elemente in die zwischenstaatliche Ordnung einschieben.[31]

Eine dritte Bemerkung ist hinsichtlich der partiellen Rechtsfähigkeit der internationalen Organisationen am Platze: Wenn es auch richtig ist, daß Außenseiter die Existenz internationaler Organisationen im Völkerrecht ignorieren dürfen, wie es z.B. die Sowjetunion im Verhältnis zur Europäischen Gemeinschaft durch Vorschieben des Rats für Gegenseitige Wirtschaftshilfe versucht hat, so bleibt dennoch festzuhalten, daß jede Organisation, die von Völkerrechtssubjekten geschaffen ist – sei es von Staaten, sei es durch Vertrag zwischen Organisationen untereinander – derart in die Völkerrechtsordnung eingeführt ist, daß Außenseiter an ihre personell begrenzte Rechtspersönlichkeit anknüpfen und dadurch deren Wirkung erweitern können.

[31] Für die Europäische Gemeinschaft siehe E. U. *Petersmann*, Auswärtige Gewalt, Völkerrechtspraxis und Völkerrechtsbindungen der Europäischen Wirtschaftsgemeinschaft, ZaöRV Bd. 35 (1975), S. 213-281.

III. Die Internationale Gesellschaft als Rechtsgemeinschaft

1. Die selbständigen Staaten

Die neuen Erscheinungen und Tendenzen, die dem alten Bild neue Akzente verleihen, sind hervorgehoben worden. Es wäre aber verfehlt, daraus den Schluß zu ziehen, daß die Gesellschaft der Staaten nicht mehr nach wie vor das strukturelle Rückgrat der Völkerrechtsgemeinschaft ist. Die grundsätzlichen Voraussetzungen für die Existenz und die Wirkungsweise dieser Rechtsgemeinschaft sind seit den klassischen Definitionen der Souveränität zwar erheblich verändert, aber nicht umgestoßen. Die Begriffsbestimmung des Staates, die Georg *Jellinek* in seiner Allgemeinen Staatslehre gibt, derzufolge die Souveränität die Eigenschaft einer Staatsgewalt ist, kraft deren sie die ausschließliche Fähigkeit rechtlicher Selbstbestimmung und Selbstbindung hat,[32] ist allerdings in ihrer philosophischen und völkerrechtlichen Substanz überholt – die Wiener Schule, Erich *Kaufmann* und Bruns haben dazu beigetragen. Die alte Definition ist durch die souveräne Gleichheit ersetzt, die die Beschränkungen der Souveränität durch das allgemeine Völkerrecht und die Satzung der Vereinten Nationen impliziert. Hermann *Heller* nennt die Staatsgewalt „eine politische Wirkungseinheit".[33] Mit diesem auf das Rechtssubjekt Staat bezogenen Willen bilden die Staaten in ihrer Gesamtheit nach wie vor die Grundlage und den Zweck der Völkerrechtsordnung.

Wenden wir uns nunmehr der Struktur der internationalen Gesellschaft zu. Das entscheidende Kennzeichen der Staatengruppe, die zwischen dem Ende des 18. Jahrhunderts und dem ersten Weltkrieg bestand, war diejenige Motivation des souveränen Staates, die man allgemein als Nationalstaat bezeichnet. Legt man die Definition von Hermann Heller über die Staatsgewalt als politische Wirkungseinheit zugrunde, so kann man sagen, daß der Nationalstaat eine politische Wirkungseinheit ist, die ein Volk zusammenfaßt, das sich seiner Einheit als Nation bewußt ist. Dieses Bewußtsein und der Wille zur Einheit kann von geschichtlichen Ereignissen, von ethnischen und linguistischen Bedingungen, von gemeinsamen Interessen oder anderen Motiven, die diese Einheit geschaffen haben, bestimmt sein.

---

32 G. *Jellinek*, Allgemeine Staatslehre (3. Aufl. 1914), S. 481.

33 H. *Heller*, Staatslehre, hrsg. von Gerhart Niemeyer (2. Aufl. 1961), S. 282.

Die Gruppe der Nationalstaaten war eine geschlossene Gesellschaft, die sich vom letzten Drittel des 19. Jahrhunderts bis zum Beginn des zweiten Weltkriegs nur unwesentlich vermehrt hatte. Im Jahre 1871, nachdem die Staaten beider amerikanischen Subkontinente in die Staatengesellschaft eingerückt waren, existierten insgesamt 44 Staaten, am Vorabend des zweiten Weltkriegs etwa 60.[34] Es gab zwar Veränderungen, vor allem zu Ende des ersten Weltkriegs und infolge der Zergliederung des britischen Reiches; die Zahl blieb aber im großen und ganzen stabil; der Schwerpunkt lag in Europa und Amerika. Es ist nicht verwunderlich, daß die Rechtsordnung, die eine solche übersehbare Zahl von Mitgliedern umfaßte, besondere Eigenschaften entwickelte, die sie von der Rechtsordnung von Gesellschaften, die aus Millionen von Individuen bestehen, also dem Normaltyp der Nationalstaaten, unterschied. Das Anwachsen der Zahl der Partner in den letzten zwei Jahrzehnten ist bis auf wenige Ausnahmen das Ergebnis der Dekolonisierung. Die Entstehung von ungefähr 80 neuen Staaten vermehrte nicht nur den Umfang, sondern änderte auch den Charakter der internationalen Gesellschaft. Der Rechtserzeugungsvorgang ist komplizierter geworden. Die Bildung von Nationalstaaten, die der entscheidende Faktor in der Vergangenheit gewesen ist, bleibt das vorwiegende Kennzeichen auch für die Bildung der Neustaaten in der Gegenwart. Die Unabhängigkeitsbewegung hat den Prozeß der Einigung oder wenigstens die Bildung von größeren zusammengesetzten Einheiten nicht gefördert, obwohl die Lehren, die aus dem zweiten Weltkrieg zu ziehen waren, Einigungsbestrebungen, zumindest auf föderaler Basis, nahelegten. Zwar besteht eine der Zersplitterung entgegenwirkende Tendenz in der internationalen Gesellschaft; sie zeigt sich in wirtschaftlichen Zusammenschlüssen und gemeinsamen Institutionen. Sie hat aber nicht dazu geführt, daß die Konzentration der politischen Gewalt von den Staaten auf größere Vereinigungen übergegangen ist. Alle Unabhängigkeitsbewegungen der letzten Jahrzehnte haben Nationen in den bestehenden Grenzen und mit der vorhandenen Bevölkerung konstituiert, wenn auch zu Beginn nur ein organisatorischer Rahmen durch die kolonialen Grenzziehungen bestanden hat.[35]

Diese Feststellung dürfte insgesamt zutreffen, obwohl der *Kamerun*-Fall vor dem Internationalen Gerichtshof und die gegenwärtige Auseinandersetzung über das künftige Schicksal des spanischen Sahara-

---

[34] Th. *Schieder*, Zum Problem des Staatenpluralismus in der modernen Welt (1969), S. 8 f.

[35] *Schieder*, a. a. O., S. 10-20.

Gebiets zeigen, daß das Urteil über die dekolonisierten Staaten nicht ohne Ausnahme zutrifft. Dabei dürfte es sich aber um Randerscheinungen handeln, die an dem wesentlichen Teil der Analyse nichts ändern.[36] Alle Mitglieder der internationalen Gesellschaft, ob sie alt sind oder neu, wollen Staaten im traditionellen Sinne des Wortes sein und den höchsten Grad der Souveränität anstreben, der heutzutage unter den Bedingungen der modernen Welt und den Einschränkungen durch die internationalen Organisationen erreichbar ist. Keine internationale Organisation, so umfassend ihre Funktionen sein mögen, kann denselben Grad an Sicherheit bieten.[37]

2. Die Institutionen der internationalen Zusammenarbeit

Andererseits ist das organisatorische Element das zweite kennzeichnende Merkmal der modernen internationalen Gesellschaft. Die Zahl 280 – bezogen auf das Jahr 1972[38] – ist nicht sehr aussagekräftig, weil sich dahinter Zusammenschlüsse von verschiedener Art, Größe und Bedeutung verbergen. Immerhin zeigt sie, daß die zwischenstaatliche Gesellschaft um das Element ständiger Organisationsformen bereichert ist. Die Mitgliedschaft bedeutet für die Staaten ständige Beschränkungen der Handlungsfreiheit in den Grenzen der Funktionen der Organisation. Im Gegensatz zu Verträgen, die nur der Auslegung des vereinbarten Textes zugänglich sind – mag diese auch durch die Anwendung

[36] Case concerning the Northern Camerouns (*Cameroun v. United Kingdom*), Preliminary objections, Judgment of 2 December 1963, ICJ Reports 1963, S. 15, 20 ff. Hinsichtlich der spanischen Westsahara ersuchte die Generalversammlung der Vereinten Nationen den Internationalen Gerichtshof um ein Gutachten über die vorkoloniale Rechtslage dieses Gebiets: „I. Was Western Sahara (Rio de Oro and Sakiet El Hamra) at the time of colonisation by Spain a territory belonging to no one (terra nullius)? If the answer to the first question is in the negative, II. What were the legal ties between this territory and the Kingdom of Morocco and the Mauretanian entity?“ (Western Sahara, Order of 3 January 1975, ICJ Reports 1975, S. 31). Diese Fragestellung läßt erkennen, daß nach Auffassung der Generalversammlung die vorkoloniale territoriale Zugehörigkeit des Gebiets für dessen künftige Behandlung eine Rolle spielen soll.

[37] Th. *Schieder*, Wandlungen des Staates in der Neuzeit, Historische Zeitschrift, Bd. 216 (1973), S. 265 ff., 302 f.

[38] Yearbook of International Organisations (14. Aufl. 1972/73), S. 879.

in der Praxis mitbestimmt werden und sich daher verändern –, entwickeln internationale Organisationen durch ihre Organe eigene Impulse. Sie besitzen nicht den vorwiegend statischen Charakter von Verträgen, sondern entfalten je nach der Ausdehnung der Zuständigkeiten der Organe ein mehr oder weniger fortschreitendes Eigenleben.

3. Großmächte und andere Staaten

Während man es bei den internationalen Organisationen mit einem neuen, jedenfalls in seiner Stabilität und seinem Eigengewicht jungen Faktor der internationalen Rechtsordnung zu tun hat, ist das dritte kennzeichnende Element die Wiederauferstehung der alten Unterschiede zwischen großen und anderen Staaten. Damit ist die Notwendigkeit für die Rechtsordnung verbunden, außer für die rechtliche Gleichheit aller Mitglieder dafür Sorge zu tragen, daß das Gleichgewicht der Großen, deren Macht ausreicht, um die Gemeinschaft im ganzen zu stören, in die Rechtsordnung selbst in mehr oder weniger deutlicher Weise einbezogen wird. In der Vergangenheit hat die Kollektivhegemonie der europäischen Großmächte diesem Bedürfnis Rechnung getragen. Ihr politischer Anspruch, an allen Angelegenheiten von allgemeinem Interesse, den *affaires d'intérêt général*, beteiligt zu sein, war in der Praxis durchgesetzt. Die Völkerbundsatzung hat diesen Anspruch durch die ständigen Sitze der Hauptmächte im Völkerbundsrat juridifiziert.[39] Die Charta der Vereinten Nationen hat dieses Vorrecht um das individuelle Recht der ständigen Mitglieder des Sicherheitsrats, Abstimmungen über Sachfragen zu verhindern, ergänzt.[40]

Die Notwendigkeit des Gleichgewichts oder des Zusammenwirkens als Voraussetzung von wichtigen Entscheidungen besteht allerdings heute nicht mehr zwischen allen ständigen Ratsmitgliedern, weil die Kräfteverhältnisse zwischen ihnen sich verschoben haben. Frankreich und Großbritannien sind nur noch Großmächte gemäß der Satzung, nicht aber als eigengewichtige Machtfaktoren. Allerdings sind sie gelegentlich als Garanten vertraglicher Regime erwünscht. Ausgleichsgewichte der ersten Stufe sind nur noch die Supermächte USA, Sowjetunion und – im Kommen – die Volksrepublik China. Die Rolle der am Gleichgewicht teilnehmenden Mächte ist aber durch die Entwicklung der Welt-

---

[39] Art. 4.

[40] Art. 23, 27 Abs. 3.

organisation nicht mehr ganz dieselbe wie zur Zeit des Völkerbundes und während des 19. Jahrhunderts. Das Gleichheitsprinzip, das in der Generalversammlung ohne Einschränkung zur Geltung kommt, wirkt zugunsten der Schwachen, die in ihrer Masse die Großen ernstlich in ihrer Handlungsfreiheit behindern können. Insofern hat die große Vermehrung der Staaten diesen eine Einbuße an tatsächlicher Handlungsfreiheit eingebracht, die sie nur in den seltenen Fällen von gleicher Interessenlage durch gemeinsames Handeln wiedergewinnen können. Unter dieser Voraussetzung tritt allerdings die Bedeutung der Staatenvielheit zurück.

4. Die menschliche Person

Schließlich muß man sich fragen, ob die seit einigen Jahrzehnten sich mehr und mehr durchsetzende Rechtsposition der menschlichen Person in der Völkerrechtsordnung für diese eine strukturelle Bedeutung hat und welche Folgerungen gegebenenfalls für die Grundlegung des Völkerrechts aus dieser Erkenntnis zu ziehen sind. Ich habe bereits darauf hingewiesen, daß Viktor Bruns das erste Heft der Zeitschrift für ausländisches öffentliches Recht und Völkerrecht mit der Forderung einführte, der Aufbau einer Völkerrechtsordnung müsse vom Individuum und seinem Zusammenschluß im staatlichen Verbande ausgehen.[41] Mit dieser Auffassung stimmt, allerdings mit konsequenterer philosophischer Begründung, der Satz überein, den Charles *De Visscher* im Jahre 1947 zum Kernpunkt seines Berichts für das Institut de Droit International über die Menschenrechte machte: „Die Idee, daß die menschliche Person die Ursache und das letzte Ziel allen vom Willen der Menschen gesetzten Rechts ist, scheint uns im Laufe der Geschichte eng verbunden zu sein mit der Entwicklung des Naturrechts und des Völkerrechts“.[42] Ein drittes Zitat, das von Wilfried *Jenks* stammt, enthält die gleiche Feststellung unter dem Gesichtspunkt des Zwecks des Völkerrechts: „Das gemeinsame Interesse der Menschheit, dem das Völkerrecht dient, schließt den Schutz der Würde des Menschen ein“.[43]

---

[41] Oben Anm. 16.

[42] Annuaire de l'Institut de Droit International, Bd. 41 (1947), S. 3.

[43] C. W. *Jenks*, A New World of Law? A Study of the Creative Imagination in International Law (1968), S. 3.

Obwohl diese Erkenntnis unanfechtbar ist und sich in der Praxis immer mehr durchsetzt,[44] bin ich der Meinung, daß die Position des Individuums die spezifische Strukturfrage der Völkerrechtsordnung, die uns hier interessiert, nicht berührt. Menschenrechte, mögen sie vertraglich gewährleistet oder naturrechtlich begründet sein, müssen in der Völkerrechtsordnung berücksichtigt werden. Der Einzelmensch besitzt eine rechtliche Position in jeder Art und jeder Stufe der Rechtsordnungen. Ihm kommen also auch völkerrechtskräftige Rechte zu. Die Position des Menschen, wie auch immer man sie in das Völkerrecht einbezieht, stört dessen Struktur als eine im Wesentlichen auf den Staaten aufbauende Rechtsordnung nicht. Die staatliche Zuständigkeit wird allerdings an einer wichtigen Stelle dadurch aufgebrochen, daß dem Menschen auch gegenüber der eigenen öffentlichen Gewalt eine völkerrechtlich erhebliche Stellung zukommt. Nach meiner Auffassung kann der Völkerrechtsordnung von einer höheren Norm, die dieser Rechtsordnung und jeder Art von Rechtsbeziehungen eingeprägt ist, die Achtung von Menschenrechten auferlegt werden.[45] Die Position der menschlichen Person ist also beim Normgehalt des Völkerrechts zu prüfen. Es wird sich herausstellen, daß sie in ihrem Kernbereich, je enger der Zusammenhang mit der Würde der Person ist, zum *ordre public* der Völkerrechtsordnung gehört.

---

[44] Siehe z.B. Nr. VII Abs. 8 der Erklärung über die Prinzipien, die die Beziehungen der Teilnehmerstaaten an der Konferenz über Sicherheit und Zusammenarbeit in Europa leiten: „Sie [d. h. die Teilnehmerstaaten] bestätigen das Recht des Individuums, seine Rechte und Pflichten auf diesem Gebiet, d. h. die in den vorhergehenden Absätzen genannten Menschenrechte und Grundfreiheiten zu kennen und auszuüben (Schlußakte vom 1.8.1975 a. a. O.)".

[45] Die Wiener Vertragsrechtskonvention trägt den „provisions relating to the protection of the human person contained in treaties of a humanitarian character" dadurch Rechnung, daß die Folgen eines wesentlichen Vertragsbruchss durch eine Partei die andere nicht zu den sonst vorgesehenen Reaktionen berechtigten (Art. 60 § 5). Es wurde aber vermieden, diese Bestimmung so zu fassen, daß sie als Anerkennung der Völkerrechtssubjektivität des Individuums interpretiert werden könnte (E. *Schwelb*, The Law of Treaties and Human Rights, Archiv des Völkerrechts, Bd. 16 [1973], S. 1 ff., 14-16).

IV. Verfassungselemente der Völkerrechtsgemeinschaft

1. Begriff und Inhalt

Seit den Verdross'schen Büchern in der ersten Hälfte der zwanziger Jahre spricht man von der Verfassung der Völkerrechtsgemeinschaft. Die Verfassung einer Gesellschaft, ob sie das Zusammenleben innerhalb eines Staates oder die rechtlich geordnete Koexistenz einer Staatengruppe regelt, ist das oberste Recht dieser Gesellschaft. Sie konstituiert die Gesellschaft zu einer Rechtsgemeinschaft. Sie enthält Regeln für die notwendige Organisation und die Vorgänge der Rechtserzeugung und Rechtsänderung. Außer diesen verfahrensrechtlichen Regeln muß sie gewisse materielle Grundsätze enthalten, deren Beachtung für die in Frage stehende Gesellschaft von so fundamentaler Bedeutung ist, daß sie ohne sie nicht als Rechtsgemeinschaft konstituierbar wäre. Verfassung in diesem Sinne hat also immer sowohl einen prozeduralen als auch einen materiellen Charakter.

Jede Gesellschaft, so unorganisiert sie auch sein mag, muß eine verfahrensrechtliche Regel haben, nach der sie als Rechtsgemeinschaft begründet wird und sich weiter entwickelt. So rudimentär die Prozeduren der Bildung und Änderung von Recht sein mögen, sie müssen notwendigerweise existieren.[46] Fehlt eine Institution, die von den Rechtsgenossen zur Gestaltung der Rechtsordnung gebildet ist, wie es beispielsweise innerhalb des Staates in der Regel die Volksvertretung zu sein pflegt, so ist es die Gesamtheit der Mitglieder, welche die Regeln des Zusammenlebens aufstellt. Das ist die Grundregel, die aus der internationalen Gesellschaft eine Rechtsgemeinschaft macht. Diese Feststellung mag selbstverständlich erscheinen; sie ist dennoch wichtig für die Frage des Rechtserzeugungsvorgangs. Diejenigen Mitglieder der Rechtsgemeinschaft, die für ihre Entstehung und ihren Bestand notwendig sind, sind mangels des Bestehens besonderer Regeln befugt, über die Rechtsordnung zu entscheiden. Sie sind die konstituierenden Mitglieder.[47]

Das zweite Verfassungselement ist inhaltlicher Art. Es würde nicht nur der Idee der Gerechtigkeit, die mit dem Begriff der Rechtsordnung notwendigerweise verbunden ist, widersprechen, sondern es würde auch unlogisch sein, die Verfassung einer Rechtsgemeinschaft rein prozedural aufzufassen. Wie sollte man, ohne auf eine materielle Grundre-

---

[46] *Verdross*, Quellen (oben Anm. 7), S. 20.

[47] Über die Beteiligung internationaler Organisationen am Rechtserzeugungsvorgang oben S. 24 und unten S. 35 f.

gel zurückzugreifen, die Verbindlichkeit des ersten Rechtserzeugungsvorgangs begründen? Schon aus diesem Grunde kann die Rechtsbegründung keine positivistische sein. Viktor Bruns schreibt dazu: „Unsere heutige Rechtslehre und besonders die Theorie des Völkerrechts bezeichnet sich als die Lehre vom positiven Recht. Für sie ist Recht nur das gesetzte und das Gewohnheitsrecht, Völkerrecht nur, was durch Vertrag oder Rechtsübung ausdrücklich geschaffen ist. Alles andere sollte Naturrecht sein, ‚eine Summe von Postulaten sittlicher, politischer, wirtschaftlicher Art'. Einer solchen Auffassung fehlt die Einsicht in den Begriff und das Wesen des Rechts".[48] Der Positivismus muß das Recht auf den „Staatswillen" aufbauen, den er als soziologisches oder psychologisches, jedenfalls aber als metarechtliches und nicht rechtsimmanentes Faktum sieht.[49] Doch selbst wenn man diese Vorstellung akzeptiert, bleibt nach wie vor die Frage offen, warum die Summe der Staatswillen verbindlich ist. Es bedarf also mindestens einer fundamentalen materiellen Norm. Diese kann man in der Notwendigkeit sehen, zwischen Gleichen ein normatives Ordnungssystem zu erhalten oder, in einer stärkeren Konkretisierung dieses Satzes, in der von Bruns hervorgehobenen allgemeinen Friedenspflicht der Rechtsgenossen untereinander.[50] Heutzutage müßte man die Kooperationspflicht hinzufügen.

Außer der materiellen Norm, die die Gesellschaft zur Rechtsgemeinschaft konstituiert und das Verfahren der Rechtserzeugung einschließt, bedarf jede Rechtsgemeinschaft zu ihrer Erhaltung eines Minimums an Homogenität. Diese kann sich auf Rechtswerte beziehen, die unmittelbar mit dem Ziel und dem Zweck der Gemeinschaft verbunden sind und die infolgedessen von allen Mitgliedern verwirklicht werden müssen. Sie kann sich *auch* auf Rechtsregeln beziehen, die von der bereits konstituierten Rechtsgemeinschaft als höchste Werte im Rechtserzeugungsverfahren verbindlich gemacht werden. Die Gesamtheit dieses Minimums kann man als den *ordre public* der Völkerrechtsgemeinschaft bezeichnen.[51] Bezogen auf die grundsätzlich bestehende Disposition

---

48 *Bruns* 1, S. 7.

49 *Verdross*, Einheit (Anm. 3), S. VIII.

50 *Bruns* I, S. 26. An anderer Stelle heißt es: Aber selbst unter Zuhilfenahme einer zweiten Rechtsquelle (außer dem Gesetz), des Gewohnheitsrechts, vermag die positivistische Doktrin nicht Herkunft und Geltung des ganzen Bestandes positiver Normen einer Rechtsgemeinschaft zu erklären (a.a.O., S. 13).

51 Nähere Ausführungen in meinem Aufsatz „Der gemeinschaftliche ordre public in europäischen Staatengruppen", Revista Espanola de Derecho Internacional, Bd. 21 (1968), S. 523.

der Mitglieder der Völkerrechtsgemeinschaft über den Inhalt von Verträgen haben wir es mit *ius cogens* zu tun, an dessen Verletzung die Fähigkeit scheitert, vertragliche Rechte und Pflichten zu begründen.

So viel über die beiden Elemente der Völkerrechtsverfassung; sie finden sich in viel entwickelterer Form in den Staatsverfassungen. Der Begriff der Verfassung der Völkerrechtsgemeinschaft ist deshalb mit dem Blick auf die Staatsverfassungen entwickelt worden: Verdross, der sich um dieses Problem seit über fünfzig Jahren bemüht, hat ihn im Jahre 1923 wie folgt definiert: „Als *Völkerrechtsverfassung* wird ... jener Rechtssatz oder jener Komplex von Rechtssätzen zu bezeichnen sein, der die Bedingung aller übrigen ist, ohne selbst von ihnen bedingt zu sein. Zur Begründung der Einheit des Völkerrechts ist also nicht nach dem Analogon eines Gesetzgebers, sondern nach dem Analogon einer ‚Staatsverfassung' zu fahnden".[52] Dieser Verfassungsbegriff macht die Grundlegung des Völkerrechts vom Staatswillen unabhängig.

Heinrich *Triepel* wollte das Völkerrecht auf den Willen der Staaten, die zu einem qualitativ von der Summe dieser Willen verschiedenen Gemeinwillen zusammenfließen, begründen.[53] Damit war zwar im Gegensatz zu den Theorien, die den Willen der einzelnen Staaten maßgebend sein ließen, ein, so würde man heute sagen, supranationaler Ansatzpunkt für die Bindung des Staatswillens an eine höhere Ordnung gewonnen. Im Grundsatz war aber der entscheidende Schritt zu einer objektiv begründeten Rechtsordnung nicht getan. Verdross hält der Triepelschen Lehre in seiner Verfassung der Völkerrechtsgemeinschaft entgegen, daß der Gemeinwille die verschiedenen Willen der einzelnen Staaten nur auf Grund eines Rechtssatzes zusammenfassen könne, der die Tatbestände der verschiedenen Willenserklärungen zur Einheit des Tatbestandes Gemeinwille zusammenfasse, indem er ihn mit der Rechtsfolge verknüpfe, daß den Regelungen, die der Gemeinwille hervorbringe, entsprochen werden solle.[54]

Die Frage, warum solche prozeduralen und materiellen Normen verbindlich sind, ist die Projizierung des allgemeinen Problems des Geltungsgrundes von Recht auf die internationalen Beziehungen. Die Antwort auf die Frage, ob das Völkerrecht in seinen obersten Sätzen

---

[52] *Verdross*, Einheit (Anm. 3), S. 59. Auf die Lehre von *Merkl* über die bedingenden und bedingten Rechtssätze ist bereits hingewiesen worden (oben Anm. 6).

[53] H. *Triepel*, Völkerrecht und Landesrecht (1899), S. 66 ff., 74 ff.

[54] *Verdross*, Verfassung (Anm. 3), S. 20.

eine objektive Ordnung ist oder ob seine Geltung von der Willkür der Beteiligten abhängt, ist die gleiche wie die Antwort auf die Frage der Geltung des Rechts überhaupt.

Eine philosophische Antwort auf diese Frage wird niemals in der Weise gegeben werden können, daß sie von allen Beteiligten akzeptiert wird. Sie wird notwendigerweise immer ein spekulatives Moment haben, das von demjenigen, der von der vorgetragenen Lösung nicht überzeugt ist, als subjektive Gewißheit des anderen zur Kenntnis genommen oder abgelehnt wird. Da Religionen, Ideologien und philosophische Doktrinen über den Ursprung und das Wesen des Rechts verschieden urteilen und niemals Einigkeit über die letzte Quelle des Rechts erreicht werden wird, muß man nach meiner Meinung *rationale Argumente* für die Rechtsgeltung suchen, die für alle Beteiligten nachvollziehbar sind.

Unter diesem Aspekt könnte die Antwort auf die Frage, worauf die Kompetenz der Staatengemeinschaft zur verbindlichen Rechtserzeugung beruht, mit *Fitzmaurice* lauten: Es ist die inhärente Notwendigkeit für den verbindlichen Charakter von Recht in jedem sozialen System.[55]

Weil die Notwendigkeit, eine Rechtsordnung zu schaffen, in der Gegebenheit einer internationalen Gesellschaft von gleichen Partnern begründet ist, folgt der Grundsatz, daß Recht durch Konsens der Partner entsteht, aus der gleichzeitigen Existenz einer Pluralität von selbständigen Staaten.

Damit ist aber nur ein Argument für die grundlegende prozedurale Norm, nicht aber für die Beschränkungen gewonnen, denen die Staaten bei der Erzeugung von Rechten und Pflichten unterliegen. Mit anderen Worten, die fundamentalen Normen des *ordre public* der Völkerrechtsgemeinschaft und deren Projizierung als *ius cogens* auf die Dispositionsfreiheit bei Verträgen können auf diese Weise nicht bewiesen werden. Insoweit bleibt nichts anderes übrig, als eine Weltordnung einzusetzen, die man je nach der philosophischen Ableitung oder dem religiösen Bekenntnis als der Rechtsordnung unvermeidlicherweise naturrechtlich eingeprägt ansieht, oder die fundamentalen Normen für Grundsätze von praktischer Notwendigkeit zu halten, die beachtet werden müssen, damit Koexistenz und Kooperation der in der internationalen Gesellschaft lebenden Staaten nicht zerstört werden.

---

[55] G. *Fitzmaurice*, General Course of Public International Law, Recueil des Cours, Bd. 92 (1957 II), S. 43.

2. Verfahrensrechtliche Verfassungselemente

Es ist sicher, daß diejenigen Rechtssubjekte, um derentwillen die Rechtsgemeinschaft besteht, d. h. die unabhängigen Staaten, an dem Rechtserzeugungsvorgang beteiligt sind. Es ist nicht meine Aufgabe, die Probleme im einzelnen aufzuzeigen, die der Vorgang der Rechtsentstehung bietet. Diese Aufgabe ist den folgenden Beiträgen vorbehalten. Nur so viel sei gesagt: Zu den Problemen, die der Nachweis der Entstehung und Änderung von Recht durch das Verhalten der Staaten bietet, ist in neuester Zeit ein Element hinzugetreten, das sich sowohl im Sinne der Erleichterung wie der Erschwerung der Feststellung der Geltung von Rechtssätzen auswirken kann: die Beschlüsse internationaler Organisationen, vor allem der Generalversammlung der Vereinten Nationen, die das Recht festzustellen oder fortzuentwickeln beanspruchen. Solche Resolutionen bedürfen jeweils genauer Interpretation hinsichtlich der Intention, in der sie gefaßt sind, hinsichtlich der Mehrheiten, die dahinterstehen und hinsichtlich der durch Ablehnung oder durch Enthaltung gekennzeichneten Distanzierung, die aus dem Abstimmungsergebnis ersichtlich ist. Sie können nicht *en bloc* betrachtet werden, sondern müssen in ihren einzelnen Teilen auf ihren Gehalt interpretiert werden.[56] Ohne auf Näheres einzugehen,[57] möchte ich darauf hinweisen, daß angesichts der fast vollkommenen Universalität der Vereinten Nationen die gesamte Staatenwelt an diesen Akten beteiligt ist. Allerdings ist die Vorbereitung und die Verabschiedung einer Resolution dieser Art von dem Rechtserzeugungsvorgang durch weltweite multilaterale Konventionen wesentlich dadurch verschieden, daß die Möglichkeit, durch Unterlassung der Ratifikation die Rechtswirkung auszuschließen, für die Staaten nicht besteht und daß die staatlichen Vertreter, die in der Generalversammlung abstimmen, nur von ihren Regierungen, nicht aber in dem verfassungsrechtlich für verbindliche Vertragsabschlüsse vorgesehenen Verfahren bevollmächtigt sind. Die Parlamente sind nicht beteiligt. Trotzdem kann man nicht übersehen, daß sich hier eine neue Art, das Völkerrecht weiter zu entwickeln, neben die traditionellen Formen der Herstellung des Staatenkonsenses zu stellen beginnt. Dabei besteht die bisher nicht vermiedene Gefahr, daß durch politisch moti-

---

[56] Als Beispiel einer solchen differenzierenden Interpretation sei auf das Buch von Graf *Dohna* über die Resolutionen der Generalversammlung von 1970 über die „Principles of Friendly Relations between States" verwiesen.

[57] Dazu J. A. *Frowein*, Der Beitrag der internationalen Organisationen zur Entwicklung des Völkerrechts, unten S. 147 ff.

vierte Mehrheitskombinationen ein nicht repräsentatives Bild der Rechtsüberzeugung vermittelt wird. Soweit die Bedenken. Andererseits könnte in diesen Verfahren, wenn sie *bona fide* gehandhabt werden, der schwerfällige Weg des allgemeinen Staatenkonsenses, der durch die Vermehrung der Staaten noch unhandlicher als früher geworden ist, durch ein praktikables Verfahren, das der Gesetzgebung ähnelt, ergänzt werden. Daß diese Hoffnung zur Zeit leider unrealistisch ist, ist bekannt.

3. Materiellrechtliche Verfassungselemente

Die materiellrechtlichen Verfassungselemente können verschiedener Art sein: Es kann sich erstens um Werte handeln, die jeder Rechtsordnung, gleichgültig welcher Stufe und gleichgültig welchen Umfangs, immanent sind. Dazu gehört der Kern der Menschenrechte. Der Grund ist die mehrfach erwähnte Tatsache, daß alles Recht letztlich auf den Menschen bezogen ist. Deshalb war es möglich, die Frage der Völkerrechtssubjektivität der menschlichen Person als irrelevant für die Struktur der Völkerrechtsgemeinschaft zu bezeichnen. Die andere Gruppe sind fundamentale Normen, von der Wiener Vertragsrechtskonvention *peremptory norms* genannt, die entweder aus dem Zweck der Völkerrechtsordnung abzuleiten sind, wie z.B. das Gewaltverbot und die Nichtintervention, oder durch Rechtserzeugung mit diesem hohen Rang ausgestattet sind. Ich denke an das Selbstbestimmungsrecht.

V. Die Kompetenzordnung des Völkerrechts

1. Der Primat der Völkerrechtsordnung

Wir haben festgestellt, daß trotz der Überlagerung der zwischenstaatlichen Ordnung durch internationale Organisationen und die daraus folgende Erweiterung der Bindungen der Souveränität die Staaten immer noch das entscheidende strukturelle Element der Völkerrechtsgemeinschaft sind. Die Frage der Abgrenzung zwischen den Staaten und ihren Rechtsordnungen einerseits und den Geboten und Verboten der Völkerrechtsordnung andererseits ist zwar nicht mehr das Problem schlechthin des Völkerrechts als einer Rechtsordnung, als das es den

Völkerrechtstheoretikern vor 50 Jahren erschien. Sie ist aber nach wie vor das zentrale Thema.

Von Kompetenzverteilung zwischen Staat und Völkerrecht zu sprechen, wäre keine vollkommen adäquate Umschreibung des Vorgangs. Kompetenzen werden Organen zugewiesen, deren Handeln einem Verband zugerechnet wird. Innerhalb der Staaten geschieht dies durch die Verfassung. Im Bundesstaat gibt es eine Kompetenzverteilung zwischen Bund und Ländern. In der horizontalen Ebene im Verhältnis der Staaten zueinander gibt es eine Kompetenzabgrenzung auf der Grundlage der territorialen Jurisdiktion. Es gibt schließlich eine Kompetenzabgrenzung zwischen internationalen Organisationen und ihren Mitgliedstaaten.

Das allgemeine Völkerrecht hat, abgesehen von dem Grundsatz der Rechtsfortbildung durch Staatenkonsens, kein Verfahren entwickelt, nach welchem ein Organ entstehen und mit Wirkung für die ganze Völkerrechtsgemeinschaft Kompetenzen ausüben könnte. Bei der Abgrenzung zwischen der staatlichen Freiheitssphäre und der Völkerrechtsordnung können wir von Kompetenzverteilung nur insoweit sprechen, als die unorganisierte allgemeine Völkerrechtsgemeinschaft ein Verband ist. Ansatzweise ist sie ein solcher, da sie Regeln für die Rechtserzeugung besitzt, ebenso wie ein Staatsvolk, das den *pouvoir constituant* ausübt. Ihr Organ ist die Gesamtheit der Rechtsgenossen.

Aus der Existenz der selbständigen Staaten ergibt sich für die Völkerrechtsordnung die Notwendigkeit, den Bereich, in dem sich das Eigenleben dieser autonomen Verbände entfaltet, von der durch die Völkerrechtsgemeinschaft normierten Sphäre abzugrenzen. Der Primat der Völkerrechtsordnung bedeutet, daß die Grenzen der staatlichen Kompetenz durch das Völkerrecht festgelegt werden. Er bedeutet aber nicht die Anerkennung eines völkerrechtlichen Monismus in dem Sinne, daß die völkerrechtlichen Gebote und Verbote unmittelbar in die innerstaatlichen Rechtsordnungen derart hineinwirken, daß entgegenstehendes Landesrecht nichtig ist. Es wird auch nicht geleugnet, daß der Staat der vorgegebene Verband ist, dessen Rechtsordnung es nur einzugrenzen aber nicht im einzelnen durch das Völkerrecht festzulegen gilt. Das Völkerrecht zieht dem Staat Grenzen; es bestimmt dagegen nicht den Inhalt der staatlichen Rechtsordnung.

An diesem Zusammenhang: einerseits der Festlegung des staatlichen Kompetenzrahmens durch die übergeordnete Völkerrechtsordnung, andererseits das originäre Entstehen und Fortbestehen der Staaten, müssen sich die Auslegungsregeln für die Abgrenzung der beiden Bereiche orientieren.

„Die Rechtsordnung als *Teilungsordnung* weist jedem Genossen eine durch Normen abgegrenzte und geschützte Sphäre für seine Eigenbetätigung als Herrschaftsrecht zu“. Das ist der Kernsatz von *Bruns*, mit dem er die Überordnung des Völkerrechts begründet.[58] Die Eigensphäre der Staaten wird von ihm durch das Persönlichkeitsrecht ausgefüllt, das ich bereits früher erwähnt habe, als ich von dem materiellen Substrat gesprochen habe, an das die Völkerrechtsfähigkeit anknüpft. Auf diese Weise gewinnt Bruns den Ansatz für eine staatliche Freiheitssphäre, in deren Kern die Völkerrechtsordnung nicht eingreifen darf, ohne daß er die Möglichkeit verliert, diese Sphäre durch das Völkerrecht zu beschneiden. Es heißt bei ihm: „Indem das allgemeine Persönlichkeitsrecht die politische Unabhängigkeit der Herrschaftsorganisation einer Gebietskörperschaft gewährleistet, schafft es dieser eine *Freiheitssphäre* ... Die *allgemeine Freiheitssphäre* bezieht sich also auf das *eigene Gebiet*, die *eigenen Bürger* und die *eigene Organisation*. Die Freiheitssphäre ist das Gebiet, auf welchem jeder Staat das *ausschließliche Recht zur Eigenbestimmung* hat.[59]

Soviel mir bekannt ist, ist der Terminus Persönlichkeitsrecht in der Völkerrechtstheorie nicht durchgedrungen. Ich halte ihn aber für zutreffender als die alte Vorstellung von den Grundrechten und Grundpflichten der Staaten, die aus der Analogie der Staatspersonen zu den Individuen abgeleitet ist. Ein Kernbestand von organisatorischen Merkmalen und sachlicher Kompetenz muß den konstituierenden Rechtsgenossen gemeinsam sein, sonst gibt es kein Völkerrecht mehr, sondern einen Weltstaat oder einen föderalen Zusammenhang, der in vielfältiger Weise gedacht werden kann.

Die Völkerrechtsnormen, die die Zuständigkeitssphären der Staaten untereinander und im Verhältnis zur Völkerrechtsordnung abgrenzen, knüpfen an die räumliche Jurisdiktion an. Dieser Eigenbereich wird grundsätzlich von der staatlichen Rechtsordnung ausgefüllt.

Es ist heute allgemein anerkannt, daß die Grenze zwischen völkerrechtlicher Regelung und staatsrechtlicher Kompetenz nicht ein für allemal feststeht. Das erste bekannte Beispiel aus der internationalen Rechtsprechung ist das Gutachten über die *französischen Staatsangehörigkeitsdekrete in Tunesien und Marokko*.[60] Zwei grundlegende Sätze, die nicht bestritten sind, können daraus abgeleitet werden: 1. die Zustän-

---

[58] *Bruns* 1, S. 10.

[59] *Bruns* II, S. 460.

[60] Gutachten vom 7.2.1923, CPJI, Sér. B, No. 4.

digkeit der Völkerrechtsordnung, eine grundsätzlich im Rahmen der staatlichen Eigensphäre bestehende Kompetenz – im Beispielsfall die Voraussetzungen des Erwerbs und des Verlustes der Staatsangehörigkeit – an völkerrechtlich anerkannte Anknüpfungen zu binden, und 2. die Zuständigkeit der Völkerrechtsordnung, die Freiheitssphäre durch Weiterentwicklung der völkerrechtlichen Regelung einzuengen.

Aus der Rechtsprechung des Internationalen Gerichtshofs sei ferner auf das Urteil im *norwegisch-britischen Fischereistreit* hingewiesen, das den berühmten Satz enthält: „Although it is true that the act of delimitation is necessarily a unilateral act, because only the coastal State is competent to undertake it, the validity of the delimitation with regard to other States depends upon international law".[61] Dieses Diktum ist in dem Sachurteil des Internationalen Gerichtshofs von 1974 über den *deutsch-isländischen Fischereistreit* zustimmend wiederholt worden.[62]

2. Die Frage der Lücken des Völkerrechts

Ist das Völkerrecht eine materiell universale Ordnung? Bietet es für alle Fragen des zwischenstaatlichen Bereichs und der Kompetenzgrenze zwischen Staat und Völkerrechtsgemeinschaft eine Lösung? Ist dies nicht der Fall, so muß der internationale Richter, der nach allgemeinem Völkerrecht entscheidet, gegebenenfalls zu einem *non liquet* kommen. Im Verhältnis der Kompetenzabgrenzung zwischen Staat und Völkerrechtsgemeinschaft müßte im Zweifel zugunsten der staatlichen Freiheitssphäre entschieden werden.

Viktor Bruns betrachtet es als ein Hauptanliegen seiner Aufsätze, die Lückenlosigkeit nachzuweisen. Diesen Aspekt seiner Arbeit halte ich für seine wichtigste Bemühung: „Das Wesen einer Ordnung besteht nicht bloß in einem Negativen, in der Anordnung des Nicht-Dürfens. Ordnung ist Zuweisung einer Eigensphäre des Handelns und Herrschens an den Genossen, ist Gewähren eines Dürfens und ist Schutz dieses Dürfens durch Anordnung des Nicht-Dürfens der übrigen Genossen. So ist eine Rechtsordnung ihrem Wesen nach *Verteilungs- und Friedensordnung*.[63] Zwar gebe es in manchen Rechtsordnungen nicht für die Gesamtheit der Beziehungen ausdrückliche, ohne weiteres er-

---

[61] ICJ Reports 1951, S. 1932.

[62] ICJ Reports 1974, S. 191.

[63] *Bruns* I, S. 9.

kennbare gesetzliche Normen. Die Friedensgebote jedenfalls erstreckten sich auf jedes Verhalten der Genossen und seien für alle denkbaren Beziehungen gültig. In dieser Hinsicht könne es keine teilweise Rechtsgemeinschaft geben.[64] Das Argument für die Vollständigkeit ist also, daß die Universalität der Rechtsordnung jedenfalls für das Friedensgebot gelte. Dadurch wird der Ansatzpunkt gewonnen, Lücken durch Auslegung des Gesamtzusammenhangs der Rechtsordnung zu schließen.

Die These, daß die Völkerrechtsordnung nicht aus sich heraus interpretationsfähig sei, sondern Lücken aufweise, beruht darauf, daß es in vielerlei Beziehungen an einer vertraglichen oder allgemein völkerrechtlichen Begrenzung der staatlichen Freiheitssphäre fehlt. Dagegen ist zu sagen, daß jede Norm im Ordnungszusammenhang der Gesamtrechtsordnung auszulegen ist, daß also von einer Beschränkung der Staaten nur durch ausdrückliche Regeln oder vertragliche Bindungen nicht gesprochen werden und daß es auch keine allgemeine Vermutung für die staatliche Freiheitssphäre geben kann. Wenn man davon ausgeht, daß die staatliche Kompetenz durch das Völkerrecht begrenzt ist, kann nicht alles erlaubt sein, was nicht verboten ist. Die Zuordnung von staatlicher Kompetenz und völkerrechtlicher Eingrenzung ist nach allgemeinen Auslegungsgrundsätzen vorzunehmen, wobei es im Einzelfall Vermutungen zugunsten der einen oder anderen Seite geben mag, z.B. aus historischen Gründen oder wenn eine Einschränkung der Souveränität sich allmählich ausdehnt, wie es bei der Staatsangehörigkeit und den Menschenrechten der Fall ist. Dabei handelt es sich aber um die Auslegung der jeweils in Frage stehenden Norm, nicht um eine allgemeine Vermutung zugunsten der staatlichen Souveränität oder zugunsten der Völkerrechtsgemeinschaft.[65]

Bruns findet die Bestätigung seiner Auffassung in der internationalen Praxis. Er zitiert den Spruch von Fromageot als Schiedsgerichtspräsident im Rahmen der American and British Claims Arbitration: „International law, as well as domestic law, may not contain, and generally does not contain express rules decisive of particular cases; but the function of jurisprudence is to resolve the conflict of opposing rights and interests by applying, in default of any specific provision of law, the

---

[64] *Bruns* I, S. 25, 26.

[65] Gegen die Auslegungsregel zugunsten der staatlichen Souveränität siehe im einzelnen R. Bernhardt, Die Auslegung völkerrechtlicher Verträge, insbesondere in der neueren Rechtsprechung internationaler Gerichte (Beiträge zum ausländischen öffentlichen Recht und Völkerrecht, 40) (1963), S. 143 ff.

corollaries of general principles, and so to find – exactly as in the mathematical sciences – the solution of the problem"[66].

Natürlich fehlt auch nicht der Hinweis auf den Gauss-Huber-Vertrag von 1921, der bestimmt: „Soweit im einzelnen Fall die vorstehend erwähnten Rechtsgrundlagen Lücken aufweisen, entscheidet das Schiedsgericht nach den Rechtsgrundsätzen, die nach seiner Ansicht die Regeln internationalen Rechts sein sollten. Es folgt dabei bewährter Lehre und Rechtsprechung.[67]

VI. Allgemeine Grundsätze des Völkerrechts

1. Übersicht

Die letzte Frage, auf die ich eingehen möchte, betrifft die allgemeinen Rechtsgrundsätze. Es geht weniger um deren Inhalt im einzelnen als vielmehr um den Versuch, die verschiedenen Arten von rechtlichen Imperativen, die sich unter dieser Sammelbezeichnung verbergen, aufzugliedern. Von der Definition des Art. 38 Abs 1 c) des IGH-Statuts, der von allgemein anerkannten Rechtsgrundsätzen spricht, muß man sich allerdings lösen, wenn man, wie es hier geschehen ist, annimmt, daß es darunter Rechtssätze gibt, die dem Völkerrecht eingeprägt sind, also nicht der Anerkennung bedürfen.

Eine Aufgliederung, die im Einzelfall zu grob sein mag, aber doch einen gewissen Erkenntniswert hat, ergibt folgende Gruppen:

(a) Rechtsgrundsätze, die an weitgehend übereinstimmenden Regeln des internen staatlichen Rechts orientiert sind;

(b) aus der spezifischen Struktur der internationalen Rechtsgemeinschaft herrührende Rechtssätze;

(c) allgemeine Gestaltungsgrundsätze jeder Rechtsordnung und

(d) rechtslogische Grundsätze.

---

[66] *Bruns* 1, S. 30, nach Nielsen, American and British Claims Arbitration (1926), S. 75.

[67] Art. 5 des Deutsch-Schweizerischen Schiedsgerichts- und Vergleichsvertrags vom 3.12.1921, RGBL 1922 I, S. 217.

2. Allgemeine Rechtsgrundsätze der innerstaatlichen Rechtsordnungen

Der einzige Punkt, in dem die Auslegung des Art. 38 Abs. 1 c) unstreitig ist, ist die Übertragung allgemein im innerstaatlichen Recht angewendeter Sätze auf das Völkerrecht. Es besteht ferner Übereinstimmung, daß diese Grundsätze sowohl materieller Art sein als auch prozeduralen Charakter haben können. In diesem Bereich bewegen wir uns also auf einigermaßen sicherem Boden.

Um Mißverständnisse zu vermeiden, muß festgehalten werden, daß die Übertragung von Rechtsgrundsätzen aus übereinstimmendem Landesrecht in das Völkerrecht nicht etwa die Anwendung allgemeiner innerstaatlicher Rechtsgrundsätze als solcher bedeutet. Vielmehr werden diese Grundsätze durch ihre Übernahme eine autonome Rechtsquelle des Völkerrechts. Durch ihre Anwendung auf die internationalen Rechtsbeziehungen verlieren sie ihren Charakter als internes Recht. Wenn z.B. der Gerichtshof der Europäischen Gemeinschaften den Versuch macht, Grundrechte von Einzelpersonen in seiner Rechtsprechung über Fragen des Gemeinschaftsrechts zu definieren und anzuwenden, muß er die grundlegende Übereinstimmung des Rechts in den Mitgliedstaaten in dieser Materie prüfen. Das Ergebnis legt er aber als europäisches Gemeinschaftsrecht, nicht als übereinstimmendes Recht der Mitgliedstaaten seinen Entscheidungen zugrunde. Er definiert also eine Gemeinschaftsnorm. Entsprechendes gilt für die Fälle, in denen Schiedsgerichte vor die Frage gestellt waren, ob sie die durch den Beklagten erhobene Einrede der Verjährung berücksichtigen sollen.[68]

Im *Gentini*-Fall zwischen Venezuela und Italien berief sich Venezuela auf Verjährung, während Italien vortrug, daß diese Einrede im Verfahren vor internationalen Gerichten nicht anerkannt sei. Der Schiedsspruch wies die italienische Auffassung unter Bezugnahme auf völkerrechtliche Autoritäten bis zum 18. Jahrhundert zurück.[69] Die Länge der Verjährungszeit, für deren Beantwortung die allgemeinen Rechtsgrundsätze des staatlichen Rechts nichts Einheitliches hergeben, mußte das Schiedsgericht jeweils nach dem Verhalten der Parteien im konkreten Fall entscheiden. Diese Beispiele mögen genügen.

In aller Regel gibt es keine im Detail übereinstimmenden allgemeinen Rechtsgrundsätze. Das internationale Gericht muß also rechtsschöpfe-

---

[68] Z. B. IAA Bd. X, S. 551 ff., 555, 556; IAA Bd. IX, S. 224.

[69] IAA Bd. X, S. 551 ff.

risch tätig werden, um den Kernbereich des allgemeinen Satzes zu erhalten und die angemessene Lösung *in concreto* durch Interpretation der völkerrechtlichen Beziehung zu finden. So war es dem Gerichtshof der Europäischen Gemeinschaften nicht möglich, einheitliche Rechtssätze für das Tatbestandselement Verschulden bei der Staatshaftung zu ermitteln. Es mußte die für die Rechtsbeziehungen des Gemeinschaftsrechts angemessene Lösung finden. Dasselbe war bei der Frage nach dem Tatbestand der höheren Gewalt, der auf ein privatrechtliches Vertragsverhältnis einwirkt, der Fall.[70]

McNair hat in einer Sondermeinung zu einem Gutachten des Internationalen Gerichtshofs diesen Vorgang wie folgt beschrieben:

> „The way in which international law borrows from this source (i. e. rules and institutions from private systems of law) is not by means of importing private law institutions "lock, stock and barrel", ready-made and fully equipped with a set of rules. It would be difficult to reconcile such a process with the application of 'the general principles of law'. In my opinion, the true view of the duty of international tribunals in this matter is to regard any features or terminology which are reminiscent of the rules and institutions of private law as an indication of policy and principles rather than as directly importing these rules and institutions".[71]

3. Aus den internationalen Beziehungen stammende Rechtsgrundsätze

Zu der Gruppe der Rechtsgrundsätze, die unmittelbar aus den internationalen Beziehungen stammen, gehören die mit der Struktur der Völkerrechtsgemeinschaft zusammenhängenden und den Verkehr zwischen den Rechtssubjekten betreffenden Grundsätze. Als Beispiele dienen: die grundsätzliche Abgrenzung der Zuständigkeitssphären der Staaten untereinander – also z.B. das Verbot der Ausübung von Hoheitsrechten im fremden Jurisdiktionsbereich –, ferner die Achtung der staatlichen Unabhängigkeit in dem Umfang, in dem die Völkerrechtsordnung sie nicht begrenzt hat, und insbesondere das Gewaltverbot als eine jeden-

---

[70] Näheres in meinem Aufsatz über Rechtsvergleichung vor völkerrechtlichen Gerichten, Internationale Festschrift für Alfred Verdross zum 80. Geburtstag (1971), S. 381 ff., 406-409.

[71] ICJ Reports 1950, S. 148.

falls in seinem Kernbereich dem materiellen Verfassungsrecht der Völkerrechtsgemeinschaft angehörende Regel.

In diese Gruppe kann man auch Grundsätze rechnen, die nicht im normalen Rechtserzeugungsvorgang entwickelt werden konnten, weil keine ausreichende Zeit für eine kontinuierliche Praxis zur Verfügung steht, die aber gelten müssen, wenn die internationale Gesellschaft sich nicht selbst negieren will. Hierher würde ich das Verbot des Angriffs mit Massenzerstörungswaffen zählen, deren Anwendung die internationale Gesellschaft *insgesamt* gefährden würde. Ich ziehe diese Einordnung dem Versuch, von spontanem Gewohnheitsrecht zu sprechen, vor. Die Ableitung der Verbindlichkeit solcher Grundsätze ist dieselbe wie diejenige der naturrechtlichen Ausgangsnorm vom Verbot der Tötung des Rechtsgenossen. Immer dann, wenn eine Handlung geeignet ist, die Rechtsgemeinschaft als solche zu negieren, muß die Rechtsordnung eine Norm enthalten, die sie verbietet.

4. Allgemeine Gestaltungsgrundsätze jeder Rechtsordnung

Zu den allgemeinen Rechtsgrundsätzen pflegt man auch die Verpflichtung zum Handeln nach Treu und Glauben zu rechnen. In die gleiche Reihe kann man einige andere Grundsätze stellen, die mit dem Gebot der *bona fides* das gemeinsame Merkmal haben, daß sie ihre Substanz erst in der Anwendung auf eine konkrete Rechtsbeziehung gewinnen, also kein tatbestandlich festgelegtes Gebot oder Verbot, wie z.B. die Unterlassung der Gewaltandrohung und -ausübung enthalten. Im deutschen Staatsrecht kann man die Parallele zur Bundestreue ziehen, die in konkreten verfassungsrechtlichen Beziehungen zwischen Bund und Ländern Gestalt gewinnt.

Ich nenne diese Grundsätze versuchsweise Rechtsgestaltungsprinzipien, weil sie einerseits echte Pflichten und Rechte begründen, andererseits aber erst in der Gestaltung eines Rechtsverhältnisses konkretisiert werden.

Außer Treu und Glauben möchte ich den in erster Linie im Verwaltungsrecht entwickelten Grundsatz der Verhältnismäßigkeit erwähnen, d. h. das Erfordernis, eine vernünftige Beziehung zwischen dem durch einen Akt bewirkten Eingriff in die Rechte des Adressaten einerseits und der Wahrung des öffentlichen Interesses andererseits herzustellen. Dieser Grundsatz kommt allerdings im Völkerrecht nur insoweit zur Anwendung, als eine solche Gegenüberstellung zwischen einem Akt der öffentlichen Gewalt und einem ihr untergeordneten Adressaten denkbar ist. Eine Rechtsprechung auf diesem Gebiet haben der Europäische Gerichtshof für Menschenrechte, z.B. im *belgischen Sprachen*-Fall,[72] und der Gerichtshof der Europäischen Gemeinschaften aufzuweisen. Beide Gerichtshöfe sind zuständig, über öffentlich-rechtliche Unterordnungsverhältnisse zu befinden. Dasselbe gilt aber auch in einem Rechtsstreit über die Rechtmäßigkeit der Maßnahmen eines Staates gegen fremde Staatsangehörige oder deren Vermögen in seinem Jurisdiktionsbereich, also bei der Ausübung des diplomatischen Schutzes.

Das Estoppel-Prinzip ist einerseits eine Folgerung aus dem Treu und Glaubens-Grundsatz, fügt sich aber in die Vorstellung einer Rechtsgestaltungsnorm nicht völlig ein, weil es einen Tatbestand hat. Dieser ist allerdings nicht auf einen konkreten Lebensvorgang hin konkretisiert. Insofern steht das Estoppel-Prinzip den Gestaltungsgrundsätzen nahe. Nach der Untersuchung über den Vertrauensschutz im Völkerrecht von Jörg *Müller*[73] zeichnet sich ein gewisser Konsens in Lehre und Rechtsprechung darüber ab, daß die Besonderheit der Estoppel-Doktrin in folgenden zwei Momenten liegt: 1. Ein eigentliches Estoppel setzt voraus, daß eine Partei im Vertrauen auf Zusicherungen oder konkludente Verhaltensweisen der anderen sich zu rechtlich erheblichem Handeln verleiten ließ, das ihr zum Schaden gereichen würde, wenn die andere Partei später einen gegenteiligen Standpunkt einnehmen dürfte. 2. Die typische Rechtswirkung von Estoppel liegt darin, daß eine Partei mit einer Behauptung nicht gehört werden kann, wenn diese zu früherem Verhalten in Widerspruch steht. Es genügt hier, auf diesen Grundsatz hinzuweisen.

5. Rechtslogische Grundsätze

Die Erwähnung von rechtslogischen Grundsätzen ist nur eine Konzession an sowjetische Völkerrechtslehren, die es schwer haben, etwas anderes als solche Begriffe, die keinen materiellen Inhalt haben, im

---

[72] European Court of Human Rights, Judgment of July 23, 1968, S. 34, 44, 50, 69.

[73] J. P. *Müller*, Vertrauensschutz im Völkerrecht (Beiträge zum ausländischen öffentlichen Recht und Völkerrecht, 56) (1971), S. 10

Rahmen der allgemeinen Rechtsgrundsätze anzuerkennen. Ich habe speziell *Tunkin* im Auge.[74]

Die rechtslogischen Grundsätze sind Konsequenzen der Beziehung zwischen zwei rechtserheblichen Fakten. Beispiele sind der Satz *lex specialis derogat legi generali, lex posterior derogat legi priori, nemo plus iuris transferre potest quam ipse habet* und expressio *unius est exclusio alterius.*

6. Die Frage der Normenhierarchie

Die allgemeinen Rechtsgrundsätze sind nicht alle von gleichem Rang. Die Frage nach ihrer unbedingten oder nachgebenden Wirkung führt zurück zum *ordre public* der Völkerrechtsgemeinschaft und zum *ius cogens* als Beschränkung der Vertragsfreiheit.

Der höhere Rang einer Norm äußert sich darin, daß sie sich gegenüber anderen Normen durchsetzt. Diese Wirkung haben m. E. nicht nur die der Völkerrechtsordnung eingeprägten Grundsätze – das Hauptbeispiel ist die Position des Menschen – und nicht nur die der Verfassung der Völkerrechtsgemeinschaft angehörenden materiellen Grundsätze: der *ordre public international.*

Höherer Rang kann auch Normen zukommen, die im normalen Rechtserzeugungsverfahren den Charakter von *peremptory norms* im Sinne der Wiener Vertragsrechtskonvention erhalten.[75] Das könnte heute für das Selbstbestimmungsrecht der Völker gelten, wobei alle Unschärfen des Tatbestandes zugegeben werden. In gleicher Weise, wie es im innerstaatlichen Recht Normen von höherem und niederem Rang geben kann, die aus derselben Rechtsquelle fließen, muß dies im Völkerrecht ebenso möglich sein. Ich erinnere an die Rechtsprechung des Bundesverfassungsgerichts über verfassungswidrige Verfassungsnormen und an staatliche Rechtsordnungen, die, wie Großbritannien, keinen nach der Rechtsquelle gegliederten Stufenbau der Rechtsordnung kennen.

Das Fragmentarische dieses Versuchs liegt auf der Hand. Ich habe mich bemüht, die Gedanken weiterzuspinnen, mit denen Bruns vor einem

---

[74] G. *Tunkin*, Several Principles of Law in International Law, Internationale Festschrift für A. Verdross (1971), S. 523 ff., 539.

[75] Art. 53, 64.

halben Jahrhundert die Arbeit unseres Instituts eingeleitet hat. Dabei sind meinem wissenschaftlichen Lebensweg entsprechend die Fragen nach dem Geltungsgrund des Rechts und der Bindung des Völkerrechts an einen materiellen *ordre public* der Völkerrechtsgemeinschaft einbezogen worden.

Summary

International Law as a Legal Order

Cognition of the nature and essential features of international law can never be final. International law must be reconsidered permanently on the basis of the structure of international society as a phenomenon changing in the course of history. This statement does not mean that law has not an objective but only a sociological foundation. It means, however, that the values which law should enforce and guarantee have to be defined with regard to the requirements of the international society in its process of evolution.

The existence of an international legal community depends, as always, on two conditions: the fact that a certain number of independent entities organized on a territorial basis exist at the same time; and a psychological element consisting in the general conviction that these entities are mutually bound by generally applicable rules granting rights, imposing obligations and alloting competences. In spite of the development of international organizations, States remain still the most powerful and the most effective social organisms – and the only ones which are able to guarantee law, order, welfare and defense against aggression. Therefore, they continue to be the basis of the international legal community.

A „State", in its relevant meaning for the international legal order, can be defined as the organized social entity which, in each period of the historical process, is the highest public power enjoying equality with all other similar entities. From the legal point of view, it is the indivisible entity of action in the international legal community.

The traditional means of developing international law by consensus of the community of States remains effective only on condition that there is no excessive disproportion in the size of the States concerned. The theory of international law can no longer continue to neglect, as it has done even after the First World War, the existence of international subjects participating in international relations other than States. Nevertheless, international organizations and similar oganizations do not possess, as the States do, a right to existence guaranteed by rules of international law.

Such international organizations which have actually become a permanent element of international society – although based on a treaty between States – take part in the development of international law along with the community of States.

Even if they do not belong to the same legal order (eg. agreements between municipalities of different States, between States and foreign enterprises not subject to the law and the forum of the former etc.), agreements between co-ordinate partners of whatever kind are subject to the rule *pacta sunt servanda*.

Any legal order must impute rights, obligations, and competences to natural or legal persons as defined by the legal order itself. The bearing of legal capacity cannot be abstracted from the social organism to which it is connected. In international law, the minimum substance of the legal capacity of States is the above mentioned right to exist which is protected by the prohibition of aggression.

The principle of sovereign equality in the world organization, which is observed without restriction in the General Assembly, takes effect in favour of the weaker members - the mass of which is capable of impairing the liberty of action of the powerful States.

The integration of the individual in international law is not a structural problem of the international legal order. The position of the individual belongs to the substantive norms of international law. Its essential principles form part of international law. Its essential principles form part of the "international public order".

Any society which forms a legal community must necessarily possess two kinds of constitutional rules: procedural rules concerning the organization and the creation and abrogation of law, on one hand, and, on the other, substantive principles the enforcement of which is of such fundamental importance that the society would lose, by their non-observance, the character of a legal community.

Regardless of how unorganized any legal community may be it must possess a procedural rule according to which it is constituted and developed.

No legal community can be maintained without a minimum homogeneity among its members. The sum of the values which comprise this minimum constitutes the public order of the international community.

The crucial question is whether international law – or at least the supreme principles of it – is an objective order or if its validity is left to the discretion of States; in answering this question one has to face the problems of the origin and the binding force of law in general. An answer affirming its objective validity can be given either by recognizing the highest values derived from natural law – whatever its precise definition; or it can be reasonably based on the practical necessity to observe legal rules in order to avoid the destruction of co-existence and co-operation in international society. The author's view is based on the first alternative.

The existence of independent States necessitates that the international legal order distinguishes the sphere in which the self-determination of States is, in principle, exclusive, from the sphere regulated by international law. The term „primacy of international law" means that the limit of national jurisdiction is determined by international law. It does not, however, imply that the duties assumed under international law are directly applicable in national law. International law delimits national jurisdiction but does not positively determine the rules effective in the latter.

The norms of international law delimiting the spheres of national and international competence commence, in principle, with the jurisdiction over the national territory. It is generally recognized that the borderline between international legal rules and national jurisdiction is not constant but is changing with the progressive development of international law. Since the relationship between the State and the international legal community has to be interpreted from the aspect of the object and purpose of international law, States cannot be permitted to do everything which is not explicitly forbidden by international law.

Although, in many cases it may not be precise enough classification of general principles of international law can be made as follows:

a) principles derived from principles of internal law common to the great majority of States;

b) principles derived from the special structure of the international legal community;

c) and principles inherent in legal relations of any kind.

As a rule, general principles of law which are, in all details similar to the internal law of the States do not exist. Starting from a common denominator, international tribunals and courts have, therefore, a creative task before them if they are to maintain the essential features of the general principles and, at the same time, to find the appropriate solution for the international legal relation upon which they have to pass judgment.

The higher position of a principle or rule in the hierarchy of norms is characterized by the fact that it is enforced against norms of lower quality. This effect belongs to the principles derived from superior sources (eg. the essential principles of the position of the individual), to the above mentioned constitutional principles of the international legal community, and to other principles and rules which arise from the normal law-creating process, and have the character of peremptory norms within the meaning of the Vienna Convention on the Law of Treaties.

III. Satzung des Max-Planck-Instituts für ausländisches öffentliches Recht und Völkerrecht Heidelberg vom 17. Juni 2010

Inhalt

Im Rahmen dieser Satzung sind alle Funktionsbezeichnungen geschlechtsneutral zu verstehen.

Präambel

Nach § 28 Abs. 2 der Satzung der Max-Planck-Gesellschaft wird die Verfassung eines Instituts durch eine Institutssatzung geregelt. Den Rahmen für diese Institutssatzung bildet die Satzung der Max-Planck-Gesellschaft (Anlage 1), die ebenfalls unmittelbar für die Institute geltende Regelungen enthält.

Zweck und Name

§ 1

(1) Das Institut ist der Forschung auf den Gebieten des Völker- und Europarechts, des deutschen sowie ausländischen öffentlichen Rechts und der öffentlich-rechtlichen Rechtsvergleichung gewidmet.

(2) Das Institut wurde im Jahre 1924 als Forschungsinstitut der Kaiser-Wilhelm-Gesellschaft zur Förderung der Wissenschaften in Berlin gegründet und durch Beschluss des Senats der Max-Planck-Gesellschaft vom 18./19. März 1949 als „Max-Planck-Institut für ausländisches öffentliches Recht und Völkerrecht" in Heidelberg wiedererrichtet.

Sitz, Rechtsnatur und Geschäftsjahr

§ 2

(1) Das Institut hat seinen Sitz in Heidelberg.

(2) Es besitzt keine eigene Rechtspersönlichkeit, sondern ist eine Einrichtung der Max-Planck-Gesellschaft zur Förderung der Wissenschaften e.V.

(3) Das Geschäftsjahr ist das Kalenderjahr.

Gliederung des Instituts

§ 3

(1) Das Institut gliedert sich nicht nach Abteilungen, sondern arbeitet als eine wissenschaftliche Einheit. Es verfügt über eine gemeinsame Einrichtung, die Bibliothek.

(2) Werden am Institut Max-Planck-Forschungsgruppen eingerichtet, so gilt für diese die vom Senat der Max-Planck-Gesellschaft beschlossene Regelung für Max-Planck-Forschungsgruppen (Anlage 2).

Wissenschaftliche und verwaltende Leitung

§ 4

(1) Das Institut steht unter der wissenschaftlichen und verwaltenden Leitung eines Direktorenkollegiums gemäß § 29 Abs. 2 der Satzung der Max-Planck-Gesellschaft. Dem Kollegium gehören die vom Senat der Max-Planck-Gesellschaft berufenen Wissenschaftlichen Mitglieder des Instituts mit Leitungsfunktion an (Direktoren am Institut). Die Leitungsfunktion eines Wissenschaftlichen Mitglieds wird gemäß § 28

Abs. 4 der Gesellschaftssatzung in der Regel befristet übertragen; über die Erneuerung entscheidet der Verwaltungsrat.

(2) Das Kollegium leitet das Institut gemäß § 28 Abs. 3 in Verbindung mit § 29 Abs. 2 der Satzung der Max-Planck-Gesellschaft. Zu seinen Rechten und Pflichten zählen insbesondere:

– Es berät und beschließt über alle das Institut insgesamt betreffenden Angelegenheiten, die dem Präsidenten, der zuständigen Sektion des Wissenschaftlichen Rates bzw. deren Vorsitzendem oder der Generalverwaltung der Max-Planck-Gesellschaft vorgelegt werden.

– Es beschließt über die Anstellung von wissenschaftlichen Referenten; das Recht jedes Direktors zur Auswahl seiner Mitarbeiter bleibt unberührt.

– Es beschließt über die Anstellung von Mitarbeitern mit herausgehobener Funktion in gemeinsamen Einrichtungen.

– Es legt die Zuständigkeit der Direktoren zur Betreuung der zentralen wissenschaftlichen und technischen Serviceeinrichtungen fest.

– Es sorgt für die Koordinierung der langfristigen Forschungsvorhaben und für eine vertrauensvolle Zusammenarbeit innerhalb des Instituts.

– Es kann dem Senat die Berufung eines Wissenschaftlichen Mitglieds und Direktors oder eines Auswärtigen Wissenschaftlichen Mitglieds vorschlagen. Für die Berufung Wissenschaftlicher Mitglieder gelten ergänzend zur Satzung der Max-Planck-Gesellschaft die vom Senat beschlossenen Regeln zum Berufungsverfahren (Anlage 3).

(3) Die Mitglieder des Kollegiums wählen aus ihrer Mitte für die Dauer von in der Regel zwei Jahren ihren Vorsitzenden. Anschließende Wiederwahl ist zulässig. Der Vorsitzende wird vom Präsidenten der Max-Planck-Gesellschaft zum Geschäftsführenden Direktor des Instituts ernannt. Der Präsident kann die Ernennung aus wichtigem Grund widerrufen.

(4) Das Kollegium wird vom Geschäftsführenden Direktor in angemessenen Zeitabständen – bei Beschlusspunkten unter rechtzeitiger Mitteilung der Tagesordnung – einberufen; es ist ferner einzuberufen, wenn ein Mitglied des Kollegiums dies beantragt. Das Kollegium kann Gäste zu seinen Beratungen hinzuziehen.

(5) Für Beschlüsse des Kollegiums ist die Zustimmung der Mehrheit seiner Mitglieder erforderlich; Stimmrechtübertragungen sind möglich. Kommt ein Beschluss ohne die Stimme des Geschäftsführenden Direktors zustande, kann dieser die Ausführung dieses Beschlusses bis

zur nächsten Sitzung aussetzen, auf der das Kollegium endgültig entscheidet.

Über größere Arbeitsvorhaben des Instituts, über die Aufnahme von Arbeiten in die Institutspublikationen sowie über die Anstellung von wissenschaftlichen Referenten, deren Eingruppierung und Entlassung entscheiden die Direktoren gemeinsam. Bei Stimmengleichheit gibt die Stimme des Geschäftsführenden Direktors den Ausschlag. Bei Nichtübereinstimmung, insbesondere im Hinblick auf die unbefristete Anstellung von Wissenschaftlern, ist die Zustimmung des fachlich zuständigen Vizepräsidenten der Max-Planck-Gesellschaft erforderlich.

6) Soweit nur zwei Direktoren im Amt sind, sind Beschlüsse grundsätzlich einstimmig zu fassen. Kann ein Konsens nicht erzielt werden, ist der zuständige Vizepräsident einzuschalten.

(7) Der Geschäftsführende Direktor führt die laufenden Geschäfte des Instituts und vertritt es nach außen und gegenüber den Organen der Max-Planck-Gesellschaft gemäß § 28 Abs. 3 der Satzung der Max-Planck-Gesellschaft.

Dazu zählen insbesondere:

– Er legt den im Kollegium abgestimmten Haushaltsvoranschlag rechtzeitig vor Beginn des Geschäftsjahres der Generalverwaltung der Max-Planck-Gesellschaft vor. Er unterrichtet das Kollegium über den Inhalt des genehmigten Institutshaushalts. Entsprechendes gilt für die mittelfristige Haushaltsplanung.

Er sorgt für die ordnungsgemäße Abwicklung des Haushaltsplans und für die ordnungsgemäße Durchführung der im Kollegium gefassten Beschlüsse. Dabei unterstützt ihn die Institutsverwaltung, der Aufgaben übertragen und Vollmachten erteilt werden können.

– Er unterrichtet das Kollegium in angemessenen Zeitabständen über die von ihm wahrgenommenen Aufgaben.

– Er legt dem Präsidenten den im Kollegium abgestimmten jährlichen Bericht über den Stand und die Planung der wissenschaftlichen Arbeiten des Instituts sowie über die Förderung des wissenschaftlichen Nachwuchses vor und gibt ihm auf Verlangen jederzeit Auskunft über die Geschäftsführung. Er hat den von der Gesellschaft beauftragten Revisoren Einblick in die Unterlagen zu gewähren.

Die näheren Einzelheiten regelt die Geschäftsordnung des Instituts.

(8) Die Zuständigkeiten für die Publikationen und für Bibliotheksangelegenheiten werden unabhängig von der Geschäftsführung unter den Direktoren aufgeteilt.

(9) Der Leiter der Institutsverwaltung unterstützt den Geschäftsführenden Direktor bei der Durchführung der Verwaltungsaufgaben. Er hat die Pflicht, den Geschäftsführenden Direktor und das Kollegium über geltendes Recht und sonstige für das Institut bindende Regelungen zu unterrichten und auf deren Einhaltung hinzuwirken. Dazu sind dem Verwaltungsleiter in der Geschäftsordnung des Instituts die erforderlichen Mitwirkungsrechte einzuräumen.

(10) Das Kollegium beschließt eine Geschäftsordnung für das Institut, die dem Verwaltungsrat der Max-Planck-Gesellschaft zur Kenntnisnahme vorzulegen ist. Die Geschäftsordnung soll die Aufgaben der wissenschaftlichen und verwaltenden Leitung, die Verteilung der Aufgaben und Kompetenzen und das Zusammenspiel der Beteiligten näher regeln.

Mitwirkung der wissenschaftlichen Mitarbeiter

§ 5

(1) Eine sachgerechte Mitwirkung der wissenschaftlichen Mitarbeiter an den Entscheidungen der Institutsleitung wird durch rechtzeitige und ausreichende Information der Betroffenen und regelmäßige gemeinsame Beratung über allgemeine Zielsetzung, Methoden und Durchführung von Forschungsvorhaben gemäß § 28 Abs. 7 der Satzung der Max-Planck-Gesellschaft verwirklicht. Dazu finden Institutsbesprechungen statt.

(2) In den Institutsbesprechungen sollen die wissenschaftliche Planung und die Entwicklung des Instituts einschließlich ihrer technischen, finanziellen und organisatorischen Voraussetzungen beraten werden.

(3) An den Institutsbesprechungen nehmen unter dem Vorsitz des Geschäftsführenden Direktors teil:

a) die Direktoren;

b) die hauptamtlichen wissenschaftlichen Mitarbeiter;

c) die vom Institut angestellten Referendare sowie

d) die in ähnlicher Weise in die Institutsarbeit integrierten sonstigen wissenschaftlichen Mitarbeiter.

Ferner kann das Direktorenkollegium auch andere Personen zu den Besprechungen oder zu bestimmten Tagesordnungspunkten hinzuziehen.

(4) Die Institutsbesprechung soll vom Geschäftsführenden Direktor in angemessenen Zeitabständen, in der Regel alle drei Monate, unter rechtzeitiger Bekanntgabe der Tagesordnung einberufen werden. Sie ist ferner einzuberufen, wenn mindestens ein Drittel der Teilnahmeberechtigten dies beantragt.

(5) Die Ergebnisse der Institutsbesprechung sollen in einem Ergebnisprotokoll festgehalten werden. Bei Beratungsgegenständen, zu denen eine Übereinstimmung nicht erzielt wurde, sind die abweichenden Meinungen im Protokoll festzuhalten.

(6) Das in § 28 Abs. 7 Satz 2 der Gesellschaftssatzung vorgesehene Recht jedes wissenschaftlichen Mitarbeiters, sich gegen Entscheidungen der Institutsleitung an die zuständige Sektion zu wenden, wird in der Weise ausgeübt, dass der betreffende Mitarbeiter sein Anliegen schriftlich dem Vorsitzenden der Geistes-, Sozial- und Humanwissenschaftlichen Sektion unmittelbar unterbreitet, nachdem eine Rücksprache mit der Institutsleitung erfolglos geblieben ist. Die Institutsleitung soll durch eine Abschrift unterrichtet werden.

(7) Der Institutsbericht nach § 28 Abs. 3 Buchstabe g) der Gesellschaftssatzung wird den amtierenden Wissenschaftlichen Mitgliedern und den wissenschaftlichen Mitarbeitern von der Institutsleitung so rechtzeitig zur Kenntnis gebracht, dass sowohl Anregungen für Änderungen und Ergänzungen möglich sind als auch abweichende Meinungen nach § 28 Abs. 7 Satz 3 beigefügt werden können.

(8) Der Geschäftsführende Direktor sorgt für die Wahl eines wissenschaftlichen Mitarbeiters in die zuständige Sektion des Wissenschaftlichen Rates gemäß § 23 Abs. 3 der Satzung der Max-Planck-Gesellschaft und der dafür vom Senat beschlossenen Wahlordnung (Anlage 4).

(9) Die wissenschaftlichen und wissenschaftlich-technischen Mitarbeiter sind verpflichtet, in angemessener Weise in der Selbstverwaltung des Instituts und den Organen und Gremien der Max-Planck-Gesellschaft mitzuarbeiten. Eine Aufstellung zur Wahl bzw. ein Mandat kann nur aus schwerwiegenden Gründen abgelehnt werden.

Förderung der Mitarbeiter

§ 6

(1) Die wissenschaftliche und berufliche Entfaltung der Mitarbeiter ist durch Arbeiten, die die Übernahme eigener Verantwortung einschließen, im Rahmen der Forschungsziele des Instituts zu fördern.

(2) Im Rahmen der Fürsorgepflicht für die Mitarbeiter des Instituts führen die jeweils zuständigen Direktoren bzw. von diesen beauftragte Wissenschaftler mit jedem wissenschaftlichen Mitarbeiter jährlich oder bei gegebenem Anlass ein Gespräch über die berufliche Situation des Mitarbeiters (Statusgespräch). Dieses Gespräch kann auch der Mitarbeiter suchen. Das Ergebnis des Gesprächs ist in einem gemeinsam zu unterzeichnenden Protokoll festzuhalten und der Personalakte beizufügen. Auf Wunsch des Mitarbeiters kann zu dem Gespräch auch ein Mitarbeiter seines Vertrauens hinzugezogen werden.

(3) Grundsätzlich haben alle Mitarbeiter am Institut ein Recht auf berufliche Förderung.

Sicherung guter wissenschaftlicher Praxis

§ 7

Die Sicherung guter wissenschaftlicher Praxis ist ein besonderes Anliegen der Max-Planck-Gesellschaft. Für die Bekanntmachung und Umsetzung der dazu vom Senat der Max-Planck-Gesellschaft beschlossenen Regeln und der Verfahrensordnung bei Verdacht auf wissenschaftliches Fehlverhalten sowie der vom Senat der Max-Planck-Gesellschaft beschlossenen Hinweise und Regeln der Max-Planck-Gesellschaft zum verantwortlichen Umgang mit Forschungsfreiheit und Forschungsrisiken (Anlage 5) wird von den Institutsdirektoren Sorge getragen. Die Regeln der MPG zur guten wissenschaftlichen Praxis werden Neueinzustellenden mit dem Arbeitsvertrag überreicht. Der Empfang ist zu quittieren. Zur Beratung in Konfliktfällen wird im Institut eine Ombudsperson entsprechend den Richtlinien des Wissenschaftlichen Rates gewählt (Anlage 6).

Schlichtungsverfahren

§ 8

Für das Schlichtungsverfahren zur Beilegung von Beschwerden und Streitigkeiten im Institut gelten § 30 der Satzung der Max-Planck-Gesellschaft und die dazu vom Senat beschlossene Schlichtungsordnung (Anlage 7). Vor Einleitung eines Schlichtungsverfahrens soll eine institutsinterne Lösung der Probleme angestrebt werden.

Zusammenarbeit mit anderen Forschungseinrichtungen

§ 9

Das Institut pflegt die Zusammenarbeit mit Universitäten und anderen Forschungseinrichtungen im In- und Ausland.

Fachbeirat[1]

§ 10

(1) Für das Institut wird vom Präsidenten der Max-Planck-Gesellschaft ein Fachbeirat eingerichtet, der die Aufgaben hat, die wissenschaftliche Arbeit des Instituts einer regelmäßigen Bewertung zu unterziehen sowie das Institut und den Präsidenten bei Fragen der wissenschaftlichen Institutsentwicklung und des effektiven Einsatzes der Ressourcen zu beraten. Dem Fachbeirat gehören international anerkannte Wissenschaftler an, die in der Regel nicht zu den Wissenschaftlichen Mitgliedern der Max-Planck-Gesellschaft zählen. Der Fachbeirat legt das Ergebnis seiner Begutachtung in einem schriftlichen Bericht nieder und leitet ihn dem Präsidenten zu.

(2) Das Nähere wird durch die vom Senat der Max-Planck-Gesellschaft beschlossenen Regelungen für das Fachbeiratswesen festgelegt (Anlage 8).

Kuratorium

§ 11

(1) Am Institut besteht ein Kuratorium, dem insbesondere die Funktion zukommt, die Verbindung zwischen dem Institut und seinem gesellschaftlichen Umfeld und der Öffentlichkeit zu fördern. Dem Kuratorium gehören Repräsentanten aus den Bereichen der Politik, der Wirtschaft, der Wissenschaft, der Medien und sonstiger Kreise an, die den Anliegen des Instituts besonders verbunden sind oder einen wesentli-

[1] Die Institutssatzungen von 1973, 1976 und 1982 regelten hingegen einheitlich die Zusammensetzung des Fachbeirats wie folgt: § 11 (3): „Dem Fachausschuß gehören bis zu fünf Mitglieder des Kuratoriums an. Sie müssen als Experten des Völkerrechts, des ausländischen öffentlichen Rechts oder der öffentlich-rechtlichen Rechtsvergleichung anerkannt sein."

chen Beitrag zu seiner Unterstützung leisten können. Die Mitglieder werden vom Präsidenten der Max-Planck-Gesellschaft berufen.

(2) Das Nähere wird durch die vom Senat beschlossenen Regelungen für Kuratorien in der Max-Planck-Gesellschaft festgelegt (Anlage 9).

Inkrafttreten

§ 12

Die Satzung tritt am 18. Juni 2010 in Kraft. Genehmigt durch Beschluss des Senats der Max-Planck-Gesellschaft vom 17. Juni 2010.

IV. Satzung der Max-Planck-Gesellschaft zur Förderung der Wissenschaften e.V. in der Fassung vom 14. Juni 2012

Inhalt

Name und Zweck

§ 1

(1) Die Max-Planck-Gesellschaft zur Förderung der Wissenschaften e.V. verfolgt den Zweck, die Wissenschaften zu fördern.

Der Satzungszweck wird verwirklicht insbesondere durch Unterhaltung von Forschungsinstituten (im Folgenden kurz: Institute). Sie setzt die Tradition der früheren Kaiser-Wilhelm-Gesellschaft zur Förderung der Wissenschaften e.V. fort. Es ist der Max-Planck-Gesellschaft ein besonderes Anliegen, Diskriminierungen jeder Art entgegenzuwirken.

(2) Die Institute der Gesellschaft betreiben die wissenschaftliche Forschung frei und unabhängig.

(3) Die Gesellschaft verfolgt den in Absatz 1 genannten gemeinnützigen Zweck im Sinne des Abschnitts „Steuerbegünstigte Zwecke" der Abgabenordnung 1977 ausschließlich und unmittelbar.

Die Gesellschaft ist selbstlos tätig; sie verfolgt nicht in erster Linie eigenwirtschaftliche Zwecke.

(4) Die Mittel der Gesellschaft dürfen nur für die satzungsmäßigen Zwecke verwendet werden. Die Mitglieder (§ 3) erhalten keine Zuwendungen aus Mitteln der Gesellschaft. Es darf keine Person durch Ausgaben, die dem Zweck der Gesellschaft fremd sind, oder durch unverhältnismäßig hohe Vergütungen begünstigt werden.

(5) Die Gesellschaft kann nach Maßgabe des § 58 Nr. 1 AO Mittel für die Verwirklichung des in Absatz 1 genannten gemeinnützigen Zwecks einer anderen Körperschaft oder für die Verwirklichung des in Absatz 1 genannten gemeinnützigen Zwecks durch eine juristische Person des öffentlichen Rechts zuwenden. Die Zuwendung von Mitteln an eine unbeschränkt steuerpflichtige Körperschaft des privaten Rechts setzt voraus, dass diese selbst steuerbegünstigt ist. Darüber hinaus ist die Mittelweitergabe nach § 58 Nr. 2 AO zulässig.

Sitz

§ 2

Sitz der Gesellschaft ist Berlin.

Mitgliedschaft

§ 3

Mitglieder der Gesellschaft sind:

1. Fördernde Mitglieder,
2. Wissenschaftliche Mitglieder,
3. Mitglieder von Amts wegen,
4. Ehrenmitglieder.

Fördernde Mitglieder

§ 4

(1) Fördernde Mitglieder der Gesellschaft können natürliche Personen, juristische Personen des öffentlichen oder privaten Rechts sowie unselbständige Stiftungen und Vereinigungen ohne Rechtspersönlichkeit sein.

(2) Anträge auf Aufnahme sind an den Präsidenten zu richten. Juristische Personen, unselbständige Stiftungen und Vereinigungen ohne Rechtspersönlichkeit benennen in dem Antrag die Person, die sie in der Gesellschaft vertreten soll; ein Wechsel ist mitzuteilen.

(3) Über die Aufnahme entscheidet der Senat.

(4) Fördernde Mitglieder der Gesellschaft sind zur Zahlung von jährlichen Mitgliedsbeiträgen verpflichtet. Über die Höhe der Mitgliedsbeiträge entscheidet die Hauptversammlung; dabei können unterschiedliche Beträge für natürliche Personen einerseits, für juristische Personen, unselbständige Stiftungen und Vereinigungen ohne Rechtspersönlichkeit andererseits festgelegt werden.

(5) Der Beitrag ist jährlich bis zum 31. Januar zu zahlen.

Wissenschaftliche Mitglieder

§ 5

(1) Wissenschaftliche Mitglieder der Gesellschaft sind die Wissenschaftlichen Mitglieder der Institute, die Emeritierten Wissenschaftlichen Mitglieder und Auswärtigen Wissenschaftlichen Mitglieder der Institute.

(2) Die Wissenschaftlichen Mitglieder eines Instituts werden aufgrund besonderer wissenschaftlicher Leistungen berufen. Sie müssen im Institut als ständige Mitarbeiter tätig sein.

(3) Als Auswärtiges Wissenschaftliches Mitglied eines Instituts kann ein früheres Wissenschaftliches Mitglied des Instituts oder eine Persönlichkeit berufen werden, die mit dem Institut in enger wissenschaftlicher Zusammenarbeit steht oder gestanden hat.

(4) Die Berufung und Ernennung erfolgt auf Vorschlag des Direktors oder Leiters eines Instituts, einer selbständigen Abteilung oder einer selbständigen Forschungsstelle (im Folgenden kurz: Institutsleiter) durch den Senat, nachdem die zuständige Sektion des Wissenschaftlichen Rates angehört worden ist. Gegen den Willen der Sektion soll eine Berufung nicht erfolgen. Ist der Institutsleiter selbst nicht Wissenschaftliches Mitglied, so steht das Vorschlagsrecht dem Präsidenten im Benehmen mit dem Institutsleiter zu.

(5) Wissenschaftliche Mitglieder der Institute werden mit Erreichen der Altersgrenze Emeritierte Wissenschaftliche Mitglieder.

(6) Die Wissenschaftlichen Mitglieder der Gesellschaft sind von der Zahlung eines Mitgliedsbeitrags befreit.

Mitglieder von Amts wegen

§ 6

(1) Mitglieder der Gesellschaft von Amts wegen sind die Mitglieder des Senats sowie diejenigen Institutsleiter, die nicht Wissenschaftliche Mitglieder eines Instituts sind.

(2) Die Mitglieder von Amts wegen sind von der Zahlung eines Mitgliedsbeitrags befreit.

Ehrenmitglieder

§ 7

(1) Zu Ehrenmitgliedern der Gesellschaft können Forscher und Förderer der Wissenschaft ernannt werden, die für besondere Verdienste um die Forschung ausgezeichnet werden sollen.

(2) Die Ernennung erfolgt durch die Hauptversammlung auf Vorschlag des Senats.

(3) Die Ehrenmitglieder sind von der Zahlung eines Mitgliedsbeitrags befreit.

Stimmrecht

§ 8

Jedes Mitglied hat, gleichviel, ob es ein Förderndes, ein Wissenschaftliches, ein Mitglied von Amts wegen oder ein Ehrenmitglied ist oder mehrere dieser Eigenschaften in sich vereint, bei Abstimmungen nur eine Stimme.

Beendigung der Mitgliedschaft

§ 9

(1) Die Mitgliedschaft erlischt durch den Tod, bei juristischen Personen, unselbständigen Stiftungen und Vereinigungen ohne Rechtspersönlichkeit durch Auflösung, ferner durch freiwilligen Austritt oder durch Ausschluss eines Mitglieds.

(2) Beim Tod eines Fördernden Mitglieds kann ein Erbe oder eine Erbengemeinschaft mit Genehmigung des Senats die Mitgliedschaft fortsetzen.

(3) Der Austritt eines Mitglieds erfolgt durch schriftliche Erklärung an den Präsidenten. Der Austritt ist nur zum Schluss des laufenden Jahres zulässig.

(4) Der Ausschluss eines Mitglieds kann vom Senat mit Zweidrittelmehrheit beschlossen werden, wenn das Verbleiben des Mitglieds in der Gesellschaft ihr Ansehen oder ihre Interessen schädigen würde. Das Mitglied soll vor dem Beschluss gehört werden.

(5) Die Mitgliedschaft kann ferner durch Beschluss des Senats beendet werden, wenn ein Mitglied trotz wiederholter Mahnung, die mindestens einmal durch eingeschriebenen Brief unter Hinweis auf diese Vorschrift erfolgen muss, mit seinem Jahresbeitrag mehr als ein Jahr im Rückstand ist.

(6) Die Eigenschaft als Wissenschaftliches Mitglied eines Instituts erlischt auch, wenn der Senat das Ausscheiden aus dem Institut feststellt.

Organe der Gesellschaft

§ 10

(1) Organe der Gesellschaft sind:

1. der Präsident,
2. der Senat,
3. der Verwaltungsrat,

4. die Hauptversammlung,

5. der Wissenschaftliche Rat und seine Sektionen.

(2) Der Präsident und Mitglieder von Organen können für ihre Tätigkeit Vergütungen und Aufwandsentschädigungen erhalten.

(3) Die Haftung des Präsidenten und der Mitglieder von Organen gegenüber dem Verein und gegenüber den Mitgliedern beschränkt sich auf Vorsatz und grobe Fahrlässigkeit.

Präsident

§ 11

(1) Der Präsident repräsentiert die Gesellschaft.

(2) Er entwirft die Grundzüge der Wissenschaftspolitik der Gesellschaft.

(3) Er hat insbesondere folgende Rechte und Pflichten:

a) er ist der Vorsitzende des Senats, des Verwaltungsrates und der Hauptversammlung;

b) er bestätigt die Wahl der Senatoren und der Ehrensenatoren sowie die gemäß § 12 Absatz 6 und 7 erfolgte Benennung von Senatoren;

c) er spricht die Berufungen und Ernennungen der Institutsleiter und der Wissenschaftlichen Mitglieder aus und vollzieht deren Anstellungsverträge nach Maßgabe des § 17 Absatz 1 Satz 2; er spricht auch die Abberufungen aus;

d) er bestätigt die in den Instituten gewählten wissenschaftlichen Mitarbeiter als Mitglieder der Sektionen und stellt in Zweifelsfällen die Beendigung ihrer Mitgliedschaft beim Ausscheiden aus dem Institut fest (§ 23 Absatz 3);

e) er hat das Recht, an den Sitzungen des Wissenschaftlichen Rates und seiner Sektionen beratend teilzunehmen, auch soweit er diesen nicht als stimmberechtigtes Mitglied angehört;

f) er sorgt für die vertrauensvolle Zusammenarbeit innerhalb der Gesellschaft; er bestellt insbesondere Schlichtungsberater und Schlichtungskommissionen (§ 30).

(4) In Fällen, die keinen Aufschub dulden, kann der Präsident über die vorstehend genannten Befugnisse hinaus Entscheidungen treffen. Er teilt diese den zuständigen Gremien alsbald mit.

(5) Vertreter des Präsidenten ist der von ihm dazu bestimmte Vizepräsident, mangels einer Bestimmung derjenige Vizepräsident, der am längsten dieses Amt bekleidet, bei gleicher Amtsdauer der ältere. Für einzel-

ne Angelegenheiten kann der Präsident seine Vertretung jedem Mitglied des Verwaltungsrates übertragen.

Senat

§ 12

(1) Dem Senat gehören der Präsident sowie mindestens 12 und höchstens 32 gewählte Senatoren an. Forscher und Gelehrte, insbesondere aus der Max-Planck-Gesellschaft, sollen dem Senat in angemessener Zahl angehören.

(2) Besonders verdiente Mitglieder des Senats können nach Ablauf ihrer Amtszeit zu Ehrensenatoren gewählt werden. Sie werden in der Mindest- und der Höchstzahl des Absatzes 1 nicht mitgerechnet. Sie nehmen an den Sitzungen des Senats beratend teil.

(3) Die Senatoren sowie die Ehrensenatoren werden von der Hauptversammlung in geheimer Abstimmung gewählt. Die Wahl der Senatoren erfolgt auf sechs Jahre, die der Ehrensenatoren mit Zweidrittelmehrheit auf Lebenszeit. Anschließende Wiederwahl eines Senators, der nicht dem Verwaltungsrat angehört, ist nur einmal zulässig. Die Wahl eines Senators, der in seiner amtlichen Eigenschaft gewählt wird, erfolgt mit Beschränkung auf die Dauer dieses Amtes. Das Nähere bestimmt eine Wahlordnung, die von der Hauptversammlung zu beschließen ist.

(4) Dem Senat gehören außerdem von Amts wegen der Vorsitzende des Wissenschaftlichen Rates, die Sektionsvorsitzenden und der Generalsekretär (die Generalsekretäre) an.

(5) Jede Sektion wählt aus ihrer Mitte einen Mitarbeiter für die Dauer seiner Zugehörigkeit zur Sektion in den Senat.

(6) Der Gesamtbetriebsrat der Max-Planck-Gesellschaft kann seinen Vorsitzenden als Mitglied in den Senat entsenden.

(7) Ferner kann die Bundesregierung zwei Bundesminister oder Staatssekretäre und können die Kultus- und Finanzminister der Länder gemeinsam drei Landesminister als Mitglieder des Senats benennen.

(8) Der Senat wird vom Präsidenten nach Bedarf sowie auf Antrag eines Drittels seiner Mitglieder einberufen.

§ 13

(1) Der Senat kann über alle Angelegenheiten der Gesellschaft beschließen, die nicht durch die Satzung der Hauptversammlung vorbehalten sind.

(2) Er hat insbesondere folgende Rechte und Pflichten:

a) er wählt den Präsidenten und die übrigen Mitglieder des Verwaltungsrates gemäß § 16;

b) er beschließt über die Gründung oder Eingliederung und über die Aufhebung oder Ausgliederung von Instituten und selbständigen Abteilungen; diese Beschlüsse fasst er mit Zweidrittelmehrheit, nachdem er die zuständige Sektion des Wissenschaftlichen Rates gehört hat;

c) er beschließt die Satzungen der Institute;

d) er beschließt über die Berufung und Ernennung sowie über die Abberufung der Institutsleiter unter Beachtung besonderer Rechtsverhältnisse der Institute, nachdem er die zuständige Sektion des Wissenschaftlichen Rates gehört hat; gegen deren Widerspruch soll eine Berufung oder Abberufung nicht erfolgen; Entsprechendes gilt für die Berufung und Ernennung sowie für die Abberufung der Wissenschaftlichen Mitglieder eines Instituts;

e) er beschließt bei Bedarf über die kommissarische Bestellung eines Institutsleiters;

f) er schlägt dem Präsidenten nach Anhören der zuständigen Sektion die Einsetzung von Schlichtungsberatern vor (§ 11 Absatz 3 f), § 30);

g) er übt die Befugnisse aus, die nach den Satzungen der Institute dem Senat oder der Gesellschaft im Allgemeinen zugewiesen sind;

h) er beschließt über die Beteiligung der Gesellschaft an Unternehmen außerhalb der Max-Planck-Gesellschaft sowie über die Behandlung von Einrichtungen der Gesellschaft, die nicht Institute im Sinne dieser Satzung sind;

i) er stellt den Gesamthaushaltsplan fest;

k) er beschließt über die Annahme und Verwendung von Mitteln, die der Gesellschaft zur Förderung ihrer Aufgaben zugewendet werden, vorbehaltlich der Rechte der Institutsdirektoren nach § 28 Absatz 3 m); er kann die Ausübung dieser Befugnis dem Präsidenten, dem Verwaltungsrat oder der Generalverwaltung übertragen;

l) er stellt den Jahresbericht fest und legt ihn der Hauptversammlung vor; der Bericht soll auch über die begonnenen und geplanten Unternehmungen der Gesellschaft unterrichten;

m) er beschließt die der Hauptversammlung zur Prüfung und Genehmigung vorzulegende Jahresrechnung;

n) er beschließt über Ehrungen durch die Gesellschaft.

(3) Er bildet einen ständigen Ausschuss zur Beratung in Fragen der Forschungspolitik und Forschungsplanung.

Prüfungsausschuss/Anstellungsausschuss

§ 14

(1) Der Senat richtet einen Prüfungsausschuss sowie einen Anstellungsausschuss als beschließende Ausschüsse ein.

(2) Für den Prüfungsausschuss gelten folgende Bestimmungen:

a) Aufgabe des Prüfungsausschusses ist es, die Rechtmäßigkeit des Haushaltsvollzugs und die Ordnungsmäßigkeit der Rechnungslegung der Gesellschaft sowie die Wirksamkeit ihres Risiko- und Compliance-Managements zu prüfen. Der Prüfungsausschuss unterbreitet der Hauptversammlung Vorschläge zur Bestellung der externen Wirtschaftsprüfer, legt Maßstab und Umfang des Prüfungsauftrages fest und nimmt den Bericht der Wirtschaftsprüfer entgegen. Er nimmt den Jahresbericht der Revision entgegen und ist befugt, in Einzelfällen weitere Prüfungen zu veranlassen. Der Prüfungsausschuss berichtet dem Senat über seine Prüfungen und Beschlüsse.

b) Der Prüfungsausschuss besteht aus zwei gewählten Senatoren im Sinne des § 12 Absatz 1 der Satzung sowie einem weiteren Mitglied der Gesellschaft, das nicht dem Senat angehört. Mitglied des Prüfungsausschusses kann nicht sein, wer Mitglied des Vorstands ist oder wer in einem Beschäftigungs- oder Versorgungsverhältnis zur Gesellschaft steht. Der Vorsitzende des Ausschusses sowie mindestens ein weiteres Mitglied sollen über die erforderliche Expertise in finanziellen und wirtschaftlichen Fragen verfügen. Die Wahl der Mitglieder erfolgt durch den Senat für die Dauer von drei Jahren; zweimalige Wiederwahl ist möglich. Eine Vertretung der Mitglieder ist ausgeschlossen.

c) Der Prüfungsausschuss bestimmt seinen Vorsitzenden selbst.

(3) Für den Anstellungsausschuss gelten folgende Bestimmungen:

a) Aufgabe des Anstellungsausschusses ist es, über die Vergütung und über die Genehmigung von Nebentätigkeiten des Präsidenten sowie über die Vergütung und über die Genehmigung von funktionsbezogenen Nebentätigkeiten der übrigen Mitglieder des Verwaltungsrats zu entscheiden.

Weiterhin hat der Anstellungsausschuss die Aufgabe, über eine Vergütung früherer Präsidenten für die Wahrnehmung von Aufgaben der Gesellschaft zu entscheiden.

b) Der Anstellungsausschuss besteht aus zwei gewählten Senatoren im Sinne von § 12 Absatz 1 der Satzung sowie einem weiteren Mitglied der Gesellschaft, das nicht dem Senat angehört. Mitglied des Anstellungsausschusses kann nicht sein, wer Mitglied des Vorstands ist oder wer in einem Beschäftigungs- oder Versorgungsverhältnis zur Gesellschaft steht. Die Wahl der Mitglieder erfolgt durch den Senat für die Dauer von drei Jahren; zweimalige Wiederwahl ist möglich. Eine Vertretung der Mitglieder ist ausgeschlossen.

c) Der Anstellungsausschuss bestimmt seinen Vorsitzenden selbst.

(4) Die näheren Einzelheiten zur Zusammensetzung und Arbeitsweise der beiden Ausschüsse regelt jeweils eine Geschäftsordnung, die der Senat auf Vorschlag des Verwaltungsrats erlässt.

Verwaltungsrat

§ 15

Der Verwaltungsrat besteht aus dem Präsidenten, mindestens zwei Vizepräsidenten, dem Schatzmeister und zwei bis vier weiteren Mitgliedern.

§ 16

(1) Der Präsident wird vom Senat in geheimer Wahl gesondert mit Zweidrittelmehrheit gewählt. Die Wahl erfolgt auf sechs Jahre. Anschließende Wiederwahl ist einmal zulässig.

(2) Die Vizepräsidenten, der Schatzmeister und die weiteren Mitglieder des Verwaltungsrates werden vom Senat aus seiner Mitte auf sechs Jahre gewählt. Anschließende Wiederwahl ist einmal zulässig.

§ 17

(1) Der Verwaltungsrat bildet zusammen mit dem Generalsekretär (den Generalsekretären) den Vorstand im Sinne des Gesetzes. Zur Abgabe rechtsverbindlicher Erklärungen ist die Mitwirkung zweier Mitglieder des Vorstands, von denen eines dem Verwaltungsrat angehören muss, erforderlich und ausreichend.

(2) Der Verwaltungsrat bereitet wichtige Entscheidungen der Gesellschaft auf Antrag des Präsidenten oder auf Antrag von dreien seiner Mitglieder vor und berät den Präsidenten. Er fasst die erforderlichen Beschlüsse.

(3) Er führt durch den Präsidenten die Aufsicht über die Generalverwaltung und kann ihr Weisungen erteilen.

§ 18

(1) Der Verwaltungsrat stellt den Gesamthaushaltsplan auf und legt ihn vor Beginn des Geschäftsjahres dem Senat zur Beschlussfassung vor. Vor jeder Kürzung des Haushaltsvoranschlages eines Instituts ist dem Institutsleiter und auf dessen Wunsch dem Vorsitzenden der zuständigen Sektion des Wissenschaftlichen Rates Gelegenheit zur Stellungnahme zu geben, soweit es sich nicht um eine gleichmäßige Kürzung der Voranschläge aller Institute handelt.

(2) Nach Ablauf des Geschäftsjahres stellt der Verwaltungsrat den Jahresbericht und die Jahresrechnung auf.

§ 19

(1) Der Verwaltungsrat wird vom Präsidenten nach Bedarf sowie auf Antrag von dreien seiner Mitglieder einberufen.

(2) Wichtige Angelegenheiten der Institute soll der Verwaltungsrat mit den zuständigen Institutsleitern und Sektionsvorsitzenden des Wissenschaftlichen Rates besprechen.

(3) Der Verwaltungsrat kann sich eine Geschäftsordnung geben, die der Bestätigung durch den Senat bedarf.

Generalverwaltung

§ 20

(1) Die Generalverwaltung wird von einem oder mehreren Generalsekretären geleitet. Diese werden vom Präsidenten aufgrund eines Senatsbeschlusses bestellt. Im Falle der Verhinderung der Generalsekretäre bestimmt der Präsident, wer die Generalverwaltung leitet.

(2) Die Generalverwaltung führt die laufenden Geschäfte der Gesellschaft. Maßnahmen der Vermögensverwaltung erfolgen im Einvernehmen mit dem Schatzmeister.

(3) Die Generalverwaltung unterstützt die Organe der Gesellschaft und die Institute bei der Erfüllung ihrer Verwaltungsaufgaben. Sie überprüft die Verwaltung der Institute, insbesondere die Einhaltung der Haushaltspläne.

(4) Die Generalsekretäre nehmen an den Sitzungen des Verwaltungsrates mit beratender Stimme teil.

(5) Das Nähere regelt eine vom Verwaltungsrat beschlossene Geschäftsordnung.

Hauptversammlung

§ 21

(1) Die Hauptversammlung besteht aus den Mitgliedern der Gesellschaft.

(2) Sie hat folgende Rechte und Pflichten:

a) sie wählt die Senatoren sowie die Ehrensenatoren gemäß § 12;

b) sie ernennt die Ehrenmitglieder gemäß § 7;

c) sie bestellt die Wirtschaftsprüfer, welche jährlich die Rechtmäßigkeit des Haushaltsvollzugs und die Ordnungsmäßigkeit der Rechnungslegung der Gesellschaft sowie die Wirksamkeit ihres Risiko- und Compliance-Managements prüfen;

d) sie nimmt den Jahresbericht entgegen, den der Senat ihr vorlegt; Anfragen und Bemerkungen z um Jahresbericht, die sie an den Senat richtet, hat dieser spätestens in der nächsten Hauptversammlung zu behandeln;

e) sie prüft und genehmigt die Jahresrechnung, die der Senat ihr vorlegt, und erteilt die Entlastung;

f) sie beschließt über Angelegenheiten, die zur Zuständigkeit des Senats gehören und die der Senat ihr zur Beschlussfassung vorlegt;

g) sie beschließt über Satzungsänderungen; hierzu ist eine Zweidrittelmehrheit erforderlich;

h) sie beschließt über die Auflösung der Gesellschaft gemäß § 32.

§ 22

(1) Die ordentliche Hauptversammlung wird einmal jährlich vom Präsidenten einberufen.

(2) Eine außerordentliche Hauptversammlung wird vom Präsidenten im Bedarfsfall sowie auf Antrag eines Viertels der Mitglieder der Gesellschaft oder auf Antrag des Senats einberufen.

Wissenschaftlicher Rat

§ 23

(1) Der Wissenschaftliche Rat besteht aus den Wissenschaftlichen Mitgliedern der Institute und den aus den Instituten in die Sektionen gewählten wissenschaftlichen Mitarbeitern. Ihm gehören auch diejenigen Institutsleiter an, die nicht Wissenschaftliche Mitglieder eines Instituts sind.

(2) Der Wissenschaftliche Rat gliedert sich in eine Biologisch-Medizinische, eine Chemisch-Physikalisch-Technische und eine Geistes-, Sozial- und Humanwissenschaftliche Sektion. Die Zugehörigkeit zu einer Sektion richtet sich nach dem Aufgabenbereich des Instituts, dem das Wissenschaftliche Mitglied und der wissenschaftliche Mitarbeiter angehören. Die Sektion kann ein Mitglied einer anderen Sektion als ständigen Gast mit beratender Stimme aufnehmen.

(3) In jedem Max-Planck-Institut wird ein dort angestellter wissenschaftlicher Mitarbeiter auf drei Jahre in die zuständige Sektion gewählt. Seine Mitgliedschaft in der Sektion erlischt beim Ausscheiden aus dem Institut oder durch Neuwahl im Institut. Der Mitarbeiter muss wissenschaftlich so ausgewiesen sein, dass er für die Aufgaben der Sektionen geeignet ist. Wiederwahl ist in der Regel nicht zulässig. Die Wahl ist durch den Präsidenten zu bestätigen, nachdem er die Beachtung der Wahlkriterien geprüft hat. Das Nähere regelt eine vom Senat beschlossene Wahlordnung.

(4) Die Sektionen wählen je einen Vorsitzenden und einen Stellvertreter auf drei Jahre. Anschließende Wiederwahl ist einmal zulässig. Das Amt als Vorsitzender oder Stellvertreter erlischt durch Neuwahl oder beim Ausscheiden aus der Sektion.

(5) Der Wissenschaftliche Rat wählt einen Vorsitzenden und einen Stellvertreter auf drei Jahre, höchstens jedoch auf die Dauer ihrer Zugehörigkeit zum Rat. Anschließende Wiederwahl ist nicht zulässig.

§ 24

(1) Der Wissenschaftliche Rat erörtert die den Sektionen gemeinsamen Angelegenheiten, insbesondere die, die für die wissenschaftliche Entwicklung der Gesellschaft von Bedeutung sind. Er kann Anträge an den Senat und Empfehlungen an die Sektionen richten.

(2) Der Wissenschaftliche Rat kann zur Wahrnehmung seiner Aufgaben aus seiner Mitte ständige Ausschüsse bilden und ihnen bestimmte Zuständigkeiten zuweisen. Im Übrigen regelt der Wissenschaftliche Rat sein Verfahren selbständig.

(3) Der Präsident erstattet dem Wissenschaftlichen Rat jährlich einen Bericht. Der Rat kann dazu Stellung nehmen.

(4) Der Wissenschaftliche Rat wird von seinem Vorsitzenden einmal jährlich sowie bei Bedarf oder auf Antrag eines Drittels seiner Mitglieder einberufen. An seinen Sitzungen können die Emeritierten Wissen-

schaftlichen Mitglieder und die Auswärtigen Wissenschaftlichen Mitglieder der Institute als Gäste mit beratender Stimme teilnehmen.

§ 25

(1) Die Sektionen des Wissenschaftlichen Rates erörtern die gemeinsamen Angelegenheiten ihrer Institute und können entsprechende Anträge an den Senat sowie an den Wissenschaftlichen Rat richten. Sie beraten den Senat gemäß § 13 Absatz 2 b), d) und f) bei seinen Beschlüssen über Institute, Institutsleiter, Wissenschaftliche Mitglieder und bei seinen Vorschlägen für Schlichtungsberater.

(2) Die Sektionsmitglieder haben bei Empfehlungen der Sektionen zu Beschlüssen des Senats gemäß § 13 Absatz 2 d) über Institutsleiter und Wissenschaftliche Mitglieder kein Stimmrecht, soweit sie selbst betroffen oder in dem von der Empfehlung betroffenen Institut tätig sind.

(3) Die Sektionen tragen dafür Sorge,

a) dass bei Beratungen zur Berufung eines Wissenschaftlichen Mitglieds die wissenschaftlichen Mitarbeiter des betroffenen Instituts rechtzeitig angehört und informiert werden;

b) dass vor Auflösung einer selbständigen Abteilung oder eines Instituts die wissenschaftlichen Mitarbeiter des betroffenen Instituts rechtzeitig informiert und in den wesentlichen Stadien der Beratungen angehört werden.

(4) Die Sektionen werden von den Sektionsvorsitzenden nach Bedarf sowie auf Antrag eines Drittels ihrer Mitglieder einberufen. Die Emeritierten Wissenschaftlichen Mitglieder können an den Sitzungen ihrer Sektion als Gäste mit beratender Stimme teilnehmen. Die Sektionen können zur Wahrnehmung bestimmter Zuständigkeiten einen geschäftsführenden Ausschuss und ständige Kommissionen einrichten. Für die Abgabe von Empfehlungen an die übrigen Organe der Gesellschaft bedarf es eines Beschlusses der zuständigen Sektion. Schriftliches Verfahren ist zulässig; im Übrigen regeln die Sektionen ihr Verfahren selbständig.

(5) Die Sektionen berichten dem Wissenschaftlichen Rat jährlich über ihre Tätigkeit.

Gemeinsame Verfahrensbestimmungen

§ 26

(1) Alle Sitzungen sowie die Hauptversammlung werden von ihren Vorsitzenden durch schriftliche Einladung unter rechtzeitiger Mittei-

lung der Tagesordnung einberufen, soweit nicht in dieser Satzung eine andere Regelung zugelassen ist. Die Hauptversammlung wird vom Präsidenten außerdem durch Bekanntmachung im Bundesanzeiger gültig einberufen.

(2) Beschlüsse der Hauptversammlung können ohne Rücksicht auf die Zahl der Anwesenden gefasst werden, Beschlüsse des Senats, wenn wenigstens die Hälfte seiner Mitglieder anwesend ist, Beschlüsse der übrigen Gremien, wenn wenigstens ein Drittel der Mitglieder anwesend ist. § 32 Absatz 1 über die Auflösung der Gesellschaft bleibt unberührt. Ist mangels genügender Beteiligung eine Beschlussfassung nicht möglich, so beraumt der Vorsitzende innerhalb angemessener Frist eine neue Sitzung mit dem Hinweis an, dass in ihr ohne Rücksicht auf die Zahl der Anwesenden entschieden wird. Für den Senat und den Verwaltungsrat kann der Präsident in besonderen Fällen, insbesondere wenn eine unaufschiebbare Angelegenheit es erfordert, anstelle einer Sitzung eine schriftliche Abstimmung veranlassen.

(3) Bei Abstimmungen entscheidet die einfache Mehrheit, soweit nicht in der Satzung eine andere Regelung angeordnet ist oder von einer durch die Satzung gestatteten Abweichung Gebrauch gemacht wird. Bei Stimmengleichheit gibt die Stimme des Vorsitzenden den Ausschlag. Für Wahlen bedarf es, sofern nichts anderes bestimmt ist, der absoluten Mehrheit der Wählenden. Ergibt sich keine absolute Mehrheit, so erfolgt eine engere Wahl zwischen den beiden Kandidaten mit der größten Stimmenzahl. Gewählt ist dann derjenige, auf den die größere Stimmenzahl entfällt; bei Stimmengleichheit entscheidet das Los. Für die Berechnung qualifizierter Mehrheiten ist die Zahl der abgegebenen Stimmen maßgebend. Eine Stellvertretung bei der Stimmabgabe ist nicht gestattet.

(4) Die Abberufung aus einem Amt kann nur mit Zweidrittelmehrheit durch das Organ erfolgen, das den Betreffenden gewählt hat. Dieser soll vor der Entscheidung gehört werden. Er hat bei der Entscheidung kein Stimmrecht.

(5) Der Senat, der Verwaltungsrat, der Wissenschaftliche Rat und seine Sektionen können für besondere Aufgaben Kommissionen bilden. Will eine Kommission weitere Personen mit Sitz und Stimme heranziehen, so bedarf dies der Zustimmung des Organs, das die Kommission gebildet hat. Ohne diese Zustimmung können Personen mit beratender Stimme zugezogen werden.

(6) In den Sitzungen sowie in der Hauptversammlung wird eine Niederschrift geführt, die vom Vorsitzenden und einem Schriftführer zu

unterzeichnen ist. Die Niederschrift soll den Gang der Verhandlung und die gefassten Beschlüsse festhalten. Auf Verlangen eines Mitglieds muss dessen Stimmabgabe in der Niederschrift angegeben werden, jedoch nicht die Begründung. Die Begründung kann von dem Mitglied innerhalb 24 Stunden nach der Sitzung schriftlich eingereicht werden und ist dann der Niederschrift beizufügen.

§ 27

(1) Die Amtszeit der auf sechs oder drei Jahre gewählten Vorsitzenden und Mitglieder der Gesellschaftsorgane endet mit der Hauptversammlung, die im sechsten oder dritten Kalenderjahr nach ihrem Amtsantritt stattfindet. Der Präsident und die Mitglieder des Verwaltungsrates sollen innerhalb eines Jahres vor dem Ende der laufenden Amtszeiten gewählt werden. Hat die erforderliche Neuwahl eines Vorsitzenden oder Mitglieds eines Gesellschaftsorgans nicht rechtzeitig stattgefunden oder tritt die gewählte Person ihr Amt erst später an, so bleibt der Vorgänger entsprechend länger im Amt.

(2) Scheidet der Präsident vor Ablauf seiner Amtszeit aus, so wählt der Senat einen neuen Präsidenten. Scheidet ein anderes Mitglied des Verwaltungsrates vor Ablauf seiner Amtszeit aus, so kann der Senat einen Ersatzmann für den Rest der Amtszeit wählen. Bei Gelegenheit der Wahl eines Präsidenten kann der Senat auch die übrigen Mitglieder des Verwaltungsrates neu wählen.

Institute

§ 28

(1) Die Institute der Gesellschaft sollen in der Regel keine Rechtsfähigkeit besitzen.

(2) Die Verfassung eines Instituts soll durch eine Institutssatzung geregelt werden.

(3) Soweit die Institutssatzung nichts anderes bestimmt, steht jedes Institut unter der wissenschaftlichen und verwaltenden Leitung eines Direktors oder Leiters, der folgende Rechte und Pflichten hat:

a) er ist in seiner wissenschaftlichen Tätigkeit frei, insbesondere unterliegt er, vorbehaltlich der nachfolgenden Bestimmungen, keiner Beschränkung bei der Wahl, Reihenfolge und Ausführung der wissenschaftlichen Arbeiten des Instituts;

b) er kann im Benehmen mit den Wissenschaftlichen Mitgliedern des Instituts dem Senat vorschlagen, einen selbständigen Abteilungsleiter zu berufen oder jemanden als Wissenschaftliches Mitglied oder als Auswärtiges Wissenschaftliches Mitglied des Instituts zu berufen; der Vorschlag ist an den Präsidenten zu richten, der ihn an den Vorsitzenden der zuständigen Sektion des Wissenschaftlichen Rates weiterleitet;

c) er teilt dem Senat mit, wenn ein Wissenschaftliches Mitglied des Instituts aus diesem ausscheidet;

d) er bestellt und entlässt die übrigen wissenschaftlichen und sonstigen Mitarbeiter; die Anstellungsverträge haben sich im Rahmen der von den zuständigen Gesellschaftsorganen erlassenen allgemeinen Bestimmungen zu halten; soweit es sich um Mitarbeiter eines Wissenschaftlichen Mitglieds eines Instituts handelt, setzt der Institutsleiter sich zuvor mit diesem ins Benehmen;

e) er sorgt für die vertrauensvolle Zusammenarbeit innerhalb des Instituts und dafür, dass die Wissenschaftlichen Mitglieder des Instituts in dessen Rahmen die Möglichkeit zur freien wissenschaftlichen Tätigkeit haben;

f) er sorgt dafür, dass die wissenschaftliche und berufliche Entfaltung der Mitarbeiter durch Arbeiten, die die Übernahme eigener Verantwortung einschließen, im Rahmen der Forschungsziele des Instituts gefördert wird;

g) er berichtet, zugleich für die Wissenschaftlichen Mitglieder des Instituts, dem Präsidenten jährlich über den Stand und die Planung der wissenschaftlichen Arbeiten des Instituts sowie über die Förderung des wissenschaftlichen Nachwuchses;

h) er entwirft im Benehmen mit den jeweils betroffenen Wissenschaftlichen Mitgliedern des Instituts den Haushaltsvoranschlag des Instituts und legt ihn rechtzeitig vor Beginn des Geschäftsjahres der Generalverwaltung vor; diese hat ihn auf Bedenken gegen einzelne Ansätze hinzuweisen;

i) er unterrichtet die Wissenschaftlichen Mitglieder des Instituts über den wesentlichen Inhalt des genehmigten Haushalts; er entscheidet über die Verwendung der im Haushalt festgesetzten Mittel und verwaltet diese, soweit seine Befugnisse nicht im Einzelfall aus wichtigen Gründen durch den Verwaltungsrat beschränkt sind; wenn die Interessen eines Wissenschaftlichen Mitglieds des Instituts besonders berührt werden, handelt er dabei im Benehmen mit diesem;

k) er vertritt die Gesellschaft in den laufenden Angelegenheiten des Instituts; er ist jedoch nicht befugt, Verpflichtungen einzugehen, für die eine finanzielle Deckung im Haushaltsplan des Instituts nicht vorgesehen ist, Kredite zu Lasten der Gesellschaft oder des Instituts aufzunehmen, in Grundstücksangelegenheiten Verträge zu schließen oder Verfügungen zu treffen, die Gesellschaft oder das Institut vor Gericht zu vertreten;

l) er verwaltet die zum Institut gehörenden Grundstücke, Gebäude und sonstigen Gegenstände;

m) er kann Zuwendungen für Zwecke des Instituts annehmen, wenn der Verwaltungsrat zustimmt; der Zustimmung bedarf es nicht, soweit der Verwaltungsrat eine allgemeine Ermächtigung erteilt hat;

n) er berichtet dem Präsidenten auf Verlangen jederzeit über die Geschäftsführung und hat den von der Gesellschaft beauftragten Revisoren Einblick in die Unterlagen zu gewähren; er trägt gegenüber der Gesellschaft die Verantwortung für die ordnungsgemäße Verwaltung und Verwendung der Institutsmittel;

o) er kann im Benehmen mit den Wissenschaftlichen Mitgliedern des Instituts dem Senat vorschlagen, eine Institutssatzung zu beschließen oder sie zu ändern.

(4) Die Leitungsfunktion gemäß Absatz 3 soll bei Berufungen vom Senat in der Regel befristet übertragen werden. Bei der Entscheidung über die Erneuerung der Leitungsfunktion ist eine den wissenschaftlichen und organisatorischen Erfordernissen des Instituts gerecht werdende Kontinuität anzustreben. Wird die Leitungsfunktion nicht erneuert, so hat das Wissenschaftliche Mitglied Anspruch auf Gewährung selbständiger wissenschaftlicher Arbeitsmöglichkeiten. Das Verfahren wird durch den Senat geregelt.

(5) Bestehen innerhalb eines Instituts Teilinstitute oder selbständige Abteilungen, so üben deren Direktoren oder Leiter sowie der Direktor (bzw. Geschäftsführende Direktor) des Gesamtinstituts innerhalb ihres Geschäftskreises die Rechte und Pflichten gemäß Absatz 3 nach Maßgabe der Institutssatzung aus. Absatz 4 gilt entsprechend.

(6) Die Wissenschaftlichen Mitglieder eines Instituts sind im Rahmen des Instituts in ihrer wissenschaftlichen Tätigkeit frei; sie sind zur Mitarbeit an den gemeinsamen wissenschaftlichen Aufgaben des Instituts gehalten.

(7) Eine sachgerechte Mitwirkung aller im wissenschaftlich-technischen Bereich der Institute tätigen Mitarbeiter an Entscheidungen in den Instituten durch rechtzeitige und ausreichende Information aller Betroffenen und die regelmäßige gemeinsame Beratung über allgemeine Zielsetzung, Methoden und Durchführung von Forschungsvorhaben ist in den Institutssatzungen sicherzustellen. Gegen die Entscheidung der Institutsleitung kann sich jeder Mitarbeiter in einer ihm wichtig er-

scheinenden wissenschaftlichen Angelegenheit an die zuständige Sektion wenden. Außerdem kann er seine abweichende Meinung dem jährlichen Institutsbericht gemäß § 28 Absatz 3 g) beifügen. Das Nähere regelt die Institutssatzung.

(8) Die selbständigen Forschungsstellen der Gesellschaft stehen im Sinne dieser Satzung den Instituten gleich; sie unterscheiden sich von ihnen nur durch ihre geringere Größe.

§ 29

(1) Die Satzungen der Institute können, unbeschadet der jeweils bestehenden Rechte einzelner Personen, von § 28 abweichende sowie ergänzende Bestimmungen über die Verfassung der Institute enthalten, insbesondere

a) über die Rechtsverhältnisse eines Instituts, das eigene Rechtsfähigkeit besitzt;

b) über die Bildung eines Kuratoriums des Instituts und dessen Aufgaben;

c) über die Organisation des Instituts.

(2) Werden durch die Satzung eines Instituts Rechte und Pflichten des Institutsleiters einem Kollegium übertragen, so gelten, wenn die Institutssatzung nichts anderes bestimmt, folgende Regeln:

a) das Kollegium handelt durch Mehrheitsbeschluss;

b) es kann sich einen Vorsitzenden aus seinen Mitgliedern wählen und ihm einen Teil seiner Befugnisse übertragen;

c) es kann dem Senat die Ernennung eines neuen Mitglieds vorschlagen;

d) im Übrigen finden auf die einzelnen Mitglieder der kollegialen Leitung die Bestimmungen dieser Satzung über Institutsleiter entsprechende Anwendung.

Schlichtungswesen

§ 30

(1) Können Beschwerden oder Streitigkeiten in einem Institut nicht beigelegt werden, so ist jeder Mitarbeiter berechtigt, sich an einen Schlichtungsberater der für das Institut zuständigen Sektion zu wenden.

(2) Der Schlichtungsberater versucht, die Angelegenheit beizulegen. Zu diesem Zweck hat er ein Informationsrecht gegenüber den Beteiligten

und der Institutsleitung. Er ist verpflichtet, die Vertraulichkeit zu wahren.

(3) Kann die Angelegenheit auf diese Weise nicht beigelegt werden, so bildet der Präsident auf Antrag eines Beteiligten eine Schlichtungskommission. Diese kann Empfehlungen an jedes Organ und an jedes Gremium richten, das nach dieser Satzung zuständig ist, zur Regelung der Angelegenheit beizutragen. Die zuständigen Organe und Gremien können von einer Empfehlung der Kommission nur unter der Voraussetzung abweichen, dass sie die Kommission erneut mit der Angelegenheit befasst haben, es sei denn, die Beteiligten hätten einer anderen Lösung zugestimmt.

(4) Das Nähere regelt eine vom Senat beschlossene Schlichtungsordnung.

(5) Die Regelungen in Absatz 1 bis Absatz 4 berühren nicht die Zuständigkeit der ordentlichen Gerichte und gelten unbeschadet der Vorschriften des Betriebsverfassungsgesetzes.

Geschäftsjahr

§ 31

Geschäftsjahr ist das Kalenderjahr.

Auflösung der Gesellschaft

§ 32

(1) Die Auflösung der Gesellschaft kann nur in einer außerordentlichen Hauptversammlung, in der mindestens die Hälfte der stimmberechtigten Mitglieder anwesend ist, mit Dreiviertelmehrheit der Abstimmenden beschlossen werden.

(2) Bei Auflösung der Gesellschaft oder bei Wegfall steuerbegünstigter Zwecke fällt das Vermögen der Gesellschaft an eine juristische Person des Öffentlichen Rechts oder an eine andere steuerbegünstigte Körperschaft, zwecks Verwendung für die Förderung der Wissenschaft.

Übergangsvorschrift

§ 33

(1) Die Rechte der bisherigen Wissenschaftlichen Mitglieder der Gesellschaft bleiben unberührt.

(2) Den bisherigen und künftigen Emeritierten Wissenschaftlichen Mitgliedern stehen die in dieser Satzung für die Emeritierten Wissenschaftlichen Mitglieder der Gesellschaft vorgesehenen Rechte zu. Weitergehende Rechte, die ihnen eingeräumt wurden, bleiben unberührt.

Inkrafttreten

§ 34

Die geänderte Satzung tritt mit der Eintragung in das Vereinsregister in Kraft.

V. Satzung der Heidelberger Gesellschaft für ausländisches öffentliches Recht und Völkerrecht in der Neufassung vom 25. Mai 2013

Zweck der Gesellschaft

§ 1

Zweck der „Heidelberger Gesellschaft für ausländisches öffentliches Recht und Völkerrecht" ist die Förderung der Ziele des Max-Planck-Instituts für ausländisches öffentliches Recht und Völkerrecht.

Sitz, Rechtsfähigkeit und Gemeinnützigkeit

§ 2

(1) Sitz der Gesellschaft ist Heidelberg.

(2) Die Gesellschaft ist in das Vereinsregister des Amtsgerichts Heidelberg eingetragen und rechtsfähig.

(3) Die Gemeinnützigkeit der Gesellschaft ist durch Bescheid des Finanzamtes Heidelberg vom 18.02.1955 und Folgebescheide anerkannt.

(4) Die Gesellschaft ist überparteilich und unabhängig. Sie verfolgt ausschließlich und unmittelbar gemeinnützige Zwecke im Sinne des Abschnitts „Steuerbegünstigte Zwecke" der Abgabenordnung. Die Gesellschaft ist selbstlos tätig. Sie verfolgt nicht in erster Linie eigenwirtschaftliche Zwecke. Mittel der Gesellschaft dürfen nur für satzungsgemäße Zwecke verwendet werden. Die Mitglieder erhalten keine Zuwendungen aus Mitteln der Gesellschaft. Es darf keine Person durch Ausgaben, die dem Zweck der Gesellschaft fremd sind, oder durch unverhältnismäßig hohe Vergütungen begünstigt werden.

Mitgliedschaft

§ 3

(1) Die Mitglieder der Gesellschaft bestehen aus

a) persönlichen und

b) Kollektivmitgliedern

(2) Kollektivmitglieder sollen einen Mitgliedschaftsvertreter benennen.

(3) Mitglied kann auf schriftlichen Antrag werden, wer Alumna/Alumnus des in § 1 genannten Instituts ist oder diesem Institut sonst in

besonderer Weise verbunden ist. Über den Antrag entscheidet der Vorstand.

(4) Die Mitgliedschaft endet durch Tod, Austritt oder Ausschluss des Mitglieds. Bei Kollektivmitgliedern endet sie auch mit deren Auflösung. Der Ausschluss erfolgt durch den Vorstand. Das Mitglied hat das Recht der Berufung an die Mitgliederversammlung. Die Austrittserklärung muss schriftlich an den Vorstand der Gesellschaft gerichtet werden. Der Austritt ist jederzeit möglich, entbindet jedoch nicht von der Beitragszahlung für das laufende Geschäftsjahr.

Organe der Gesellschaft

§ 4

Organe der Gesellschaft sind:

a) Mitgliederversammlung

b) Vorstand

Mitgliederversammlung

§ 5

(1) Die Mitgliederversammlung entscheidet über alle Angelegenheiten der Gesellschaft, die nicht durch diese Satzung dem Vorstand übertragen sind.

(2) Eine ordentliche Mitgliederversammlung soll einmal jährlich vom Vorsitzenden des Vorstandes einberufen werden. Eine außerordentliche Mitgliederversammlung ist einzuberufen, wenn ein Drittel der Mitglieder dies unter Angabe des Grundes verlangt, oder wenn es das Interesse der Gesellschaft erfordert.

(3) Die Ladung zu ordentlichen oder außerordentlichen Mitgliederversammlungen hat schriftlich, mittels E-Mail, Telefax oder anderer moderner Kommunikationsmittel, mindestens einundzwanzig Tage vor dem vorgesehenen Termin und unter Angabe der Tagesordnung zu erfolgen.

(4) Die Mitgliederversammlung ist unabhängig von der Zahl der Erschienenen beschlussfähig. Hierauf ist in der Einladung zur Mitgliederversammlung hinzuweisen.

(5) Beschlüsse werden mit einfacher Mehrheit gefasst. Satzungsänderungen sind nur mit 2/3-Mehrheit der Erschienenen zulässig und nur dann, wenn die Tatsache, dass eine Satzungsänderung beschlossen wer-

den soll, bei der Einladung den Mitgliedern bereits mitgeteilt worden ist. § 1 dieser Satzung kann nicht geändert werden.

(6) Die Beschlüsse werden durch den vom Vorsitzenden bestellten Protokollführer aufgezeichnet und vom Vorsitzenden unterzeichnet.

Der Vorstand

§ 6

(1) Dem Vorstand obliegt die Führung der laufenden Geschäfte der Gesellschaft.

(2) Der Vorstand besteht aus den Direktoren des Max-Planck-Instituts für ausländisches öffentliches Recht und Völkerrecht in der jeweils vorhandenen Zahl als Mitglieder kraft Amtes und grundsätzlich mindestens 3 Personen, die von der Mitgliederversammlung gewählt werden. Die Wahlperiode dauert 4 Jahre. Der Vorstand wählt aus seiner Mitte den Vorsitzenden. Scheidet ein Vorstandsmitglied vorzeitig aus, so ernennt der Vorstand für die restliche Amtsperiode ein geeignetes Ersatzmitglied.

(3) Der Vorstand fasst seine Beschlüsse mit einfacher Mehrheit. Bei Stimmgleichheit entscheidet der Vorsitzende. Die Beschlüsse sind zu protokollieren und allen Vorstandsmitgliedern zur Verfügung zu stellen.

(4) Außerhalb von Sitzungen können Vorstandsbeschlüsse auch telefonisch oder schriftlich gefasst werden, soweit kein Vorstandsmitglied einer solchen Beschlussfassung widerspricht. Abs. 3 Satz 3 gilt entsprechend. In den Fällen, in denen diese Satzung Schriftform vorsieht, genügt zur Wahrung der Form die Versendung mittels E-Mail, Telefax oder anderer moderner Kommunikationsmittel.

(5) Vorstand im Sinne des § 26 BGB ist der Vorsitzende des Vorstands.

Beitrag

§ 7

Jedes Mitglied setzt die Höhe seines jährlichen Mitgliedsbeitrages in Euro selbst fest. Die Mitgliederversammlung kann einen Mindestbeitrag festsetzen. In Ausnahmefällen kann der Vorstand auf Antrag des Mitglieds eine abweichende Regelung treffen. Der Mitgliedsbeitrag ist zu Anfang eines jeden Kalenderjahres fällig.

Geschäftsjahr

§ 8

Das Geschäftsjahr ist identisch mit dem Kalenderjahr.

Auflösung der Gesellschaft

§ 9

Die Auflösung der Gesellschaft kann nur von einer außerordentlichen Mitgliederversammlung mit 2/3-Mehrheit der Erschienenen beschlossen werden, die eigens zum Zwecke der Auflösung einberufen worden ist. Dass über die Auflösung beschlossen werden soll, muss jedem Mitglied mindestens 21 Tage vorher mitgeteilt worden sein. Bei Auflösung der Gesellschaft oder bei Wegfall steuerbegünstigter Zwecke fällt das Vermögen der Gesellschaft an das Max-Planck-Institut für ausländisches öffentliches Recht und Völkerrecht, das es ausschließlich und unmittelbar zu steuerbegünstigten Zwecken zu verwenden hat.

Max-Planck-Institut für ausländisches öffentliches Recht und Völkerrecht

Beiträge zum ausländischen öffentlichen Recht und Völkerrecht

Hrsg.: A. von Bogdandy, A. Peters

Bde. 27–59 erschienen im Carl Heymanns Verlag KG Köln, Berlin (Bestellung an: Max-Planck-Institut für Völkerrecht, Im Neuenheimer Feld 535, 69120 Heidelberg); ab Band 60 im Springer-Verlag GmbH

---

270 Rudolf *Bernhardt*, Karin *Oellers-Frahm*: **Das Max-Planck-Institut für ausländisches öffentliches Recht und Völkerrecht.** 2018. XII, 344 Seiten. Geb. € 89,99

269 Philine *Webling*: **Wasserrechte am Nil.** 2018. XVI, 349 Seiten. Geb. € 84,99

268 Katharina *Berner*: **Subsequent Agreements and Subsequent Practice in Domestic Courts.** 2017. XXX, 297 Seiten. Geb. € 114,99 zzgl. landesüblicher MwSt.

267 Josephine *Asche*: **Die Margin of Appreciation.** 2018. XII, 255 Seiten. Geb. € 84,99

266 Nele *Yang*: **Die Leitentscheidung.** 2018. XI, 360 Seiten. Geb. € 84,99

265 Roya *Sangi*: **Die auswärtige Gewalt des Europäischen Parlaments.** 2018. XV, 179 Seiten. Geb. € 69,99

264 Anna *Krueger*: **Die Bindung der Dritten Welt an das postkoloniale Völkerrecht.** 2018. XII, 434 Seiten. Geb. € 89,99

263 Björnstjern *Baade*: **Der Europäische Gerichtshof für Menschenrechte als Diskurswächter.** 2017. XVIII, 543 Seiten. Geb. € 99,99

262 Felix *Lange*: **Praxisorientierung und Gemeinschaftskonzeption.** 2017. XIV, 403 Seiten. Geb. € 94,99

261 Johanna Elisabeth *Dickschen*: **Empfehlungen und Leitlinien als Handlungsform der Europäischen Finanzaufsichtsbehörden.** 2017. XIX, 277 Seiten. Geb. € 84,99

260 Mohamed *Assakkali*: **Europäische Union und Internationaler Währungsfonds.** 2017. XV, 516 Seiten. Geb. € 99,99

259 Franziska *Paefgen*: **Der von Art. 8 EMRK gewährleistete Schutz vor staatlichen Eingriffen in die Persönlichkeitsrechte im Internet.** 2017. XV, 220 Seiten. Geb. € 69,99

258 Tim René *Salomon*: **Die internationale Strafverfolgungsstrategie gegenüber somalischen Piraten.** 2017. XXXII, 743 Seiten. Geb. € 129,99

257 Jelena *Bäumler*: **Das Schädigungsverbot im Völkerrecht.** 2017. XIX, 379 Seiten. Geb. € 89,99

256 Christopher *Peters*: **Praxis Internationaler Organisationen - Vertragswandel und völkerrechtlicher Ordnungsrahmen.** 2016. XXVIII, 498 Seiten. Geb. € 99,99

255 Nicole *Appel*: **Das internationale Kooperationsrecht der Europäischen Union.** 2016. XVIII, 608 Seiten. Geb. € 109,99

254 Christian *Wohlfahrt*: **Die Vermutung unmittelbarer Wirkung des Unionsrechts.** 2016. XIX, 300 Seiten. Geb. € 84,99

253 Katja *Göcke*: **Indigene Landrechte im internationalen Vergleich.** 2016. XVII, 818 Seiten. Geb. € 139,99

252 Julia *Heesen*: **Interne Abkommen.** 2015. XXI, 473 Seiten. Geb. € 94,99

251 Matthias *Goldmann*: **Internationale öffentliche Gewalt.** 2015. XXIX, 636 Seiten. Geb. € 109,99

250 Isabelle *Ley*: **Opposition im Völkerrecht.** 2014. XXIII, 452 Seiten. Geb. € 94,99

249 Matthias *Kottmann*: **Introvertierte Rechtsgemeinschaft.** 2014. XII, 352 Seiten. Geb. € 84,99

248 Jelena *von Achenbach*: **Demokratische Gesetzgebung in der Europäischen Union.** 2014. XVI, 522 Seiten. Geb. € 94,99

247 Jürgen *Friedrich*: **International Environmental "soft law".** 2014. XXI, 503 Seiten. Geb. € 94,99 zzgl. landesüblicher MwSt.

246 Anuscheh *Farahat*: **Progressive Inklusion.** 2014. XXIV, 429 Seiten. Geb. € 94,99

245 Christina *Binder*: **Die Grenzen der Vertragstreue im Völkerrecht.** 2013. XL, 770 Seiten. Geb. € 119,99

244 Cornelia *Hagedorn*: **Legitime Strategien der Dissensbewältigung in demokratischen Staaten.** 2013. XX, 551 Seiten. Geb. € 99,99

243 Marianne *Klumpp*: **Schiedsgerichtsbarkeit und Ständiges Revisionsgericht des Mercosur.** 2013. XX, 512 Seiten. Geb. € 94,99

242 Karen *Kaiser* (Hrsg.): **Der Vertrag von Lissabon vor dem Bundesverfassungsgericht.** 2013. XX, 1635 Seiten. Geb. € 199,99

241 Dominik *Steiger*: **Das völkerrechtliche Folterverbot und der "Krieg gegen den Terror".** 2013. XXX, 821 Seiten. Geb. € 139,99

240 Silja *Vöneky*, Britta *Beylage-Haarmann*, Anja *Höfelmeier*, Anna-Katharina *Hübler* (Hrsg.): **Ethik und Recht - Die Ethisierung des Rechts/Ethics and Law - The Ethicalization of Law.** 2013. XVIII, 456 Seiten. Geb. € 94,99

239 Rüdiger *Wolfrum*, Ina *Gätzschmann* (eds.): **International Dispute Settlement: Room for Innovations?** 2013. XIV, 445 Seiten. Geb. € 94,95 zzgl. landesüblicher MwSt.

238 Isabel *Röcker*: **Die Pflicht zur rahmenbeschlusskonformen Auslegung nationalen Rechts.** 2013. XXIII, 410 Seiten. Geb. € 89,95

237 Maike *Kuhn*: **Die Europäische Sicherheits- und Verteidigungspolitik im Mehrebenensystem.** 2012. XIII, 325 Seiten. Geb. € 79,95

236 Armin *von Bogdandy*, Ingo *Venzke* (eds.): **International Judicial Lawmaking.** 2012. XVII, 509 Seiten. Geb. € 94,95 zzgl. landesüblicher MwSt.

235 Susanne *Wasum-Rainer*, Ingo *Winkelmann*, Katrin *Tiroch* (eds.): **Arctic Science, International Law and Climate Change.** 2012. XIX, 374 Seiten. Geb. € 84,95 zzgl. landesüblicher MwSt.

234 Mirja A. *Trilsch*: **Die Justiziabilität wirtschaftlicher, sozialer und kultureller Rechte im innerstaatlichen Recht.** 2012. XIX, 559 Seiten. Geb. € 99,95

233 Anja *Seibert-Fohr* (ed.): **Judicial Independence in Transition.** 2012. XIII, 1378 Seiten. Geb. € 169,95 zzgl. landesüblicher MwSt.

232 Sandra *Stahl*: **Schutzpflichten im Völkerrecht - Ansatz einer Dogmatik.** 2012. XXX, 505 Seiten. Geb. € 94,95

231 Thomas *Kleinlein*: **Konstitutionalisierung im Völkerrecht.** 2012. XLII, 940 Seiten. Geb. € 149,95

230 Roland *Otto*: **Targeted Killings and International Law.** 2012. XVIII, 661 Seiten. Geb. € 109,95 zzgl. landesüblicher MwSt.

229 Nele *Matz-Lück*, Mathias *Hong* (Hrsg.): **Grundrechte und Grundfreiheiten im Mehrebenensystem - Konkurrenzen und Interferenzen.** 2012. VIII, 394 Seiten. Geb. € 89,95

228 Matthias *Ruffert*, Sebastian *Steinecke*: **The Global Administrative Law of Science,** 2011. IX, 140 Seiten. Geb. € 59,95 zzgl. landesüblicher MwSt.

227 Sebastian *Pritzkow*: **Das völkerrechtliche Verhältnis zwischen der EU und Russland im Energiesektor.** 2011. XXIV, 304 Seiten. Geb. € 79,95

226 Sarah *Wolf*: **Unterseeische Rohrleitungen und Meeresumweltschutz.** 2011. XXIII, 442 Seiten. Geb. € 94,95

225 Clemens *Feinäugle*: **Hoheitsgewalt im Völkerrecht.** 2011. XXVI, 418 Seiten. Geb. € 89,95

224 David *Barthel*: **Die neue Sicherheits- und Verteidigungsarchitektur der Afrikanischen Union.** 2011. XXV, 443 Seiten. Geb. € 94,95

223 Tilmann *Altwicker*: **Menschenrechtlicher Gleichheitsschutz.** 2011. XXX, 549 Seiten. Geb. € 99,95

222 Stephan *Bitter*: **Die Sanktion im Recht der Europäischen Union.** 2011. XV, 351 Seiten. Geb. € 84,95

221 Holger *Hestermeyer*, Nele *Matz-Lück*, Anja *Seibert-Fohr*, Silja *Vöneky* (eds.): **Law of the Sea in Dialogue.** 2011. XII, 189 Seiten. Geb. € 69,95 zzgl. landesüblicher MwSt.

220 Jan *Scheffler*: **Die Europäische Union als rechtlich-institutioneller Akteur im System der Vereinten Nationen.** 2011. XXXV, 918 Seiten. Geb. € 149,95

219 Mehrdad *Payandeh*: **Internationales Gemeinschaftsrecht.** 2010. XXXV, 629 Seiten. Geb. € 99,95

218 Jakob *Pichon*: **Internationaler Strafgerichtshof und Sicherheitsrat der Vereinten Nationen.** 2011. XXVI, 399 Seiten. Geb. € 89,95

217 Michael *Duchstein*: **Das internationale Benchmarkingverfahren und seine Bedeutung für den gewerblichen Rechtsschutz.** 2010. XXVI, 528 Seiten. Geb. € 99,95

216 Tobias *Darge*: **Kriegsverbrechen im nationalen und internationalen Recht.** 2010. XXXV, 499 Seiten. Geb. € 94,95

215 Markus *Benzing*: **Das Beweisrecht vor internationalen Gerichten und Schiedsgerichten in zwischenstaatlichen Streitigkeiten.** 2010. L, 846 Seiten. Geb. € 139,95

214 Urs *Saxer*: **Die internationale Steuerung der Selbstbestimmung und der Staatsentstehung.** 2010. XLII, 1140 Seiten. Geb. € 169,95

213 Rüdiger *Wolfrum*, Chie *Kojima* (eds.): **Solidarity: A Structural Principle of International Law.** 2010. XIII, 238 Seiten. Geb. € 69,95 zzgl. landesüblicher MwSt.

212 Ramin S. *Moschtaghi*: **Die menschenrechtliche Situation sunnitischer Kurden in der Islamischen Republik Iran.** 2010. XXIII, 451 Seiten. Geb. € 94,95

GPSR Compliance
The European Union's (EU) General Product Safety Regulation (GPSR) is a set of rules that requires consumer products to be safe and our obligations to ensure this.

If you have any concerns about our products, you can contact us on

ProductSafety@springernature.com

In case Publisher is established outside the EU, the EU authorized representative is:

Springer Nature Customer Service Center GmbH
Europaplatz 3
69115 Heidelberg, Germany

www.ingramcontent.com/pod-product-compliance
Lightning Source LLC
LaVergne TN
LVHW020451051026
849527LV00001B/346
* 9 7 8 3 6 6 2 5 5 3 7 4 9 *